고려 무신정권시대
文人知識層의 현실대응

金 晧 東

景仁文化社

책머리에

필자가 고려 무신정권시대에 관해 처음 주목한 것은 영남대학교 민족문화연구소에서 근무하면서 1982년 「고려무신정권하에서의 경주민의 동태와 신라부흥운동」(『민족문화논총』 2·3합집, 영남대학교 민족문화연구소)이란 논문을 쓰면서부터였다. 이 논문은 필자가 역사 기록의 신뢰성에 대한 깊은 회의를 할 무렵 쓴 것이다. 1970년대에서 1980년대로 넘어가는 시점에 있었던 박정희 대통령의 시해 사건, 뒤이은 신군부의 등장과 5·18 광주민주화 운동에 관한 언론의 곡필을 보면서 필자는 許愼이 『說文解字』에서 '史'를 풀이하면서 "記事者也 從手持中"이라고 한 뜻을 되뇌이고는 하였다. 역사가가 과연 얼마만큼 公平中正하게 '中'을 지니고 역사를 기록하였을까 하는 의문을 강하게 갖고 있던 그 시절, 고려무신정권시대 이의민정권에서의 최충헌정권으로의 정권교체, 그리고 이의민정권하에서의 신라부흥운동이 '이의민의 본적이 경주이므로 몰래 신라를 흥복시킬 뜻이 있어 남적 김사미·효심과 통하여 이루어졌다'는 기록을 볼 때 마치 신군부의 김대중내란음모사건에 대한 보도를 보는 듯 하였다. 이러한 생각에서 필자는 앞의 논문에서 이의민정권을 무너뜨린 최충헌정권이 '이의민이 신라부흥운동을 도모하였다'는 설을 조작하여 자기 정권의 성립 정당성을 확보하고자 하였음을 언급하였다. 이러한 연으로 인해 나는 항상 교양 국사과목의 첫 시간에 역사에 있어서 곡필의 예를 빠짐없이 거론하곤 한다.

그 후 필자는 우연히 1984~1985년 사이에 한 미술학도의 석사 학위논문 쓰는 것을 도와주게 되었다. 그 학생은 고유섭씨의 『朝鮮畵論集成』에 나오는 한문 원문의 해석에 어려움을 겪고 있었기 때문에 그 자료의 해석을 도와주게 되었다. 그러한 과정에서 필자는 「고려무신정권시대 회화에 나타난 문인지식층의 현실인식론」(1986, 『경대사론』 2, 경남대학교 사학회)을 쓰게 되었다. 이것이 하나의 계기가 되어 무신정권시대의 문인들의 문집인 李仁老의 『破閑集』, 崔滋의 『補閑集』, 林椿의 『西河集』, 李奎報의 『東國李相國集』 등을 많이 읽게 되었다. 이러한 문집을 적극 활용하여 「고려무신정권시대 지방통치의 일단면—이규보의 전주목 '사록겸장서기'의 활동을 중심으로」(1987, 『교남사학』 3, 영남대학교 국사학회), 그리고 「고려 무신정신시대 문인지식인 안치민의 현실인식」(1990, 『교남사학』 5) 등을 쓰게 되었다.

위와 같은 일련의 작업과정 속에서 필자는 박사학위논문을 자연스러이 『고려무신정권시대 문인지식층의 연구』(1993, 영남대학교 박사학위논문)란 주제로 쓰게 되었다. 이 책은 바로 필자의 이러한 이력과정에서 이루어진 박사학위논문을 수정, 보완하여 출판하게 된 것이다. 학위논문 발표 이후의 논문들인 「고려 무신정권시대 재향세력과 농민항쟁」(1994, 『한국중세사연구』 창간호), 「이의민정권의 재조명」(1994, 『경대사론』 7)을 비롯하여 「『선문염송』과 진각국사 혜심」(1998, 『민족문화논총』 18·19합집, 영남대학교 민족문화연구소), 「고려중기 결사불교에 대한 재음미」(2000, 『하곡김남규교수정년기념사학논총』) 등의 연구 성과를 일부 반영하였다. 그러나 전체적으로 별다른 수정 없이 세상에 내놓게 되는 우를 범하게 되었다. 당초 박사학위논문을 쓸 무렵에는 곧 출판하겠다는 생각을 가졌지만 이제 겨우 내놓게 된 것은 게으름의 소치이지만 역사에서 과연 지식인의 역할이 얼마만큼 사회변혁의 추동력으로써 기능하였는가에 관한 자기 질문에 대한 명확한 답변을 찾아내지 못했던 점 때문이기도 하다.

　더욱이 그렇게 시일만 천연하다보니 이 글이 현재의 역사적 상황하에서 부질없는 한 편의 잡스런 글이 아닐까 하는 생각마저 들었다. 필자가 대학에서 대학원을 거치면서, 그리고 무신정권에 관한 논문을 써 오는 시기의 역사적 상황은 군사정권의 시대였고, 군사정권의 타도에 대한 지식인의 역할에 대한 관심이 그만큼 요구되는 시기였었다. 그러한 관심은 학계 일각에서 고려의 무신정권, 그리고 그 시기의 지식인에 대한 관심이 그만큼 고조된 시기였다. 필자의 일련의 작업과정도 그러한 현실인식을 바탕으로 하고 있었다. 그러나 군사정권이 무너지면 한국사회의 모든 것이 잘되리라는 환상은 지금은 깨어진지 오래였고, 한국사회의 미래에 대한 전망은 그렇게 밝은 것은 아닌 듯 하고, 그 속에서 지식인은 그 역할을 잃은 채 새로운 세계에 대한 전망을 내세우지 못하고 부유하고 있다. 특히 군사정권의 타도에 대한 정치적 상징이었던 김영삼·김대중의 양김이 대통령에 당선된 후 그 허구성을 드러내고 세계화에 함몰되는 것을 보면서 그간 지식인들이 무엇에 매달려 있었던가를 생각하며 쓴웃음을 짓지 않을 수 없었다. 그것은 또한 마치 무신정권시대 왕도정치를 열망했던 문인지식층들이 몽고와의 야합하에서 원지배기로 들어가는 상황을 속절없이 보는 듯 하기에 ….

　이런 등등의 생각으로 인해 군사정권하에서 지식인의 현실참여에 대한 사회적 염원을 담고 있었던 상황 하에서 이루어진 필자의 연구 결과물을 세상에 내놓는다는데에 대한 주저를 하게 하였었다. 그것은 마치 만해 한용운이 일제시대에 쓴『님의 침묵』에서 말한 것처럼 지금의 독자들에게 '타고남은 재'를 냄새 맡는 것과 같은 아무 의미

없는 일일지 모른다는 생각이 들었기 때문이다.

그러나 타고남은 재를 냄새 맡는 것처럼 무의미해진 글을 이제 세상에 내놓게 되었다. 이에 대한 변명을 늘어놓음으로써 책머리를 대신하고자 한다. 그것은 무엇보다도 이 글을 내놓음으로써 필자 자신의 젊은 시절, 그리고 1980년대와 1890년대의 연구 작업에 매달려 연연하면서 역사에 대한 새로운 좌표를 설정하지 못하고 부유하는 필자 자신을 돌아보기 위한 의도이다. 이 글을 통해 필자가 갖고 있는 역사에 대한 인식의 오류가 공개리에 정확히 지적된다면 아직 탈각하지 못한 필자의 무지를 깨닫는 계기가 되리라고 본다.

그나마 이 글을 내놓게 되는 자그마한 의의를 찾는다면 첫째, 역사에서의 지식인의 역할에 대한 기대감이 사라지지 않음 때문이요 둘째, 고려 무신정권시대와 문인지식층의 현실대응을 통해 고려가 갖고 있었던, 나아가 한국사회가 갖고 있었던 최대의 모순구조가 중앙에 대한 여타 지역의 종속성에 있음을 밝히고, 중앙으로부터의 종속화에 대한 지방의 상대적 자립성 확보의 노력이 한국사 발전의 한 원동력이었음을 지적하고자 하는데 있음을 인식하는 계기가 되었으면 하는 바람 때문이다.

이 글을 내놓기까지 필자는 영남대학교 국사학과 전·현직 교수님—김윤곤·이수건·오세창·고 정석종·배영순·이형우·김정숙 선생님, 그리고 민족문화연구소를 거쳐 간 분들의 보살핌을 받았으며, 한국중세사학회 및 대구사학회의 동학들의 조언을 많이 받았다. 이 기회를 통해 감사를 드린다.

필자의 학문생활은 아내와 두 아들의 희생 속에 이루어진 것이다. 그간 따뜻한 말 한마디도 못하였기에 이 기회를 통해 진심으로 미안하다는 말을 전한다. 그리고 역사가로의 못다 이룬 꿈을 지니셨던 아버지의 영전에 이 책을 바친다. 변변히 효도하지 못한 아들

을 역사 연구의 길로 이끈 아버지께 이 자그마한 책자를 바치는 것
이 불효에 대한 속죄가 될지는 모르지만 …. 마지막으로 이 글의
출판을 도와준 동학 김창겸 학형과, 경인문화사 한정희 사장님, 그
리고 편집을 맡아 애쓰신 신학태, 김인숙 님 등의 편집진 여러분에
게 고마움을 전하고자 한다.

2003년을 맞이하는 겨울밤,
대구의 앞산 아래 필자의 둥지 서재에서

<목 차>

序 論

研究의 現況과 課題

　해방 후 한국사회가 당면한 최대의 역사적 과제는 자주·민주·통일을 위한 것이었다. 이 과제의 실현을 위한 움직임의 대중적 확산을 위해 1970~1980년대 이후 지식인들의 현실참여를 바라는 사회적 요구가 끊임없이 점증하여 왔다. 1970~1980년대 이후 국사학계에서 '高麗武臣政權', 나아가 '武臣政權下의 文人知識層의 동향'에 깊은 관심을 보이게 된 것은 이러한 현실인식의 바탕 위에 나온 것이라 생각된다. 더욱이 5·16군사 쿠데타로 인한 군사정권의 성립 이후 군사정권의 타도라는 문제와 맞물려 이에 관한 관심이 집중되었다.[1] 군사정권하에서 현실 속의 자신의 위상과 역할,

---

[1] 무신정권시대의 문인지식층에 관한 연구는 関内河, 1959, 「高麗武臣執政時代에 對한 一考－武臣政治의 性格과 文臣의 地位를 中心으로－」『史學硏究』6을 비롯하여 邊太燮, 1961, 「高麗朝의 文班과 武班」『史學硏究』11 ;『高麗政治制度史研究』등에서 文臣으로서 免禍한 인물에 대한 관심의 일단이 표현된 이후 1970년대 중반 이후 그 관심이 증폭되어 다음과 같은 논문들이 발표되기에 이르렀다.

　朴菖熙, 1973, 「武臣執權時代의 文人」『한국사』7.
　金毅圭, 1975, 「高麗武臣執權期 文臣의 政治的 動向」『史學論志』3.

金毅圭, 1981,「高麗武人執權期 文士의 政治活動」『韓㳂劢停年退任
    紀念史學論叢』.
李佑成, 1977,「高麗武臣執權下의 文人知識層의 動向」『嶺南大學校
    開校 30周年紀念 國際學術會議 發表論文集』; 1982,『韓國
    의 歷史像』.
李東歡, 1977,「林椿論－高麗 武臣政權下 文人知識層의 意識의 한
    斷面－」『朴晟義還曆紀念論叢』, 고려대학교 국어국문학회.
張叔卿, 1981,「高麗武人政權下 文士의 動態와 性格」『韓國史硏究』34.
南仁國, 1983,「崔氏政權下 文臣地位의 變化」『大丘史學』22.
秦星圭, 1984,「林椿의 生涯와 現實認識」『韓國史硏究』45.
趙仁成, 1985,「崔瑀政權下의 文翰官－‘能文’·‘能吏’의 人事基準을
    중심으로－」『東亞硏究』6.
金晧東, 1986,「高麗武臣政權時代 繪畵에 나타난 文人知識層의 現實
    認識論」『慶大史論』2, 경남대학교 사학회.
_____, 1990,「高麗 武臣政權時代 文人知識人 安置民의 현실인식」
    『嶠南史學』5, 영남대학교 국사학회.
金塘澤, 1987,「崔氏政權과 文臣」『高麗武人政權硏究』, 새문사.
羅滿洙, 1987,「高麗武人執權期의 國王과 文班」『震檀學報』63.
金時鄴, 1978,「李奎報의 現實認識과 農民詩」『大東文化硏究』12.
_____, 1986,「麗末鮮初에 있어서의 士大夫리얼리즘과 그 變質」『韓
    國漢文學硏究』8.
_____, 1991,「高麗後期 士大夫리얼리즘의 形成에 대하여」『碧史李
    佑成先生停年退任記念 國語國文學論叢』.
박창희, 1988,「李奎報의 본질에 대한 연구(Ⅰ)」『外大史學』창간호.
_____, 1989,「李奎報의 본질에 대한 연구(Ⅱ)－그의 40代 이후의 의
    식의 변용에 대하여－」『外大史學』2.
_____, 1990,「李奎報의 본질에 대한 연구(Ⅲ)－그의 晩年에서의 感
    慨－」『外大史學』3.

이후 1990년대에 접어들어 한국역사연구회의 무인집권기연구반이
1994,「무인집권기연구동향과 과제」『역사와 현실』11호를 살펴보면
서 ‘지식인의 동향’에 대한 연구사적 정리를 하였고, 金仁昊, 1999,
『高麗後期 士大夫의 経世論 硏究』, 혜안, 馬宗樂, 1999,『高麗後期
登科儒臣의 儒學思想 硏究－李奎報·李齊賢·李穡을 중심으로－』,
계명대학교 박사학위논문 등이 나오기도 하였다. 그리고 2001,『史

또 역사와 자신의 자세를 진지하게 점검하고자 하는 지식인으로서의 역사가에게 있어서 무신정권 약 100년 간은 정권주체의 파행적 교체에 따른 상부구조의 변화와, 이를 유지하기 위한 이데올로기의 변혁 수용 및 지배체제의 일대 변화가 있었고, 하부구조에 있어서도 경제구조의 개편과 농민항쟁으로 인한 기층사회의 동요와 신분해방의 요구가 있었다는 점에서 관심의 대상이 되지 않을 수 없었다. 그 과정에서 연구자들은 특히 이 시기의 文臣, 文士, 文人, 혹은 士大夫, 士人, 讀書層의 존재에 주목하여, 이들을 '文人知識層'이란 용어로 통칭하였다. 이 용어는 결국 과거와 현재의 접합점에서 그 근거를 획득한 것이다. 이런 의미에서의 '문인지식층'은 엄격한 의미에서 사회계층을 규정한 용어는 아니지만 일부 구관인과 신진사인들을 지칭하는 武臣에 대한 상대적 개념으로 사용되어 왔었다.[2] 그러나 이런 의미로서의 문인지식층의 범주에는 당시의 지방사회에 광범위하게 퍼져 있었던 재향세력 중에서 향리를 위시한 讀書人層과 在地文士들,[3] 그리고 문인출신의 僧侶知識人까지

────────────

叢』53집에 이규보의 사상에 관한 기획 발표가 이루어졌는데, 여기에는 이정호, 「이규보의 농촌현실관과 농업진흥론」; 김난옥, 「이규보의 신분인식」; 이정란, 「이규보의 대민인식」; 박윤진, 「이규보의 불교관에 대한 일고찰」이 실려있다.

2) 李佑成, 1977, 「高麗武臣執權下의 文人知識層의 動向」『嶺南大學校開校 30周年紀念 國際學術會議 發表論文集』; 1982, 『韓國의 歷史像』.

3) 고려시대의 향리층은 고려 건국과 후삼국 통일의 주역이었던 호족의 후예인 土姓吏族으로서 역대 문벌귀족의 공급원으로서의 역할을 담당하면서 一邑을 영도해 나가는 지식인들이었다. 고려일대를 통하여 향리의 상층부인 邑司의 戶長層이 중앙의 관인을 계속 공급시키고 군현지배권을 견지할 수 있었던 것은 결국 土姓吏族이라는 강인한 씨족적 유대와 공고한 경제적 기반 및 군현통치의 행정적 기능과 관인이 될 수 있는 학문적 소양을 들 수 있다. 특히 상주외관의 극소화와 향리의 수적 증대가 이루어진 계수관 중심의 광역단위의 권역별 군현제하에서 부세수취와 역역동원이 원활하게 이루어질 수 있었던 것은

포함할 수 있을 것이다.[4]

　현재의 지식인이란 그 자체 다양한 직업적 분포와 계급적 입장을 가지고 있기 때문에 독자적인 계급이익을 가질 수 없는데 반해 당시의 문인지식층은 계급적 측면에서 그 出自가 역대 고려왕조의 지배세력의 공급원이었던 土姓吏族에 두고 있으며, 中小地主 이상의 경제적 기반을 갖고 있다. 또한 이들은 治國濟民의 정치학인 유학을 익혀 과거를 통한 出仕에 궁극적 목표를 둔 官人으로의 길을 지향하는 지배층의 성원이다. 이런 점에서 이들을 지식인으로 칭하는 것은 엄격한 사회적 의미에서 부적합할지 모른다. 사회집단으로서의 지식인이 출현하게 되는 것은 자본주의의 발달, 시민계급의 성장과 밀접한 관련을 가지고 있음에도 불구하고 굳이 지식인이라는 용어를 사용한 것은 1970~1980년 이후의 역사적 상황에서 바로 지식인으로서의 역사가의 현실인식이 과거에 투영되어 나온 것에 대한 일정한 의미를 부여한 때문이다.

　문벌귀족 사회의 폐쇄성과, 뒤이은 무신쿠데타로 인한 무신정권의 성립으로 인해 기존 문벌귀족의 정치적 몰락에 따른 사회경제적 기반의 와해, 군현지배방식의 변화에 따른 향리층 지위의 변화, 농민항쟁과 외세의 침입에 따른 대내외적 모순의 중첩화 현상 등

　　바로 이들의 역할에 기인하는 것이다. 이러한 史像을 사장하고 오직
　　수탈자로서의 在地吏屬層을 그려내는 것은 잘못된 것이라 하지 않을
　　수 없다.
　4) 무신쿠데타 이후 화를 피해 머리 깎고 중이 되는 문인들의 숫자가 늘
　　어나고, 심지어 國子監試나 禮部試에 급제할 정도로 유학의 교양이
　　있는 자들, 즉 眞覺國師 慧諶·圓鑑國師 沖止·眞靜國師 天頙 등이
　　입산하였다. 이 가운데 혜심은 최우의 끊임없는 개경초치에도 응하지
　　않았고, 충지는 개경에 다시 발을 들여놓지 않겠다고 결연한 태도를
　　보였다. 또한 급제하지 않더라도 유학을 닦으면서 승려가 된 인물이
　　많았다.

으로 인해 문인지식층의 다양한 현실대응태도가 나타난다는 점에서 1970년대 이후의 군사정권 아래에서 부유하고 있었던 지식인들에게 깊은 관심을 불러일으키게 되었던 것이다.

그간 문인지식층에 관한 연구는 현실정치에 대한 지식인의 태도가 크게 체제지향적 입장과 체제비판적 입장 및 무관심의 세 부류로 나뉘어진다는 점에서 이들의 세 부류를 역사 속에 확인하는데서부터 시작하여, 려말선초의 사회변혁의 한 주체로 성장한 신흥사대부의 기원을 신진사인에서 구하고자 하는 움직임으로 나타났다.

파행적인 정권교체의 상황이 연출되어 왕정이 중단되고 대다수의 관료들이 무신의 사인으로 전락되는 무신정권시대에 있어서 당시의 문인지식층들이 어떻게 대응하고, 어떤 삶의 자세를 취해 왔던가에 초점을 두고 각각의 처지·사상·성격에 따라 행동을 달리한 유형을 다음과 같이 구분되기도 하였다.

첫째, 정중부 난 초에 진작 도피하여 儒官을 벗어 던진 후 머리를 깎고 중이 되어 명산을 두루 방랑하거나 한 곳에 정주하면서 세상이 다소 달라진 후에도 끝내 환속하지 않고 '遁世無悶'으로 일생을 마친 사람으로서 神駿과 悟生과 같은 인물들이다.

둘째, 역시 정중부 난 초에 멀리 피신했으나 儒官을 버리지 않고 지방에서 유학을 닦으면서 處士생활로 일생을 보낸 사람들이다. 그 대표적 인물로서 權敦禮를 들 수 있다.

세째, 정중부 난 초에 피신했다가 세상이 약간 달라진 후에 수도 개경으로 돌아와 관직을 구했으나 여의치 않아 일생을 보낸 林椿과 같은 인물이다.

네째, 정중부 난 이후 얼마 안되어 과거로 발신했거나 최씨정권 이후에 등용되어 최씨의 문객이라는 평을 듣게 된 사람으로 李仁老·李奎報와 같은 유형의 인물을 들 수 있다.

　이러한 4개의 유형 중에 첫째와 둘째의 인물이 수적으로 많지는
않지만, 이들이 끝내 무신정권과 타협을 거부하고 현실권 밖에서
자기의 주체성을 지키면서 청고 한 일생을 살았다는 점에서 주목
할 만한 가치가 있는 것으로 평가를 받았다. 그들이 지방에서 지방
관원의 자제를 포함하여 지방토착세력, 향리층의 자제를 교육하였
고, 그들로부터 교육받은 인물들이 중앙으로 진출하여 마침내 새
로운 정권담당자로서의 사대부계급 형성의 주체로 성장하였다는
점에서 관심의 대상이 될 수밖에 없었다. 이는 상대적으로 당시의
무신정권, 특히 최씨정권 이후를 文士의 보호 육성을 통한 신문화
의 발아기로 보는 관점에 대해 비판적 입장을 보이고 있다. 즉 최
씨정권의 문사의 보호 육성책은 많은 인간을 아유·타협·왜곡의
형으로 만들었다는 것이다. 이러한 인간들에 의하여 건전한 이념
과 정당한 방향이 정립될 수 없고, 따라서 정치와 문화가 올바로
발전될 수 없다는 것이다. 최씨정권이 문학을 숭상한 것 같으나 실
상 문학의 이념적인 것이나 사실적 수법 같은 것은 완전히 배제하
고 오직 시의 기교적 측면에 중점을 두는 기교주의 문예취향을 가
짐으로써 아무런 비판의식도 없고 현실에의 영합과 적응이 생리화
되었다는 것이다.5) 이런 관점에 선 논자들이 무신정권시대의 문인
지식층을 무신에 대한 상대적 개념으로서, 일부 구관인과 신진사
인들을 아울러 지칭하는 개념으로 정의하면서 전자를 부정적으로
말하고, 후자를 긍정적으로 그려내고자 한 것은 어쩌면 논리전개
상 당연한 결과였을 것이다.
　무신정권시대의 문인지식층의 존재형태를 이와 같이 규정한데
대해 비판의 소리 또한 없지 않았다. 庚寅(의종 24)과 癸巳(명종 3)
의 양차에 걸쳐서 문신의 대략 살육이 감행되었으나 入山逃避·

---

　5) 李佑成, 앞의 책, 187~192쪽 참조.

禮遇武臣・忠直・惠民政治・親戚關係, 그리고 依託 相善하였던
많은 문신들이 화를 면하고 구명되었다는 점이 주목되면서 殘存文
臣들을 무인정권에의 출세를 단념한 정계은퇴 계열의 문신군(신
준・오생・권돈례)과, 타협 아부한 정계 등장 계열의 문신군(금
의・이규보・이인로 등)이란 두 유형으로 확연히 구분하여 각각
도피와 어용으로 논단함은 불합리하다는 것이다. 그들은 무인정권
에 대하여 모두 참여의식과 반발의식을 함께 가지고 있으므로 정
계은퇴 계열의 문신군은 정계로의 재등장을 동경하는 경향을 띠는
가 하면, 정계 등장 계열의 문신군은 의기가 저상되어 집권세력에
완전무결한 동조자로 될 수 없었다는 것이다.6)

　　기왕의 연구는 대개가 권력에의 길, 권력의 언저리에 맴돌고 있
었던 부류들에 관한 연구뿐이었고, 기껏해야 神駿, 悟生, 權敦禮
등의 인물이 저항지식층으로서 주목받았을 뿐이다. 그나마 저항지
식층으로서의 이들을 언급하면서 신준・오생 등은 아예 머리 깎고
중이 되어 무신정권과 타협하기를 거부하였고, 권돈례는 원주에
우거하여 평생 후진교육에 전념하였다는 지적 정도이다.7) 그러나
이것만으로 이들이 저항지식층으로서의 면모를 지니고, 이들의 사
상과 행동이 다음의 새 시대를 준비하는 이념적 기초를 형성하는
데 기여하였다고 볼 수는 없다. 어쩌면 이들은 산곡간에 숨어들어
자신의 절개를 끝내 지키고, 지방의 학문발흥을 가져오게 하였을
런지는 모르지만, 일면 현실과 유리된 채 애써 정치적 무관심을 표
하며 일신만을 보존하는데 급급하여 결과적으로 무신정권의 권력
의 정당화・은닉화 작업에 대해 암묵적으로 시인한 것에 불과한

---

6) 金毅圭, 1975,「高麗武臣執權期 文臣의 政治的 動向」『史學論志』3 ;
　　1981,「高麗武人執權期 文士의 政治活動」『韓㳓劤停年退任紀念史學
　　論叢』참조.
7) 李佑成, 앞의 책, 187~192쪽 참조.

것이다.

1170년 무신쿠데타로 말미암아 문벌귀족사회가 무너지고 무신정권이 탄생하면서 중앙정치무대에서의 권력투쟁이 격화되고, 사회경제적 모순이 더욱 심화되어 농민·천민의 항쟁이 격화되는 격동의 시기에 고뇌하고 방황하면서 사유함으로써 내적 성찰과 도덕적 용기를 지니고 행동하는 지성으로서, 현실비판적 견해를 토로하면서 다음의 시대를 준비하는 초석으로서의 지식인상이 당대에 존재하지 않았는가 하는 문제를 규명해 보고자 하는 노력이 본고의 한 시각이다.

고려 무신정권시대는 사회경제적 제관계의 변화에 따른 민들의 광범위한 저항과 지배층 내부의 대립과 갈등, 이민족의 침입으로 인해 대내외적 모순의 심화·중첩화 현상이 두드러진다. 이러한 대내외적 모순의 제거를 위한 변혁의 움직임은 대체로 지금까지 신진관료세력의 대두, 농업생산력의 발전과 농민항쟁 등의 분석을 통한 농민층의 역량 성장, 그리고 이민족의 침입에 대한 항전과 자주의식의 고양 등에서 찾아내고자 하였다. 특히 그 과정에서 무신정권시대의 신진관료들에 적극적 의미를 부여하여, 이들이 려말·선초의 사회변혁의 한 축인 新興士大夫로 연결된다는 점이 강조되었다. 그러나 려말·선초 사회변혁의 커다란 축으로 활동한 신흥사대부가 무신집권기에 새로이 진출하는 향리출신의 학자적 관료로부터 기원하고 있다는데 대한 기존의 통설8)에 대한 의문이 제기되고 있다.9) 이 당시의 신진관료 세력의 역량이 결코 사회변혁

---

8) 李佑成, 1964,「高麗朝의 吏에 대하여」『歷史學報』21 ; 金潤坤, 1974,「新興士大夫의 擡頭」『한국사』8, 국사편찬위원회 참조.

9) 閔賢九 氏는 1987,『제2판 한국사연구입문』, 한국사연구회편(지식산업사 간, 238쪽)에 게재한「權門世族과 新興士大夫」에서 "일반적으로 신흥사대부는 무신집권기에 새로이 등장하는 鄕吏 출신의 학자적 官

을 주도하지 못하고 있다는 점을 감안할 때 이들을 려말·선초의 신흥사대부와 관련시키는 것은 분명 문제점이 있다. 더욱이 아래로부터 무력을 동원한 사회변혁을 지향하던 농민항쟁이 결국 스러지고 말았다는 점, 또 외압에 대한 저항에도 불구하고 결국은 원의 간섭과 지배를 받을 수밖에 없었다는 점에서 이 시기의 지식인의 활동은 그만큼 한계를 갖는 것이다. 따라서 이 시기를 조망하는데 있어서 과연 무엇이 이러한 사회변혁을 지향하는 움직임을 저해하였는가를 밝혀내는 것이 한국사의 전개과정을 이해하는데 있어서 중요한 과제라고 할 수 있을 것이다.

　문인지식인이란 원래 그 자신이 놓여 있는 역사적 사회적인 상황에 대한 인식을 중요한 과제로 삼으면서 말없는 다수를 대변한다는 점에서 당시의 사회를 해명하는 한 척도가 될 수 있을 것이다. 당시 사회의 생산력의 발전이나 민의 존재양태가 거의 드러나지 않고 있는 현실의 시점에서 이들의 글을 통해 당시 사회를 이해할 수 있을 것이다. 필자는 이러한 시각에서 당시의 문인지식인들의 문집인 林椿의『西河集』, 李仁老의『破閑集』, 李奎報의『東國李相國集』, 崔滋의『補閑集』등을 주 자료로 활용하여 문인지식인상과 현실대응태도를 살펴봄으로써 그들의 위상과 역할을 자리매김 하고자 한다. 이들의 분석을 통해 무신정권시대의 문인지식층들이 당시의 시대적 과제를 자신의 고민으로 안고 살아가면서

僚로부터 기원하는 것으로 알려져 있다. 그러나 신흥사대부가 결정적 역할을 하는 조선의 건국은 무신란이 발생한지 220여 년이 경과한 다음의 일이며, 무신집권기에 진출하는 鄕吏 출신의 新興官僚들 가운데에는 크게 출세하여 부마국체제하의 권문세족으로 대두하는 경우도 적지 않은 것이다. 그러므로 조선의 건국이라는 大變革에 先鞭을 잡는 신흥사대부 등장의 단서는 충렬왕대(1274~1308) 후반기 이전으로 올려 잡기 힘든 것이며, 이 무렵에 이루어지는 성리학의 수용을 중요한 기준으로 삼을 수 있을 것 같다"고 하였다.

현실 속의 자신의 위상과 역할, 또 역사에 대한 자신의 자세를 얼마만큼 진지하게 돌아봤었던가 하는 문제에 초점을 두어 그들이 어떠한 지식인상을 추구하였던가를 검토하고자 한다.

제1장

武臣政權時代의 文人知識人像

제1절 武臣政權의 전개과정과 文人知識層

1. 武臣政權 성립 전후의 文人知識層의 動態

고려왕조는 신라의 폐쇄적이고 배타적인 골품제 사회의 외곽에 있었던 호족이라고도 불리는 지방세력이 성립시킨 국가였기 때문에 이들에게 본관제의 실시를 통해 성씨와 본관을 주어 그들의 영역에 대한 지배권을 인정해 주어 자율성을 부여하는 한편, 그들로 하여금 영역 내의 농민의 유망을 방지하고 조세를 수취케 하였다. 이렇게 해서 성립된 본관제는 중앙과 지방세력 간의 타협의 산물이었지만 어디까지나 중앙집권화를 위한 방책의 하나로 고안된 것이기에 본관을 단위로 일정한 영역규제가 행해졌고, 이를 바탕으로 고려의 중앙정부는 전국을 군현제의 틀로 묶어 외관을 파견함으로써 국가-수령-재향세력을 축으로 하는 대민지배방식을 취하였다. 본관제를 바탕으로 한 고려왕조는 전 왕조에 비해 지배세력의 양적 확대와 공간적 확대로 인해 사회력의 통합을 기하고 민에 대한 착취를 줄여 높은 정당성과 동질성을 나름대로 확보하였다.

군현제와 과거제도, 그리고 통치이데올로기로서의 유학의 적용은 결국 고려왕조의 중앙집권화를 가져와 현종조에서 문종조에 이르는 시기에 개경중심의 중앙집권적 사회구조와, 이를 기반으로 한 문반위주의 문벌귀족사회가 형성되었다. 이로 인해 사회이동이 제한되고 폐쇄적인 사회가 형성되면서 균열을 보이기 시작하였다.

私學 12徒와 科擧制度 및 座主와 門生制, 蔭敍制度는 그 단면도라
고 할 수 있다. 文班과 武班이 같은 品官이면서도 상호 통혼조차
이루어지지 않을 정도로 무반은 문벌에 끼지 못하였고, 문반과 계
층상의 구분이 가능하게 할 정도였다. 이러한 문벌사회에서 주요
관직이란 문벌들의 독점물이 되었기 때문에 새로운 계층의 士流가
등장하여 고위관직으로 진출하기가 어려웠다.[1]

　개경문벌들은 그들 조상의 출신지역을 본관으로 삼고 있으면서
도 중기의 폐쇄된 사회에서 在鄕鄕吏와 계층상 완전히 구별되었
고, 이들 서로의 긴밀한 유대란 별반 보이지 않는다.[2] 전기까지만
하더라도 나말·려초의 사회변혁의 주체인 동시에 문벌귀족의 공
급원이었던 土姓吏族들의 상경종사의 길이 얼마든지 열려 있었다.
'鄕吏三丁一子入仕'의 규정[3]이나 其人役을 통한 同正職으로의 진
출[4]은 향리들에 대한 일종의 우대의 조처였지만 문벌귀족의 폐쇄
성과 배타성이 나타난 중기 이후에는 宦路로의 의미를 별반 갖지
못하게 되었다.[5] 그럼에도 불구하고 생산력의 발전에 편승하여 중

1) 許興植, 1981, 『高麗社會史硏究』, 아세아문화사, 364~366쪽.
2) 歸鄕이란 고려전기의 형벌은 후에 徒流를 의미하였고, 사형이 적었던
　고려사회에서 사형 다음으로 중형이었던 것도 이 때문인 듯하다. 이
　러한 형벌은 지역적 신분 편제에 의한 연대적 통치원리에서 비롯된
　것인 듯하며, 그들의 본관지역과의 긴밀한 유대가 있었다면 귀향이
　중형이 될 리는 없었을 것이다(文炯萬, 1964, 「麗代歸鄕考」『歷史學報』
　23 ; 許興植, 1981, 『高麗社會史硏究』, 아세아문화사, 366쪽).
3) 金晧東, 1984, 「朝鮮前期 京衙典 「胥吏」에 관한 硏究」『慶南史學』
　창간호, 경남사학회.
4) 『高麗史』卷75, 選擧 3, 銓注 其人. "判 凡其人 … 許同正職 役滿加職"
　이라 한데서 향리들은 기인역을 마친 후 동정직에 나아갈 수 있었다.
5) 재경관료들은 그들의 독점적 지위를 유지하기 위해서 致仕現任은 물
　론 前代宰臣의 내외자손에 대한 同正職 제수의 확대조처(『高麗史』
　卷75, 選擧 3, 凡蔭敍 인종 12년 6월 判. "致仕見任宰臣直子軍器注簿
　同正 收養子及內外孫令史同正 前代宰臣直子良醞令同正內外孫令史

앙권귀들은 본향과 처향, 외향 등지로 사심관임명지역을 확대하고,[6] 이를 바탕으로 대규모 토지를 확보하여 재경 부재지주로서 지방에 대한 수탈자로서의 모습을 드러내게 되었다.[7] 그 결과 중앙에 대한 지방의 종속화는 심화되어 재경세력과 재향세력의 대립 갈등관계가 표출되지 않을 수 없었다.

　이러한 사회계층상 폐쇄성과 대립을 지양하려는 노력이 전혀 없

　　同正 樞密院直子良醞令同正 正收養子及內外孫甥姪主事同正 從三品 直子良醞令同正 正收養子及內外孫甥姪令史同正 正從四品直子良醞 丞同正 正從五品直子主事同正" ; 앞의 책 같은 권, 같은조 동왕 13年 閏 2月. "前代宰臣直子良醞丞同正 內孫令史同正 外孫史同正")를 통해 그들만의 폐쇄성을 더욱 강화할 뿐이었다. 무신정권기 동정직의 정변에의 적극 가담, 농민봉기에의 적극 가담은 권력층 자손들의 동정직 임명에 따른 동정직의 수적 증가와 동시에, 이로 인한 여타의 동정직자의 관직 진출의 어려움이 개재된 것이다. 특히 향리의 자손으로서 기인역을 마친 후 동정직을 받은 자들은 더 이상 실직으로의 진출이 무망해진 상황 하에서 개경에 머물러 있기보다는 지방으로 낙향하여 반체제적인 인물로 전화될 가능성이 그만큼 농후하였던 것이다.

6) 누대의 문벌귀족들은 향리 및 그 일족에서 갓 중앙정계로 진출한 신진관료들의 사심관 임명을 제한(『高麗史』 卷75, 選擧 3, 銓注 事審官, 仁宗 2年判. "鄕吏子孫雖免鄕 其親黨猶爲鄕役者 勿差事審官")한 대신 자신들의 內外鄕 및 妻鄕 등에 대한 사심관 임명을 확대하였다(앞의 책, 같은 권, 같은 조, 동왕 12年判. "宰樞內外鄕妻鄕祖曾祖妻鄕等五鄕內三鄕兼差　上將軍以下三品以上內外鄕祖曾祖妻鄕等四鄕內二鄕兼差 四品以下參上以上內外鄕祖妻鄕三鄕內一鄕差 參外員內外鄕內一鄕差 各以文武平均交差"). 이러한 조처로 인해 중앙의 문벌귀족들의 부재지주로서의 대토지 소유화의 길은 보다 용이해졌을 것이고, 중앙에 대한 지방의 종속성은 더욱 심화될 수밖에 없었다.

7) 이것은 최승로의 손자인 최제안이 그의 본관지역이었던 경주에서 천룡사의 중수를 통한 원당화 작업, 그리고 이곳에 대규모의 토지를 기진하고 있는데서 알 수 있다(金晧東, 1986,「崔殷含－承老 家門에 관한 硏究－新羅六頭品家門의 高麗門閥貴族化過程의 一例－」『嶠南史學』 2, 영남대학교 국사학회 참조).

었던 것은 아니었지만 고도의 계층화와 사회이동의 제한은 지배계
급 내부의 대립, 갈등을 가져오게 되어 李資謙의 난과 妙淸의 난,
나아가서는 무신쿠데타를 가져오는 등 지배층 내부의 공공연한 충
돌이 일어나게 되었다.

지배층 내부의 공공연한 충돌은 결국 통치권력의 누수 현상을
가져와 사적 권력의 확대에 따른 피지배층에 대한 착취의 가중으
로 나타날 수밖에 없었다. 농업 생산력의 발전에도 불구하고 착취
와 억압의 강화로 인해 몰락의 길을 걷던 농민층들의 상대적 박탈
감은 더욱 심화될 수밖에 없었다. 이들은 본관제적 질서가 해체되
어 가는 과정에서 집단적으로 만불향도를 구성하여 염불독경하며
병장기를 들고 날뛰고 유희하면서 가혹한 현실의 조건에서 탈출하
기 위해 집단적 종교행위를 통해 새로운 공동체적 질서를 모색하
는 움직임을 보이기도 하고, 집단적으로 민원을 제기하는 呈訴투
쟁을 전개하기도 하였다. 그리고 개별적으로는 유망의 확대를 가
져옴으로써 부세수취와 역역동원에 커다란 문제점을 야기시키기
에 이르렀다.[8] 이들은 마침내 묘청의 정변에 가담하여 무력항쟁을
통한 사회변혁까지 희구하게 되었다.

12세기 전반의 민의 동요는 지배층에게 위기의식을 가져다주어
그 대응책으로서 숙종, 예종, 인종, 의종년간에 각기 新法, 新敎, 維
新之敎, 新令으로 불리는 일종의 대민시책을 낳게 하였다.[9] 그러
나 이미 풍부한 경제적 여력의 바탕 위에서 詞章을 중시하는 비현
실적 문학에 탐닉하여 사회부조리를 비판 제거하는 時務策을 경시
하는 학풍에 빠져든 그들로서는[10] 사회모순에 대한 근원적 해결의

---

8) 채웅석, 1990, 「12·13세기 향촌사회의 변동과 '민'의 대응」 『역사와 현실』
   3, 한국역사연구회, 역사비평사.
9) 박종기, 1992, 「고려시대 민의 존재양태와 사회의식의 성장」 『역사비평』
   가을호, 역사문제연구소, 역사비평사.

방책을 모색할 수 없었다. 단지 감무파견과 같은 내외의 통치질서의 강화, 太祖遺訓의 계승과 같은 고려초기 통치질서로의 회귀와 같은 고식적 대책을 내놓을 수밖에 없었다. 그 결과 민의 유망과 동요에 따른 지배층의 위기의식은 도리어 당시의 정치지배세력으로 하여금 黨與, 혹은 族黨 형태의 현실적 이해에 집착하는 파당화, 보수화에 빠져들게 하였다. 이러한 정점에서 일어난 무신쿠데타는 개경문벌이 독점했던 통치구성원의 변화뿐만 아니라 중앙을 벗어나 지방사회에까지 변동을 가져올 수밖에 없었다. 무신쿠데타는 이런 점에서 새로운 사회변혁의 가능성을 보여준 것이었지만 권력의 계급적 본성을 척결하지 못한 채 도리어 그들 내부의 권력쟁탈전에 휩싸임으로서 더욱 모순 속에 빠져들고 말았다.

당초 이고, 이의방이 쿠데타를 도모하면서 누가 군대를 지휘할 것인가를 의논하였을 때 우학유를 내세우려고 하였지만 그가 거절함으로써[11] 모주로 정중부를 대신 추대하게 되었다. 그 논의의 과정에서 정변의 지향점이나 그 이후의 방책 등에 관한 구체적 자료는 보이지 않는다. 쿠데타 직후 정중부 등이 살해된 문신들의 집을 철거하려 하니 陳俊이 이를 말리면서, "우리가 미워하고 원망하던 바는 이복기·한뇌 등 4, 5명에 불과하였는데, 이제 무고한 사람을 죽인 것만도 이미 심한 것이다"[12]고 한 것에서도 이들이 향후 정국의 운영방안 등을 기획한 흔적은 없다. 그들은 쿠데타를 일으키

---

10) 이것은 인종조에 宋使를 따라왔던 徐兢이 고려의 학풍을 말하면서 "詩·賦·論의 세가지를 출제하지만 策問을 써서 時局을 묻지 않는다. 이것은 조소할 일이다. 대저 聲律을 숭상하고 經學에는 힘들이지 않으므로 그 문장을 보건대 唐의 餘弊와 방불하다고 하겠다(徐兢, 「同文儒學」『高麗圖經』卷40)"고 한 것에서도 잘 드러난다.
11) 『高麗史』列傳 13, 于學儒.
12) 『高麗史節要』卷11, 毅宗 24년 9월 을묘일.

고 난 후 의종을 폐위시키고 새로운 임금을 누구로 옹립할 것인가
에 대한 논의도 없었다고 보여진다. 무신쿠데타가 일어난 날이 8월
병자일임에도 불구하고 의종이 폐위되고 명종이 옹립된 것은 9일
이 지난 을묘 일이다. 이러한 한계를 가진 무신정권은 쿠데타에 대
한 정당성을 이끌어 내지 못하고 피의 살육을 통한 공포정국을 조
성함으로써 돌파구를 찾고자 하였다. 단지 忠直하거나 惠民政治를
통해 인망을 얻었던 인사들을 정권에 끌어들임으로써 정국의 안정
화를 기도하였지만 정변에 대한 뚜렷한 지향점을 드러내지 못한
상황에서 그러한 조처는 한계성을 가질 뿐이다.

무신정권이 그 지향점을 드러내지 못하고 개혁조처를 취하지 못
하였지만 "무릇 문관을 쓴 자는 비록 胥吏라도 죽여서 씨를 남기
지 말라"고 한데서 단적으로 드러나듯이 기존의 개경문벌귀족세력
에게 일대 타격을 가한 것이었기 때문에 그간 문벌귀족사회의 폐
쇄성과 배타성으로 인해 상대적 박탈감 속에서 소외당하고 있었던
일부 하급품관을 위시한 상당수의 문인들, 그리고 토지로부터 이
탈하여 유망의 길을 들어서게 된 일반농민들에게 변혁에 대한 기
대를 갖도록 하기에 충분하였다. 그 결과 무신들이 문신들을 학살
하고, 의종을 폐위, 거제도로 유폐시키는 상황에서도 조직적인 저
항은 별반 없었다. 이것은 다음의 자료에도 잘 드러난다.

　　毅王이 남쪽 먼 지방으로 달아났다. 李琪라는 사람이 있어서 그림
을 잘 그렸다. 그가 의왕의 초상을 그려서 제목을 쓰지 않은 채 동도
초당에 봉안하고 아침저녁으로 예로서 모신다고 하였다. 기암거사가
우연히 보고 찬을 지었다. '제왕의 상이라고 하려 하니 幅巾을 쓰고
鶴氅衣를 입은 차림은 呂翁과 같다. 隱逸의 모습이라고 하려 하니
큰 콧대에 용의 낯을 한 것이 漢 沛公과 같다. 문득 붉은 계단·옥좌
위에 모시려고 하니 天命이 다시 통하지 않고 늙은 소나무와 이상한
돌들이 있는 곳으로 인도하려고 하니 임금다운 氣가 오히려 다 사라

지지 않았다. 처음에는 孔衰鳳인가 의심하고 혹은 李猶龍인가 두려
워하였다. 그렇지 않으면 하늘의 신령이 제왕으로 화신 해 내려와서
자주 河淸을 만나 백성들의 春臺에 오른 것처럼 나의 태평성대를 누
리게 하다가 치닫기만 하는 용처럼 너무 높이 오르기만 하는 기세에
후회함이 일어나 한바탕의 꿈은 바야흐로 놀라 깨고 드디어 다시 어
둠과 아득한 세상으로 돌아간 것일 것이다'라고 하였다.[13]

이 자료를 통해 우선 무신쿠데타의 발생으로 인해 그 기득권의
망실을 겪게 된 일부 문신들 가운데서 '毅宗復位'를 추진하고자 하
는 일단의 세력들이 있음을 알 수 있다. 그러나 이들의 세력규합은
여의치 못하였다. 기암거사 安置民의 눈에 비친 의종 초상은 '제왕
의 상도 아니고 隱逸의 像도 아닌 모습으로 다시 옥좌에 모시려고
하니 천명이 통하지 않고 그만두자 하니 임금다운 기가 사라지지
않은' 그런 모습이었다. 여기에 바로 무신쿠데타 직후의 문인들의
의식 혼돈의 일단이 적나라하게 드러나고 있다. 이들과는 달리 일
부 문인들은 새로운 사회에 대한 기대감을 갖기까지 하였음을 다
음의 자료를 통해 알 수 있다.

尙書 金莘尹이 의종 경인년 9월 9일에 다음과 같은 시를 지었다.

輦下(임금의 수레 밑 ; 首都)에 풍진이 일어나
사람 죽이기를 어지러운 삼 베듯 하는구나
그러나 좋은 때를 저버릴 수 없어
흰 술에 국화꽃을 띄워 마시네

---

13) 崔滋,『補閑集』卷中. "毅王遜于南荒 有李琪者善畵寫眞 不題稱謂安
於東都草堂 朝夕禮事 棄菴居士偶覘之 及作贊曰 以爲帝王之像 幅巾
鶴氅如呂翁 以爲隱逸之姿 豊準龍顔如沛公 却推之於丹墀玉座之上
命不再通 欲引之於長松怪石之間 氣尙不窮 初疑孔衰鳳 或恐李猶龍
不然此必自天降靈 數會河淸 民登春臺 享我大平 龍亢侮作 一夢方驚
遂復返於杳冥者乎"

당시 이 일을 어찌할 수 없었다는 것도 엿볼 수 있겠으나, 이 늙은 이의 가슴속도 磊落하여 범상하지 않음을 알 수 있다.[14]

김신윤은 무신쿠데타로 인해 문신귀족들이 피를 흘리는 것을 안타까워하면서도 '좋은 때'를 기대하며 흰 술에 국화꽃을 띄워 마실 정도였다. 김신윤 및 안치민의 이러한 입장은 의종대의 사회현실에 대한 강한 비판의식에서 비롯되었음을 다음의 자료를 통해 알 수 있다.

① 毅王이 五道와 東西의 兩界에 조서를 내려서 吏員을 파견하여 院宇와 驛에 써 붙인 시를 모두 기록해서 御府에 바치게 하여 그 중에서 風謠와 民物의 利害를 살펴보고, 인하여 훌륭한 문장을 뽑아서 詩選을 만들게 하였다. 어떤 선비가 역의 벽에 다음과 같이 쓴 시가 있었다.

날이 마치도록 등에 曝陽을 받으면서 밭을 갈았으나
한 말 곡식도 없도다
바꾸어 廟堂에 앉게 하였으면
곡식을 먹는 것이 만석이나 되리

尚西 金莘尹이 義州에 출진 하였을 때, 또 다음과 같은 시 하나를 지었다.

백성을 긁어먹고 윗사람에겐 아첨하는 것이 풍속으로 바뀌어
전국이 모두 그릇 따르도다
녹이 후한 고관의 자리도 욕심이 나지마는
청천백일은 진실로 속이기 어렵도다
齊王의 질병이 나을 수 있다면
伊尹의 음식솜씨를 어찌 감히 사양하리요
말을 전하노니 친구들이여 서로 웃지 말라

---

14) 李齊賢,『櫟翁稗說』後集 2 ;『東文選』卷19「庚寅重九」에는 본 자료의 전후 문맥은 생략된 채 詩만 기록되어 있다.

　　정직해서 부족한 것이 남아로다

　　吏員이 이 두 편을 기록하여 올렸었다. 임금이 여러 시를 읽어
내려가다가 이 시에 이르러서는 한참동안 말이 없었다. 좌우가 두
려워하여 어쩔 줄을 몰랐다. 가을에 이르러 공에게 명하여 동번으
로 鎭을 옮기게 하였다가 그 이듬해에 의주에 다시 부임케 하였으
니 세 번이나 감사에 부임된 것은 朝官으로서 드문 일이었다.15)

② 大祝 吳世才가 毅宗의 微行함을 다음과 같이 풍자하였다.

　　날은 淸明한데
　　먹구름이 땅에 나직이 깔렸노라
　　都城 사람들아 가까이 하지 마소
　　龍(국왕)이 이 속을 나아가고 있으니16)

③ 예전에 毅宗은 數十世 동안의 풍요롭고 태평스럽게 다스려지던
　왕업을 이어받아 왕위에 오른지 오래 되어도 모든 일이 잘 거행
　되지 않음이 없어서, 모두들 태평의 業이 태산보다 편하다고 하
　여 감히 말하는 자가 없었다. 正言 文克謙이 바로 궁궐의 문을
　두드려 상소문을 올렸는데 모두 당시의 병폐에 맞았으므로 사람
　들이 이르기를 '鳳凰이 朝陽에서 울었다'라고 하였다. 그러나 왕
　이 들어주지 않으므로 극겸은 관복을 벗어버리고 집에 돌아왔
　다. … 명종이 즉위하자 발탁하여 喉舌의 자리에 있게 하였다.17)

　상서 김신윤에서부터, 정언 문극겸, 관직을 갖지 못한 오세재, 이
름 모를 선비들에 이르기까지 의종과 문신귀족정치에 대한 신랄한

---

15) 李仁老,『破閑集』卷下. "毅王詔五道及東西兩界 分遣吏 悉錄諸院宇
　　郵置所題詩 悉納御府 察其風謠 及民物利病 … 有措大題驛壁云 終
　　日曝背耕 而無一斗粟 換使坐廟堂 食穀至萬斛 金尙書莘尹出鎭灣幕
　　亦作詩 割民媚上成風久 擧國滔滔盡詭隨 厚祿高官雖可戀 靑天白日
　　固難欺 齊王疾病如能瘳 爇烹醢豈敢辭 寄語友朋莫相笑 正而不足是
　　男兒 及是吏錄此兩篇進呈 上閱詩 悵讀至此默然久之 左右咸懼不惻"
16) 李齊賢,『櫟翁稗說』後集 2.
17) 李仁老,『破閑集』卷中.

비판을 전개하고 있음을 알 수 있다. 이는 일반 민들의 불만을 대변한 것이었기에 막상 무신쿠데타가 일어나 의종이 폐위되는 상황에서도 이에 대한 조직적 저항이 나올 수 없었다.

이들 비판적 지식인들은 결국 의종으로부터 내쫓길 수밖에 없었고, 중앙의 정치무대에 남아 있었던 참여문신들의 대부분은 의종의 失政에 대해 한마디 비판도 개진하지 못하였다.[18] 심지어 의종은 자신의 功德의 성대함을 찬양하는 신하들의 賀表를 대신 지어 신하들에게 보인 뒤, 이에 의거해 백관들로 하여금 表를 올려 하례하도록 할 정도였다.[19] 의종의 실정에 대해 한마디 비판의 입장을 보여주지 못했던 문신귀족의 잔존세력들은 무신쿠데타로 인해 지리멸렬하게 무너질 수밖에 없었다.

반면에 현실비판적 태도로 인해 의종 및 문신귀족들로부터 경원받고 있었던 김신윤은 德望, 忠直, 惠政治民으로 인해 무신쿠데타를 무사히 넘긴 崔惟淸, 宋詝, 徐恭, 李光縉, 文克謙, 李知命 등이 관직에 재등용되는 것을 바라보며[20] 무신쿠데타 이후의 사회에서

---

18) 『高麗史節要』卷11의 毅宗 21년 3월의 萬春亭의 연회, 5월의 普賢院 등의 연회에 대한 사신의 찬에는 한마디 간언도 못하는 대관과 간관들의 태도를 전해 주고 있다.

19) 『高麗史節要』卷11, 毅宗 24年 正月. "봄 정월 초하루 임자에 왕이 대관전에서 하례를 받고 친히 신하들의 賀表를 대신 지었다. 대략 이르기를, '공경히 생각하옵건대, 폐하께서는 堯의 聖哲을 갖추시고, 舜의 총명을 겸하시어, 정무를 다스리는 여가에 하루에 세번 신하를 접견하시는 부지런함을 닦으셨습니다. 즐겨 詞臣과 더불어 四六文으로 된 큰 작품의 문장을 내리시고, 친히 자리에 나오시어 詩書·經史의 묘한 글을 토론하셨습니다. 北使는 長壽를 송축하여 하례를 드리고, 일본에서는 보물을 헌납하고 황제로 부르니, 이는 사람 생긴 이후로 일찍이 오늘에 견줄 만한 때가 없었습니다'하여 功德의 성대함을 지극히 찬양하여 여러 신하에게 내려보내니, 백관이 표를 올려 하례 하였다."

20) 金毅圭, 1981, 「高麗武臣執權期 文士의 政治活動」『韓㳓劤博士停年退任紀念史學論叢』; 張叔卿, 1981, 「高麗武人政權下 文士의 動態와

자신도 인정을 받을 수도 있지 않을까 하는 기대감을 가질 정도였다. 그가 유혈사태 속에서도 '좋은 때'를 염원하며 흰 술에 국화꽃을 띄워 마실 수 있었던 것은 이러한 기대감에서 나온 것이었고,[21] 그 때문에 무신정권에 참여하였을 것이다. 이것은 문극겸의 경우도 마찬가지일 것이다. 이와는 달리 의종대의 사회현실에 대한 비판적 입장을 견지했던 지식인들 중에서도 무신쿠데타와, 뒤이은 臣權에 의한 왕의 교체에 대해 부정적 입장을 표하면서 무신정권에 참여하지 않은 자들도 많았을 것이다.

의종대의 사회현실에 대해 비판적 입장을 가졌던 인물 중에서 무신정권에 참여한 지식인들의 일부는 무신정권에서 그들의 개혁의지를 펼치고자 하였다. 다음의 사료는 그것을 말해준다.

> 左諫議 金莘尹, 右諫議 金甫當, 左散騎常侍 李紹膺, 左司諫 李應招, 右正言 崔讜 등이 글을 올려 말하기를 "前朝의 宰相 崔允儀, 諫議 李元膺, 中丞 吳中正 등은 宦官 鄭諴의 告身에 서명하였고, 서해도 안찰사 朴純古는 老人星이 나타났다고 거짓 보고하였으며, 知水州事 吳錄之는 가짜 금거북을 상스러운 것이라고 하여 바쳤사오니 그들의 자손을 禁錮刑에 처하시기 바랍니다. 또한 承宣은 임금의 喉舌로서 다만 왕의 말씀이나 출납하는 것이 옳거늘 지금 李俊儀와 文克謙은 臺省의 관직을 겸임하여 궁중에서 권세를 부리고 있으니 그들의 兼職을 해임시키기 바랍니다."라고 하니 왕이 이 제의를 좇았으나 준의, 극겸 등에 대한 문제는 허락하지 않았다. 이튿날 諫官들이 합문 밖에 와서 굳이 간하였더니 준의는 술이 취한 김에 순검군을 시켜 간관들을 능욕하였다. 왕이 이 말을 듣고 준의를 좋은 말로 타이르고 간관들을 隍城에 가두었다.[22]

性格」『韓國史研究』34.
21) 張叔卿, 1981, 「高麗 武臣政權下 文士의 動態와 性格」『韓國史研究』 34, 62쪽.
22) 『高麗史』卷19, 世家 明宗 元年 9月 戊子.

前朝에서 宦官 鄭諴의 告身에 서명한 宰相 崔允儀, 諫議 李元膺, 中丞 吳中正 등을 탄핵하고, 承宣 李俊儀와 文克謙의 臺省 관직 겸임을 해임하라고 요구한 이들의 요구는 前朝의 失政에 연루된 관리를 척결하자는데 그치는 것이 아니라 당시의 집정자인 李義方의 형인 李俊儀, 그리고 그의 사돈인 文克謙에 대한 비판도 서슴지 않았다. 이들은 이를 통해 의종대에 위축되었던 諫官의 지위를 확보하고, 나아가 무신들의 전횡에 제동을 걸고자 하였다. 무신정권은 前朝의 失政에 관련된 관리들의 척결에는 응하였지만 자신들을 견제하고자 하는 이들의 행동에 대해서는 단호한 선을 긋고 거부의 입장을 표하였다. 이들은 陰城에 갇히게 되었고, 결국 金莘尹은 判大府事로, 金甫當은 工部侍郎으로, 李應招는 禮部員外郎으로, 崔讜은 殿中內給事로 좌천되었다. 이 사태로 인해 개혁성향의 참여문신들의 한계성이 노정되고, 무신정권의 경직성이 나타나 무신들의 문신에 대한 견제가 더욱 강화되었다.

명종 2년 5월에 金으로부터 명종을 책봉하는 冊文이 접수됨으로써 대외적으로 정권의 정당성을 확보한 무신정권은 다음 달에 접어들어 온건집단의 무신인 梁淑,[23] 德望으로 인해 무신정권에 등용된 崔惟淸, 그리고 韓就 등을 致仕시켰다.[24] 그리고 무신정권의 정치적·경제적 기반의 구축 및 논공행상을 위해 李義方의 형인 李俊儀가 53개의 屬邑에 대한 監務의 파견을 주청하였다.[25] 개혁의 의지가 좌절된 상황하에서 취해진 이러한 조처들로 인해 문신들의 의기는 크게 저상하였을 것이다. 다음의 김신윤의 시는 그러한 분위기에서 만들어졌을 것이다.

---

23) 金塘澤, 1987, 『高麗武人政權硏究』, 새문사, 31쪽.
24) 『高麗史』 卷19, 世家 明宗 2年 6月 丙午.
25) 『高麗史』 卷19, 世家 明宗 2年 6月 壬戌. 李樹健, 1984, 『韓國中世社會史硏究』, 일조각, 370~371쪽 참조.

영녕사에서 두어 밤을 묵고 나니
내가 숫제 행각승이나 된 듯
낮에 시 읊으니 그림자도 깨끗하고
밤에 혼자 앉으니 정신이 엉겨지네
떠도는 신세는 바람 앞의 버들강아지
조그만 충성은 해 아래 등불
하늘 문이 만 겹으로 험하니
내 무슨 술법 있어서 펄펄 날아오를까[26]

이 시의 제작연대는 알 수 없다. 다만 시의 내용으로 보아 그가 앞의 사건으로 인해 어려움을 겪게 된 이후의 시일 가능성이 크다. 김신윤 등의 좌절은 개혁의지의 실현을 위해 무신정권에 기꺼이 참여한 지식인들에게 큰 좌절감을 가져다 주었을 것이다. 바로 여기에 참여문신의 일부의 이탈 조짐이 잉태될 수밖에 없었고, 그것은 결국 金甫當의 亂으로 나타났다.

2. 毅宗復位運動의 전개와 文人知識層의 動態

무신쿠데타 직후 정국 반전을 기도한 움직임은 환관들로부터 일어났다. 9월 1일, 환관인 王光就가 同輩를 모아 정중부를 치려 하였지만 韓淑이 누설함으로써 일이 실패로 돌아간 사건이 일어났다. 아마 이 사건이 계기가 되어 그 다음날 의종이 폐위되기에 이르렀을 것이다.[27]

---

26) 金莘尹, 「永寧寺次高按部韻」『東文選』卷9. 『東文選』에는 이 시 바로 다음에 珍島 江亭에서 高按部의 시를 次云하여 읊은 시를 수록하고 있다. 이로 보아 이 시 역시 진도에서 이루어졌을 가능성이 크다.
27) 『高麗史節要』卷11, 의종 24년 9월. "9월 戊寅 해질 무렵에 왕이 康安

무신쿠데타는 "무릇 문관을 쓴 자는 비록 胥吏라도 죽여서 씨를 남기지 말라"[28]고 한데서 보다시피 기존의 개경문벌귀족세력에게 일대 타격을 가한 것이었기 때문에 문벌귀족들이 그 반전을 도모하고자 하는 움직임을 취할 수밖에 없었다. 의종이 폐위되고 명종이 옹립되자 정권을 재탈취하고자 하는 문신들의 반무신란은 의종 복위운동을 목표로 그 세력을 결집하고자 하였을 것이다. 다음의 자료를 통해 그것을 유추할 수 있다.

> 가) 毅王이 남쪽 먼 지방으로 달아났다. 李琪라는 사람이 있어서 그림을 잘 그렸다. 그가 의왕의 초상을 그려서 제목을 쓰지 않은 채 동도초당에 봉안하고 아침저녁으로 예로서 모신다고 하였다. 기암거사가 우연히 보고 찬을 지었다. '제왕의 상이라고 하려 하니 幅巾을 쓰고 鶴氅衣를 입은 차림은 呂翁과 같다. 隱逸의 모습이라고 하려 하니 큰 콧대에 용의 낯을 한 것이 漢 沛公과 같다. 문득 붉은 계단·옥좌 위에 모시려고 하니 天命이 다시 통하지 않고 늙은 소나무와 이상한 돌들이 있는 곳으로 인도하려고 하니 임금다운 氣가 오히려 다 사라지지 않았다. 처음에는 孔衰鳳인가 의심하고 혹은 李猶龍인가 두려워하였다. 그렇지 않으면 하늘의 신령이 제왕으로 화신해 내려와서 자주 河淸을 만나 民의 春臺에 오른 것처럼 나의 태평성대를 누리게 하다가 치닫기만 하는 용처럼 너무 높이 오르기만 하는 기세에 후회함이 일어나 한바탕의 꿈은 바야흐로 놀라 깨고 드디어 다시 어둠과 아득한 세상으

殿으로 들어갔다. 王光就가 同輩를 모아 정중부를 치려고 꾀하였다. 韓淑이 음모를 누설하여 중부 등이 또 임금의 행차를 따르는 내시 10여 명과 환관 10명을 탐색해서 살해하였다. 왕이 修文殿에 앉아 술마시고 태연자약하면서 伶官으로 하여금 음악을 연주하게 하고, 밤중에야 비로소 침소로 들었다. 이고와 蔡元이 왕을 시해하려고 하니 梁淑이 말렸다. 순검군이 창으로 벽을 뚫고 內帑에 들어가서 진귀한 보물을 도둑질하였다. 중부는 왕을 협박하여 軍器監으로, 태자는 迎恩館으로 옮겼다. 기묘일에 왕을 巨濟縣으로 추방하고 태자는 珍島縣으로 추방하였으며, 太孫은 죽였다."
28) 『高麗史節要』 卷11, 의종 24년 8월 병자일.

로 돌아간 것일 것이다'하였다.[29]

위 사료 가)를 통해 우선 무신쿠데타의 발생으로 인해 그 기득권의 망실을 겪게 된 일부 문신들, 특히 화를 피해 지방으로 낙향한 잔존문신들 가운데에서 경주를 중심으로 하여 '毅宗復位'를 추진하고자 하는 일단의 세력들이 있음을 짐작할 수 있다. 이기가 동도 초당에서 의종의 초상을 그려두고 아침저녁으로 예불을 드리면서, 그 초상을 안치민에게 보인 것은 일종의 의종복위추진 세력의 규합의 일환이라고 볼 수 있을 것이다. 그러면, 경주를 중심으로 의종복위운동이 일어난 까닭은 무엇 때문일까?

신라의 멸망, 나아가 고려의 후삼국 통일로 말미암아 한국사의 주도권이 경주를 중심으로 한 경상도 지역에서 개경을 중심으로 한 중부지방으로 옮겨감에 따라 경주는 오직 지방의 한 거점도시로서의 기능만을 지닌 채 수도 개경에 종속되어 있었다. 그러나 신라하대이래 이곳 출신의 일부인사들이 이미 무너져 가는 신라왕조를 이탈하여 태봉 및 고려로 귀부하였고, 신라의 멸망에 즈음하여서도 경순왕이 자진 '納土歸附'하여 고려에 항복함에 따라 그 일족 및 진골 내지 6두품의 일부인사들까지도 왕조의 교체에도 불구하고 지배세력으로서의 지위를 그대로 유지해나갈 수가 있었다.

경주 김, 최, 이씨 등의 신라계 세력들은 신라시대 이래 체질화되어 온 중앙지향적, 권력지향적 속성을 지닌 채 그들의 신라적 전

---

29) 崔滋, 『補閑集』 卷中. "毅王遜于南荒 有李琪者善畵寫眞 不題稱謂安 於東都草堂 朝夕禮事 棄菴居士偶覩之 及作贊曰 以爲帝王之像 幅巾 鶴氅如呂翁 以爲隱逸之姿 豊準龍顔如沛公 却推之於丹墀玉座之上 命不再通 欲引之於長松怪石之間 氣尙不窮 初疑孔衰鳳 或恐李猶龍 不然此必自天降靈 數會河淸 民登春臺 享我大平 龍亢侮作 一夢方驚 遂復返於杳冥者乎"

통, 학문적 소양, 관료적 자질을 배경으로 하여 문벌귀족의 일원이
되었다. 그들은 事審官 등을 통해 本鄕과 관련을 갖고 일정한 재지
적 기반을 구축하여 부재지주화하고 있었다.[30] 또한 그 일족 및 그
들과 선을 닿고 있었던 자들이 그 후광을 바탕으로 하여 경주의 府
司를 장악하면서 경주는 물론 그 영·속읍에까지 영향력을 끼치고
있었다. 특히 이곳 출신의 김부식은 무신쿠데타 직전의 개경문벌
들을 주도하였던 세력이었고, 그의 아들인 김돈중은 정중부의 수
염을 불태우기까지 하였다. 무신정권의 성립은 바로 그들에게 무
엇보다도 큰 타격을 가하였다. 그들 중 살아남은 인물들은 화를 피
해 본향인 경주 등으로 낙향하였다. 또한 이곳 출신의 인물들이 중
앙정계에서 활약하는 동안 그들과 혼인관계, 혹은 학문적 수수관
계에 있었던 다른 지역출신의 문벌귀족 또한 화를 피해 妻鄕 혹은
外鄕인 경주 등지로 내려왔을 것이다.[31] 무신쿠데타로 말미암아
그들의 동료가 죽임을 당하는 속에서 정치·경제·사회적 기반을
일거에 빼앗긴 채 "모두가 깊이 숨고 멀리 은둔하여 이름을 도둑
질하고 거짓 복종하여 난을 피하지 않을 수 없었던"[32] 상황에서
그들은 반무신, 나아가 의종복위운동을 꿈꾸지 않을 수 없었다.

비록 의종복위운동의 흐름이 경주를 중심으로 세력규합을 시도
하였지만 그것이 행동으로 옮겨지기에는 다음과 같은 장애요인이
있었다. 첫째, 앞에서 언급한 바와 같이 그간 개경 문벌귀족들에

---

30) 金晧東, 1986, 「崔殷含-承老 家門에 관한 硏究-新羅六頭品家門의
    高麗門閥貴族化過程의 一例-」『嶠南史學』2, 영남대학교 국사학회.
31) 김부식의 문생이었던 오인정의 아들인 오세재가 외향이었던 경주로
    우거한 것은 그 일 예라 하겠다(「吳仁正墓誌」『韓國金石文追補』;
    『高麗史』卷102, 列傳 李仁老 附 吳世才 ; 李奎報, 「吳先生德全哀詞」
    『東國李相國集』卷37).
32) 林椿, 「與山人悟生書」『西河集』卷4.

의해 야기된 사회의 폐쇄성과 배타성으로 인해 소외당하고 있었던 일부 하급 품관을 위시한 상당수의 문인들, 그리고 유리도산하고 있었던 일반농민들에게 무신정권의 성립은 도리어 변혁에 대한 기대감을 가져다 주었기 때문이다. 그 결과 무신들이 문신들을 학살하고, 의종을 폐위, 거제도로 유폐시키는 상황에서도 이에 대한 조직적인 저항은 별반 없었다. 더욱이 德望·忠直·惠政治民, 그리고 현실비판적 태도로 인해 의종 및 문신귀족들로부터 경원받고 있었던 崔惟淸, 宋詝, 徐恭, 李光縉, 文克謙, 李知命, 金莘尹, 金甫當 등이 무신정권에 참여하자 변혁에 대한 기대감은 그만큼 고조되었고, 상대적으로 반무신란의 세력결집은 위축될 수밖에 없었다. 둘째, 뛰어난 무력을 바탕으로 하여 출세한 李義旼이 무신쿠데타를 계기로 두각을 나타내기 시작하여 집권무신들의 배려 속에 그의 一族 및 黨附者로 하여금 경주를 비롯한 경상도일대에 그 영향력을 미치고 있었기 때문이다. 무신쿠데타 이후 모주로 추대되었던 정중부는 서해도 군현을 자기 출신지인 해주에 소속시키는 등 자기 본관에 대한 배려를 함과 동시에 서북면 병마사에 자기의 사위인 宋有仁을 파견하였고, 이의방 역시 外鄕인 金溝縣에 현령을 파견하였다.[33] 이것을 감안할 때 이의민은 기존의 문벌귀족과 연결되어 경주의 향직을 주도하였던 세력들을 제거하고 그의 일족과 당부자를 중심으로 경주향직을 장악하였을 것이다.[34] 이의민의 일족과 당부자들이 경주의 주도권을 장악하자 경주의 재향세력의 일부가 의종복위추진세력에 가담하게 되었을 것이지만 의종복위추진세력들의 세력규합은 그만큼 더 은밀하게 진행될 수밖에 없었을

---

33) 『高麗史節要』卷11, 毅宗 24年 明宗 卽位 10月.
34) 후일 이의민이 의종을 살해하고 곤원사의 북쪽 못에 그 시체를 던졌을 때 前副戶長 弼仁 등이 비밀히 관을 갖추어 물가에 매장하였다고 한데서 이를 짐작할 수 있다.

것이다. 셋째, 무엇보다도 의종의 失政에 대한 광범위한 반감은 이들의 세력규합에 최대의 장애요인일 수밖에 없었다. 바로 이러한 분위기를 사료 가)의 이기의 의종 초상화와 그것에 대한 안치민의 찬을 통해 확인할 수 있다. 이기는 의종 초상화를 그리면서 제목도 쓰지 못한 채, 드러내 모실 수도 없는 처지였고, 安置民의 눈에 비친 그 초상은 '제왕의 상도 아니고 隱逸의 像도 아닌 모습으로 다시 옥좌에 모시려고 하니 天命이 통하지 않고 그만두자 하니 임금다운 기가 사라지지 않는' 그런 어정쩡한 모습일 뿐이었다. 그러나 의종복위추진세력에게 반전의 한 기회가 닥쳤다. 그것은 무신정권에 참여한 문신들의 정권에서의 일탈에서 비롯되었다.

무신정권에 참여한 문신들이 의종대에 위축되었던 諫官의 지위를 확보하고, 나아가 무신들의 전횡에 제동을 걸고자 하였지만 무신쿠데타 주체세력에 의해 좌절되고 대거 중앙정계에서 축출되자[35] 의종복위추진세력의 세력 규합은 일대 전기를 맞았고, 그 결과가 명종 3년 8월, 金甫當의 亂으로 나타나게 되었다.

이의방정권하에서 일어났던 김보당의 난은 의종복위운동을 전개함으로써 反政의 성격을 분명히 하였다. 다음의 자료를 통해 이것을 살펴보기로 한다.

> 나) 명종 3년에 金甫當이 기병하면서 張純錫, 柳寅俊 등을 南路兵馬使로 삼았다. 순석, 인준 등이 巨濟에 이르러 毅宗을 데리고 나와서 鷄林에 있었다. 정중부와 이의방이 이것을 듣고 李義旼과 朴存威를 시켜서 군사를 이끌고 남쪽으로 긴급 출동케 하였다. 이의민 등이 계림에 도착하니 어떤 사람이 길을 막고 말하기를 "前王이 이곳에 옴은 州人의 뜻이 아니요, 곧 순석·인준 등에 말미암은 바이며, 그 무리가 수백에 지나지 않고 모두 烏合之衆이니 그 괴수만 제거하면 나머지는 다 무너져 달아날 것입니다. 청컨

---

35) 주 22) 참조.

대 조금 머무르다가 내가 돌아오거든 도모하되, 다만 州人에게는
죄를 가하지 마십시요"라고 하므로, 의민이 말하기를 "내가 있으
니 근심치 말라"하였다. 그 사람이 드디어 주에 들어가 모든 무리
들에 꾀하여 말하기를 "순석의 무리는 今王이 보낸 바가 아니니
죽인들 무슨 해가 되리요"하고, 밤에 군사로서 포위하고, 이를 쳐
서 수백인을 베어 그 머리를 길 좌우에 나열하여 의민을 기다렸
다. 의종을 객사에 가두어 사람으로 하여금 지키게 하고 곧 의민
등을 인도하여 입성케 하였는데 의종을 끌어내어 坤元寺의 북쪽
못 위에 이르러 술을 두어 잔 마시게 하고, 의민이 등뼈를 추리니
손을 움직임에 따라 소리를 지르는지라 문득 크게 웃었다. 존위
가 요로서 싸고 두 가마솥을 합하여 넣고 연못 가운데 던지니 홀
연 회오리바람이 크게 일어나 티끌과 모래가 날리는지라 사람들
이 모두 떠들며 흩어졌다. 寺僧에 헤엄 잘 치는 자가 있어 가마솥
은 취하고 시체는 버리니 시체가 물가에 나와 여러 날이 되어도
魚鼈과 鳥鳶이 감히 상하게 하지 않았다. 前副戶長 弼仁 등이 비
밀히 관을 갖추어서 물가에 묻었다. 의민은 이것을 자기의 공으
로 삼아 대장군에 제배되었다.[36]

  김보당이 기병하면서 의종복위를 선언하며 柳寅俊・張純錫 등
으로 하여금 거제도에 유폐되어 있는 의종을 경주로 받들고 출거
한 것은 김보당과 경주의 의종복위추진세력과의 사전 교감이 없는
한 불가능한 일일 것이다. 이것은 김보당의 난이 사전에 주도면밀
한 계획 하에 反政을 목표로 이루어졌음을 말해 주는 것이다. 아마
김보당이 외직인 동북면병마사로 부임하는 시점을 전후한 시기에
경주의 의종복위추진 세력과의 교감이 이루어졌을 것이다. 유인
준・장순석이 거제로 가서 의종을 모시고 경주로 나오기까지의 행
동은 은밀히 추진되었을 것이며, 명종 3년 8월 경진일에 김보당의
난이 일어났다는 기록[37]과 때맞춰 의종의 경주로의 입거가 이루어
졌을 것이다. 이의민의 의종시해가 동 10월 경신일에 이루어진 것

---

36) 『高麗史』 卷128, 列傳 叛逆 2 李義旼.
37) 『高麗史』 卷12, 世家 明宗 3年 8月 庚辰.

으로 보아[38] 의종복위운동은 약 40일이나 경주에서 지속적으로 이루어진 것이 된다. 이런 점에서 앞의 사료에서 "前王이 이곳에 옴은 州人의 뜻이 아니라 순석·인준 등에 말미암은 것이며", 의종복위추진세력이 단순히 "烏合之衆"이라고 한 것은 실제의 상황과 거리가 있을 것이다. 앞의 자료 가)의 李琪의 의종초상화에 대한 안치민의 찬에서 보다시피 이기는 경주에서 의종의 초상화를 그려두고 아침저녁으로 예불을 드릴 정도였다. 의종의 초상화를 안치민이 우연히 보았다고 하지만 어쩌면 이기 등이 의종복위운동의 뜻을 갖고 세력규합의 의도로 의종의 초상화를 보여주었을 가능성이 크다. 이들은 臣權에 의한 왕권교체의 불법성을 명분으로 내세워 지지세력을 규합하였을 것이다. 그 편린을 다음의 자료에서 엿볼 수 있다.

> 다) ① 동북면 병마사 김보당이 병란을 일으킬 때에 남부지방에서 모두 이에 호응하여 일어났다. 이의방이 그의 종형 郞將 李椿夫와 杜景升을 南路宣諭使로 임명하였는데 이춘부는 성질이 포악하여 邑宰들을 많이 죽였다. 두경승이 조용히 타이르기를 "우리가 임명받을 때에 方鎭이 반역을 도모하고 州郡이 적들과 연결되어 평정하기 어려울 염려가 있던 때였다. …"고 하였다.[39]
>
> ② (李文鐸)은 癸巳年 가을에 이르러 楊廣州道를 按察하였다. (缺落) 甫當이 北에서 稱兵하자 江南州郡이 모두 응한 까닭에 搢紳으로 外職에 나간 자가 모두 피해를 입었다. 공은 홀로 신중하여 그 亂에 참여하지 않았다.[40]

---

38) 『高麗史』 卷19, 毅宗 24年 9月 己卯. "明宗三年八月 金甫當遣人 奉王 出去鷄林 十月庚申 李義旼弑王于坤元寺北淵上"

39) 『高麗史』 卷100, 列傳 杜景升.

40) 「李文鐸墓誌銘」 『韓國金石文追補』 170쪽. "至癸巳秋 出按楊廣州道 △幾甫當稱兵於北 江南州郡皆應 故搢紳出外者 皆被害 公獨以愼重不豫其亂"

토벌군이 邑宰들을 많이 죽였다거나 州郡이 적들과 연결되어
평정하기 어려움이 있었다는 다) ①의 기록이나 '甫當이 北에서 稱
兵하자 江南州郡이 모두 응한 까닭에 搢紳으로 外職에 나간 자가
모두 피해를 입었다'는 다) ②의 기록을 통해 문신으로서 江南州郡
의 외직에 나아간 자, 즉 邑宰들이 의종복위운동에 대거 참여하였
음을 알 수 있다. 이들은 대개 무신정권 이후 내직에서 외직으로
좌천된 자들일 것이다. 앞에서 본 바와 같이 무신쿠데타 이후 정중
부는 서해도 군현을 자기 고향인 해주에 이속시켰고, 이의방은 外
鄕인 金溝縣에 현령을 파견하였고, 명종 2년 6월에는 이준의가 53
개 속읍에 감무를 신설할 것을 주청함으로써 명종조 50여 개의 속
읍에 감무가 파견되었다. 이러한 일련의 조처는 무신정권의 세력
기반의 구축과 논공행상의 의미를 갖고 있었기 때문에 주로 무신
들을 대상으로 하였고, 文人출신의 외관들과의 갈등을 가져올 수
밖에 없었다. 의종복위운동이 일어나자 외관들의 대거 참여의 이
유는 바로 여기에 있었다. 이런 점에서 흔히 사료상 '김보당의 난'
이라고 한 것은 실제 '毅宗復位運動'이라는 명칭으로 부르는 것이
더 합당한 표현일지도 모른다. 허지만 이것은 명종 이후의 고려 왕
권의 승계를 부인하는 것이므로 후세의 기록에 '金甫當의 亂'으로
표현되었을 뿐이다. 고려사 열전의 일반 열전이나 반역전의 어느
쪽에도 김보당전이 실릴 수 없었던 것은 이런 미묘한 문제에서 비
롯된 것일 것이다.

의종복위운동이 강남주군에 걸쳐 상당한 지지세력을 확보하면
서 약 40일간이나 지속되었지만 실패할 수밖에 없었던 요인은 폐
위된 임금인 의종이 반정의 구심점으로서 그 정당성을 확보하지
못하였기 때문이다. 그것은 앞의 자료 가)의 이기의 초상화에 대한
안치민의 찬에 잘 나타나 있다. 의종의 폐위를 '천명'으로 받아들

인 안치민의 입장은 이 지역의 일부 재향세력들을 포함한 일반 민
들의 공통된 정서를 대변한 것이다.[41]

의종복위운동의 진원지인 경주에 국한시켜보더라도 경주에 살
고 있었던 일반 민의 경우 오랫동안 계속되어 온 문벌귀족정치하
에서 어려움을 겪고 있었다. 비록 후기의 자료이지만 공민왕 11년
白文寶의 箚字를 살펴보면, 경상도의 전토의 稅는 같으나 漕輓의
비용이 세액의 배나 됨으로 田夫의 所食은 10분의 1 정도 밖에 안
된다고 하였다.[42] 더욱이 12세기이래 문벌귀족들의 대토지겸병의
추세 속에서 경주를 비롯한 경상도 일대에는 이 지역출신의 재경
세력들이 부재지주로 군림하게 되었다.[43] 반면 일반 민들은 無田
之民으로 내몰려 佃戶로 몰락하거나 流亡하지 않을 수 없었으므
로 상대적으로 불만이 가중될 수밖에 없었다. 또한 이 시기 빈번한
자연재해는 이를 더욱 가속화시켰다.[44] 이러한 질곡 속에서 헤어
나지 못하고 있었던 일반 민들은 낙향문신 및 그들과 연결된 재향
세력, 외관들에 의해 추진되는 의종복위운동에 쉬이 가담할 수 없
었을 것이다. 이러한 분위기 속에 토벌군의 책임자로 파견된 이의
민은 의종복위운동세력과 일반 민들을 분리시킴으로써 의종복위

---

41) 金晧東, 1990,「高麗 武臣政權時代 文人知識人 安置民의 現實認識」
  『嶠南史學』5, 영남대학교 국사학회 ; 본서 제2장 제1절 참조.
42) 『高麗史』卷78, 食貨 2, 租稅.
43) 경주출신의 재경세력들의 본향에 대한 재지기반의 확충 및 대토지소
  유를 통한 부재지주화 현상은 최제안의 천룡사 중수의 예를 통해 확
  인된다(金晧東, 앞의「崔殷含－承老家門에 관한 硏究」참조).
44) 『高麗史』卷80, 食貨3, 賑恤 災免之制, 肅宗 7年 3月. "三司奏 東京管
  內郡鄕部曲十九所 因去年久旱 民多飢困"; 上同 肅宗 6年 11月. "都
  兵馬使奏 東京管內郡縣 旱氣太甚 民被其災";「金誠墓誌」『朝鮮金
  石總覽』上, 356쪽. "(仁宗時 金誠) 東京副留守 時東京多厄 留守輒
  死";『高麗史』卷80, 食貨3, 賑恤 水旱賑貸之制. "毅宗三年二月 以
  尙州慶州飢 遣使賑之"

운동을 진압할 수 있었다. 물론 여기에는 무신정권 이후 이의민과
밀접하게 연결된 재향세력들이 그 매개처로서 기능하였다. 그들은
자료 나)에서 보다시피 이의민과 긴밀한 연락을 갖고 前王, 즉 의
종이 경주에 온 것은 경주민의 의사와는 상관없이 순석·인준에
말미암은 것이라는 것을 내세움으로써 경주민에게 죄를 묻지 않겠
다는 이의민의 뜻을 전하며, 의종복위추진세력이란 '지금의 왕이
파견한 자들이 아니므로 모두 죽인들 무슨 해가 있겠는가'라고 하
여 일부 재향세력과 민들을 끌어들였던 것이다. 결국 양자의 싸움
은 경주민의 협조를 얻은 이의민에게 승리를 가져다 주었다.

의종복위운동의 전개는 무신정권 및 그들에 의해 왕위에 올랐던
명종에게 커다란 위기의식을 가져다 주었다. 이들은 김보당이 처
형되면서 "무릇 문신으로 모의에 참여하지 않은 사람이 누가 있으
랴"라고 한 말을 빌미로 삼아 문신들에 대한 대대적 숙청을 가하
는 한편 의종복위운동에 강남주군의 외관이 대거 호응하였기 때문
에45) 3京·4都護·8牧으로부터 郡·縣·館·驛의 직임에 이르
기까지 모두 무인을 임용하여46) 반무신란의 싹을 제거하고자 하였
다. 이로 인해 화를 피해 사원 및 지방으로 낙향한 지식인들의 숫
자는 크게 늘어나게 되었다.

무신쿠데타와 김보당의 난을 전후해 화를 피해 입산도피한 인물
로서는 神駿, 悟生, 權敦禮, 李仁老 외에도 尙州로 간 李勝章,47)
昇平郡(昇州)으로 간 金平48) 등의 관인을 위시하여, 비록 관직에
진출하지 않았지만 한때 尙州 등의 江南으로 도피한 林椿을 들 수
있다. 한편 권돈례가 있었던 原州에는 朴仁碩이 그 후에 왔었고,49)

---

45) 사료 다) ①, ② 참조.
46) 『高麗史節要』 卷12, 明宗 3年 10月.
47) 「李勝章墓誌」 『韓國金石全文』 中世 下.
48) 『高麗史』 卷100, 列傳 奇卓誠.

경주에는 그곳을 외향으로 한 吳世才가 후일 내려와 일생을 마쳤
다. 그 외 이규보의『東國李相國集』에 보이는 金瑗[50]이나 南田으
로 떠나는 벗[51]들은 중앙정계의 風塵을 마다하고 지방으로 낙향한
자들이다. 庚癸의 亂을 전후해 지식인들이 겪고 있었던 처지를 林
椿은 다음과 같이 표현하고 있다.

> 나는 난을 만나 앞으로 엎어지고 뒤로 넘어져 엎드려 숨어서 남에
> 게 구제된 것이 여러 번이었다. 모두 개·돼지로 대우하고 돌보지
> 않아 서울에 거주한지 오년에 굶주림과 추위가 더욱 심했고, 친척도
> 방문하는 이가 없어 가족을 이끌고 동쪽으로 떠났습니다.[52]

개경을 탈출한 임춘의 지방생활은 '아침에 저녁을 계획하지 못
하도록 구차스럽고 가난한'[53] 것이었다. 임춘의 이와 같은 비참한
생활은 정도의 차이는 있었겠지만 당시의 문인지식층, 특히 화를
피해 중앙에서 지방으로 낙향해 이곳 저곳을 전전하던 문인지식층
의 대다수가 공통적으로 겪고 있었던 현실이었다.

---

49) 류창규, 1989,「高麗 武人政權 時代의 文人 朴仁碩-고문 존중·계승
    과 관련하여-」『東亞研究』17, 서강대학교 동아연구소, 173~178쪽.
50) 李奎報,「醉贈金君瑗 并序」『東國李相國集』卷5. "鷄林先生謫仙人
    羅綺叢中富貴身 蓬萊殿上醉脫靴 誤將飛燕臂太眞 一朝謫向江南天
    醉臥烟花二十春 玉籠那致九苞鳳 金鎖難馴五色麟 快揮張旭筆 狂着
    陶潛巾 熙熙太平日 自號陶唐民 金鷄放赦向京洛 京洛多風塵 又欲掉
    臂涉千里 相逢拊手空揮淚 見君飄然雲外心 一餉功名眞弊屣 行矣善
    保千金軀 南北東西亦是一天地"
51) 李奎報,「送友人之南田居」『東國李相國集』卷12.
52) 林椿,「與洪校書書」『西河集』卷4. "僕自遭難 跋前躓後 隱匿竄伏 投
    於人而救濟者 數矣 皆以犬豚遇之而不顧 故居京師凡五載 飢寒益甚
    至親戚 無有納門者 乃挈家而東焉"
53) 林椿,「謝尙州鄭書記沼啓」『西河集』卷6. "飄然去國離鄉 久糊口於
    江南 幸卜居於境內 食如玉薪如桂 不堪蘇子之愁 … 朝不謀夕 褎而
    且貧 鄉黨竊笑而相欺 朋遊皆背而告絶"

지방으로 낙향한 문인지식층의 일부는 지방에 일정한 경제적 기반의 확보 등을 통해[54] 문인으로서의 기반을 다져 나가는가 하면 후진 교육을 함으로써 지방의 학문발흥의 계기를 마련하기도 하였다. 신준과 권돈례 등은 수령의 자제를 비롯한 지방 향리층의 자제를 모아 가르침으로써 지방향리층 자제의 讀書人化를 가져왔다.[55] 이규보가 최충헌정권의 성립 직후 그의 향리인 黃驪에 갔을 때 진사 李大成 및 향교의 諸生들이 이규보를 위해 연회를 베풀었고,[56] 또 그가 猬島로 귀양갈 때 保安縣의 향교의 諸生들이 술로 위로하

---

54) 이 경우 중앙에 있을 당시부터 본향 및 처·외향에 갖고 있었던 경제적 기반을 바탕으로 하기도 하고, 임춘의 경우처럼 官租와 私契의 누적으로 인해 갖고 있던 토지를 放賣하지 않을 수 없었던 郡氓의 토지를 인수하는 경우도 있었을 것이다(林椿,「奇山人悟生書」『西河集』卷4. "其東有一遺墟 訪之 乃郡氓之田也 以官租私契之委積屢欲財貨 以緩禍 而不售").

55) 李仁老,『破閑集』卷下. "白雲子 神駿이 神虎門에 掛冠하고 公州山莊에 은거하였다. 군수가 그의 아들을 보내어 수업케 한지 여러 해였다.";林椿,「答同前書」『西河集』卷4. "근래에 들으니 선생(權敦禮)은 항상 문을 닫고 가르치니, 제자들은 날로 성하며, 외우고 익히는 소리가 洙泗(공자의 문하)에 비유할 만 합니다.";李齊賢,『櫟翁稗說』前集 1. "불행하게도 의종 말년에 무인의 변란이 일어나 香草와 惡草가 냄새를 같이하고 옥과 돌이 모두 불타는 것과 같이 구별이 없었습니다. 그 중에서 몸을 범의 입으로부터 벗어난 자는 깊은 산으로 도망가서 冠帶를 벗고 伽梨를 입고 남은 생애를 보냈사오니, 神駿·悟生과 같은 무리가 그것입니다. 그 후에 국가에서 차츰 文敎를 쓰는 정치로 회복되었지만, 선비들이 비록 배우기를 원하는 뜻은 있어도 좇아서 배울 곳이 없었습니다. 그리하여 배우고자 하는 자들이 伽梨를 입고 깊은 산으로 도망간 자를 발로 싸매고 멀리 찾아가 강습할 수밖에 없었습니다. … 그러므로 臣이 생각하기에는 학자들이 釋子를 좇아가서 章句를 익히는 풍습은 그 근원이 대개 여기에서 시작된 것이라 하겠습니다."

56) 李奎報,『東國李相國集』卷6. "李進士大成邀飮席上走筆贈之"·"黃驪鄕校諸生 … 昨日遊賞之樂以謝鄕黨二三子云"

는 것으로 보아[57] 무신정권시대 내외의 교육이 부진한 속에서도
지방의 진사 및 향교생들의 향학열이 상당하였음을 알 수 있다.[58]
그리하여 무신집권 초기에 낙향했던 文士들에 의해 양성된 지방의
토성자제, 독서층들은 최씨집권기부터 과거 등을 통해 서서히 중
앙으로 진출하였다. 특히 최우가 집정하면서 '多拔寒士 以收人
望'[59]한데서 종전의 관인과는 체질을 달리하는 신진관료들이 배출
되기 시작하였다. 그것은 무신쿠데타를 계기로 기성 관인과 문사
들의 낙향생활, 전시과체제의 붕괴로 인한 사회·경제적 변화 및
신유학의 수용에 따라 더욱 촉진되어 갔지만 그 계기는 庚癸의 亂
을 전후로 나타나기 시작한 것이다. 그 결과 재지품관층, 혹은 재
지사족의 존재가 비로소 가능하게 되었다.[60]

  일면, 무신쿠데타 이후 몰락한 문벌귀족들의 낙향 및 중앙권력
과 연줄을 맺지 못하고 귀향한 관인들과 동정직 소유자들은 때로
는 해당지역의 주도권을 둘러싸고 기존의 재향세력과 갈등관계에
놓이기도 하였고,[61] 현 체제에 대한 불만세력으로서[62] 당시 농민

---

57) 李奎報, 『東國李相國集』 卷17. "十二月移寓保安縣李進士翰材家謝鄕
    校諸生携酒來慰坐上作"
58) 宋春永, 1987, 「高麗時代 鄕校의 變遷史的 考察」 『歷史敎育』 41.
59) 『高麗史』 卷129, 叛逆 3, 崔忠獻 附 崔怡.
60) 李樹健, 1984, 『韓國中世社會史硏究』, 일조각, 338~341쪽.
61) 청주지방의 '係京籍而退居者'와 '州人'과의 대립은 그 대표적인 예이
    다(『高麗史節要』 卷12, 明宗 8年 3月. "淸州人 與州人係京籍而退去
    者 構隙 捕殺幾盡 其黨之在京者聞之 欲爲報仇 矯旨募死士 向淸州
    遣將軍韓慶賴 追止之不及 與州人戰不勝 死者百餘人 以不能禁制 罷
    牧副使趙溫舒 事審官大將軍朴純弼將軍慶大升").
62) 悟生은 「黃山江樓詩」에서

    누워서 漁父의 노 저으며 하는 말 들어보니
    먼지 휘날리며 말 달리는 사람들 우리 무리 아니라 하네
    (李齊賢, 『櫟翁稗說』 後集 2

항쟁의 한 일각을 이루는 재향세력과의 교감이 이루어지기도 하였다. 특히 이들의 반체제적인 움직임이 학문을 매개로 재향세력들에게까지 확산되면서 향읍사회에서는 변혁의 의지를 지닌 지식인들이 일부 나타나기 시작하였다. 비록 무신정권기에 접어들어 지방의 학문발흥을 바탕으로 하여 전대에 비해 재향중소지주의 향리층 자제들의 중앙정계로의 진출이 현저하게 증가하였지만 막상 지방에 늘어난 독서인층, 즉 지식인의 증가에 비해 그 진출은 별반 큰 의미를 갖지 못한다.[63] 더욱이 무신정권기에 들어오면서 外官 文武交差制 등의 실시를 통해 그동안 文士들의 진출로였던 '州縣外補'를 무인들이 독점해 가는 상황에서 과거 합격이 관직으로의 길을 보장해 주지 못함으로써 이들의 불만이 팽배해져 있었다.[64]

라고 하여 무신정권에 대한 풍자를 하고 있다.

63) 한국사의 경우 고대국가 성립 이후 현재에 이르기까지 중앙집권적 사회구조를 갖고 왔었기 때문에 흔히 한국사의 분석은 중앙정부의 시각에서만 그 분석의 틀을 짜기 마련이다. 따라서 중앙정계에 관인층을 얼마나 배출하였는가 하는 그것이 바로 지방을 평가하는 척도로서 이해되는 경향이 그간 있어 왔다.

64) 무신정권이 김보당의 擧兵을 평정한 사후조치로서 3京·4 都護·8 牧을 비롯하여 전국의 군현과 館·驛의 任에 이르기까지 모두 武人을 幷用하도록 한 조치는 무신쿠데타 이후 무신들의 문반직 겸대로 인해 불이익을 당하고 있었던 하급관료나 아직 환로에 오르지 못한 문인들에게 있어서 심각한 문제를 던져 주었다. 고려시대의 州縣外補는 文科出身들이 반드시 거쳐야만 하였다. 그러나 김보당의 난 이후 지방까지 무신지배를 공고히 하기 위한 의도에서 지방관에 무인을 함께 임용함으로써 문인의 仕路가 막혀 이들의 仕宦이 순탄하지 못하였던 것이다(『高麗史』卷75, 選擧 3, 銓注 凡選法, 明宗 11年 正月. "中西門下郎舍議奏 舊制 文吏散官外補者 皆有年限 非有功不得超遷 今有一二年而超受者 有三十餘年而不調者 政濫人怨 請限及第登科者閑五年 自胥吏爲員者閑八年以上 許得施行 餘皆追寢之 詔可 時政出權門 奔競賄賂 無復廉恥 自重房上將及宿衛之臣 有氣勢者 各擧一人 占

그리하여 농민봉기 등이 일어나자 이들 지방의 문인지식인들이 이를 지지하고 동조함으로서 농민항쟁의 증폭현상을 가져오게 되었다. 지역에 따라서는 이러한 변혁의 의지를 지닌 지식인들의 일부가 농민층들과 이해관계를 같이 하면서 농민항쟁에 적극 참여하게 되자 자연발생적인 群盜 형태는 보다 조직적이고 무장된 형태의 농민항쟁으로 탈바꿈하게 되었다. 그들은 자신들을 '正國兵馬使', 혹은 '改國兵馬使', '義兵'으로 자칭하면서 삼국부흥운동을 전개하기까지 하였다.[65]

무신정권에 참여해 관직생활을 영위하고 있었던 문신관료들의 처지 또한 별반 나은 것은 없었다. 당시 문반출신으로 고위 재상직에 있던 대표적 인물의 하나인 尹鱗瞻은 김보당의 난이 일어났을 때 '文臣之長'으로 지목되어 결박당한 일이 있었고, 또 鄭筠이 이의방을 주살할 때도 軍中에서 文臣들이 僧軍을 사주하여 일으킨 변란으로 의심하여 윤인첨을 죽이려고 하였다. 그로 인해,

> 정중부가 난을 일으킨 때부터 문신들은 沮喪되어서 鱗瞻이 무신과 더불어 같이 일을 보는데 매양 견제를 받아 눈치만 살피며 스스로를 보전할 따름이었다.[66]

는 평을 들을 정도다. 문반 출신이 비록 고위의 관직에 있었다고 하나 무신으로부터의 끊임없는 감시와 견제 속에 그 직무에 상응하는

官請調 如不得詣執政家 張拳極口爭詰 執政畏縮許之 銓注猥濫 故有是議 然其追寢者 亦行賂遺 故崔忠烈韓文俊之徒 力排其議 曰 前朝文臣 各執其意 臧否人物 以至於敗 何復踵往轍耶 命吏疾速施行 諸郎無復詰之"). 이러한 분위기 속에서 동정직이나 과거급제자 등의 지식인들이 새로운 질서를 희구하는 움직임을 보였을 것이다.

65) 金晧東, 1994,「12·13세기 농민항쟁의 전개와 성격」『한국사』6, 한길사.
66)『高麗史』卷96, 列傳 尹瓘 附 鱗瞻.

권한을 행사하지 못하고 많은 어려움을 감수하여야만 하였다.[67]

사회개혁에 대한 기대감이 상실된 상황에서 그들의 仕路가 축소되어 가는 것을 보면서 의기가 저상한 지식인들은 의종복위운동의 전개와 의종의 무참한 죽음이 전해지자 깊은 고뇌와 갈등을 느끼지 않을 수 없었다. 결국 '毅宗弑害'문제는 이후의 정국의 전개과정에서 최대의 현안문제로 부각되었다.[68] 의종의 시해는 유학을 익힌 전통적 윤리관을 지닌 지식인들에게 새 집권층의 도덕성에 대한 의문을 갖게끔 하기에 충분한 것이었기 때문에 이의방정권의 정당성·도덕성에 대한 논란을 불러일으키게 되었다. 의종의 시해가 있은 지 3개월 후인 명종 4년 정월, 이의방과 歸法·重光·弘護·弘化寺의 사원세력과의 갈등이 표출되었을 때 이준의가 이의방을 꾸짖어 말하면서,

> "네게 세 가지 큰 죄악이 있다. 임금을 내쫓아서 弑害하고 그의 第宅과 姬妾을 탈취하였으니 그 죄악의 첫째요, 태후의 여동생을 협박하여 통간하였으니 죄악이 둘이요, 나라의 정치를 오로지 제 마음대로 하니 죄악이 셋이다."[69]

라고 한 것에서 무신정권 내부에서조차 의종시해에 대한 심각한 논란이 있었음을 알 수 있다. 趙位寵의 봉기는 이러한 분위기를 틈타 일어난 것이었다.

조위총은 명종 4년 9월에 '毅宗弑害·不葬'의 문제를 내세워

---

67) 朴龍雲, 1987, 『高麗時代史』(下), 일지사, 418쪽.
68) 이에 관해서는 金晧東, 1982, 「高麗武臣政權下에서의 慶州民의 動態와 新羅復興運動」『民族文化論叢』 2·3합집 ; 1990, 「武臣政權時代 慶北地域의 農民蜂起와 新羅復興運動」『慶北義兵史』, 경상북도·영남대학교 민족문화연구소 참조.
69) 『高麗史節要』卷12, 明宗 4年 正月.

난민을 규합하고,[70] 金에까지 사람을 보내어 '弑君不葬之罪'를 알려 군사적 도움을 청하고자 하여 이의방정권에 심각한 타격을 가하였다.[71] '毅宗弑害 · 不葬'의 문제가 현 정권의 정당성 · 도덕성에 대한 성토로 비화되면서 정국이 위태로운 상황 하에서 명종 4년 12월에 이의방정권은 무너지고 정중부정권이 들어서게 되었다.

정중부정권은 의종시해 문제로 인한 정국의 위태로움을 돌파하기 위해 명종 5년 5월에 前王의 喪을 발표하고 백관이 사흘 간 玄冠 素服하여 禧陵에 奉葬하고, 그 眞影을 海安寺에 봉안하여 願堂으로 삼게 하는 등 민심 수습에 착수하였다.[72] 그러나 의종시해의 장본인이었던 이의민은 의종시해의 부당성을 명분으로 내세운 조위총의 토벌에 직접 참가하여 그 공으로 인해 上將軍으로 승진되었고, 정중부정권하에서도 趙位寵 · 趙位寵 餘兵의 토벌과 兵馬使의 직임을 맡고 있었다는 점에서 정중부정권의 이러한 조처는 한갓 허위적인 조처에 불과한 것이었다.[73]

---

70) 조위총이 '弑君之罪'를 성언하매 운중인이 위총에 응하여 의종시해에 가담한 박존위를 죽였다는 것(『高麗史』 卷100, 列傳 趙位寵. "時毅宗猶未葬 以位寵聲言 義方弑君之罪 乃發喪葬禧陵 將軍朴存威奉使在雲中道 每誇納釜之事 雲中人應位寵 遂斬存威"), 宣州의 房孝珍이 고을 사람에게 "위총이 처음에 賊臣을 벤다는 것을 명분으로 내세웠으므로 여러 성이 호응하였다(『高麗史節要』 卷12, 明宗 6年 3月)"고 한 것은 그 예이다.

71) 『高麗史』 卷100, 列傳 趙位寵. "位寵遣金存心趙規如金 奏義方放弑之罪 存心中道殺規 來泊禮安江 王遣中使 … 位寵復遣徐彦等 如金上表曰 前王本非避讓 大將軍鄭仲夫郎將李義方弑之"

72) 『高麗史』 卷19, 世家 明宗 5年 5月.

73) 『高麗史』 卷128, 列傳 李義旼. 金塘澤 씨는 "鄭仲夫의 집권기 동안 李義旼은 趙位寵과 그 餘衆의 토벌을 위해 주로 戰場에 있었고 그 후도 兵馬使의 職任을 맡아 중앙의 정치에는 거의 참여하지 못하였다. 이것은 鄭仲夫政權이 武人으로서의 그의 재질을 인정했기 때문에 취한 조치였다고 볼 수도 있겠다. 그러나 이것과는 반대로 鄭仲夫와 정

정중부정권의 이러한 허위적인 민심수습 노력은 의종시해문제
에 대한 정당성·도덕성에 대한 문제 제기를 잠재울 수 없었다. 도
리어 중앙관료의 일각에 위치한 문신들이 농민항쟁세력을 끌어들
여 의종을 살해한 무신정권을 타도하려고까지 하였다.

> 良醞同正 盧若純, 主事同正 韓受圖가 거짓으로 平章事 李公升,
> 尙書右丞 咸有一, 內侍將作少監 獨孤孝 등의 편지를 만들어서 亡伊
> 에게 보내고, 끌어들여 함께 난을 일으키려고 하였다. 망이가 그 사
> 자를 잡아서 安撫別監 盧若沖에게 보내었다. 약충이 수갑을 채워 압
> 송해 보냈다. 임금이 承宣 文章弼에게 명하여 국문케 하였더니, 약
> 순 등이 말하기를 "지금 주상을 시해한 역적이 요로에 서서 대관이
> 되어 있다. 우리들이 분격함을 이기지 못하여 지방의 도적을 끌어들
> 여서 함께 베어 없애려고 하였다. 돌아보건대 우리 무리는 이름이
> 미미하여 도적이 쫓지 않을까 염려하여, 공승 등이 평소에 명망이
> 있으므로 그의 편지라고 하여 속였을 뿐이다"하였다.[74]

양온령동정 노약순, 주사동정 한수도가 공주 명학소의 농민항쟁
세력인 망이의 무리를 끌어들여 의종을 시해한 자들을 제거하려고

치적 성격을 달리한 인물을 중앙정부의 요직에서 제외시킨다는 의도
적인 인사조치 때문이 아니었을까도 생각된다. 李義旼이 鄭仲夫에 가
까운 인물이었다기 보다는 李義方에 협력했던 인물임을 고려하면 후
자 때문일 가능성이 더욱 짙다"고 하였다(金塘澤, 1979, 「李義旼정권
의 性格」『歷史學報』83, 32~33쪽). 김당택 씨의 이러한 주장은 수긍
할 만하다. 그러나 당시 의종시해 문제가 정국의 최대 현안으로 떠오
르고 있었음을 고려할 때 이의방정권하에서부터 정중부정권에 이르
기까지 이의민이 제거당하지 않고 정치적으로 살아남을 수 있었던 것
은 그가 중앙정치무대에서 일정한 정치적 지분을 가지면서 양 정권의
버팀대로서의 역할을 하였기 때문에 가능할 것이다. 趙位寵 및 그 餘
衆의 봉기에 이의민이 직접 참여한 것은 바로 이 봉기가 이의민 자신
의 아킬레스건을 건드리는 것이기 때문에 그의 자청에서 나온 것으로
볼 수 있다.
74)『高麗史節要』卷12, 明宗 6년 9월.

하였다. 문신들이 '南賊'을 이용하여 반란을 꾀하려는 시도는 이번이 처음이 아니었다. 명종 5년 8월에 承宣 宋智仁, 進士 秦公緒 등이 南賊 石令史와 더불어 반란을 일으키려고 하다가 算業及第 彭之緒의 사전 고변에 의해 발각됨으로써 귀양간 자가 매우 많았고,[75] 동 11월 어떤 사람이 중방에 무고하기를 "문신들이 남적과 더불어 반란을 일으킬 것을 몰래 모의하고 있다"고 함으로써 都校丞 金允升 등 7명을 섬에 귀양보내고 병부상서 李允修를 거제현령으로 좌천시킨 사건[76] 등은 노약순 등의 정변 기도와 관련을 가지는 것일 것이다.

　의종시해문제는 이의방·정중부 정권에 대한 정당성·도덕성의 문제를 끊임없이 야기시켰고, 결국 양 정권이 그처럼 단명으로 끝나는 요인의 하나가 되었을 뿐만 아니라 무신쿠데타에 직접 참여하지 않았던 경대승정권의 출현을 가능하게 하였다. 경대승이 정권을 장악한 직후 朝士가 闕에 나아가 하례 할 때, 경대승이 "임금을 죽인 자가 아직 있는데 어찌 하례하리요"[77]라고 한 것은 경대승의 정중부정권 타도의 명분이 바로 여기에 있었음을 말해 주는 것이다.

　'復古'의 뜻을 갖고, 문인들과 일정한 교분을 갖고 있었던 경대승이 정권을 장악하자 무신쿠데타 이후 숨을 죽이고 있었던 문인들의 官界로의 진출이 모색된 반면 무신들의 활동은 일정부분 위축되었다. 그러나 무신쿠데타의 주체세력이 아닌 경대승정권은 무신쿠데타 주체세력을 완전 장악하고 정권을 안정시킬 수는 없었음을 다음의 자료를 통해 알 수 있다.

---

75) 『高麗史節要』 卷12, 明宗 5년 8월.
76) 『高麗史節要』 卷12, 明宗 5년 11월.
77) 『高麗史』 卷128, 列傳 李義旼. "(明宗) 九年 慶大升誅仲夫 朝士詣闕賀 大升曰 弑君者尚在 焉用賀爲 義旼聞之大懼 聚勇士于家 以備之"

　　무관들이 혹 드러내어 말하기를 "정시중이 大義를 首唱하여 文士
를 억압하여 우리들의 여러해 쌓였던 분을 풀어 주었다. 무관의 위
력을 과시한 공이 막대하거늘 이제 경대승이 하루아침에 대신 4 명
을 죽였으니 누가 그를 처단하겠는가?"라고 하였다. 경대승이 겁이
나서 결사대 백 수십 명을 모집하여 집안에 두고 대비케 하고 이를
都房이라고 불렀다.[78]

　무신쿠데타 때 무력행사를 담당했던 무관들이 정중부를 제거한
데 대한 불만을 공공연히 말할 수 있을 정도였다. 이것은 이의민
을 필두로 하는 무신쿠데타에 직접 가담한 무신들의 경대승정권
에 대한 일종의 정치적 시위였다고 볼 수 있다. 의종시해에 대한
불만을 공개적으로 밝힌 경대승이었음에도 불구하고 무신쿠데타
에 참여하지 않았던 경대승은 일거에 이들을 제거할 수 없었고,
단지 의종시해의 부당성을 내세움으로써 이들의 준동을 막고자
하였을 따름이다.

　경대승정권 하에서도 무신들의 문신들에 대한 견제는 여전히 계
속되었다.[79] 특히 다음의 자료가 갖는 시사성은 크다고 하겠다.

　　毅宗의 화상을 宣孝寺로 옮겼다. 처음에 서쪽에 있는 海安寺에
화상을 두었는데 이 때에 와서 무신들이 의논하기를 "毅宗은 武人을
원수로 여겼으니 그 화상을 武方에 두는 것이 적당하지 않다"고 하
였다. 드디어 왕에게 제의하여 성 동쪽에 있는 吳彌院을 宣孝寺로

78) 『高麗史』 卷100, 列傳 慶大升.
79) 康安殿의 門額의 이름을 짓는데 대한 다음의 이야기는 경대승정권하
에서도 무신들이 문신들을 얼마만큼 경계하고 있었는가를 잘 보여준
다(『高麗史節要』 卷12, 明宗 10年 11月. "十一月 重新康安殿成 門額
曰嚮福 近於重房 武臣議 以爲嚮福 與降伏聲相近 盖文臣 欲以此厭武
臣而降伏之也 奏請改其額 命平章事閔令謨 改曰永禧 武臣復以爲文
臣之意 不可測 安知永禧 別有深意耶 禧字福也 永字之意 吉凶未可知
也 重字本房之稱 請改爲重禧 王從之").

개칭하고 거기에 眞殿을 지어 의종의 화상을 옮겨오고 해안사는 重房의 願堂으로 정하였다.[80]

항상 '復古'의 뜻을 품고 의종시해에 불만을 갖고 있었던 경대승이 집권하였음에도 불구하고 이의민이 살아남을 수 있었던 것은 바로 이들을 세력의 資로 하고 있었기 때문이다. 무신쿠데타에 가담한 무신들의 반발과 명종의 이의민에 대한 비호로 인해 경대승은 이의민을 기회가 있으면 제거하고자 하였지만 그 뜻을 이룰 수가 없었다.

경대승은 都房을 세력의 資로 하여 "항상 數人으로 하여금 里巷을 가만히 염탐"하게 하여[81] 정변의 기도를 적발하고, 여러 번 獄事를 일으킴으로써 정국의 장악을 기도하였다.[82] 그 결과 '慶大升用事 誅戮兇黨 莫措畏縮'[83]이란 사료에서 보다시피 경대승정권은 어느 정도 정국을 주도하게 되었을 것이다. 아마 그 시기는 대체로 명종 11년 3월 前 隊正 韓信忠·蔡仁靖·朴敦純, 郎將 石和, 別將 朴華, 注簿 李敦實 등의 정변 적발을 전후한 시기가 아닌가 한다. 바로 다음 달 의종 시해의 장본인인 이의민이 병을 칭탁하고 경주로 퇴거한데서도 이를 짐작할 수 있다. 경대승이 "學識과 勇略이 없는 자를 물리쳐 무관들이 모두 그 위엄을 두려워하여 감히 함부로 하지 못하였다"[84]고 한 것은 이때를 전후한 이후의 사정을 말해 주는 것일 것이다.

'復古'의 뜻을 갖고, 문인들과 일정한 교분을 갖고 있었던 경대

---

80) 『高麗史』 卷20, 明宗 11년 12월.
81) 『高麗史節要』 卷12, 明宗 9年 11月.
82) 『高麗史』 卷100, 列傳 慶大升. "大升自去鄭宋以來 心不自保 尙令數人 潛伺里巷 偶聞飛語 輒拘囚鞫問 累起大獄用刑深峻"
83) 『高麗史』 卷100, 列傳 13, 李英搢.
84) 『高麗史』 卷100, 列傳 13, 慶大升.

승이 정권을 장악하자 무신쿠데타 이후 숨을 죽이고 있었던 문인
지식층들의 官界로의 진출이 모색되기 시작하였다. 무신쿠데타 직
후 머리 깎고 중이 되었던 李仁老는 명종 10년(1180) 장원급제하였
고, 吳世才는 명종 12년에 급제하였다. 林椿 역시 명종 12·13년
경 오세재가 급제할 무렵 과거응시의 기회를 엿보고 있었다.[85] 그
가 遯世無悶으로 일생을 마쳤던 悟生에게 보낸 편지에서,

> 그저께 난리를 만났을 때 사람들이 모두 깊이 숨고 멀리 달아나
> 이름을 도둑질하고 거짓 복종하여 한때의 난리를 도피하더니, 급기
> 야 사태가 한번 변해지매 鶴書의 초빙을 기다리기 전에 利祿을 달갑
> 게 여겨 옆길로 구하여 체면을 보지 않으니, 누가 다시금 스스로 고
> 상하게 숨은 절개를 지킬 자 있겠습니까. 그러므로 숨은 선비가 옛
> 날에는 세상에 많이 있더니 이제 이르러서는 듣기에도 드물구려.[86]

라고 하여 문인들이 利祿을 구해 정계로의 재등장을 동경하는 풍
조를 개탄한 그마저도 호구지책을 위해 정계로의 진출을 바라고
있었다.

경대승이 "學識과 勇略이 없는 자를 물리쳐 무관들이 모두 그
위엄을 두려워하여 감히 함부로 하지 못하였다"고 하지만 무신쿠
데타에 가담한 무신들의 반발 속에 그 정권은 상당히 위약하였고,
무신들의 문신들에 대한 견제는 계속되었다.[87] 따라서 경대승 정

---

85) 朴菖熙, 1973,「武臣政權時代의 文人」『한국사』7, 국사편찬위원회,
   257~267쪽.
86) 林椿,「寄山人悟生書」『西河集』卷4. "昨於擾攘之際 人皆深潛遠遁
   盜名僞服 以避一時之難 及其神志一變 卽不待鶴書之聘 甘心利祿 突
   梯苟冒 誰復自藏於畔高肥遁之節耶 是以幽逸之士 古卽相望於世 今
   卽罕聞焉"
87) 康安殿의 門額의 이름을 짓는데 대한 다음의 이야기는 경대승정권하
   에서도 무신들이 문신들을 얼마만큼 경계하고 있었는가를 잘 보여준
   다.『高麗史節要』卷12, 明宗 10年 11月. "十一月 重新康安殿成 門額

권에 등용된 문신들의 지위 역시 그 한계성을 가질 수밖에 없었을 것이다.

3. 李義旼政權하의 文人知識層의 動態

명종 13년 7월 경대승의 갑작스러운 병사로 인해 우여곡절 끝에 정권을 장악하게 된 이의민이 그의 모계가 노비의 신분이란 점과 의종시해의 장본인이라는 점에서 정권의 정당성 도덕성에 대한 끊임없는 도전과 반발 속에서도 대권을 장악하고, 나아가 약 12년 동안 그 권력을 유지할 수 있었던 것은 무엇 때문일까? 그것은 그가 경주, 나아가 경상주도의 일반 민들의 전폭적인 지지와 협조, 소군을 비롯한 양천교혼자들의 지지를 바탕으로 하면서 중앙정계에서도 뛰어난 군사적 역량과 자신을 절제하는 태도로 무신쿠데타 때 적극적이었던 행동집단의 무인들로부터 상당한 중망을 얻었기 때문이다. 이의민은 무신쿠데타에 가담한 행동집단의 무인들을 대거 등용하여 권력의 발판으로 구축하였다. 행동집단의 무인들은 賤系 내지 하급신분층에 속하는 인물들이 대다수였기 때문에 母系가 寺婢인 이의민에게 일종의 동류의식을 느끼고 있었을 것이다.[88] 무신쿠데타에 적극적으로 가담하였던 행동집단의 무인들로서는 정중부·경대승정권 동안 그 입지가 크게 위축되어 있었기 때문에

曰嚮福 近於重房 武臣議 以爲嚮福 與降伏聲相近 盖文臣 欲以此厭武臣而降伏之也 奏請改其額 命平章事閔令謨 改曰永禧 武臣復以爲文臣之意 不可測 安知永禧 別有深意耶 禧字福也 永字之意 吉凶未可知也 重字本房之稱 請改爲重禧 王從之"

88) 이에 관해서는 金晧東, 1994,「李義旼政權의 재조명」『慶大史論』 7, 경남대학교 사학과 참조.

이의민의 뛰어난 군사적 역량에 커다란 기대를 갖고 호응하였을 것이다.[89] 이들은 힘을 통한 비상한 강압정치의 도구로서 이의민정권의 권력의 안전판 구실을 하였다고 볼 수 있다. 그 결과 이의민정권기에는 천계 내지 하급신분층에 속하는 인물들이 대거 진출하였다.

이의민정권은 행동집단의 무인들의 힘의 뒷받침 속에 정권을 장악, 유지할 수 있었다. 그 과정에서 그의 힘의 발판이었던 행동집단의 무인들의 세력확장을 위한 움직임과, 이와 관련된 가혹한 수탈은 이의민정권에 부담을 가져다 주었다. 특히 이들의 세력확장과 그 경제적 기반의 확보를 위해 지방으로 파견된 수령들은 대개가 탐오한 관리로서 민의 원성 대상이었다. 이를 다음의 자료를 통해 알 수 있다.

> 라) 史臣 權敬中이 말하기를, "庚癸政亂 이후로 市井에서 짐승 잡고 술 팔던 무리와 활을 당기던 군사들 중에 부당하게 외직의 수령에 참여한 자가 많았다. 저 光允의 무리들은 평일에 송곳 끝 만한 이익과 한 되 한 홉의 이익을 다투어 약탈하는 것과 속여서 매매하는 것으로서 좋은 계책으로 삼았으니, 이러한 때에 어찌 염치가 나라의 기강이 되고 백성이 나라의 근본이 됨을 알겠는가. 하루아침에 한 고을의 수령이 되어 주고 빼앗는 권한을 가지게 되면 재물을 몹시 탐내고 이익을 취하는 것은 당연한 일이다. 아! 벼와 기장 밭에 소와 말을 놓아두고 꿩과 토끼가 있는 곳에 매와 사냥개를 풀어놓고서 그 짐승들이 뜯어먹고, 물어뜯는 것을 금하고자 하면 그것이 되겠는가"라고 하였다.[90]

---

89) 金塘澤, 1987, 『高麗武人政權研究』, 새문사, 47~48쪽. 무신쿠데타 때 행동집단의 무인으로서 큰 활약을 한 李英搢의 경우 경대승정권 때 크게 위축되었지만 경대승의 사후 다시 橫恣해졌다는 예에서 이를 알 수 있다. 그리고 명종 20년의 인사발령에서 8인의 재상 가운데 문신을 제외한 5인의 경우 杜景升을 제외한 崔世輔·李義旼·朴純弼·白任至 등이 무신란에서의 행동집단에 속하는 무인들이라는 점이 주목된다.

이의민정권의 성립·유지의 발판이었던 이들의 행동은 결국 정권의 붕괴의 한 요인이 될 수밖에 없었다. 명종 16년 정월, 校尉 張彦夫가 정변을 기도하면서 "지금 권세를 쓰는 사람이 욕심이 많고 비루해서 백은을 몹시 좋아하여 돈이나 재물을 받고 벼슬을 시키며 법에 어긋난 일을 많이 행하므로 이와 같은 사람의 머리를 베어 그 입에 물려서 널리 조정과 민간에 보이어 사람들에게 은을 탐내다가 죽었다는 것을 알리고자 하였다"[91]고 한 것은 이의민정권에 참여한 무신들과 그 수족인 외관들의 탐학성을 폭로하고자 하는 움직임이었다. 이러한 이유 때문에 이의민정권은 그 권력의 유지를 위한 또 하나의 방책을 강구하지 않으면 안되었다. 이를 위해 이의민은 그 자신이 정권의 전면에 나서지 않고 국왕인 明宗과 文克謙 등의 문신관료를 내세워 정권을 조종하면서 권력의 정당화·은닉화 작업을 시도하였을 것이다. 그 과정에서 일부 행동집단의 무인들은 이의민정권의 권력의 정당화·은닉화를 위한 제물로서 바쳐지게 되었을 것이다.

경대승정권에서 경주에 퇴거해 있었던 이의민이 명종 13년, 경대승의 갑작스러운 죽음으로 인해 개경으로 돌아와 받은 관직은 工部尙書에 불과하고, 이듬해 12월의 인사이동에서도 '守司空左僕射'로 서열상 李光挺, 韓文俊, 文克謙, 崔世輔 보다도 하위관직에 있었다. 적어도 명종 15년 당시까지만 하더라도 표면적으로는 한문준, 문극겸, 최세보 등이 오히려 이의민에 비해 정치적으로 득세하는 형편이었다. 이에 주목하여 이의민이 처음부터 정치적 실천을 갖고 있지 못했고 도리어 문극겸 등이 정치적으로 득세하고 있었고, 이의민이 정치적 실권을 갖게 되는 시기는 문극겸을 제거하

---

90) 『高麗史節要』 卷13, 明宗 16년 8월.
91) 『高麗史節要』 卷13, 明宗 16년 正月.

는데 목적을 둔 명종 17년 조원정·석린의 정치적 변란 무렵부터라는 견해가 있다.92) 그러나 관직의 고하로서 그 권력의 실체를 파악하는 것은 상당한 문제점을 낳을 수 있다. 그 한 예를 다음의 자료를 통해 살펴보기로 한다.

---

92) 朴宗基 씨는 이의민이 경대승의 사후 한동안 최고 실권자로서의 권력을 갖고 있지 못하다는 견해를 다음과 같이 표현하고 있다. 朴宗基, 1990, 「12·13세기 農民抗爭의 原因에 대한 考察」『東方學志』69, 140~141쪽. "명종 13년 경대승이 죽자 명종은 경주에 머물러 있던 이의민이 난을 일으킬 것을 두려워하여 그에게 공부상서의 벼슬을 내리면서 사신을 보내어 설득하자, 그는 개경으로 올라왔다. 그가 공부상서를 제수 받았던 때는 명종 13년 12월이었다. 이듬해 12월에도 인사이동이 있었으나, 그는 '守司公左僕射'로 서열상 李光挺 韓文俊 文克謙 崔世輔 보다도 하위관직에 있었다. 적어도 명종 15년 당시까지만 하더라도 한문준 문극겸 최세보 등이 오히려 이의민에 비해 정치적으로 득세하는 형편이었다. 명종 17년 曺元正 石隣 등이 일으킨 정치적 변란이 문극겸을 제거하는데 그 목적이 있었던 사실로 미루어 보아 문극겸 등이 당시 정치적으로 보다 중요한 위치에 있었음을 알 수 있다. 적어도 명종 13년 경대승이 죽은 이후 같은 왕 17년 조원정의 난이 일어날 때까지만 하더라도 이의민은 정치적으로 최고 실권자의 위치에 있지는 않았던 것으로 생각된다. 이 기간 동안 이의민이 문극겸 등과 같이 정치적으로 뚜렷한 활동을 한 사실을 기록에서 찾아볼 수 없는 것도 또 하나의 이유가 될 것이다. 이의민이 최고 실권자로 사료상에 분명히 나타난 것은 명종 20년 중서문하평장사로 재상의 반열에 올랐을 때였다. 바로 이때는 경주지역을 중심으로 운문 초전에서 대규모 농민항쟁이 일어났던 때였다. 그의 아들 지순이 농민군과 내통하자 토벌군 사령관이었던 전존걸이 이의민을 두려워하여 이지순을 처벌하지 못하고 도리어 자결하였던 사실도 그러한 정황을 잘 전하여 주는 예가 될 것이다. 그러나 그가 최고 실권자로 등장한 시점은 이보다 이른 명종 17년 조원정의 난이 수습된 직후였을 것으로 추정된다. 또한 명종 20년 8월에 한문준, 같은 해 9월에 문극겸, 23년 10월에는 최세보가 졸하였다. 전후관계로 미루어 보아 조원정의 난을 계기로 하여 사실상 정치적인 실권은 이의민에게 집중될 것으로 생각된다"고 하였다.

마) 上將軍 崔世輔를 同修國事로 삼고, 將軍 崔連과 金富를 함께 禮
部侍郞으로 삼았는데, 세 사람은 모두 武官이었다. 무관이 儒官
을 겸한 것은 이때에 시작되었다. 어느 사람이 重房에 호소하기
를, "修國史 文克謙이, 毅宗이 弑害당한 사실을 그대로 바로 썼
는데, 主上을 시해한 것은 천하의 대악입니다. 마땅히 무관으로
하여금 修國史를 겸임시켜 사실을 바르게 쓰지 못하도록 해야 할
것입니다" 하였다. 극겸이 이 말을 듣고 두려워하여 왕에게 비밀
히 아뢰니, 왕이 무신의 뜻을 감히 어기지 못하였으나, 그것이 옛
제도가 아님을 미워하여서, 이에 制하여 同修國事로 삼았다. 그
러나 世輔가 청하지도 않고 바로 '事'字를 '史'字로 고쳤다. 이로
말미암아『毅宗實錄』이 소홀하게 되어 사실과 틀린 것이 많았다.
극겸이 일찍이 史堂에서 세보에게 희롱하여 말하기를, "儒官이
上將軍이 된 것은 나로부터 시작되었고, 武官이 同修國史가 된
것은 또한 공으로부터 시작되었다"고 하면서 서로 한바탕 크게
웃었다.[93]

　사료 마)는 이의민보다 상위관직에 있었던 문극겸 등이 정치적
실권을 전혀 갖고 있지 못하였음을 보여준다.[94] 조원정이 문극겸
을 원망하여 그를 제거하고자 난을 일으킨 원인은 조원정이 中書
省의 公廨田 田租를 빼앗았을 때 문극겸 등이 그 죄를 다스리기를
청하여 치사된 것 때문이다. 이 때 문극겸 등의 疏章이 무려 다섯
번이나 올려진 후 겨우 樞密副使에서 工部尙書로 좌천시켜 치사
하게 한데서도 문극겸의 권한이 제한적이었음을 알 수 있다. 이를
두고 문극겸이 당시 정치적으로 보다 중요한 위치에 있었기 때문
이라고는 볼 수 없을 것이다.[95] 이의민보다 상위 관직에 줄곧 있었

---

93)『高麗史節要』卷13, 明宗 16年 12月.
94) 이런 점에서 "명종 17년 曺元正 石隣 등이 일으킨 정치적 변란이 문
　극겸을 제거하는데 그 목적이 있었던 사실로 미루어 보아 문극겸 등
　이 당시 정치적으로 보다 중요한 위치에 있었음을 알 수 있다"고 한
　박종기 씨의 앞의 견해는 재론의 여지가 있다.
95)『高麗史節要』卷13, 明宗 17年 7月條 및『高麗史』卷128, 列傳 曹元

던 최세보 역시 최고 실권자가 아니었음을 다음의 사료는 보여주고 있다.

> 바) (최세보의) 아들 崔斐는 얼굴이 아름다웠다. 태자궁의 指諭로 있었는데 태자의 총애하는 여종이 그를 보고 궁전 담 안에서 그를 향하여 유자를 던지면서 유혹하였다. 최비가 그만 그 여자와 간통하다가 일이 발각되었다. 왕이 법으로 다스리고자 하였으나 이의민의 주선에 의하여 벌을 면하였다.96)

자료 마)~바)를 통해 정치적 실권이 의종시해의 장본인인 이의민에게 있었음을 알 수 있다. 의종시해에 대한 끊임없는 정당성·도덕성의 문제의 제기로 인해 어려움을 겪고 있었던 이의민으로서는 그가 정치의 전면에 나선다는 것은 그만큼 위험부담을 안게 된다는 것을 누구보다도 잘 알고 있었기 때문에 경주에서 명종의 간곡한 요청에 의해 마지못해 개경에 오는 형식을 빌었으며,97) 그 자신 하위의 관직에 위치하면서 중망을 받고 있었던 문신 문극겸 등

正條. 『高麗史節要』에서는 조원정의 처벌을 문극겸이 청한 것으로 되어 있지만 『高麗史』의 曹元正 列傳에서는 文克謙 외에도 崔世輔·文章弼·杜景升·李知命·金純·文迪 등이 처벌할 것을 청한 것으로 되어 있다. 이 달 그믐날 밤 70 여명의 도적들이 궁궐에 들어와 준동할 때(이들은 바로 조원정의 반란세력이다) 왕이 "누구가 너희들의 주장인가?"라고 물었을 때 도적들이 거짓말로 재상 두경승과 급사중 문적 등이라고 한 것으로 보아 조원정이 제거하고자 한 것은 문극겸 뿐만이 아니었음을 알 수 있다.

96) 『高麗史』 卷100, 列傳 崔世輔.
97) 『高麗史』 卷128, 列傳 李義旼. "의민은 왕이 여러 번 불러도 돌아오지 않았고, 대승이 죽음에 미쳐서도 오히려 오지 않았다. 왕은 반란을 일으키지 않을까 두려워하여 공부상서를 제수하고 中使를 보내어 간곡히 타이르자 그제서야 돌아오니 편전으로 불러 접견하였다. 왕은 내심으로 두려워하고 꺼렸으나 겉으로는 은총을 더하니 中外가 왕의 유약함을 탄식하였다."

과 무신 최세보 등을 전면에 내세워 그 권력을 은닉하고자 하였던 것이다. 이의민이 "非望을 품고 저으기 貪鄙함을 억제하고 名士를 거두어 씀으로써 헛된 명예를 낚았다"[98])는 것은 바로 이것을 뜻하는 것일 것이다. 명종 15~16년을 전후한 시기에 吳世才, 林椿, 李仁老, 趙通, 皇甫抗, 咸淳, 李湛之 등의 현직관료 및 과거합격자 등의 문인들이 '竹林高會'를 구성하여 일면 隱逸・道樂의 謙退的인 입장을 취하면서도[99]) 사환에의 가능성을 갈망하고 있었던 것은[100]) 바로 이의민정권의 이러한 성격에 기인하는 것이다.

이의민은 明宗과 문신 文克謙 등을 내세워 민심에 부응하는 일련의 개혁정치를 시행하고자 하였다. 명종 16년 윤7월 명종이 制를 내려 백성이 나라의 근본임을 말하면서 수령으로서 가렴주구하고 회뢰한 자를 중론으로 다스릴 것을 표방하였다.[101]) 실제 이틀 후에는 수령의 가혹한 수탈로 인해 民이 동요하는 安東과 晋州의 수령을 臟罪로서 유배하였는가 하면,[102]) 17년 6월 경상주도 안찰사 崔嚴尉가 아전과 백성을 침탈하며 뇌물을 받음이 한이 없다 하여 교체시켰다.[103]) 특히 명종 18년 3월에는 왕의 敎書를 통해 사회경제적 모순의 척결을 위한 대대적 개혁조처를 선포하였다. 이를 살펴보면 다음과 같다.

　사) 三月 制曰 百姓乃國家根本 朕欲其安土樂業 故遺朝臣 分憂宣化 近
　　　聞 守令因公事不急之務 侵漁勞擾 民不堪弊 流移逃散 轉于溝壑 朕

---

98)『高麗史』卷128, 列傳 李義旼.
99) 李基白・閔賢九 編著, 1984,『史料로 본 韓國文化史』高麗編, 일지사, 199~205쪽.
100) 朴菖熙, 1991,「武人政權下의 文人들」『韓國史市民講座』8, 일조각.
101)『高麗史』卷20, 明宗 16年 閏7月 乙卯.
102) 앞의 책 卷13, 明宗 16年 7月 丁酉.
103) 앞의 책 卷20, 明宗 17年 6月 丙辛.

甚愍之 其令兩界兵馬使 五道按察使 咨訪民間利病 黜陟守令賢否 審治冤滯 勸課農桑 撫恤軍士 摧抑豪强 除歲貢外貢獻之物 一切罷 之(『高麗史節要』卷13, 明宗 18年 3月)

아) ① 因百姓乃國家根本 朕欲其安土樂業 故遣朝臣 分憂宣化 近聞守令 因公事不急之務 侵漁勞擾 民不堪弊 流移逃散 轉于溝壑 朕甚愍 之 其令兩界兵馬使五道按察使 巡察吏理 期於覈實 各官員吏廉 貪勤怠 精究巡問 小有割民 受贈憑公自利 遍問驗實 以罪貶奏 其 有淸白守節 興利除害 獄訟平決者 以功褒奏(『高麗史』卷75, 選擧3, 銓注 凡選用監司)

② 下制 凡州縣 各有京外兩班軍人家田永業田 乃有姦黠吏民 欲託權 要 妄稱閑地 記付其家 有權勢者 又稱爲我家田 要取公牒 卽遣使 喚 通書囑託 其州員僚 不避干請 差人徵取 一田之徵 乃至二三 民不堪苦 赴訴無處 冤忿衝天 災沴開作 禍源在此 捕此使喚 枷械 申京 記付吏民 窮極推罪(『위의 책』卷78, 食貨1, 田制 田柴科)

③ 下制 諸州府郡縣百姓 各有貢役 邇來守土員僚斜屬使令 徵取役價 其貢賦經年除免 橡吏之徒 竝遵此式 役之不均 貢戶之民 因此逃 流 各道使者巡行按問 如此官以罪奏聞 其餘橡吏 依刑黜職 令均 貢役(『위의 책』卷78, 食貨1, 田制 貢賦)

④ 下制 以時勸農 務修堤堰 貯水流潤 無令荒耗 以給民食 亦以桑苗 隨節栽植 至於漆楮栗栢梨棗菓木 各當其時栽 以興利(『위의 책』 卷79, 食貨2, 農桑)

⑤ 下制 各處富强兩班 以貧弱百姓賖貸未還 劫奪古來丁田 因此失業 益貧 勿使富戶兼幷 侵割其丁田 各還本主(『위의 책』卷79, 食貨 2, 借貸)

⑥ 倉穀本爲百姓 種子日料 春頒秋斂 貴得成實 年來不實 因此失農 非先王爲民制法之意也 若有糟糠相半 監收不實 則以其罪罪之 (『위의 책』卷80, 食貨3, 常平義倉)

⑦ 制曰 京人於鄕邑 盛排農場作弊者 破取農場 以法還京 道門僧人諸 處農舍 冒認貢戶 良人以使之 又以麤惡紙布 强與貧民 以取其利 悉 皆禁止 凡供御物膳 各因土宜 隨卽進獻 其餘玩好熊虎豹皮 無以勞 民徵取密進 又無以驛路贈送私門(『위의 책』卷85, 刑法2, 禁令)

⑧ 制曰 撫恤戰軍 不奪其時 公私營造 一切禁止 無令服勞(『위의 책』 卷81, 兵2, 兵制)

사료 사)와 아) ①을 통해 이 때의 教書는 宰樞들의 건의에 의해 이루어진 것임을 알 수 있다. 이 교서는 田制의 田柴科・貢賦・農桑, 借貸, 常平義倉, 守令制, 兵制, 刑法에 이르기까지 다양한 분야에 대한 모순의 지적과 그 시정책을 담고 있다. 특히 당시 민의 유망과 항쟁의 원인에 대한 정부 차원에서의 인식과 그것에 대한 나름대로의 수습책이 주목된다. 이의민은 명종과 문극겸 등을 권력 행사의 전면에 내세워 위와 같은 개혁을 표방함으로써 권력의 은닉화 작업에 상당한 성과를 거둘 수 있었다.

그러나 이 때의 개혁조처가 민의 유망과 그에 따른 권농문제를 집중적으로 거론하는 등 국가 운영에 대한 문제제기를 하고 있지만 사회변혁을 위한 조처와는 거리가 먼 것이었다. 그 한 예로 농민항쟁에 대한 조처를 검토해 보기로 한다. 이 시기 농민항쟁은 향촌사회 내부의 생산력 발달에 기초한 농민층 분화를 계기로 하여 농민층간의 역부담과 토지소유의 불균형과, 국가권력을 배경으로 한 권세가들의 토지탈점에서 비롯된 것이었다. 그러나 당시 최대의 모순인 중앙 권귀들의 토지탈점 등에 대한 대책으로서 농장의 혁파를 천명하면서도 그러한 원인에 대한 근본적인 해결책이 제시되지 않고 있다. 단지 지방의 수령 및 이속층들에게 책임을 전가함으로써 민의 불만을 무마・호도하고자 하였을 뿐이다.104) 결국 이 때의 개혁조처에는 실천의 의지가 수반되지 않았던 것이다.

이의민정권의 개혁을 위한 시책이 한갓 권력의 정당화・은닉화 작업을 위한 허위적인 것이었음을 사료 사)의 교서에 대한 權敬中

---

104) 앞의 安東과 晋州의 수령의 유배(註 102)), 경상주도 안찰사 崔嚴尉의 교체(註 103)) 역시 이의민정권이 야기한 구조적 모순의 결과였지만 대민업무의 종사자인 외관에게 책임을 물어 개별적 수령의 탐학으로 호도한 사건이라고 볼 수 있다.

의 史論을 통해 알 수 있다.

> 史臣 權敬中이 말하기를 "말하는 것이 같은 데도 그 말을 꼭 믿는
> 것은 말하기 전에 믿음이 있는 까닭이요, 슈이 같은 데도 그 슈이 행
> 해지는 것은 슈 외에 誠意가 있기 때문이다. 明宗이 일찍이 哀痛의
> 조서를 내렸고, 또 懇惻한 조서를 내렸음에도 吏들이 나쁜 짓을 고
> 치지 않고 백성이 편안하게 되지 못한 것은 슈이 좋지 못한 것이 아
> 니라 실행하는 성의가 따르지 못한 때문이었다"하였다.105)

실천이 수반되지 않는 허위적인 조처(사), 아) ①~⑧)는 더 이상
민심의 획득을 기대할 수가 없었다. 이를 개혁의 선봉에 내세운 문
극겸을 통해 살펴보기로 한다.

> 그(문극겸)는 權豪의 간청을 듣고 잘 잘못을 살피지 않아 銓注에
> 어긋남이 많았다. 또 자기의 어린 자제들에게 한 자리씩 벼슬을 주
> 었으며 자기의 종복을 각처로 보내어 田園을 많이 장만하였다. 그
> 때의 공론이 이것을 유감으로 여겼다.106)

문극겸의 이러한 행위는 곧 자료 아) ②, ⑦의 조처와 배치된 것
이다. 이미 문극겸은 의종의 실정에 대한 날카로운 비판자로서의
모습이 아니라 무신정권에 참여한 후 권력에 빌붙어 자신의 지위
유지 및 致富에 급급한 모습을 보여줄 뿐이다.

이의민은 문극겸 등을 전면에 내세워 개혁을 추진함으로써 무신
쿠데타, 그리고 그의 집정을 가져오게 한 행동집단의 무인들을 견

---

105) 『高麗史節要』卷13, 明宗 18年 3月. "史臣權敬中曰 同言而信 信在言
前 同令而行 誠在令外 明宗 曾有哀痛之詔 今又有懇惻之詔 而吏莫
能悛 民不底綏者 非令之不善也 乃行之之誠 未至故也"
106) 『高麗史』卷99, 列傳 文克謙. "聽權豪干請 不察賢否 銓注多舛 又官
其髫齔子弟 分遣僕從 廣植田園 時議惜之"

제하고 그 자신의 일인 독재 기반 구축의 한 계기로 삼고자 하였을 것이다. 무신정권시대의 외관 파견이 무신들의 논공행상과 자기들의 경제적 기반의 확보와 직결되었다는 점을 고려할 때 자료 라)의 내용과 사)~아)의 외관의 불법에 대한 언급은 이의민정권이 중앙의 權豪들인 무신들과 연결된 외관의 불법을 지적함으로서 여타 무신들의 문객을 가지치기 위한 작업의 일환으로 삼았을 가능성이 있는 것이다. 이의민정권의 이러한 이중적 성격은 조만간 양 세력의 크고 작은 충돌을 가져올 수밖에 없었다. 조원정·석린의 난은 그러한 과정에서의 행동집단의 무인들의 위기의식이 문극겸을 제거하고자 하는 움직임으로 표출된 것에 불과한 것일 것이다.

　이의민정권은 일면 행동집단의 무인들을 바탕으로 한 힘의 통치와 문극겸 등을 동원한 개혁의 추진을 통해 이들에 대한 견제, 그리고 권력의 정당화·은닉화로 인해 민심을 얻어 어느 정도 정권의 안정을 가져올 수 있었다. 그 결과 그의 집권 전반기 동안 전대에 비해서 대규모 농민항쟁이 거의 나타나지 않게 되었다. 그러나 이의민정권을 유지시켜 온 두 개의 축인 행동집단의 무인들과 권력의 전면에 나선 문극겸 등은 너무나도 이질적인 성격을 갖고 있었다. 양측은 명종 16년 12월의 문극겸의 毅宗弑害에 대한 直書事件, 17년의 조원정·석린의 난, 18년 3월의 대대적 개혁조처 등을 통해 힘겨루기를 하면서 주도권 쟁탈전을 전개하였다. 표면적으로는 이의민의 지원하에 개혁의 전면에 나선 문극겸 등이 정국을 주도하면서 개혁을 집행해 나가는 상황처럼 보이지만 毅宗弑害에 대한 直書事件의 예에서 보다시피 이의민정권의 이들에 대한 행동반경의 제약으로 인해 책임감을 갖고 개혁을 계속 추진할 수 없었다. "의민이 전주를 천단하였으므로 정사가 재화로서 이루어지고 支黨이 연결하매 朝臣들은 누구도 감히 어쩌지 못하였다. 많이 民居를 점령하고 크게 제택을 일으키며 남의 土田을 빼앗아 그 탐학을 마음대로 하니 중외가 두려워하였다"[107]고 한 것은 그것을 확인시켜 준다. 결국 이의민 정권의 개혁정책은 사회변혁을 추구하는 의도를 갖고 있었던 것이 아니라 의종시해로 인한 정권의 정당성·도덕성에 대한 끊임없는 반발과 도전 속에서 민심을 등에 업고 정권을 유지하기 위한 방편에서 나온 것이었다.

개혁의 추진이 어떤 합의에 의해 이루어지기보다는 힘을 동원한 강압에 의해 이루어지고, 또한 개혁에 대한 실천의지가 수반되지 못하면서 변혁에 대한 민의 기대는 서서히 사라지게 되었다. 그 과정에서 개혁추진을 둘러싸고 이의민정권을 지탱해 주던 두 개의 축(행동집단의 무인과 문극겸 등의 개혁추진세력)의 갈등과 대립이 나타나면서 개혁추진세력은 소신감을 갖지 못하고 타협과 변질을 거듭함으로써 개혁조처는 사문화되고 말았다.

사회현실의 모순에 대한 비판적 입장을 갖고 있었던 오세재가 "만년에 등과하고부터 비로소 기를 꺾고 노력을 다하였음"[108]에도 불구하고 결국 등용되지 못하고 명종 17년 離京하여 결국 東京에서 객사한 것, 그리고 고문의 수용자인 임춘의 경우 科試의 운용에 대해 "실제에 있어서는 고문에 대한 해박한 지식의 소유자들이 科場에서 제대로 평가를 못 받으며, 그 진출이 억지 당하고 있으니 통탄스러운 일"[109]이라고 한 것이나, "선비는 마땅히 겸손하고 삼가는 뜻을 가져야 하는 것인데, 근세에 林椿이란 시인이 재주만 믿고 남에게 오만하여, 마침내 급제 한번 하지 못하고 곤궁하게 죽고 말았지"[110]라는 평으로 보아 당대의 무신정권이 구하고자 하는 名

---

107) 『高麗史』 卷128, 列傳 李義旼.
108) 李奎報, 「吳先生德全哀詞」 『東國李相國集』 卷37.
109) 林椿, 「與皇甫若水書」 『東文選』 卷59.
110) 李奎報, 「上閔上侍湜書」 『東國李相國集』 卷26.

士들은 현실비판적인 견해를 갖지 않은 체제순응적인 인물이었을 것이다. 이의 이해를 위해 다음의 자료를 살펴보기로 한다.

> 왕(명종)이 (박인석)의 충성됨을 알고 크게 쓰려 하였으나 국가가 곤경에 처하고 衣冠이 거의 없어지자 관직을 버리고 남으로 갔다. 北原의 민속이 옛스럽고 거주하기 마땅하다 함을 듣고 그곳에 거주하면서 前御史 權不華(敦禮)와 함께 경치를 즐겼다. 문득 소문이 떠돌아 언제 해가 미칠까 예측하지 못하였다. 중앙정계에 公을 애석히 여기는 사람이 있어 延昌郡(竹山)으로 옮기도록 하였다.[111]

무신정권에 대해 끝내 등을 돌린 채 원주에서 일생을 마친 권돈례와 더불어 지냈던 박인석이 언제 해가 미칠까 예측할 수 없어 결국 원주를 등졌다는데서 비판적 입장을 갖고 있었던 지식인들의 동향에 대해 이의민정권이 얼마만큼 촉각을 세워 감시하였던가를 잘 알 수 있다. 결국 죽림고회의 인물들은 자기 처지에 대한 自嘲와 정권에 대해 감춰진 울분을 달래면서 隱逸·道樂의 謙退的인 입장을 취하지 않을 수 없었을 것이다.

이의민 정권은 무신정권이 요구하는 인간형인 체제순응적 인물의 입장을 벗어나면 고위관직자라고 할지라도 가차없는 응징을 하고자 하였다. 따라서 이의민정권에 참여한 지식인들은 굴절된 삶을 살지 않으면 안되었다. 그것은 앞에서 살펴본 문극겸을 통해 확인된다. 의종조 左正言(6품직)에 재직 중 의종 주변의 嬖臣과 宦官을 탄핵하다가 貶斥당하기까지 하였고, 계사년의 김보당의 난 때 많은 문신들을 보호하였던 문극겸이 史官으로서의 본연의 임무까지 방기한 채 이의민정권의 권력의 정당화, 은닉화 작업에 대한 추종자로서 전락하자 그나마 그에게 보내졌던 지식층들의 기대감은

---

111) 許興植 編,「朴仁碩 墓誌」『韓國金石全文』中世 下.

허물어지고 말았을 것이다.

　　　왕이 일찍이 시 한 수를 지어 文克謙에게 주기를

　　　　한 치 마음 속에 만사가 덮치더니
　　　　남은 건 근심 걱정만이 나날이 깊어갈 뿐
　　　　옅은 생각 짧은 지혜 이 근심 끊기 어려워라
　　　　천 올 백발만 이미 머리에 그득하였네

　　　라고 하였다. 문극겸이 화답하기를

　　　　세월이 흐르고 흘러 나 몰래 다가오니
　　　　나라 위한 이 궁리 저 생각 날이 갈수록 깊어지네
　　　　아, 망극한 임금 은혜 보답도 못한 오늘
　　　　무정할 손 백발은 이미 머리를 덮었어라

　　　고 하였다. 사람들이 이 시를 보고 모두 다 쇠잔하여지는 자의 기상
　　　이라고 논하였다. 마침내 왕은 폐위당하였으며, 문극겸도 얼마 후에
　　　죽었으니 詩句에 나타나는 조짐이 아니라고도 말못할 일이다.[112]

　　오세재가 명종 17년 離京하여 경주로 훌쩍 떠난 것은 문극겸 등
의 문신들에 대한 최소한의 기대감이 무너진 상황 하에서 나올 수
있는 것이기도 하다. 그런 점에서 명종 18년 3월의 일련의 대대적
개혁조처는 사회변혁을 위한 조처와는 거리가 먼, 한갓 권력의 정
당화·은닉화 작업을 위한 허위적인 것이었음을 시사해 주는 것이
라 하겠다.
　　이의민정권은 일련의 개혁의 조처를 표방함으로써 권력의 정당
화·은닉화 작업을 통해 일인독재의 기틀을 확고히 하였다.[113] 일

---

112) 『高麗史』 卷99, 列傳 文克謙.
113) 이의민과 두경승이 門下省에서 일을 의논하다가 서로 어긋났을 때 이
　　의민이 주먹을 휘둘러 기둥을 치면서 "네가 무슨 功이 있기에 벼슬이

인독재의 결과 그의 일족 및 黨附者들의 개혁에 편승한 사적 권력
의 확대와 탐학이 노출되면서 민들의 동요가 다시 일어나기 시작하
였다. 한편으로는 천인 내지 양천교혼자의 소생, 하급신분층에 속하
는 인물들이 대거 진출한데 따른 정치질서의 급격한 변화를 꺼리는
기득권을 갖고 있었던 세력의 불안과 불만 또한 증대되기 시작하였
다. 이에 이의민정권은 도리어 반동적 성격을 띠며 정권유지를 위
해 무신 및 군인들을 동원한 비상한 강압정치를 하기에 이르렀다.
그러나 힘의 논리에는 시간이 가면 갈수록 그에 상응하는 막대한
군사력과 경제력을 확보하지 않으면 안되었다. 그 부담은 결국 민
에게 전가될 수밖에 없었다. 이의민정권에 의해 정사가 재화로서
이루어지고 支黨이 연결되어 그 노예 및 당부자가 여러 주에 포열
되어 土田을 빼앗았다[114]는 기록들은 이의민정권의 일인독재 구축
을 위한 재원 마련을 위한 탐학성을 단적으로 보여주는 것이다. 그
과정에서 이의민의 아들인 이지순이 그 아버지에게 諫하기를,

> "공은 孤寒한 몸으로서 지위가 장상에 이르렀으니 마땅히 가르침의
> 방도를 갖고 부귀를 유지하여야 할 것입니다. 지금 자손들이 횡포하여
> 원한을 다른 사람들과 맺으니 화가 반드시 멀지 않을 것입니다."[115]

라고 하였지만 이의민정권의 탐학성을 멈출 수가 없었다. 이로 인
한 농민들의 저항은 집권후반기를 맞이하면서 다시 폭발하기 시작
하였다. 특히 그의 복심이었던 경주, 나아가 경상도지역에 대해 대
규모 토지침탈과 가혹한 탐학이 이루어짐으로써 이들의 광범위한

내 위에 있느냐"라고 한 것(『高麗史節要』卷13, 明宗 21年 12月)은 이
　의민의 일인독재의 기틀이 이미 확고하였음을 말해 주는 것이다.
114)『高麗史』卷128, 列傳 李義旼.
115)『高麗史』卷128, 列傳 李義旼.

저항이 일어나게 되었다. 이의민정권의 수탈자적 성격이 드러나면 날수록 이 지역민들의 상대적 빈곤감과 박탈감은 더욱 증폭되어 다른 어느 지역보다도 유망민의 수가 격증하였다. 마침내 명종 20년(1190) 정월에 부세수탈과 역역동원을 피해 산간으로 유망한 농민들과 혹한기의 굶주림 속에 떠는 농민들이 무력항쟁에 나서게 되었다. 여기에 낙향문신 및 재향세력의 일부가 가담함에 따라 항쟁은 새로운 국면으로 접어들게 되었다.

경주 및 경상도 일대에는 무신쿠데타 이후 낙향문신 및 그간 그들과 연결되어 음덕을 입었던 재향세력들이 많이 있었다. 이들은 무신쿠데타 이후 이의민이 그의 일족과 당부자들에게 경주향직을 맡기자 失勢하여 의종복위운동에 적극 가담하였다. 그러나 의종복위운동의 실패로 인해 그 처지는 일반 농민들보다 더 비참한 지경에 빠져 亡命의 길을 걷지 않을 수 없었던 것이다. 바로 이들이 명종 20년부터 전개되어 온 농민항쟁에 가담하여 항쟁군을 이끌게 됨으로써 이의민정권에 심각한 타격을 가하였다. 농민항쟁군은 1193년(명종 23)의 무렵에는 金沙彌에 인도되어 雲門山으로 들어가 웅거하면서 孝心이 이끄는 草田의 항쟁군과 연합하여 공동전선을 구축하면서 경주부근의 여러 고을을 공격하기에 이르렀다.116)

항쟁군의 대다수가 이의민정권의 복심인 동경관내의 민이라는 점에서 토벌이 쉽지 않았다. 이로 인해 진압군의 일원으로 내려온 이의민의 아들 李至純은 적극적으로 항쟁군을 토벌하기보다는 경주 등지에 그간 구축시켜 온 지지기반의 보호에 주력하면서 가능한 한 항쟁군을 회유하려고 하였다. 그 과정에서 관군의 동정이 적

---

116) 金晧東, 1982,「高麗 武臣政權下에서의 慶州民의 動態와 新羅復興運動」
『民族文化論叢』2·3합집, 영남대학교 민족문화연구소 및 1994,「12·13세기 농민항쟁의 전개와 성격」『한국사』6, 한길사 참조.

에게 누설되어 관군이 여러 번 패하기까지 하자 지휘부의 분열이
일어나 마침내 토벌군의 책임자였던 全存傑의 자결사태에 이르렀
다. 이지순의 행동은 이의민정권과 항쟁군과의 결탁의 가능성에
대한 소문을 불러일으켜 이의민정권의 체제유지에 심각한 타격을
가하기 시작하였다. 이의민정권은 11월 토벌군의 지휘부를 일신하
여 강경토벌에 임하게 되었다. 겨울의 혹한과 이듬해 봄 춘궁기에
걸쳐 추위와 굶주림에 처한 항쟁군은 이탈자가 속출하면서 패배를
거듭하다가 4월에 密城 堵田村에서 7,000여 명이 참획당하고 기계
및 우마를 많이 빼앗김으로써 큰 타격을 입게 되었다. 항쟁군은 극
도로 위축되어 녹음기의 산 속을 전전하면서 겨우 명맥을 유지하
다가 12월에 효심이 결국 사로잡힘으로써 지리멸렬하게 되었다.

　비록 동경관내의 농민항쟁이 표면적으로 평정되었다고 하지만
항쟁의 발생에서부터 종식에 이르는 과정에서 이의민정권의 반역
사성·반민중성이 적나라하게 드러나게 되었다. 그리고 항쟁의 진
압과정에서 지휘계통의 반목 등은 이의민정권의 군력누수현상을
가져다 주었다. 특히 이의민의 복심인 동경관내에서 농민항쟁이
일어났다는 점에서 이의민정권의 지지기반의 와해의 조짐이 나타
나는 등 사태의 심각성은 의외로 컸었다. 다음의 자료는 이를 상징
적으로 보여준다.

　　　의민은 문자를 알지 못하고 오로지 巫覡만 믿었는데 경주에 木魅
　　가 있어 土人이 豆豆乙이라 불렀다. 의민이 堂을 집에 일으켜 이를
　　맞아두고 날로 제사하여 복을 빌었다. 홀연 하루는 당 가운데에 곡
　　성이 있는지라 의민이 괴이하여 물으니 魅가 말하기를 "내가 너의
　　집을 수호한지 오래 되었는데 이제 장차 화를 내리려 하는지라 내가
　　의지할 곳이 없으므로 곡하노라"하더니 얼마 안되어 패하였다. 유사
　　가 벽 위의 도형을 제거하기를 주청하매 조서를 내려 흙 바르게 하
　　였다.117)

이의민과 두두을과의 관계는 이의민과 경주민과의 관계를 상징
적으로 나타내 주는 것이다. 비록 명분상에서나마 민의 지지를 더
이상 확보할 수 없는 상황 속에서 이의민정권은 붕괴의 길로 접어
들지 않을 수 없었다.

4. 崔氏政權期 文人知識層의 動態

개혁의 깃발 아래 일인독재의 권력을 추구해나가던 이의민정권
은 민의 지지를 확보하지 못함으로써 결국 최충헌에 의해 무너지
고 말았다. 이의민정권에 의해 추진된 급격한 정치질서의 변화에
따른 불만세력과 농민항쟁의 기운에 편승하여 정변을 일으킨 崔忠
獻은 이의민의 의종시해문제를 쿠데타의 명분으로 내세우면서 封
事十條를 올려 상대적으로 太祖의 正法을 지킬 것을 천명하였다.
이를 통해 천인 및 양천교혼자들의 진출 등에 따른 기득권을 가진
지배층의 불만을 무마함과 동시에 이의민 정권에 의해 저질러진
失政을 열거함으로써 정변을 합리화하고자 하였다. 특히 이의민의
의종시해에 대한 문제를 쿠데타의 명분으로 내세운 최충헌은 왕권
의 옹호자를 자임함으로써 문인들의 중망을 얻을 수 있었고, 상대
적으로 이의민의 권력기반이었던 행동집단의 무인들의 준동을 막
을 수 있었다. 이것은 일면 최충헌정권의 성립을 가능하게 한 것이
기도 하고, 일면 최충헌에게 족쇄가 되기도 하였다. 그가 비록 4명
의 왕을 폐위하고 2명의 왕을 옹립하였지만 그 스스로 신왕조를
개창 할 수는 없었던 것은 바로 이러한 이유 때문이었다. 이의민의
의종시해는 이의민 뿐만 아니라 무신, 나아가 최씨정권에게까지

117)『高麗史』卷128, 列傳 李義旼.

원죄로 작용하였기 때문에 최씨정권 4대 60년 간의 지속에도 불구하고 왕권이 그나마 유지될 수 있었다.

이의민이 12년 간 경향 각지에 구축해 온 세력기반이 강고 하였기 때문에 최충헌정권은 초기에 상당한 어려움에 직면하였다. "충헌이 朝臣을 많이 죽여 人心이 흉흉하고 두려워하므로 使者를 여러 道에 보내어 위안하였다"[118]는 조처는 그로 인한 대응책에서 나온 것일 것이다. 결국 최충헌은 명종 27년 9월 "홍왕사의 중 寥一이 杜景升과 더불어 忠獻을 해치려 한다"는 匿名書를 빌미로 하여 정국전환을 기도하였다.[119] 최충헌 형제는 명종의 폐위를 결정하고, 무력을 동원하여 杜景升, 柳得義, 高安祐, 白富公, 周元廸, 石城柱, 李尙敦, 宋趲, 廉克髦, 申光漢 등 12명과 淵·湛 등 10여 명의 중을 嶺南으로, 小君 洪機 등 10여 명을 섬으로 귀양을 보낸 후 신왕인 神宗을 옹립하였다.[120] 특히 그 과정에서 경주를 비롯한 경상도 지역의 이의민의 일족과 당부자에 대한 제거작업이 조직적으로 행해졌다. 최충헌이 의종시해문제를 쿠데타의 명분으로 내세우고, 또 이의민의 당여세력에 대한 대대적 숙청을 가하자 이의민의 의종시해에 협조한 경주민으로서는 심각한 위기의식을 느끼지 않을 수 없었다. 그들은 신종 2년 2월 무력 항쟁을 일으키기 시작하여 마침내 신종 5년 신라부흥운동을 표방하였다.[121]

---

118) 『高麗史節要』 卷13, 明宗 26年 5月.
119) 『高麗史節要』 卷13, 明宗 27年 9月.
120) 『高麗史』 卷129, 列傳 崔忠獻, 『高麗史節要』 卷13, 明宗 27年 9月.
121) 신라부흥운동에 관해서는 필자의 논문인 1982, 「高麗武臣政權下에서의 慶州民의 동태와 新羅復興運動」 『民族文化論叢』 2·3합집 ; 1994, 「12·13세기 농민항쟁의 전개와 성격」 『한국사』 6, 한길사 ; 1992.12, 『高麗武臣政權時代 文人知識層의 硏究』, 영남대학교 박사학위논문 ; 1993.12, 「高麗 武臣政權時代 在地勢力과 농민항쟁」 『한국중세사연구』 창간호 참조.

　신라부흥운동은 최충헌정권의 강력한 토벌로 인해 실패하고 말
았다. 신라부흥운동의 실패는 중앙에서의 최충헌정권의 입지를 강
화시켜주고, 상대적으로 농민들의 최소한의 삶을 영위하기 위한
노력마저 무력으로 강경진압하게 하는 빌미를 제공하게 되는 결과
를 가져다주었다. 이를 통해 최충헌정권은 강력한 민의 저항으로
인해 어려움을 겪고 있었던 賦稅收取의 어려움을 무단적으로 해결
해줌으로써 기득권 소유자들의 지지를 확보하여 강력한 권력을 구
축할 수 있었다.122) 무신쿠데타를 전후해 계속된 권력투쟁의 소용
돌이에 직·간접적으로 연루됨으로써, 그리고 계속되는 농민항쟁
의 전개로 인해 사회경제적 기반을 위협받고 있었던 문인지식층들
이 최씨정권에 협조를 기꺼이 하게 된 것도 이 때문일 것이다.

　최충헌은 문학과 행정실무의 능력을 겸하고 있었기 때문에 기존
의 무신정권과는 달리 쿠데타 직후 文士를 구하고,123) 과거제를 확
대 실시하는 한편, 과거합격자를 비롯한 당대의 이름난 문인들을
私第로 초치하여 詩會를 자주 베풀어 개인적 은택을 베풀어주는
등 문인들의 후원자로서의 역할을 자임하였다. 이러한 대문인정책
은 崔瑀 등의 최씨집권자들에게 계승되었다. 특히 최우는 政房과
書房의 설치를 통해 문인들의 안정된 지위를 확보해줌과 동시에
이규보 등의 각종 문집을 편찬해 주기까지 하였다. 최씨정권의 이
러한 문인우대에서 李仁老나 陳澕는 명종대에 무시되던 문학의
부흥을 보기까지 하였다.124) 그러나 최씨정권의 대문인정책은 안
정된 정권구축을 위한 정책의 일환에서 나온 것에 불과하다. 최씨

---

122) 金晧東, 1994, 「12·13세기의 농민항쟁의 전개와 역사적 성격」 『한국사』
　　6, 한길사.
123) 『高麗史』 卷102, 列傳 琴儀. "崔忠獻當國求文士"
124) 朴菖熙, 1973, 「武臣政權時代의 文人」 『한국사』 7, 국사편찬위원회,
　　280쪽 참조.

정권은 과거제를 운영함에 있어서 자기의 측근문신들을 知貢擧에
임명하여 座主와 門生의 관계를 맺게 함으로써 자신에게 충성을
다할 수 있는 문인들을 선발하도록 하였다. 이의 바탕 위에 최씨정
권은 천거제를 활용하여 자신에게 순종적인 문인들을 발탁함으로
써 자신의 장기적 지배체제의 구축을 가능케 하였다. 이러한 천거
제의 운영은 국왕－시험관－급제자의 관계를 무신집권자－시험
관·천거자－급제자의 관계로 전환시켜 국왕의 역할을 축소시키
는 한편 무신집권자의 위치를 보다 고양시켰다.125) 과거합격자의
증대와 천거제의 실시로 인해 과거제는 등용고시의 성격보다는 관
료후보자의 자격고시의 성격을 띠게 되었다. 과거 합격자의 증대
는 그만큼 문인지식인들의 현실비판적 성향을 누그러뜨리고, 체제
순응적 인물의 양산을 가져다 주었다.
　과거합격이 곧 관직을 보장해 주지 못하는 상황 하에서 과거합
격자들의 또 다른 불만이 생겨날 수 있는 것이다. 최충헌은 이들에
게 계속 관직획득의 희망을 갖도록 하여 현실비판 의식을 무디게
하기 위한 의도에서 과거합격자를 비롯한 당대의 이름난 문인들을
私第로 초치하여 詩會를 자주 베풀어 개인적 은택을 베풀어주었
다. 이러한 정권유지책의 일환으로서의 대문인정책은 최우 등의
최씨집권자들에게 계승되었다. 문인지식인들은 최씨정권이 詩會
의 개최를 통해 자신들의 詩文에 대한 관심을 지속적으로 표해주
고, 문인등용의 私的 제도적 장치인 政房과 書房의 설치까지 해주
자 국가의 관인으로서의 역할을 자각하기보다는 최씨정권의 사적
권력의 도구로서의 역할을 스스로 자임하였다. 이제 그들은 개인
의 입신양명을 위해서 최씨정권의 詩會 참가를 영광으로 여기면

---

125) 柳浩錫, 1991,「武人 執權期 科擧制의 運營과 薦擧制」『全北史學』
　　14, 전북대학교 사학회.

서, 거기서 최씨정권에 대한 찬양과 충순의 노래를 부를 뿐이었다. 최씨집권 기간에 등용된 李奎報·崔滋·金坵 등의 예를 보면 정치적 경륜이 뛰어나서 등용되었다기보다는 당시의 한계에 맞추는 詩文으로 발탁되어 주로 외교를 위한 文翰官으로 활동하였다. 따라서 외교문서를 작성하는 국한된 기능인의 범주를 벗어나서 활동하기 어려웠다. 이제 문인들의 독자적 창작활동은 사라지고, 단지 그 시문들은 그때 그때의 단편적인 생활의식이 표백될 뿐이었고, 그 표현방법인 走筆이 성행하였다.

대부분 등용되지 못한 급제자들은 座主와 同年을 찾아서 求官하는 表書를 올리기에 급급하였다. 이것조차 불가능해진 자들은 현실에 대한 포부를 가진 지식인의 집단이 아니라 淸談으로 소일하면서 현실을 체념하면서 무기력한 일면을 나타낼 뿐이고, 새로운 사조와 활동을 찾으려고 노력한 흔적을 거의 보여주지 못하였다. 더욱이 최씨정권이 敎定都監을 통해 개경의 坊里와 각 군현 등지를 암행하면서 여론과 정보수집을 함으로써 최씨정권을 전복시키려는 세력을 색출·제거해 나가자[126] 그나마 현실비판적 견해를 토하던 재야지식인들은 더욱 강한 정치적 규제 속에서 점차 사라지게 되었고, 상대적으로 참여문신들의 정권에의 예속·밀착도는 더욱 깊어 갈 뿐이었다. 이와 같이 위축된 사회에서 문인지식인들은 정치적 비판의 입장을 시무책 등을 통해 표하기보다는 時諱에 저촉될 염려가 적은 詩에 가탁하여 비방하였고, 이들은 당시 세상에서 狂人으로 불리워지기까지 하였다.[127]

무신정권, 특히 최씨정권의 실록편찬의 과정을 통해 참여문신들

---

126) 金潤坤, 1978, 「高麗 武臣政權時代의 敎定都監」『文理大學報』 11, 영남대학교 문리과대학.

127)『高麗史』卷96, 列傳 尹瓘 附 世儒. "世儒 … 朝廷有不稱意者 輒托詩 謗訕 時號狂人"

이 어떠한 입장에 있었던 것인가를 살펴보기로 한다. 앞의 자료 마)에서 보다시피 『毅宗實錄』의 편찬의 과정에서 修國史 文克謙은 의종이 살해당한 사실을 直書하려고 하였지만 이의민정권은 무신인 崔世輔를 同修國史로 삼아 가면서까지 曲筆을 가하였다.[128]

비록 최충헌은 과거제와 천거제와 표리를 이루는 좌주와 문생의 관계, 그리고 사적 은의를 통해 문인들을 권력에 예속시키고 체제 전복세력을 과감하게 색출하였지만 두 임금을 폐하고 4명의 왕을 옹립한 마당에 섣불리 『明宗實錄』의 편찬을 손대지 못하였을 것이다. 앞에서 살펴본 바와 같이 이의민정권 당시의 『毅宗實錄』 편찬이 결국 修國史를 무신으로 임명해 가면서 역사적 사실을 왜곡하였으므로 내외의 반발을 받았다. 이를 목도한 최충헌은 섣불리 실록의 편찬에 착수할 수 없었을 것이다. 결국 『明宗實錄』은 한참의 세월이 지난 후인 그의 아들 최우 대인 고종 13년(1226)에 가서야 편찬[129]될 수밖에 없었던 것은 바로 이 때문일 것이다. 그동안

---

128) 『毅宗實錄』을 편수한 사람 중의 하나인 金良鏡이 高宗 19년에 監修國史에 임명된 것(『高麗史』 卷102, 列傳 金良鏡)으로 보아 『毅宗實錄』의 편찬은 아마 이때에 이루어졌을 것이라는 견해가 있지만(김인호, 1992.6, 「李奎報의 現實理解와 政治·經濟改善論」, 연세대학교 석사학위논문, 33쪽) 이미 김양경이 고종 13년에 修撰官으로서 『明宗實錄』의 편찬에 임하고 있었던 것으로 보아 이 견해는 문제가 있다. 그런데 『高麗史節要』 卷11에는 史臣 林民庇, 金良鏡, 兪升旦의 史評이 실려 있다. 그 중 임민비의 경우 명종 23년(1193)에 죽은 반면, 김양경, 유승단은 고종 13년 史官의 일원으로서 『明宗實錄』의 편찬에 임하고 있다(『高麗史』 卷22, 世家 高宗 13年 9月 庚申. "監修國史平章事崔甫淳 修撰官金良鏡任景肅兪升旦等 撰明宗實錄 藏於史館 又一本藏於海印寺"). 이로써 추측컨대 『毅宗實錄』은 1차로 이의민정권 때 편찬된 뒤에, 고종 13년을 전후한 시기에 『明宗實錄』의 편찬과 관련되어 한 차례 개수되었을 가능성이 크다.

129) 『高麗史』 卷101, 列傳 權敬中. "與奎報兪升旦等 撰明宗實錄 分年秉筆 敬中議曰 臣所編四年之間 記災異者 凡若干事" 및 바로 앞의 주

『明宗實錄』의 편찬을 위한 정지작업, 즉 명종대의 실정을 지적함
으로써 최충헌의 쿠데타에 대한 정당성을 부여하기 위한 끊임없는
노력이 최충헌, 최우 부자에 의해 가해졌을 것이다. 『明宗實錄』의
편찬에 대한 구체적 전말은 전혀 알 수 없다. 다만 『高麗史』의 權
敬中 列傳에 그 편린의 일부가 보인다. 그에 의하면 권경중이 동료
史官과 의논하면서, "내가 4년간 분을 편찬한 것 중에서 災異를 기
록한 것이 약간 있다"고 하면서 그것을 하늘의 경고로 받아들이며,
日食・月食, 별의 變, 氣의 變怪, 흙비가 내리고 큰 안개가 긴 변
괴, 流星, 물체에 나타난 변괴, 나무에 나타난 변괴, 물의 변괴, 돌
의 변괴, 鳥類의 변괴, 짐승의 변괴 등을 거론하여 曹元正石隣之犯
宮闕作亂, 東南之賊縱橫煽亂, 當時必有憂恚而謀亂者, 內外人民
咸壞無上之意, 妄興徭役以奪民時, 憂其兵亂, 北方之臣當憂讒賊,
下民不一之兆, 辟遐有德, 非其人隳官曠職之罰 등의 정치적 사건
과 관련시키고 있다. 이 사건들은 대부분 구체적 내용을 확인할 수
없는 것이지만 丁未, 戊申, 己酉 등, 東南之賊縱橫煽亂(명종 20년
의 경주의 농민봉기) 등으로 보아 명종 17~20년의 것으로 볼 수
있다. 그리고 명종 16년, 민에 대한 침탈을 이유로 국왕이 안동과
진주의 수령을 파면한데 대한 권수평의 史評이 『高麗史節要』(卷
13)에 실려 있는 것으로 보아 명종 16년 부분도 그가 편찬하였을
가능성도 없지 않다.[130] 권수평은 재이현상을 설명한 끝에,

> 대체로 세상이 바로 잡히면 天變이 적어지고 세상이 어지러워지
> 면 天變도 잦아지는 것이다. 道義에 밝은 임금은 사람으로서 할 일
> 을 잘하여 하늘을 다스리는 것이므로 임금의 덕이 쇠잔한 후에야 하

참조.
[130] 朴宗基, 1990, 「12・13세기 農民抗爭의 原因에 대한 考察」 『東方學志』
　　　69, 연세대학교 국학연구원, 137~138쪽 참조.

늘이 견책하고 경고하는 것이다. 임금된 자가 德으로서 정사를 시행
하여서 사람의 마음에 순응케 한다면 天災를 어찌 방지하지 못하며
복이 어찌 이르지 않겠는가.

라고 하여 군주의 失德으로 인한 失政을 말하면서 하늘의 견책·
경고를 언급하고 있다. 이 시기의 이의민정권은 명종 16년 윤7월
백성이 나라의 근본임을 표방하고 수령으로서 가렴주구하고 회뢰
한 자를 중론으로 다스릴 것을 표방하면서 이틀 후 수령의 가혹한
수탈로 인해 민이 동요하는 안동과 진주의 수령을 장죄로서 유배
하였는가 하면 17년 6월 경상주도 안찰사 최엄위가 아전과 백성을
침탈하며 뇌물을 받음이 한이 없다 하여 교체시켰고, 18년 3월에는
사회경제적 모순의 척결을 위한 대대적 개혁조처를 선포한 시기에
해당한다. 어쩌면 명종 및 이의민의 업적으로 홍보될 수 있는 이
시기에 대해 권수평이 재이현상에 의한 집요한 하늘의 경고를 언
급한 이면에는 최충헌의 쿠데타에 의한 이의민 제거, 明宗의 폐위
와 神宗의 옹립에 대한 당위성을 홍보하고자 하는 의도가 없지 않
았을 것이다. 신종 3년 12월의 都房에 관한 史臣의 평에서,

　　최충헌이 제 마음대로 임금을 폐하고 세워서 위복을 부려, 자기에
게 붙좇는 자는 官等을 비약 승진시키고, 자기와 의견이 다른 자는
귀양보내며, 뇌물을 받아들여 관작을 팔고, 勇士를 불러모아 스스로
호위하니, 그의 권세가 날로 성할수록 왕실은 날로 미약하여졌다. 고
래로 임금이 약하고 신하가 강한 것이 이때보다 심한 적이 없었으니,
아아 통분한다. 그 당시에 실록을 지은이가, 그가 쓴 史筆이 누설될
까 두려워하여 모두 숨기고 略하였으니, 史臣의 죄이다.[131]

라고 하여, 당시 실록의 曲筆을 언급하고 있다. 이것은 곧 최씨정

131)『高麗史節要』卷14, 神宗 3年 12月.

권 시대의 참여문신들이 정권의 정당성의 홍보를 위한 도구였음을
말해 주는 것이다.

아무런 비판의식도 없고 현실에의 영합과 적응이 생리화된 최씨
정권대의 문인지식인들은 외세의 침입에 따른 대내외적 모순이 중
첩되어 나타남에도 불구하고 자기반성 없이 최씨정권의 정책에 맹
목적 추종을 할 수밖에 없었다.

최충헌정권은 契丹遺種이 침입해 오자 개경에서 자신의 家兵을
사열, 전투연습을 시킴과 동시에 전국의 농민들과 승려를 징발함으
로써 전쟁비상체제로 몰고 갔다. 여기에는 문인지식층 역시 예외는
아니었다. 고종 3년 11월에는 太祖의 후손과 文科 출신을 논할 것
없이 모두 군사에 충당케 하였고,[132] 동왕 5년 7월에는 國子監 生徒
로서 관리의 명부에 오르지 못한 자는 詩 짓는 시험을 쳐서 80여명
을 뽑고, 이에 합격하지 못한 자는 모두 군대에 나가게 하였다. 그
럼에도 불구하고 최충헌 정권은 자신의 門客 중에서 북방 정벌에
종군하기를 청하는 자가 있으면, 즉시 먼 곳에 귀양을 보내는 등 개
인의 권력유지에 더 신경을 썼다.[133] 이것은 결국 아무런 반대급부
없이 죽음이 예견되는 전선으로 내몰려지는 민들의 광범위한 저항

---

132) 『高麗史節要』 卷14, 高宗 3年 11月.
133) 『高麗史』 卷129, 列傳 崔忠獻. "때에 장수를 보내어 契丹兵을 막게 하
    였는데 날쌔고 용맹스러운 자는 모두 崔忠獻 父子의 門客들이었으므
    로 官軍은 모두 늙고 약하고 파리하여 쓸만하지 못하였다. … 문객으
    로 官軍에 종군하기를 청하는 자가 있으면 즉시 遠島에 귀양보냈다";
    박창희, 1991, 「武人政權下의 文人들」『韓國史市民講座』 8, 일조각, 53
    쪽, 朴菖熙 氏는 이 자료를 최씨정권의 公私混淆의 성격에서 파생된
    것, 즉 최충헌의 私家的 입장이 국가 公權의 집행형태를 빌어 노출된
    것으로 보면서, 최씨의 私的 恩顧를 입은 문인들이 최씨의 공사혼효의
    성격을 비판한다는 것 자체가 그들에게는 이율배반적 모순에 빠지게
    되는 것이었기에 문인들에게는 이러한 모순의 인식이나 해결을 위한
    독자적이며 주체적 사고나 행동이 표출될 수 없다고 하였다.

을 불러일으키는 요인이 되었다. 이듬해 1월에 개경의 종군승려들이 과도한 공역징발에 반발하여 최충헌을 죽이고자 한 것이나, 契丹의 침입으로 출동한 전주의 군인들이 회군하여 향리들을 죽이기도 한 것은 그 대표적인 예이다. 이들의 저항은 아마도 최충헌정권이 契丹의 침구에 즈음하여 전국의 장정들을 군대로 징발하면서도 자신의 정권유지의 방편이었던 사병집단을 방어군에 전혀 편입시키지 않은 조처에 대한 광범위한 저항이라고 볼 수 있다. 특히 고종 4년 1월의 辰威縣人들의 항쟁과 5월의 고구려부흥운동의 발생은 契丹의 침입을 틈타 일어났다는 점, 그리고 동정직의 소유자 등의 재향지식인들이 항쟁을 주도하였다는 점, '靖國兵馬使'를 자칭하고, 스스로를 '義兵'이라고 하였다는 점에서 최충헌정권에게 심각한 타격을 가하였을 것이다. 최충헌정권이 대내적 모순을 척결을 하지 못한 채 내부적 갈등을 외부로 돌리기 위한 전쟁비상체제로 몰고 가면서, 이를 자기 정권의 유지를 위한 방편으로 삼아나가게 되자 광범위한 농민항쟁을 불러일으키게 되었고, 결국 契丹의 침입에 대한 효과적 항전을 이끌어 낼 수가 없었을 것이다. 이에 시일만 천연시키다가 또 다른 외세인 東晉·蒙古의 세력을 맞아들이게 되어, 이들에게 침략의 빌미를 제공하게 되었다.

  오랫동안 속으로 응축되었던 민의 저항이 외압의 강제에 대한 민족적 모순을 인식하기보다는 도리어 이에 편승하여 계급적 모순을 해결해 보고자 하는 의도를 드러내고 있었음에도 불구하고 참여 문신인 이규보를 위시한 문한관들은 이에 대한 관심을 전혀 보여주지 못하였다. 李奎報 등의 문한관들은 契丹 격퇴를 위한 祈禳의 행사를 위한 글을 통해 지배층과 피지배층의 통일연대적 항전의식을 고취함으로써[134] 전쟁비상체제로 몰고 가고자하는 최씨정

---

134) 朴菖熙, 1989, 「李奎報의 본질에 대한 연구(Ⅱ)—그의 40代 이후의 의

권의 의도를 충실히 따라갈 따름이었다. 이규보가 관군이 契丹과
싸워 이겼다는 소식을 듣고 지은 시들을 보면,

> 오랑캐 기세 날로 미친 듯이 날뛰어
> 사람 베기를 풀같이 한단다
> 굶주린 호랑이처럼 침 흘리면서
> 老幼를 가리지 않고 막 잡아먹을 듯
> 그러나 부녀들 부디 근심마라
> 더러운 오랑캐들 곧 쓸어 없앨 것이다
> 국업이 아직 다하지 않았고
> 조정엔 묘한 계책 많아서
> 저들 스스로 와서 죽을 것이니
> 우리 임금의 토벌을 어찌 피하랴
> 내 어찌 망령된 말을 했으랴
> 오늘 싸움에 또 이겼다는 소식 들었네[135]
> 오랑캐들을 다 못 죽여서
> 밤새 눈 붙이기 어렵구나
> 우편 길 빠르기 한이 없어
> 관군이 이겼다 전해 주네
> 온 나라 즐겁기 가이없어
> 축하하는 사람 구름 모이듯 하네[136]

라고 하여, 契丹兵의 잔학성에 대한 증오를 표시한 다음 我軍의 적
절한 대응과 승전을 노래함으로써 反契丹戰을 위한 對民 동원을
독려하고 있다.[137]

식의 변용에 대하여ー」『外大史學』2, 14~15쪽.
135) 李奎報,「聞官軍虜戰捷」『東國李相國集』卷14.
136) 李奎報,「又」『東國李相國集』卷14.
137) 이규보의 앞의 시들을 통해 '反契丹戰이 전선과 후방간에서 깊은 공감
위에서 거국적으로 전개되고 있었다(朴菖熙, 1991,「武人政權下의 文人
들」『韓國史市民講座』8, 일조각, 52~53쪽)'고 평하는 것은 외세에 편
승한 민의 저항의 사실에 눈감아 버린 것에 불과하다고 하겠다.

최충헌정권의 공사혼효의 모순과 지배층과 피지배층의 계급적 모순이 결정적으로 드러나지 않은 상태 하에서 契丹兵은 토멸되었다. 이로 인해 최충헌정권의 관료층 및 民에 대한 지배력은 더욱 확고해질 수밖에 없었고, 이규보 등의 참여문신들의 최씨정권에 대한 정서적 유착 역시 더욱 강화될 수밖에 없었다.[138]

契丹의 침입을 전후해 일단 봇물처럼 다시 터져 나온 농민항쟁은 무력을 동원한 강경진압으로 일시적으로 수그러들었지만 몽고의 사신 著古與의 피살사건으로 인한 몽고와 고려와의 대외적 긴장관계의 확대에 따라 대내외적 모순이 중첩됨으로써 다시 폭발하였다. 특히 이때의 농민항쟁은 東晉, 蒙古의 외세를 끌어들여 자기들의 이해를 해결하고자 하기까지 하였다. 즉, 고종 6년 10월에 부세수탈의 가혹함에 의해 일어난 의주민들이 이듬해 청천강 이북을 들어 東晉에 투항하는 한편 金의 세력을 끌어들이려 하였고, 고종 9년에는 유배되었다가 풀려난 이들이 東晉군사들을 끌어들여 정주·의주 등지를 침구하기까지 하였다. 이러한 현상은 뒤이은 몽고의 침입에 있어서도 여전히 나타나 결국 항몽전선을 위축시키는 한 요소로 작용할 수밖에 없었다.[139] 그러나 최씨정권에 예속된 문인지식층들은 이러한 현상을 바라다볼 수 있는 안목을 이미 상실한 상태였다. 고종 18년(1231) 몽고의 침략군이 이 땅을 유린하게 되자 몽고의 침입과 농민들의 격렬한 반정부적 활동으로 인해 정권유지에 위기를 느낀 최우정권은 그 돌파구로서 강화천도를 계획하게 되었다. 최씨정권은 몽고의 1차 침입 후 開京의 守城策이 마련되어 있지 않다는 구실 하에 계속적인 항전을 표방하면서 강화

---

138) 朴菖熙, 1989, 「李奎報의 본질에 대한 연구(Ⅱ)-그의 40代 이후의 의식의 변용에 대하여-」『外大史學』2, 17쪽.
139) 金晧東, 1994, 「12·13세기의 농민항쟁의 전개와 성격」『한국사』6, 한길사.

천도를 단행하였다(고종 19, 6월). 그러나 이것은 公的인 대의명분
과 더불어 최씨정권의 私的인 정치적 이해가 서로 뒤섞여 나온 조
치였다. 최씨정권은 몽고와의 대전을 회피하고, 나아가 강화수립의
유리한 입지를 위한 방편에서, 그리고 보다 드세어지는 초적과 지
방 반민들의 반정부적 활동으로부터 그들의 안전 및 정권의 보전
을 도모하기 위해 강화천도를 단행하였다.[140] 몽고의 1차 침입때
龜州城과 慈州城에 모인 농민들이 각기 朴犀와 崔椿命의 지휘하
에 몽고군을 크게 물리쳤지만 최씨정권은 몽고와 화친 후 사람을
양 지역에 보내어 강제로 항복하게 하였다. 도리어 박서를 고향인
죽주로 물러가게 하고, 최춘명 등의 죄를 논해 죽이고자 한데서[141]
강화천도의 명분이 한갓 정권유지의 수단에서 나온 것임을 알 수
있다.

　崔怡가 대다수의 백성들을 침략세력에 그대로 놓아둔 채 강화천
도를 단행하고자 하였을 때, 오직 兪升旦 만이

　　　작은 나라가 큰 나라를 섬기는 것은 도리입니다. 禮로서 섬기고
　　　믿음으로서 사귄다면 저들이 또한 무슨 명분으로 빈번히 우리를 곤
　　　란하게 하겠습니까. 성곽을 버리고 종묘와 사직을 버리고 海島로 도
　　　망해가 엎드려서 구차스럽게 세월만 보내며 사는 동안에 변두리의
　　　丁壯들을 창과 화살에 맞아 모두 다 죽게 하고 늙고 약한 사람들이
　　　붙잡혀 종이 되고 포로가 되게 하는 것은 나라를 위한 좋은 계책이
　　　아닙니다.[142]

---

140) 金潤坤, 1978, 「江華遷都의 背景에 관해서」『大丘史學』15·16, 대구
　　　사학회 및 尹龍爀, 1991, 『高麗對蒙抗爭史研究』, 일지사 참조.
141) 『高麗史節要』卷16, 高宗 19年 2月.
142) 『高麗史』卷102, 列傳 兪升旦. "(崔怡欲遷都江華 請群公議) 公(=兪升
　　　旦)獨曰 以小事大理也 事之以禮 交之以信 彼亦何名而每困我哉 棄城
　　　廓損宗社 竄伏海島 苟延歲月 使邊氓丁壯 盡於鋒鏑 老弱係爲奴虜
　　　非爲國之長計也"

라고 하였을 뿐이다.[143] 관직에 남아 있던 그나마의 양심적 관인층
마저 강화천도를 계기로 사라지고만 상황 속에서 강화도로 들어간
참여문신들은 최씨정권의 추종자로서 존재하였을 뿐이었다.

최씨정권의 강화천도는 항전초기의 지배층과 피지배층의 민족
적 모순의 제거를 위한 결속의 움직임에 찬물을 끼얹는 행위로서
광범위한 민의 저항을 불러일으키게 되었다. 강화천도 직후인 7월
御史臺 皂隷 李通이 경기지역의 초적과 개경 성내의 노비 및 인근
승려 등을 모아 3군을 조직하여 봉기하였을 때 王京留守兵馬使였
던 金仲龜의 麻制에 "열진의 공모가 염려된다"[144]고 한 것으로 보
아 개경 및 근기지역민들의 천도에 따른 불안감과 동요의 분위기
를 능히 짐작할 수 있다. 다음 달에는 충주에서 노비들의 봉기가
일어났고, 서경에서는 몽고의 達魯花赤을 모살하고자 하는 고려정

---

143) 유승단이 이러한 입장을 개진할 수 있었던 것은 章句爲主의 詩文만을
    일삼는 문인들과는 달리 古文과 經史에 대한 해박한 지식을 갖고 있
    었기에 가능하였다. 더구나 당 시대의 문인들이 최씨정권의 눈에 들
    어 등용된 것과는 달리 그는 왕권과 연결되어 관직에 등용되었기 때
    문에 최우정권의 정책에 이와 같이 비판할 수 있었을 것이다(『高麗
    史』 卷102, 列傳 俞升旦). 그의 비판은 강화천도에만 그치는 것이 아
    니라 덕풍현 공관에 남긴 시를 통해

    "가는 곳마다 民家는 모두 퇴락했는데
    이따금 寺院만이 지나치게 풍성하더군
    요즘 쌓인 폐단을 다 없앴다지만
    아직도 남은 건 塔廟를 자꾸 경영하는 일
    지나는 고을마다 대개 집이 쓰러지고 울타리가 떨어졌는데
    이따금 우뚝 솟은 큰 집은 모두 중의 거처라
    감개롭지 않을 수 없기로 시가 그것에 미쳤노라"
    (俞升旦,「書德豊縣公館」『東文選』 卷13)

    고 하여 불교에 대해서도 비판적 입장을 보여주고 있다.
144) 李藏用,「除宰臣崔宗峻金仲龜金良鏡麻制」『東文選』 卷26.

부의 조치에 대하여 몽고의 보복을 두려워한 나머지 도리어 정부에 반기를 드는 사태까지 나타났다. 李藏用이 지은 宋恂・李子晟의 麻制에 "천도한 처음에 인심이 동요되려고 하자 남방을 순시하여 안정시켰다"하고 한 것이나 "남쪽으로 건너온 날이 오래지 아니하니 사람들이 두 세 가지 마음을 품게 되었다"[145]고 한데서도 천도에 대한 배신감과 미구에 닥칠 침략세력에 대한 불안감 속에서 나타나는 농민항쟁의 조짐을 엿볼 수 있다. 실제 곧 이은 撒禮塔의 2차침입을 전후 한 고종 20년(1223) 4월 개경 근교의 초적인 居卜과 往心이 주변농민과 함께 봉기하여 龍門倉을 점거하기까지 하였다. 5월에는 한때 신라부흥운동이 일어났던 경주에서 崔山과 李儒가 인근 주현민과 연합하여 永州로 진격하다가 패한 사건이 있었다. 이제 외압을 당하여 정부와 민을 연결하였던 매개고리는 끊어지게 되었다.

　강화천도 이후 고려 전토를 유린하는 몽고의 침략세력에 의해 본토민들은 미증유의 전란의 상처를 입지 않으면 안되었지만 강화도에 들어간 이규보는 그 일신의 안전에만 관심을 가진 채 강화천도에 대한 최이의 결단을 다음과 같이 慶賀하고 있다.

> 천도란 예부터 하늘 오르기만큼 어려운건데
> 공 굴리듯 하루아침에 옮겨왔네
> 청하의 계획 그토록 서둘지 않았더라면
> 삼한은 벌써 오랑캐 땅 되었으니
> 백치 금성에 한 줄기 강이 둘렀으니
> 공력을 비교하면 어느 것이 나은가
> 천만의 호기가 새처럼 난다 해도
> 지척의 푸른 물결 건너지는 못하리
> 강산 안팎에 집이 가득 들어찼네

---

145) 李藏用, 「除宰臣朴文成李子晟宋恂任景肅麻制」 『東文選』 卷26.

옛 서울 좋은 경치 이에 어찌 더할손가
강물이 금성보다 나은 줄 안다면
덕이 강물보다 나은 줄도 알아야 하리[146]

이런 입장의 그에게는 본토민의 안녕은 관심의 대상이 아니었다.

오랑캐 종락이 아무리 완악하다지만
어떻게 이 물을 뛰어 건너랴
저들도 건널 수 없음을 알기에
와서 진치고 시위만 한다오
누가 물에 들어가라 타이르겠는가
물에 들어가면 곧 다 죽을건데
어리석은 민들아 놀라지 말고
안심하고 단잠이나 자소
그들은 응당 저절로 물러가리니
나라가 어찌 갑자기 무너지겠는가[147]

여기의 민은 본토의 일반 민이 아니라 강화의 민, 결국 지배층일
뿐이었다. 이제 그들의 관심은 江都의 안녕에 있는 것이지 본토 민
들의 안전은 더 이상 관심의 대상이 아니었다. 이런 축소된 세계관
에 빠져든 참여문신들은 江島의 안전에 만족한 채 향락에 취하기
까지 하였다.[148] 이후의 이규보·최자 등의 문인들은 최씨정권의

---

146) 李奎報, 「望海因追慶遷都」 『東國李相國集』 卷18.
147) 李奎報, 「九月六日聞虜兵來屯江外」 『東國李相國後集』 卷5.
148) "이 강토를 어느 누가 엿 볼 손가
강에도 산에도 경비가 삼엄하다오
우리 摠制令공이 때맞추어 일어나
강호를 섬멸하느라 그 심려 많았네
국위가 번개처럼 떨쳤고
이웃 적들이 벌레처럼 보이니
호리의 족속은 이제야 없어지고
귀의 잔당은 초라니에 불과하네

정책에 따라 일면 몽고침략군에 대한 격한 증오와 적개심을 담은 전쟁을 위한 對民 독려의 글을 짓고, 일면 몽고와의 타협적인 화친의 글을 짓는 이중적인 모습을 보여줄 뿐이었다. 그러한 속에서의 그들의 항몽을 위한 對民독려는 한갓 공허한 메아리만 남긴 채, 民과의 괴리관계는 더욱 깊어만 갈 뿐이었다. 비록 최자의 경우「三都賦」를 통해 江都의 요새의 험함, 富의 축적, 불법의 숭상에 대한 강한 경계의 뜻을 내비치기도 하지만 그 자신마저도 강도의 태평성대를 희구함으써 본토민과의 괴리는 좁히지 못하였다.149) 이제 이들의 대민독려의 글은 더 이상 본토민에게 영향을 줄 수 없었다.

　강화천도 이후 강도의 방비에만 급급한 상황 속에서 이후 2차에서 6차까지의 고려 전토를 유린하는 몽고의 침략세력에 의해 본토민들은 미증유의 전란의 상처를 입지 않을 수 없었다. 강화천도와 몽고의 2차 침입을 전후한 시기에 대규모 농민항쟁을 일으켰던 본토민들은 2차 침입 이후 6차까지 계속되는 몽고의 침입에 이제 그들의 생명과 재산, 나아가 향촌사회의 수호를 위해 몽고의 침략세

　　다시 花山을 이룩하여 世統을 계승하니
　　변방에 되놈의 노래가 들리지 않으며
　　임금 권위 높이고 변방을 공고히 하니
　　그 혜택 민에 미쳐 생업을 보존했네
　　세상에 뒤덥힌 공명 이러하니
　　향락인들 왜 가끔 취하지 않을손가"
　　(李奎報,「復次韻李侍郎見和」『東國李相國後集』卷8)

　　"… 다행히 지금 우리 江都 험한 것을 믿어서
　　앉은 채 强隣이 자주 講和 청하니
　　童妓들아, 薄伐曲을 노래하고
　　구슬픈 원망의 곡은 아예 노래 말거라"
　　(崔滋,「次李需敎坊少娥詩韻」『東文選』卷18)
149) 본서 제1장 제2절 참조.

력에 대한 저항을 하지 않을 수 없었다. 이들은 다기 한 자연적 조
건을 이룬 山城에 의지하여 기병의 예봉을 피하면서 소규모의 병
력으로 몽고군을 기습하는 유격전을 쓰고 있었다. 이러한 역경에
서 신분계층의 분화보다는 지역적인 소규모의 집단이 형성되기 마
련이었고, 실제로 당시의 일반민중으로부터 과거에 급제한 지식인
이나, 국학생, 품관은 물론 노비에 이르기까지 신분계층의 고하를
막론하고 항몽전을 공동으로 수행하였다. 전쟁의 피해 속에서 시
달린 이들은 불교에 의탁하여 정토를 희구하고 염불하면서 전란에
대한 消災의 염원을 빌면서 일체감을 다져 나가면서 항몽전선을
구축하여 나갔던 것이다.150)

전국적으로 항몽의지가 불타올랐음에도 불구하고 최씨정권은
그같은 항몽의지를 결집하여 전국적 통일전선을 구축하지 못하고
개별적 · 분산적으로 처리해 버렸다. 도리어 항몽의지로 불타있는
전국각지의 별초군을 뽑아 올려 강화의 경비를 강화하는 등 정권
의 유지에만 급급하였을 뿐이었다. 강화정부는 항몽의 의지를 보
여주기보다는 정권유지를 위해서 백성들에게 가혹한 수탈자로서
의 모습을 드러내어 민들의 항몽의지를 저상시킬 뿐이었다.

전쟁의 장기화에 따른 삶의 터전의 파괴와 살육, 강화정부로 대
표되는 지배층의 수탈로 인해 대내외적 모순이 중첩되자 고종 40
년을 전후해 농민항쟁이 격렬하게 다시 나타나기 시작함으로써 고
려왕조의 존립 자체가 위협받기 시작하였다. 그들은 본거지를 떠
나 유리하기도 하고, 농장에 투탁하기도 하면서, 때로는 무력동원
을 통한 반정부적 활동에 나서는가 하면 점차 投蒙의 형태로 왜곡
된 항쟁의 모습을 보이기까지 함으로써 항몽전선의 균열과 와해의

---

150) 許興植, 1986, 「'萬德寺志'와 '大芚寺志'」『高麗佛教史硏究』, 816~817쪽
    참조.

조짐이 나타나기 시작하였다.[151] '피폐한 농민들이 가혹한 부세수
탈을 모면할 수 있다고 하여 차라리 몽고군이 쳐들어오는 것을 기
뻐할 정도였다'[152]고 한 것은 그 한 예이다.[153] 이는 이전의 그 어
떠한 농민항쟁보다도 고려의 존립, 그 자체를 위협하는 것이었다.
이러한 상황 속에서 환도의 주장이 나오지 않을 수 없었다. 당시
參知政事였던 崔璘은

> 지금 백성들의 남은 자가 열에 두셋 밖에 안됩니다. 몽고군이 돌
> 아가지 않으면 백성들이 농사를 짓지 못하여 모두 저들에게 투항해
> 버릴 것입니다. 비록 강화 한 곳을 지킨다한들 어떻게 나라라고 하
> 겠습니까.[154]

라고 하여, 피폐한 농민들이 그 생존수단으로서 적에게 투항하리
라는 지적을 하면서 환도를 거론하였다.[155] 이 시기 강화정부가 대
몽전략으로 추진하던 산성 및 해도에의 입보책의 무리한 강행 역
시 토지의 소출로 생계를 꾸려나가지 않을 수 없었던 농민들의 민

---

151) 민의 투몽행위는 탈점으로 인한 토지소유관계의 변화와 전쟁수행 전
후를 통한 과중한 부세수탈을 피하고 생활의 근거지인 향촌을 보호하
려는 민의 대응이라는 일 측면도 지니지만 결국은 항몽전열을 약화시
키고 적의 침략전쟁 수행에 도움을 주는 것이었다.
152) 『高麗史』 卷24, 世家 高宗 43年 2月.
153) 최고집정자인 최우의 아들인 萬宗과 萬全이 그의 문도들과 더불어 경
상도에서 쌀 50만석을 비축하여 고리대를 행함으로써 민심의 소요를
가져와 朴暄과 경상주도 巡問使 宋國瞻이 "만약 적이 이르면 서로 응
하여 반란이 될까 두렵습니다(『高麗史節要』 卷16, 高宗 34年 6月)"라
고 한 것에서 이미 그 조짐이 나타나고 있었다.
154) 『高麗史節要』 卷17, 高宗 40年 12月.
155) 일찍이 강화도를 '金城湯池' 혹은 '萬世帝王之都'라고 칭송한 崔滋
(『新增東國輿地勝覽』 卷12, 江華都護府) 마저도 출륙하는 편이 낫다
고 할 정도였다(『高麗史節要』 卷17, 高宗 46年 正月).

생을 전혀 고려에 넣지 않은 것이기에 농민의 저항을 불러일으키
는 한 요인이었다. 이와 같은 민심의 이반에 따른 광범위한 농민의
저항은 곧 부세수취로 운영되던 국가재정 및 지배층들의 농장지배
의 기저를 뒤흔들어 놓는 것이었으므로 기득권의 망실을 두려워하
였던 지배층들의 일각에서 화평의 주장이 제기될 수밖에 없었다.
바로 이러한 이유로 인해 결국 몽고와의 화평교섭이 이루어지게
되었다.

5. 武臣政權 붕괴 전후의 文人知識層의 動態

최씨정권은 최충헌→최우→최항→최의에 이르는 4대 60년 동안
유지되었지만 1258년 3월, 柳璥・金仁俊 등이 정변을 일으켜 崔竩
및 그들의 추종세력을 제거하였다. 이때 그들이 내세운 명분은 '奮
擧忠義 再造王家 匡正三韓'156) ・'復政于王'157)에서 보다시피 왕
정복고를 내세웠다. 정변 직후 이들에게 '衛社功臣'의 공신명호가
내려진 것도 이 때문이다. 왕정복고의 표방은 崔怡가 그의 후계자
를 金若先으로부터 아들인 沆으로 바꿀 무렵, 상장군 周肅에 의해
제기된바가 있었고,158) 최자의『補閑集』의 전편에 왕정복고에 대
한 염원이 배어나고 있었다.159) 비록 이때의 무오정변의 '復政于王'
이 정변을 합리화하기 위한 미명이라 하더라도160) 그것의 표방은

---

156)『高麗史』卷24, 高宗 45年 乙亥.
157) 許興植, 1982,「1262년 尙書都官貼의 分析(上)」『韓國學報』29 여름호,
    일지사, 42쪽
158)『高麗史』卷129, 열전 崔沆.
159) 본서 제1장 2절 참조.
160) 許興植, 1982,「1262년 尙書都官貼의 分析(上)」『韓國學報』29 여름호,

곧 사회적 공감대로서의 여론의 반영으로 볼 수 있을 것이다.

무오정변은 비록 김인준, 즉 김준이 정변을 주도하여 성공으로 이끌었지만 관품이 낮고 최씨정권에 기생하여 성장한 천인출신이 었기 때문에 정변 중에 宰樞인 崔昷과 朴成梓의 호응을 호소하였 고 유경을 一位功臣으로 전면에 내세울 수밖에 없었다. 그러나 정 변 직후 유경은 승선직에서 파직되고 그와 가까웠던 禹得圭·金 得龍 등이 살해되거나 유배됨으로써 토사구팽 당하였다.161) 김준 등이 왕정복고의 염원을 등에 업고 정변을 일으켰지만 왕정의 복 구가 이루어진 것은 아니다.

정변 이듬해인 고종 46년(1259) 벽두에 대몽항전에 대한 대책의 논의과정에서 출륙이 대세로 굳어졌고, 그 해 4월 태자를 몽고에 보내 강화를 굳히고, 몽고군이 철수함으로써 고려의 대몽항전은 일단락 된 듯 하였지만 태자가 돌아와 왕(원종)이 되면서 점차 권 력을 강화한 김준은 출륙환도를 지연시키면서 몽고와의 재대결도 불사하겠다는 입장을 드러내고 자신의 정권을 강화시켜 나갔다. 그러나 김준정권은 최씨정권에 비해 이미 상당히 약화되어 있었 고, 그 와중에 자기의 동생, 아들 등을 중심으로 권력을 다져나가 다가 결국 그 측권에서 소외되어 가던 林衍의 거사로 인해 붕괴되 고(원종 9, 1268년 12월) 대신 임연정권이 수립되었다. 임연정권은 국왕 원종과 그의 측근 宦者들과 연결되어 김준정권을 붕괴시킬 수 있었기 때문에 향후 정국의 운영을 둘러싸고 이들과 세력다툼 을 벌이게 되었다. 이렇게 되자 임연은 먼저 왕을 폐하고 왕의 동 생 安慶公 淐을 세워 즉위시키고는(원종 10, 1269년 6월) 스스로 교 정별감에 앉아 무신집정이 되었다. 그러나 이를 구실 삼아 서북면

일지사, 42쪽.
161) 『高麗史節要』 卷17, 고종 45年 11月.

에서 崔坦·韓愼 등이 반란을 일으켜 몽고에 귀부함으로써 큰 타
격을 입은데다가 고려의 왕실과 가까워진 원의 직접적인 압력을
받고 원종을 복위시키지 않을 수 없게 되었다. 그리고 뒤이어 임연
이 병사하고(원종 11, 1270년 3월) 그의 아들인 임유무가 뒤를 이어
교정별감이 되었지만 그의 매부인 洪文系와 宋松禮에 의해 제거
됨으로써(원종 11, 1270년 5월) 무신정권이 종막을 고하게 되었고
출륙환도가 이루어지게 되었다. 그러나 무신정권의 붕괴는 무신정
권의 내분과, 원종과 일부 문신들의 몽고와의 야합에 의해 이루어
진 것이었기에 향후 고려는 원의 간섭에 놓이게 됨으로써 외세에
종속적이 되고 말았다.

제2절 當代의 文集에 나타난 文人知識人像

무신정권시대 문인지식층의 문집으로서는 林椿의 『西河集』, 李
仁老의 『破閑集』, 崔滋의 『補閑集』, 李奎報의 『東國李相國集』,
그리고 陳澕의 『梅湖遺稿』, 白賁華(1180~1224)의 『南陽詩集』, 金
坵의 『止浦集』을 들 수 있다. 그 중 진화의 『梅湖遺稿』와 김구의
『止浦集』은 조선시대에 들어와 『東文選』 등의 각종 문집에서 뽑
아내 만든 遺稿集이고, 백분화의 『南陽詩集』은 海印寺 東齋所藏
의 殘存 麗刻板을 저각본으로 한 것이지만 일제시대에 後引해낸
것이 현재 전해지기 때문에162) 대부분 판독이 어려운 상태이다. 따

---

162) 1980, 『高麗名賢集』 5, 성균관대학교 대동문화연구원의 「解題」 중
『南陽詩集』에 관한 千惠鳳의 글 참조.

라서 임춘, 이인로, 이규보, 최자의 문집의 성격의 파악을 통해 그
들의 세계관에 바탕을 둔 현실인식을 추구해봄으로써 이들이 당대
에 있어서 어떠한 지식인상을 추구하고자 하였던가를 살펴볼 수
있을 것이다.

  임춘의 『西河集』과 이규보의 『東國李相國集』은 각기 본인의
글을 모은 것인데 반해, 이인로의 『破閑集』과 최자의 『補閑集』은
그와 다르다. 최자가 『補閑集』의 序에서,

> 　本朝는 人文으로서 教化를 이루어 어질고 뛰어난 인물들을 배출
> 하였는데, 이들이 風化를 贊揚하였다. … 그러나 고금의 名賢으로서
> 문집을 만든 사람은 수십 명에 지나지 않고, 그 밖의 이름난 문장과
> 뛰어난 시들은 다 없어져 전해지지 않는다. 學士 李仁老가 이들의
> 약간을 모아 책을 내어 이름을 『破閑集』이라고 하였다. 晋陽公(崔
> 怡)이 그 책의 내용이 넓지 않다고 하여 나에게 보완할 것을 명령하
> 였다. 나는 없어져 잃어버린 나머지들을 억지로 모은 것과 近體詩
> 약간 聯을 얻었다. 여기에 중이나 아녀자들의 것 가운데서도, 詩가
> 좋지 않더라도, 담소거리가 될 수 있는 것은 아울러 수록해서 모두
> 1部 3卷을 만들었다. 아직 조판할 기회를 갖지 못했는데, 지금의 侍
> 中上柱國 崔公(崔沆)이 先親의 뜻을 이어 그 책을 찾으므로 삼가 정
> 서하여 바친다.163)

라고 한 바와 같이 (승려를 포함한) 문인들의 詩에 대한 評論, 帝
王·群臣들의 逸話와 文談, 畵論, 그리고 新羅의 舊俗이나 西京·
開京의 풍물에 관한 이야기 등을 담고 있기 때문에 『西河集』·
『東國李相國集』과는 그 성격을 달리 한다.164) 따라서 이들을 통해
두 사람의 학문적·사상적 경향을 살펴보기는 어렵지만, 도리어

---

163) 崔滋, 『補閑集』序.
164) 이인로의 『破閑集』에는 그 자신의 시가 상당수 수록되어 있고, 최자의
　　 『補閑集』에는 그 자신의 시가 거의 수록되어 있지 않다. 반면 그 자신
　　 의 가문, 그리고 조상 가운데 유명한 사람의 글이 많이 실려 있다.

그것이 당시의 문인지식인상을 살펴보는데 보다 더 유용할 수 있을 것이다.

『補閑集』이 『破閑集』의 '未廣'을 보충하기 위해서 마련되었다고 한 것이나, 그 명칭이 『續破閑集』이었다는 것에서 양자는 그 공통적 속성을 갖고 있지만 그 개인의 세계관에 따른 시대인식은 일정한 차별성을 갖기 마련이다.

1. 『破閑集』에 나타난 文人知識人像

『破閑集』의 저자인 이인로의 가계는 고려중기 문벌귀족의 대표적 집안이라 할 수 있는 慶源李氏에 속한다. 그의 세계는 李子淵系가 아닌 子祥系로서 자상의 둘째 아들인 頲의 증손이며, 頲의 아들인 彦林의 孫이다. 이인로는 무신쿠데타 때 '遂殺文士'의 분위기 속에서 일시 화를 피해 절간에 몸을 숨겼지만, 그의 숙부인 光瑨이 '溫謹함 때문에 保身'하여 명종 초 參知政事를 거쳐 中書侍郎平章事를 역임하고,165) 妻父 崔永濡 역시 무신정권에서 관직을 가짐에 따라 곧 환속하여 과거의 길로 나아갔다고 볼 수 있다.166) 이러한 가문적 배경을 갖고 있었던 이인로는 자신의 가문에 대한 자부심을 갖고 있다.167)

이인로는 무신정권에 참여하여 환로의 길을 걷게 되지만 최충헌 정권이 등장한 이듬해인 1197년 大叔인 寥一이 최충헌을 제거하기

---

165) 『高麗史』 卷95, 列傳 李子淵 附 李光瑨.
166) 『高麗史』 卷102, 列傳 李仁老. "그는 정중부난에 머리를 깍고 피신하였다가 난이 평정된 후 환속하여 명종 10년(1180)에 魁科에 뽑히었다."
167) 李仁老, 『破閑集』 卷下. "우리 선조가 대대로 문장으로서 서로 이어 紅紙를 서로 전한 것이 이미 8대나 된다."

위한 모의에 관련되어 거세된 때를 전후해 중앙정계에서 소외된 것 같다.168) 『破閑集』은 바로 이 때를 전후한 시기에 제작되었다. 『破閑集』의 편찬은 이인로 개인에 의한 것이지만, 여기에는 임춘, 오세재 등의 죽림고회의 인물들과의 부단한 협의의 과정에 의해 완성될 수 있었음을 다음의 『破閑集』 跋文의 자료는 보여준다.

날마다 西河 林耆之와 濮陽 吳世才의 무리와 더불어 친밀한 짝이 되어 꽃피는 아침 달 밝은 저녁에 일찍이 같이 지내지 않은 때가 없었으니 세상에서 竹林高會라고 하였다. 취했을 때 서로 말하기를 "麗水 물가에 반드시 良金이 있고 刑山 밑에 어찌 美玉이 없으리오. 우리 本朝는 地境이 蓬萊 瀛州와 접근하여 옛날부터 신선의 나라라고 하였다. 그 靈異한 기운을 타고 간간이 재주가 나서 아름다운 이름을 중국에 드러낸 사람들로 學士 崔孤雲이 앞에서 부르고 參政 朴寅亮이 뒤에서 화답하여 名儒와 雜僧이 시를 잘 지어 명성을 異域에 날린 것이 대대로 있다. 만약 우리들이 거두어 기록하여 후세에 전하지 않으면 없어져서 전하지 못할 것이 틀림없을 것이다"하고 드디어 中外의 작품 중에서 법이 될 만한 것을 수습해 편집해 세권을 만들어 破閑이라고 이름을 붙였다. 또 친구들에게 일러 말하기를 "내가 閑이라고 한 것은 대개 功名을 이룬 뒤에 별장에서 은퇴하여 마음에 더 구할 것이 없는 자와 또는 자취를 산림에 감추어 주리면 먹고 곤하면 자서 아무 일이 없는 자라야 그 한가한 것을 온전히 할 수 있는 것이다. 그러나 눈을 이 책에 붙이면 온전한 한가함을 깨칠 수 있을 것이다. 대체 塵勞에 시달리고 名宦에 골몰하여 炎凉에 좇아서 東西로 분주한 자가 하루아침에 권리를 잃어버리게 되면 외모는 한가로운 것 같으나 중심은 흥흥할 것이니, 이는 또한 한가한 것이 병이 된 것이다. 그러나 이 책에 눈을 붙이면 또한 한가한데서 온

---

168) 이인로의 아들인 世黃이 쓴 『破閑集』 跋文에 의하면 이인로는 寥一로부터 보살핌과 학문의 전수를 받았음을 알 수 있다("나의 先人은 大金 天德 4년 壬申(1152)에 출생하여 어려서 부모를 여의고 의지할 데가 없어서 大叔인 華嚴僧統 寥一이 양육하여 항상 좌우에 두고 훈계하여 가르치기를 부지런히 하여 三墳과 五典, 諸子百家를 섭렵하지 않은 것이 없었다").

병을 고칠 수 있을 것이다. 만약 그렇다면 오히려 바둑이나 장기를 두는 것보다 낫지 않겠는가"하니 당시에 듣는 사람들이 모두 그렇다고 하였다. 이 파한집이 이미 이루어졌으나 아직 임금에게 알려지지 못한 채 불행히도 가벼운 병으로 紅桃井 집에서 돌아 가셨다.

『破閑集』은 죽림고회 모임의 산물이었음을 위 자료를 통해 알 수 있다. 여기서 '閑'을 설명하면서 "대체 塵勞에 시달리고 名宦에 골몰하여 炎凉에 좇아서 東西로 분주한 자가 하루아침에 권리를 잃어버리게 되면 외모는 한가로운 것 같으나 중심은 흉흉할 것이니, 이는 또한 한가한 것이 병이 된 것이다. 그러나 이 책에 눈을 붙이면 또한 한가한데서 온 병을 고칠 수 있을 것이다"라고 한 것은 무신쿠데타로 인해 어려움을 겪고 있었던 당시의 죽림고회의 입장을 말해 주는 것이다. 오세재와 임춘은 과거에 합격하였음에도 불구하고 정권으로부터 기피된 채 자기 처지에 대한 自嘲와 정권에 대해 감춰진 울분을 달래면서, 사환에의 가능성을 갈망하고 있었다. 명종 14년을 전후해서 오세재를 중심으로 한 '竹林高會'의 인물들은 비록 晉代의 '竹林七賢'의 아취를 본뜨고 있었지만 '현실을 도피하여 山林에 묻혀 飮酒와 詩歌를 즐기거나, 정권을 멀리하여 淸談의 風을 즐기지' 못한 채 현실에 대한 불만을 품고 있었다는 점에서 이인로가 '閑'에 대해 이러한 정의를 내리게 되었을 것이다. 또 이것은 그가 그렇게 찾아 헤매었던 靑鶴洞, 즉 속세를 등진 사람들이 살던 이상향을 밖에서 구할 수 없음을 자각하고, 현실로 복귀하지 않을 수 없었던 경험담에서 터득한 것이었다.169)

169) 『破閑集』卷上. 金龍善 씨는 1992, 「『破閑集』 著述의 歷史的 背景」 『震檀學報』 73, 193쪽에서 청학동을 찾아 나선 시기를 무인란이 일어났을 당시 속세를 피해 중이 되었다가 환속하는 동안의 일이 아니었을까 추정하면서, 이 일화는 결국 과거에 급제함으로서 현실로의 복귀를 할 수밖에 없었던 이인로의 심정의 일면을 상징적으로 언급한

명종 10년 과거에 합격한 이인로는 오세재, 임춘과는 달리 환로의 길로 접어들어 명종 18년을 전후한 시기에 翰官으로 발탁됨으로써[170] 어느 정도의 안정된 관직생활이 가능하였다. 그러나 그 역시 14년 동안 이 한관직에 머물면서 때로는 지방의 수령직에 보임되었을 뿐이다. 자신의 왜소해져 가는 모습에 대해, 그리고 참여문신에 대한 따가운 비판에 대해,

> 천하의 일 가운데 貴賤이나 貧富로서 높게 하거나 낮게 하지 못하는 것은 오직 문장뿐이다. … 문장은 스스로 일정한 가치가 있으므로 富로도 이것을 밀어내지 못한다.[171]

라고 하여 애써 순수문관으로서의 위치를 강조하였다. 이런 입장의 그는 오세재를 위해 천거를 탄원하고, 임춘을 위해 유문집을 편찬하는 등 불우한 동료문인들에 대해 깊은 관심을 표함으로서 자위하였을 것이다. 그러한 과정에서 이인로는 『破閑集』의 편집을 통해 동료문인들의 흉흉한 마음에서 생긴 병, 곧 자신의 마음의 병을 달래고자 하였을 것이다.

이인로는 『破閑集』을 국왕에게 전달하고자 하였으나 그 뜻은 달성되지 못하였고, 동료문인들은 뿔뿔이 흩어져 버렸으며, 그 역시 그의 대숙인 寥一이 1197년 9월 최충헌을 제거하기 위한 모의

것으로 이해하여도 좋지 않을까 한다고 하였다.
170) 朴菖熙씨는 1991, 「武臣政權下의 文人들」『韓國史市民講座』8, 일조각, 45쪽에서 이인로는 명종 15년쯤에 翰官으로 입사하였다고 하였다. 그러나 이인로의 『破閑集』의 문극겸에 관한 언급에 의하면 그가 옥당에 들어간 후 1년 뒤에 문극겸이 죽었다고 한 것으로 보아 문극겸이 죽은 명종 19년의 한해 전인 명종 18년에 옥당에 들어간 것이라 할 수 있다.
171) 李仁老, 『破閑集』卷上.

에 연루되어 제거되자 결국 중앙정계에서 별다른 활약을 하지 못
한 듯 하다.172) 이후의 그의 모습은 동료문인들의 바로 그것이었
다. 그는 최씨정권의 詩會의 주위를 맴돌다가 1220년(고종 9)에
『破閑集』의 간행을 이루지 못한 채 결국 생을 마감하고 말았다.

비록 晉代의 '竹林七賢'의 아취를 본뜨고 있었지만 '현실을 도
피하여 山林에 묻혀 飮酒와 詩歌를 즐기거나, 정권을 멀리하여 淸
談의 風을 즐기지' 못한 채 현실에 대한 불만을 품고서도 사환을
갈망하고 있었던 죽림고회의 인물, 그리고 그 일원으로서의 이인
로는『破閑集』을 통해 유학이념에 바탕 한 文治主義와 王道主義
를 견지하면서, 궁극적으로 문학적 능력을 갖추고 科擧에 급제하
여 文翰職에 종사하고 있는 관리의 모습을 이상적 관리형으로 제
시하려고 하였다. 따라서 '天性이 학문을 좋아하고 儒雅한 것을 숭
상하며, 특히 淸宴閣을 개설하여 날마다 學士들과 더불어 墳典을
논의'하던 예종의 모습을173) 통하여 올바른 君主의 태도와 君臣關
係의 전형을 찾아내고자 하였다.174) 그리하여 그들이 지향하고자
하는 이상적인 세계를 무신정권 성립 이전의 睿·仁宗代로 그려
내면서 마음 속으로부터 예·인종을 찬양하고 그 시대를 문인들의
황금시대로 간주하였다. 바로 이러한 황금기가 毅宗의 失政에 의
해 무너졌다고 생각한 이인로로서는 의종대의 현실을 비판하는 다
음과 같은 시를『破閑集』에 수록하고 있다.

    毅王이 五道와 東西의 兩界에 조서를 내려서 吏員을 파견하여 院
    宇와 驛에 써 붙인 시를 모두 기록해서 御府에 바치게 하여 그 중에
    서 風謠와 民物의 利害를 살펴보고, 인하여 훌륭한 문장을 뽑아서 詩

---

172) 蔡尙植, 1992,「『破閑集』에 보이는 사상적 경향」『震檀學報』73.
173) 李仁老,『破閑集』卷上.
174) 金龍善,「『破閑集』著述의 歷史的 背景」『震檀學報』73, 195쪽.

選을 만들게 하였다. 어떤 선비가 역의 벽에 다음과 같은 시를 썼다.

> 날이 마치도록 등에 曝陽을 받으면서 밭을 갈았으나
> 한 말 곡식도 없도다
> 바꾸어 廟堂에 앉게 하였으면
> 곡식을 먹는 것이 만석이나 되리

尙西 金莘尹이 義州에 출진 하였을 때, 또 다음과 같은 시를 지었다.

> 民을 긁어먹고 윗사람에게 아첨하는 것이 풍속으로 바뀌어
> 전국이 모두 그릇 따르도다
> 녹이 후한 고관의 자리도 욕심이 나지마는
> 청천백일은 진실로 속이기 어렵도다
> 齊王의 질병이 나을 수 있다면
> 伊尹의 음식솜씨를 어찌 감히 사양하리요
> 말을 전하노니 친구들이여 서로 웃지 말라
> 정직해서 부족한 것이 남아로다

吏員이 이 두 편을 기록하여 올렸다. 임금이 여러 시를 읽어 내려가다가 이 시에 이르러서는 한참 동안 말이 없었다. 좌우가 두려워하여 어쩔 줄을 몰랐다.[175]

『破閑集』에 실려 있는 숱한 시들 중에서 사회의 현실의 모순을 지적한 시로서는 바로 이 자료에 나오는 두 편의 시에 불과하다. 이를 두고 이인로의 詩學에 있어서 愛民意識을 소중히 여긴 자세를 엿볼 수 있다고 한 것은 지나친 해석이라고 할 수 있다.[176] 그리고

---

175) 李仁老,『破閑集』卷下.
176) 金鎭英, 1992.6,「『破閑集』의 詩學的 性格」『震檀學報』73, 215쪽.
물론 이인로가 자신이 체험한 먹 제조의 수고를 통해서 생산물의 소중함을 깨닫게 된 기사에 덧붙여, "옛사람들은「憫農詩」(李紳 作)에,「쟁반의 밥이 알알이 다 辛苦임을 뉘 알리요」라고 한 것은 실로 仁者의 말이라 하였다(『破閑集』卷上)"고 읊고 있지만, 이것 역시 愛民觀에서 비롯된 것이 아니라 자신의 수고에 대한 감회를 읊은 것에 불과

이러한 사회의 모순의 지적은 당시 사회의 모순의 자각에 따른 현
실비판의식에서 나온 것이 아니라 이를 통해 의종의 失政을 지적하
고자 한 것에 불과한 것이었음을 다음의 자료는 여실히 보여준다.

> 예전에 毅宗은 數十世 동안의 풍요롭고 태평스럽게 다스려지던
> 왕업을 이어받아 왕위에 오른지 오래 되어도 모든 일이 잘 거행되지
> 않음이 없어서, 모두들 태평의 業이 태산보다 편하다고 하여 감히
> 말하는 자가 없었다. 正言 文克謙이 바로 궁궐의 문을 두드려 상소
> 문을 올렸는데 모두 당시의 병폐에 맞았으므로 사람들이 이르기를
> '鳳凰이 朝陽에서 울었다'라고 하였다. 그러나 왕이 들어주지 않았
> 으므로 극겸은 관복을 벗어버리고 집에 돌아왔다. … 명종이 즉위하
> 자 발탁하여 喉舌의 자리에 있게 하니, 국가의 안위와 인민의 利病
> 과 사대부의 어질고 못남을 모두 왕께 아뢰어 한 터럭이라도 막힌
> 것이 없었다. 지금에 이르기까지 이웃 나라와 우호를 맺고 中外가
> 평안하여 근심이 없게 된 것은 모두 공의 힘 때문이었다. 공이 재상
> 으로 있을 때 나를 천거하여, 玉堂에 들어가서 모신지 이듬해에 공
> 이 세상을 떠남에 내가 晩詩를 지었다.[177]

결국 이 자료는 이인로가 당시 문벌귀족사회가 야기한 구조적
모순에 의해 무신쿠데타가 일어났음을 인식하지 못하고 있었음을
보여주는 것이다. 의종이 문극겸의 諫言을 받아들이지 않았기 때
문에 결국 무신쿠데타가 발생하게 되었다고 본 이러한 시각은 결
국 그 자신의 무신정권의 참여에 대한 자기변명, 나아가 당시 환로
의 길을 모색하고 있었던 동료 죽림고회의 변으로 연결될 수밖에
없었다.

『破閑集』에는 오직 국왕과 쟁신의 풍이 있는 문신과의 관계가 그
려져 있을 뿐이고 무신집권자에 관해서는 한마디 언급도 없다. 이

하다.
177) 李仁老, 『破閑集』 卷中.

규보의『東國李相國集』과 최자의『補閑集』이 당시 무신집권자의
惠政을 곳곳에서 읊고 있는 것과는 큰 차이가 있다. 그러나 이것이
당시 무신정권이 배태시켜 온 사회모순의 철저한 자각에 의한 무신
정권의 부정에서 나온 것이 아니다.『破閑集』은 단지 문인들의 시
문을 정리한다는 입장에서 간행된 것이었기 때문에 굳이 무신집정
에 관한 이야기를 언급할 필요성을 느끼지 않았을 뿐이다.

이인로의『破閑集』의 편찬은 왕의 명이나 무신집정의 명에 의
해 만들어진 것이 아니기 때문에 자유로운 분위기 속에서 다양한
주제의 시문을 수록할 수도 있었을 것이다. 그러나 무신쿠데타로
인해 많은 문신들이 피의 숙청을 당하고, 또 의종·명종조에 현실
비판적 입장을 개진하는 문인지식층이 제거 당하거나 불우한 생을
마감하는 것을 본 이인로로서는 문벌체제 즉, 복고적인 입장에 설
수밖에 없었고, 귀족의 翰墨風流의 고려중기 유학의 분위기에 매
몰된 채 자연의 경관이나 문장의 기교를 대상으로 한 형식위주의
浮華한 문체에서 맴돌 뿐이었다. 그는『破閑集』에서 애써 순수문
관으로의 위치를 강조하고, 무신정권에 소극적인 입장에 있었던
인물들을 주로 언급하고 있다. 이것은 그가 이상적 시대로 간주했
던 예·인종조에서 사회의 부조리를 비판·제거하는 시무책이 경
시되고 대신 시문이 중시됨으로써 사장 중심의 비현실적인 학풍이
성행한 것을 고려할 때[178] 어쩌면 당연한 것이다. 이러한 그의 태
도는 예·인종대 이후 격화되는 문벌귀족들의 대토지겸병에 따른
농민들의 유망현상에 대한 관심보다는 그러한 기득권을 갖고 있었
던 그들의 사회경제적 기반의 축소에 더 가슴 아파하였고, 무신정
권 당시의 전국적 농민항쟁의 창궐에도 불구하고 이에 대한 어떠
한 관심도 보여주지 못할 수밖에 없었다.

---

178) 許興植, 1981,『高麗科擧制度史硏究』, 일조각, 92~99쪽 참조.

2. 『補閑集』에 나타난 文人知識人像

『破閑集』이 당시의 무신집정에 대한 언급이 전혀 없는데 반해 최자의 『補閑集』에는 곳곳에서 당시의 집권자인 최씨집권자의 인물됨이나 업적을 찬양하면서, 특히 최씨정권의 시문숭배를 칭송하고 있다. 이 점은 『破閑集』이 이인로 개인과 죽림고회의 인물들에 의해 자발적으로 만들어진 것인데 반해 『補閑集』은 앞에서 살펴본 바와 같이 崔怡가 『破閑集』 내용이 넓지 않다(未廣)고 하여 최자에게 보완할 것을 명함으로써 이루어지게 된 것임을 생각할 때 당연한 결과라고 볼 수 있다. 무신집정에 대한 언급에 있어서의 두 문집의 이러한 차이는 이인로(의종 6~고종 7, 1152~1220)가 무신쿠데타를 직접 목도한 인물이었다면 최자(명종 18~원종 1, 1188~1260)의 경우 이인로보다 한 시대 뒤의 인물로서, 최씨정권의 확립 후 중앙정계에 등장하였으므로 이인로처럼 무신쿠데타에 대한 별다른 피해의식을 갖고 있지도 않았다는 점, 그리고 이인로의 경우 최씨정권의 성립으로 인해 대숙인 요일이 제거 당하고, 그 자신 결국 소외감을 느끼고 있었던 것과는 달리 최자의 경우 최씨정권에 의해 발탁·중용되었다는 점 등을 고려하지 않으면 안된다.

『補閑集』은 당초 崔怡 말년에 편집되었지만, 간행을 보지 못하다가 최이를 이어 집정에 오른 崔沆이 다시 요구함으로써 고종 41년 4월에 올려지고 있다. 그러나 『補閑集』에 그 두 달 뒤인 甲寅季夏, 즉 1254년 6월이 등장하고, 최항의 寵臣인 柳璥의 기록 등을 볼 때 초간본에서 다소간의 첨삭이 행해진 후 간행된 것으로 볼 수 있다. 따라서 그 첨삭은 최항을 順受天命하여 承業大業한 인물, 즉 易姓革命의 이념적 근거인 天命을 받은 인물로 묘사, 미화시킨 것이나, 최항의 대표적 심복이었던 柳璥의 기사를 첨가시킴으로써 최씨정권의 정통성을 강조하는 방향으로 진행된 것으로 추정되고 있다.[179] 그럼에도 불구하고 『補閑集』은 앞선 『破閑集』보다 국왕을 훨씬 더 내세우고 있다. 이 점 최씨정권의 『補閑集』 편찬의도와, 그에 응한 최자의 편찬의도가 같은 선상에 있지 않았음을 말해 주는 것이다.

최자는 『補閑集』의 시평을 통해 왕도정치의 구현, 과거제에 따른 儒官들의 배출과 그들이 중용되는 것, 그리고 그들에 의한 문풍의 발양이 유기적 통일관계를 맺기를 강조하고 있다. 이는 고려의 선대 유관들에게 면면히 내재되어 온 관념으로서,[180] 이인로의 『破閑集』이 추구하는 문인지식인상과 유사한 것이다. 그러나 이인로의 『破閑集』이 마음속으로부터 예종을 찬양하고 그 시대를 그리워하면서 복고적 성향을 띠고 있었던 것과는 다르다. 최자의 『補閑集』에서도 얼핏보면 고려중기 문벌귀족 사회에서 활약했던 崔沖·李子淵·任濡, 그리고 崔惟淸의 가계를 예로 들면서 이들 가문에서 장원급제자와 문하생을 배출한 座主를 격찬하고 있다. 그러나 예종조를 바라보는 시각은 이인로의 그것과는 완전히 다르다.

　　예종은 왕위에 있으면서 章句를 숭상하고 놀며 잔치하기를 좋아하였다. 그 때에 증조부 尚書 崔瀹이 綸閣에 있으면서 글을 올렸다. 간략히 말하면, '옛날 당 문종이 詩學士를 두려 할 때 재상이 아뢰기를 '시인은 대개 경박하고 이치에 어두우므로 그들의 말을 들으면 성총을 어지럽힐까 두렵습니다'하자 문종은 그 일을 그쳤습니다. 제왕은 經術을 좋아하여 날마다 儒雅들과 더불어 經史를 토론하고 정

---

179) 이것은 이종문씨가 진단학회에서 1988년 5월 7일 주최한 제16회 韓國古典硏究 심포지움에서 행한 '『補閑集』의 종합적 검토(1988 所收, 『震檀學報』 65)'에서 행한 토론의 과정에서 언급한 내용이다.

180) 朴菖熙, 1988, 「『補閑集』에 나타난 崔滋의 意識內容」 『震檀學報』 65.

치의 이치를 물어 백성을 교화하고 풍속을 이루기에 겨를이 없어야 할 것입니다. 그런데 어찌 어린애들의 彫蟲을 일삼고 경박하고 방탕한 사신들과 자주 어울려 바람을 읊어 달을 읊조리면서 天衷의 순직한 마음을 잃어버리면 되겠습니까?'하였다. 임금이 그 말을 받아들였다. 그 때 어떤 詞臣이 그 틈을 타서 말하기를, '이른바 儒雅라 하는 것은 따로 어떤 사람입니까? 최약은 風月을 못하므로 사람들이 시를 주고받는 것을 좋아하지 않기 때문에 그렇게 말한 것입니다' 하였다. 왕은 화를 내어 春州副使로 좌천시켰다.[181]

최자는 예종을 '章句를 숭상하고 놀며 잔치하기를 좋아한다'고 하면서 '경사를 토론하고 정치의 이치로 백성을 교화하고 풍속을 이루고자'하기 보다는 '어린애들의 彫蟲을 일삼고 경박하고 방탕한 詞臣들과 자주 어울려 바람을 읊어 달을 읊조리면서 天衷의 순직한 마음을 잃고 있다'고 하는 최약의 비평을 싣고 있는가 하면, 왕의 말을 기록한 制誥를 언급하면서도 같은 입장을 개진하고 있다.

　　본조의 詞誥는 예부터 典則이 있었다. 그런데 예종대에 화려하게 변하더니, 지금에 이르러서는 말이 번다하고 헛된 아름다움만을 취하여 심한 것은 광대가 희롱하며 찬미하는 것과 같아졌다.[182]

이인로가 『破閑集』에서 평하고 있는 시의 작자들이 귀족적인 翰墨風流의 고려중기 유학의 특징을 가지면서, 주로 자연의 경관이나 문장의 기교를 대상으로 한 향략풍의 분위기를 드러내고 있

---

181) 崔滋, 『補閑集』 卷上. "睿宗御宇 尙章句 好遊宴 時曾王父尙書崔瀹 在綸閣 乃上書 略曰 昔唐文宗 欲置詩學士 宰相奏曰 詩人多輕薄 昧於識理 若承顧問 恐撓聖聰 文宗乃止 帝王當好經術 日與儒雅 討論 經史 諮諏政理 化民 成俗之無假 安有事童子之雕夷 數典輕蕩詞臣 吟風嘯月 以喪天衷之淳正耶 上優納 有一詞臣 承隙曰所言儒雅 別是 何人 瀹短於風月 不樂人唱和 故有此言 上怒左遷 爲春州副使"
182) 崔滋, 『補閑集』 卷下.

는 것과는 달리, 최자는『補閑集』을 통해 이러한 예종조를 전후한 시기의 형식위주의 문장에 대한 비판을 가하면서, 문신의 역할을 經史를 공부하여 군왕이 올바른 정치를 하도록 하는데 있다고 여겼다. 이런 입장의 최자는『補閑集』의 '序'에서

> 文이란 것은 道를 밟아 가는 門이니, 도에 맞지 않은 말을 쓰지 않는다. 그러나 기운을 돋구어 말을 함부로 함으로써 듣는 사람들을 감동시키려고 하여 때로는 험악하고 괴이한 것도 말하게 된다. 더구나 시를 짓는 것은 比・興・諷喩에 근본하기 때문에 반드시 기괴함에 의탁한 연후에서야 그 기운이 씩씩하고 그 뜻이 깊으며 그 말이 뚜렷하여 사람의 마음을 감동시켜 깨닫게 하고, 깊고 미묘한 뜻을 드러내어 마침내는 올바른 데로 돌아가게 할 수 있다. 만약 표절하여 묘사하고 지나치게 꾸미고 하는 것을 儒者는 본래 하지 않는다. 비록 시인에게는 琢鍊四格이 있으나 그 중에서 취하는 것은 琢句와 鍊意뿐이다. 지금의 후진들은 聲律과 章句를 숭상하여 글자를 다듬는데는 반드시 새롭게 하고자 하기 때문에 그 말이 생경해지고, 댓귀를 다지는데는 반드시 유사한 것을 가지고 하기 때문에 그 뜻이 졸렬해져서 웅걸 노성한 기풍이 이로 말미암아 상실되었다.183)

라고 하여 당시의 시단의 두 흐름을 지적하면서 聲律과 章句를 앞세우는 用事위주의 계열과 氣骨과 意格을 앞세우는 創意新語, 즉 내용위주의 계열이 있음을 지적하고, 자신은 후자의 입장에 서서 전자에 치우치는 당시의 시단에 대한 비판을 하고 있다.

특히 그는 文이란 것은 道를 밟아 가는 門으로 파악하여 文의 존재의의를 道의 구현에 두고, 그 구현의 궁극점 도달점을 歸於正,

---

183) 崔滋,『補閑集』序. "文者 踏道之門 不涉不經之語 然欲鼓氣肆言 竦動時聽 或涉於嶮怪 況詩之作 本平比興諷諭 故必寓託奈詭 然後其氣壯其意深其辭顯 足以感悟人心 發揚微旨 終歸於正 若剽竊刻畫 誇耀青紅 儒者固不爲也 雖詩家有琢鍊四格 所取者 琢句鍊意而已 今之後進 尙聲律章句 琢者必欲新 故其語生 鍊對必以類 故其意拙 雄傑老成之風 由是喪矣"

즉 正心에서 구했다는 점에서 일견 道文一致의 주자학적 문학관과 연결된다. 道와 文의 분리가 전제된 결합 형태인 文以載道는 道와 文이 미분리 된 일도연속으로서의 道本文末이든 문학의 修辭的, 형식적 측면에 대한 관심을 거의 무시하거나 아주 제한적으로 허용하고 있다는 특징을 갖고 있다. 그러나 최자는 '文은 道를 밟아 가는 門이므로 不經한 말을 사용하지 않는다'고 전제하면서도 '그러나 기운을 돋구어 말을 함부로 함으로써 듣는 사람들을 감동시키려고 하여 때로는 험악하고 괴이한 것도 말하게 된다. 더구나 시를 짓는 것은 比·興·諷喻에 근본하기 때문에 반드시 기괴함에 의탁한 연후에서야 그 기운이 씩씩하고 그 뜻이 깊으며 그 말이 뚜렷하여 사람의 마음을 감동시켜 깨닫게 하고, 깊고 미묘한 뜻을 드러내어 마침내는 올바른 데로 돌아가게 할 수 있다'고 하여 道의 구현을 통한 正心에의 도달과정에서 자신이 한 전제를 스스로 약화시키고 뒤집었을 뿐만 아니라 주자학적 문학관의 소유자들이 가장 부정적인 것으로 보는 정서의 질인 險怪, 기괴를 적극적으로 수용하고 있다. 요컨대 최자의 문학론은 道의 구현을 통한 正心에의 도달이라는 궁극적인 목표는 주자학적 문학관과는 일치하지만 중간과정은 현저하게 다르다.[184) 이러한 사상사적 기반은 최자가 지향하고 있는 문인지식인상으로서의 모습, 즉 經史를 공부하여 군왕이 올바른 정치를 하도록 돕는 것을 본분으로 하는 문인지식인상과 현실의 문신의 처지에서 오는 괴리에서 비롯된 것이라 할 수 있다.

『補閑集』에는 고려의 역대 국왕의 작품을 가장 앞에 실음으로

---

184) 이 견해는 진단학회에서 1988년 5월 7일 개최한 제16회 韓國古典硏究 심포지움 '『補閑集』의 綜合的 檢討'의 토론석상에서 李鍾文 氏가 언급한 것이다(1988, 『震檀學報』 65, 173쪽 참조).

써『破閑集』보다 국왕을 내세우고 있다. 卿大夫·高僧·逸士들의 시문집인『補閑集』에 태조가 지은 글을 신게 된 이유에 대해 최자는 다음과 같이 밝히고 있다.

> 知樞 孫抃이 太祖가 지은 글을 나에게 보여 주면서 "마땅히『補閑集』에 수록하여야 할 것입니다"라고 말했다. 대답하여 "이 책은 자질구레한 얘기들을 모아서 한가로움을 달래려고 할 뿐이지 盛典을 만들려는 것은 아닙니다"라고 했다. 知樞는 "儒臣이 되어 聖訓을 찬술하는 일을 사양하는 것이 옳겠습니까"라고 하였다. 그 말을 듣고 급히 篇의 머리에 실었다.185)

얼핏보면 이것은 손변의 요청에 의해 이루어진 것 같지만 다음의 자료를 살펴보면 최자의 계산된 편찬의도로 볼 수 있다.

> 『補閑集』에 실은 것은 모두 卿大夫·高僧·逸士들의 작품이다. 어찌 임금의 글과 함께 같은 班列에 두고 평할 수 있겠는가. 마땅히 (임금의 글은) 따로 수록하여 높이 은하수를 바라보는 것 같이 하여야 할 것이다.186)

손변의 요청에 의해 태조의 작품을 첫머리에 수록하면서도 卿大夫·高僧·逸士들의 작품을 어찌 임금의 글과 같은 반열에 두고 평할 수 있겠는가 하면서 따로 수록하여 높이 은하수를 바라보는 것 같이 하여야 할 것이라고 한 것은 최자가 국왕을 내세우고자 하는 의도의 표출이라 할 수 있다. 최자의『補閑集』은 최씨집권의 말기에 지어졌지만, 이미 왕정복고를 갈망하는 문관들의 염원이 반영되기 시작하였다는 점은『破閑集』보다 뚜렷해졌다고 하겠다.187) 그러나 최자 자신은 최씨정권에 의해 발탁됨으로써 현실적

---

185) 崔滋,『補閑集』卷上.
186) 崔滋,『補閑集』卷上.

으로 최씨집권자들을 추종하고 그 체제 하에 순응하지 않을 수 없
었다. 이러한 내면적 갈등 속에서 최자는 經史類의 직접적인 표현
으로 인해 화를 입게 될지도 모르는 시대적 상황 하에서 시화의 형
식을 빌어 그 道를 전하고자 하였다. 그러나 이 역시 경사백가서를
바탕으로 한 것이었음은 다음의 자료를 통해 알 수 있다.

> 학자가 經史百家書를 읽는 것은 뜻을 얻어 道를 전하는데 그칠
> 것이 아니라, 장차 그 말을 익히고 그 체를 본받아서 마음에 배고 작
> 문에 능숙하여져서 읊을 적에는 마음과 입이 서로 응하여 말만 내면
> 문장이 되게 하려는 것이다. 시문은 氣를 주장으로 삼는다. 기는 性
> 에서 발하고, 뜻은 氣에 의지하며, 말은 情에서 나오므로 정이 곧 뜻
> 이다.188)

결국 경전을 문학창작의 도구로 인식하고 있었다. 최자는 『補閑
集』에서 '詩文'을 의의 짓기를, 道樂的 技藝 같은 것이 아닌, 사회
교화의 역할을 하며 그 자체로서 道의 세계를 이루고 있는 가치를
지닌 창작의 세계로 보았다. 그의 이러한 입장은 장구위주의 시문
만을 중요시하는 최우로부터 最下의 평가를 받을 수밖에 없었을
것이다.189) 최씨정권은 經史에 박통한 문신보다는 문장에 뛰어난

---

187) 최자가 『補閑集』(上)에서 자신의 선조인 崔惟淸의 家訓을 통해 "도
를 행하여 임금을 존엄하게 하라"고 하면서, "임금이 존엄하면 나라
가 다스려지고, 나라가 다스려지면 집이 편하며, 집이 편안하면 몸이
편안하고, 몸이 편안하면 나머지는 구할 것이 없다"고 한 것 역시 왕
도정치의 염원을 전하고자 한 것이라 할 수 있다.
188) 崔滋, 『補閑集』 卷中.
189) 최우는 조정의 관원들의 우열을 평정하여 文吏 두 가지가 모두 우수
한 사람을 1등으로, 문장에 뛰어나고 행정실무에 뒤떨어진 자를 2등
으로, 행정실무에는 능하나 문장이 뒤떨어진 자를 그 다음으로, 문장
도 행정실무의 능력도 없는 자를 최하로 하여 자기 손으로 병풍에 기
록해두고, 매양 銓注할 때마다 이것을 보고 상고하였는데 최자의 이

문신을 요구하였고 당시의 문인들은 이에 추종하지 않고서는 사환의 길을 바라다 볼 수 없었다. 이에 그들은 깊이 고뇌하면서 번민하지 않을 수 없었다.

현실의 정치와 학문적 이상 속에 갈등을 느끼고 있었던 최자는 최우의 명에 의해 '續破閑集', 즉 『補閑集』의 편찬하게 된데 대해 다음과 같이 자기변명을 하지 않을 수 없었다.

> 이 책은 문장으로서 나라를 빛나게 하는 데 보탬이 될 수 있는 것도 아니고, 盛朝의 遺事를 撰錄한 것도 아니다. 문장의 字句를 수식하는데 급급한 것의 나머지들을 모아 웃음거리의 자료로 제공한 정도이다. 그러므로 新進苦學者들이 놀고 쉴 수 있도록 책 끝에 淫怪한 일도 수록하였다. 비록 放縱한 내용이지만, 또한 그 가운데는 鑑戒의 내용도 없지 않으니 독자는 상세히 살피기 바란다.[190]

그러면서도 文이란 것은 道를 밟아 가는 門으로서, 시를 읽는 사람으로 하여금 '感悟人心'하여 '歸於正'하게 해야 한다고 생각한 최자는 『補閑集』을 통해 강한 鑑戒의 뜻을 전하고자 하였다. 그러나 經史類의 직접적인 표현으로 인해 화를 입게 될지도 모르는 시대적 상황 하에서 음괴하고 방종한 내용의 수록을 통해 鑑戒의 뜻을 내비칠 수밖에 없었다. 주자학적 문학관의 소유자들이 가장 부정적인 것으로 보는 정서의 질인 험괴, 기괴함을 수용한 이유는 바로 여기에 있었다. 이를 최자의 「三都賦」(『東文選』卷2)를 통해 살펴보기로 한다.

최자의 「三都賦」는 崔怡의 강화천도를 합리화하기 위해 지어졌

름이 最下에 씌어 있었으므로 10년 동안이나 발탁되지 못하였다고 하였다(『高麗史』卷102, 列傳 崔滋). 이는 바로 최자의 학문적 태도에서 비롯된 것일 것이다.

190) 崔滋, 『補閑集』卷下.

다고 볼 수도 있다.[191] 그러나 최자는 「三都賦」를 통해 강화의 지
리적 형세를 극찬하여 강화천도를 합리화하려는데 본 목적이 있었
던 것이 아니라 강한 경계의 메시지를 남기고자 하였다. 「三都賦」
는 西都의 '辨生'과 北京의 談叟가 江都에 놀러와서 한 '正議大夫'
를 만나 三都를 읊은 것이다. 여기서 최자는 辨生과 談叟를 통해
西都와 北京(開京)을 자랑시키고 난 뒤 正議大夫의 말을 빌어 "聖
祖가 임금 되심이 천명에 응하고 인심에 순함이지, 풍수·도참의
엉터리가 아닌 것"이라고 하기도 하고, 또 "雕蟲의 작은 재주와 폭
력을 마구 씀을 군자가 취하지 않나니", "간사한 청렴으로 가혹을
부림은 백성을 좀먹는 일, 그 해독이 심하도다"라고 하여 강한 경
계의 뜻을 보여주고 있다. 특히 辨生과 談叟의 말에 비판적 입장을
개진하던 정의대부가 강도의 요새의 험함, 富의 축적, 불법의 숭상
을 말하자 이번에는 두 손님이 도리어 "나라를 굳힘이 山河로서가
아니니, 德에 있고 險에 있지 않고", "지극한 富는 蓄積이 아니니,
鉅橋[192]를 거울삼을 것", "고금에 부처를 신봉함이 梁나라가 으뜸
이었는데, 어찌 속히 망했는고" 라고 하여 비판을 하고 있다. 그러
나 대부가 "방금 主上께서 몸소 검박하시고 아랫사람에게 후하시
와"라고 하자 이에 두 손님이 자신의 횡설수설을 용서해 달라고
하는 모습을 그리고 있다. 최자는 「三都賦」를 통해 강도의 최씨정
권의 생활에 대한 비판의 뜻을 변생과 담수의 입을 빌어 내비치고
있다. 「三都賦」는 몽고의 3차 침략(1235~1239)이 끝난 후인, 강도
시대가 비교적 안정된 국면에 접어선 고종 30년대의 어느 한 시기
에 작성되었을 것이다. 몽고의 3차 침략 철수 이후 적군을 물리쳤

---

191) 金塘澤, 1988, 「崔滋의 『補閑集』 著述動機」 『震檀學報』 65, 147쪽.
192) 殷紂의 큰 곡식 창고가 있던 땅. 周 武王이 紂를 치고 鉅橋의 조(粟)를
    꺼내어 殷의 주린 백성을 진휼하였음을 말한다(1977, 『국역 동문선』 1,
    민족문화추진회, 65쪽 참조).

다는 승리에 찬 자족감과 긴장감의 이완 속에 최우·항 부자의 연
회행사가 두드러지게 증가된[193] 속에서 최자는「三都賦」를 통해
鑑戒의 뜻을 드러내었던 것이다. 결국 최자는 그 세 사람을 통해
왕도정치의 구현과 검박함을 통한 태평성대를 갈구하는 모습을 보
여준다. 그러면서도 표면적으로 현실의 江都의 태평성대를 읊음으
로써 자신의 의도를 숨기고 있다. 바로 이러한 이중성이 무신정권
시대 최자의 保身策이다.[194]

　文이란 것은 道를 밟아 가는 門으로서, 시를 읽는 사람으로 하여
금 '感悟人心'하여 '歸於正'하게 해야 한다고 생각한 최자는『補閑
集』을 통해 강한 鑑戒의 뜻을 전하고자 하였다. 그렇기 때문에 최
자의 문집에는 당시의 시대적 과제를 자신의 고민으로 안고 살아
가면서 현실 속의 자신의 위상과 역할, 또 역사에 대한 자신의 태
도·자세를 돌아보고자 하였던 문인들의 현실인식이 투영된 작품
들이 수록되어 있다. 이는 이인로가『破閑集』에 수록한 문인들의
거개가 현실에 대해 소극적인 입장을 견지하였던 것과 대조를 이
룬다. 이러한 양자의 차이를 두 문집에서 공통적으로 다루고 있는
문극겸에 대한 언급을 통해 살펴보기로 한다.

　　① 슬기로운 사람은 아직 형체가 나타나기 전에 (그 일을) 보게 되나,
　　어리석은 사람은 일이 없을 것이라 하여 태연하게 근심하지 않고
　　지내다가 환난이 닥친 후에야 비로소 노심초사하고 힘써 이를 구
　　하려고 한다. 어찌 存亡成敗의 運數에 유익함이 있을 것인가. …
　　예전에 毅宗은 數十世 동안의 풍요롭고 태평스럽게 다스려지던
　　왕업을 이어받아 왕위에 오른 지 오래 되어도 모든 일이 잘 거행

193) 尹龍爀, 1991,『高麗對蒙抗爭史硏究』, 일지사 참조.
194)『補閑集』中卷에 尙州牧에서 晋陽府로 올린 名節 賀狀을 게재하면서
　　최자는 특별히 夾註를 붙여 강화도에서의 崔怡의 공로를 찬양하고
　　있다. 이것 역시 최자의 한계성을 말해 주는 것이다.

되지 않음이 없어서, 모두들 태평의 業이 태산보다 편하다고 하
여 감히 말하는 자가 없었다. 正言 文克謙이 바로 궁궐의 문을
두드려 상소문을 올렸는데 모두 당시의 병폐에 맞았으므로 사람
들이 이르기를 '鳳凰이 朝陽에서 울었다'라고 하였다. 그러나 왕
이 들어주지 않았으므로 극겸은 관복을 벗어버리고 집에 돌아왔
다. … 명종이 즉위하자 발탁하여 喉舌의 자리에 있게 하니, 국가
의 안위와 인민의 利病과 사대부의 어질고 못남을 모두 왕께 아
뢰어 한 터럭이라도 막힌 것이 없었다. 지금에 이르기까지 이웃
나라와 우호를 맺고 中外가 평안하여 근심이 없게 된 것은 모두
공의 힘 때문이었다. 공이 재상으로 있을 때 나를 천거하여, 玉堂
에 들어가서 모신지 이듬해에 공이 세상을 떠남에 내가 晩詩를
지었다.[195)]

② 毅王은 풍악과 여색을 가까이 하고 놀이를 좋아하였다. 忠肅公
文克謙이 그때에 正言이었는데 疏를 올려서 간절하게 간하였으
나 좇지 않았다. 경인년 가을이 되자 무신이 난을 꾸며서 乘輿는
남쪽으로 옮겼다. 계사년 겨울에 定山縣 維鳩驛에 公館을 새로
수리하여 마치고 畵工을 청해서 벽에 채색을 시공하였다. 화공은
당시의 妙手로서 성은 朴이고 이름은 모른다. '지금 그 驛吏가 사
실을 갖추어서 말하였다.' 寢房 서쪽 벽사이에는 흰 옷에다 삿갓
을 쓰고 말을 탄 사람 하나가 산길을 따라서 고삐를 그대로 두고
천천히 몰아가는 것을 그렸는데 그 모습이 쓸쓸하였다. 아이 종
들이 서로 붙들고 차츰차츰 가는데 사람들이 보아도 무슨 그림인
지 모두 몰랐다. 임오년 가을에 송광사 無衣子가 … 그 그림을
보고 한참동안 탄식하다가 "이것은 諫臣去國圖이다"하고 이에
시를 지었다.

어떤 사람이 벽에다 이 그림을 그렸나
諫臣이 나라를 떠났으니 일이 되겠나
중도 한 번 보고 오히려 슬퍼지는데
하물며 요로에 있던 사대부이겠나

아아, 화공이 지난 일에 느낌이 있어 이 그림을 그린 것과 선사가
옛 그림의 뜻을 알고 이 시를 남겼음은 옛날 風雅君子와 다름이 없

---

195) 李仁老,『破閑集』卷中.

다. 그 후 지나가던 두 객이 있어 이 시를 차운하여 벽에다 썼다.

> 굴뚝을 굽히라고 말하기 전에 일찍이 도모하지 않다가
> 머리를 데고 난 다음에 후회한들 돌이키겠나
> 어떤 사람이 이런 諫臣의 떠나는 그림을 그렸나
> 벽에 가득한 맑은 모습이 게으른 사람 격려하네

또 한 사람이 다음과 같이 차운하였다.

> 흰 옷에다 누런 띠를 띤 諫臣의 그림은
> 이것이 屈原인가 微子이던가
> 임금의 잘못을 바루지 못하고 속절없이 나라를 떠났는데
> 모름지기 털끝만큼도 공부하지 않았다.196)

　자료 ①에서 보다시피 이인로는『破閑集』을 통해 의종대의 실
정을 공박한 문극겸의 풍도를 잘 그려내고 있다. 그러나 무신정권
이후의 문극겸에 관해서는 오직 긍정적인 인물로만 묘사하면서 그
자신과의 돈독한 사적 관계를 유독 강조하고 있을 뿐이다. 그에 반
해『補閑集』에 실려있는 자료 ②는 문극겸 개인에 그 초점이 있기
보다는 무신정권, 특히 최씨정권하의 간관들을 위시한 지식인들이
어떠한 입장에 서야 할 것인가를 제시하고자 하는 의도를 강하게
보여주고 있다. 이처럼 이인로는 과거를 돌아보며 머뭇거리고 있

---

196) 崔滋,『補閑集』卷下. "毅王近聲色好遊 文忠肅公克謙 時爲正言 上疏
　　切諫之不從 及庚寅秋 武臣構亂 乘輿南遷 癸巳冬 定山縣維鳩驛新修
　　公館畢 請工施壁彩 工當時妙手 姓朴亡名 (今其驛吏 具言事實) 寢宇
　　西壁間 畵一白衣着笠乘馬者 緣山路身轡徐驅 物色凄然 其童僕相携
　　持轉行 人見之皆不知是何圖 後松廣社無衣子 壬午秋 … 抵宿此驛
　　見之咨嗟良久曰 此是諫臣去國圖 乃題詩曰 壁上何人畵此圖 諫臣去
　　國事幾乎 山僧一見尙惆悵 何況當塗士大夫 噫畵工之感前事寫此圖
　　禪師之識舊畵留此詩 與古風雅君子無異也 後有一過客 次韻書壁曰
　　曲埃言前不早圖 焦頭後悔可追乎 何人畵諫臣去 滿壁淸風激懶夫 次曰
　　白衣黃帶諫臣圖 是屈原乎微子乎 未正君非空去國 不須毫底費工夫"

는 반면 최자는 문인지식인이 지녀야 할 덕목을 제시하며 미래를 지향하고자 하였다.

제3절 繪畵에 나타난 文人知識人像

무신정권의 성립은 사회구조의 전 분야에 커다란 변화를 야기시켰기 때문에 흔히 고려시대를 전기와 후기로 가늠하는 분수령, 혹은 한국사의 시대구분의 한 전환점으로까지 여겨지기까지 한다. 한 사회의 정치, 경제, 사회적 변화의 제 양상들은 결국 총체적으로 문화활동으로 구체화되기 마련이므로 무신정권시대의 문화적 활동을 통해 이 시대를 좀더 구체적으로 조망해 볼 수가 있을 것이다. 필자는 이러한 시각에서 무신정권시대의 회화를 분석해 봄으로써 당시 문화활동의 일면을 추구해 보고, 이를 주도해 나갔던 문인지식인들의 현실인식이 회화의 미적 감각 속에 어떻게 투영되어 나타나는가를 살펴보고자 한다.

그림은 평면적인 공간에 전개되는 조형미의 세계로서 구체적으로 가시적인 개개의 작품을 통해서 이야기되기 마련이지만 우리가 무신정권시대의 회화를 살펴보고자 할 때 현존하는 작품이 거의 없다는 현실에 직면하게 된다. 그나마 다행스럽게도 이 시대에는 題畵文學이 중국처럼 활발하게 성행하지는 않았지만 당대의 문인들의 문집에 상당수 산견된다. 비록 회화론에 관해 조직적이고 구체적으로 시도된 것은 아니라 하더라도 그림을 보고 느낀 감흥이나 의도 등을 읊은 題畵文學에는 회화이론에 근거를 둔 사유방식

이 내재해 있기 때문에 이를 통해 당시 회화의 제반 상황을 이해할
수가 있다.197)

더욱이 무신정권시대의 題畵文學을 분석해 보면 詩畵一致와 정
신표현을 강조하는 文人畵論이 화단의 커다란 줄기를 형성하고 있
었으므로 이를 통해 그림의 내면세계에 나타난 문인지식인의 의식
을 규명해 볼 수가 있을 것이다.

1. 武臣政權時代 繪畵의 전개과정

고려전기의 회화는 현존하는 작품이 없으므로 구체적인 모습을
알 수 없으나 직업적인 畵員들에 의한 畵院風의 그림이 유행하였
다. 당시 사회가 문벌귀족사회이고, 사상적으로 불교가 敎俗 兩權
을 장악하면서 왕실에서부터 일반 서민의 생활에 이르기까지 깊은
영향을 끼치고 있었기 때문에 畵員들에 의해 그려진 미술은 귀족
내지 불교취향의 색채를 지닐 수밖에 없었다. 따라서 사원건립에
따른 벽화의 제작과 부처의 그림이 성행하였고, 역대 왕들의 眞影
을 비롯한 공신의 圖形과 문벌귀족들의 초상이 주로 제작되었다.
이것들은 대개가 사원에 봉안되어 불교적인 의식하에서 예교적이
며 의례적인 기념이나 향사용으로 사용되었다. 이처럼 고려전기에
는 순수 감상용의 그림보다는 실용적 회화가 크게 유행하였다.198)

---

197) 제화문학작품에 대한 관심은 이러한 이유 때문에 관심이 기울어져 高
裕燮씨는 1960, 『朝鮮畵論集成』 상권(경인문화사)에서 고려시대의 畵
論의 대부분을 수록하였고, 洪善杓씨는 1981, 「高麗時代 繪畵論小考」
(『藝術院論文集』 20집)과 1984, 「高麗時代 繪畵」(『韓國美術史』, 예술원)
를 통해 이에 관한 이해의 폭을 넓혔다. 본 절은 이러한 연구성과에
힘입어 이루어진 것이다.

고려중기에 접어들면서 문벌귀족사회가 확립되고, 생산력의 발전에 따른 상부구조의 발달에 힘입어 난숙한 귀족문화가 꽃을 피우자 문종대 이후 북송회화 사조의 적극적 도입과 문신귀족들의 翰墨風流 경향 등에 힘입어 순수 감상화의 본격적 대두가 가능하였다. 특히 북송화단과의 지속적 교류를 통하여 文人畵論에 바탕을 둔 詩畵一致論의 회화론과 餘技的 회화관이 유행하기 시작하였다.199)

표면적으로는 문신귀족정치의 발달에 따른 난숙한 문화가 꽃을 피우고 있었지만 내면적으로는 문신귀족정치의 장기화에 따른 모순이 노정됨에 따라 대립과 갈등이 확대되어 생산력 발전의 저해 현상이 두드러지게 나타나게 되었다. 결국 지배층 내부에서 문무의 갈등의 결과 무신들의 쿠데타가 일어남으로써 문신귀족정치는 종막을 고하였다. 이는 비록 지배층 내부의 정권교체에 불과한 것이지만 그 파급효과는 정치·경제·사회의 모든 분야에 걸쳐서 광범위하게 일어나기 마련이었다. 기존의 문벌귀족의 몰락과 지배층의 대립 갈등구조의 지속으로 인해 문화적 욕구와 활동 역시 위축될 수밖에 없었다. 특히 왕실 및 문신귀족의 전유물로서 사원과

198) 高裕燮, 1949,「高麗畵跡에 대하여」『朝鮮美術文化史論叢』, 서울신문사간 및 李東洲, 1972,『韓國繪畵小史』, 서문문고, 그리고 洪善杓, 앞의 논문 참조.

199) 문종이 1074년 金良鑑을 송에 보내어 중국의 그림을 사들이고, 널리 화공들을 구하고자 했던 사실, 그리고 崔思諒을 파송 할 때 솜씨가 뛰어난 화공들 여러 명을 딸려 보내 相國寺의 벽화를 묘사해 오도록 했던 일 등은 중국회화 유입에 적극적 자세를 보이기 시작했던 당시의 열의를 알려주는 좋은 예이다(郭若虛,『圖書見聞誌』卷6,「高麗國」). 이러한 분위기는 북송이 멸망하기 직전의 희종 재위년간에 해당하는 예종과 인종 초기에도 지속되어 그 수를 헤아릴 수 없을 정도로 많은 名畵와 法畵들이 중국으로부터 유입되었다(李仁老,「鳳城北洞安和寺」『破閑集』卷中).

관련된, 초상화 위주의 실용적 회화와, 중기이래 대두하기 시작한 문인화론이 큰 타격을 입게 되었다.

그 후 무신정권이 점차 안정기에 접어들면서 문인들의 활동이 다시 활발해져 문화적 욕구가 일어나게 되자 회화 역시 관심의 대상으로 떠오르게 되어 문인화론이 부흥되기에 이르렀다. 이규보가 정홍진이 보내 온 묵죽화에 대하여

> 그림은 기예입니다. 기예의 작품은 반드시 세상 사람들이 즐겨하기 마련이라서 기예의 명성이 시명을 앗아온 지 오래입니다. … 묵죽과 초상화는 이것이 사대부의 일이요, 또 타고난 천성이니 공이 아무리 그만두려고 해도 되지 않을 겁니다.[200]

라고 한 것에서 무신정권하의 문인들이 그림을 즐겨 그리고, 이를 玩賞하였음을 알 수 있다. 李仁老가 鄭知常의 '雜題'라고 한 시를 이야기하면서 "이 시는 그림을 그려놓고 볼 만 하다"[201] 고 한 것이나 이규보가 "눈으로 감상하여 취미를 갖는 것도 기호"라고 하면서 "예로부터 훌륭한 사람 중에 그림을 즐기는 이가 있다"라고 한 것,[202] 그리고 "새와 짐승을 그려 완상하려고 좌우에 두었다"고 하고 "그 대와 함께 완상할 적에 한번보고는 곧 시 지었으니 이 묵죽 또 값이 올랐네"라고 하면서 "이 작품은 열겹으로 싸서 비장하여 자손만대에 가보로 전하겠다"[203]고 한 것은 바로 이를 뒷받침해 주는 자료인 것이다.

---

200) 李奎報, 「次韻丁秘監而安和前所寄詩以墨竹影子親訪見贈」『東國李相國後集』卷5. "畵者藝也 藝必爲世所嗜 故藝之能奪詩名久矣 … 況墨竹寫眞 時士大夫之事 而又且得之於天 卽公雖欲已之得乎"
201) 李仁老,『破閑集』卷中.
202) 李奎報,「竹齋記」『東國李相國後集』卷11.
203) 李奎報,「次韻丁秘監而安和前所寄詩以墨竹影子親訪見贈幷序」·「謝墨竹」·「謝寫眞」『東國李相國後集』卷5.

당시의 문인지식인들은 그림을 취미와 餘技로 간주하면서 그림을 그리고 완상하는 것을 갖추어야 할 교양의 하나로 여겼다. 이 당시 활약한 문인들의 문집에 題畵文學 작품이 비교적 풍부하게 나타나고, 전에 볼 수 없었던 대나무, 소나무, 전나무 등 문인 취향의 화목의 유행이 눈에 크게 띄면서 순수한 餘技와 감상의 대상이 되는 작품들이 활발하게 제작된 것은 바로 이를 말해 주는 것이다. 그 결과 그들이 항상 지니고 있는 먹으로 그린 墨畵들이 크게 증가하였다.

무신정권시대의 문인으로서 그림을 남긴 자들은 金立之와 雪堂 金君綏 父子,[204] 棄庵居士 安置民, 劉導權,[205] 鄭得恭,[206] 李杞,[207] 李琪,[208] 眉叟 李仁老 등이다.

이들의 그림은 畵工의 그림과는 달리 북송대 문인화의 영향, 특히 文同과 蘇軾으로 이어진 화풍의 영향을 크게 받았다. 그것은 다음의 자료들에 잘 나타나 있다.

> 가) 내가 지난날에 (金)君綏와 함께 察院에 있을 때 院中에 흰 병풍한 장이 있었는데 諸公이 군수에게 청하여 한가지를 그리게 하고 발문을 다음과 같이 쓰게 하였다. "설당거사가 시로서 떨쳤는데 먹으로 희롱하는 풍류가 또한 사생을 잘 하였네. 멀리 생각하니

---

204) 李仁老,『破閑集』卷上. "樞府金入之 詞翰外 尤工墨 君嘗以湘岸兩叢獻大宗伯崔相國 作一絶謝之 先帝當年稱活竹 幾回相憶謾含情 兩叢忽向西軒立 只恐根株發地生 金壯元君綏 卽其子也得其家法甚妙"

205) 李齊賢의『益齊亂藁』卷4에 劉導權의 山水에 관한 題畵詩가 실려 있다.

206) 李奎報,「淵首座方才觀鄭得恭所畵魚簇子」『東國李相國集』卷13 및「畵鯉魚行」『東國李相國集』卷3 참조.

207) 李奎報,「與朴侍御犀」『東國李相國集』卷27. "公友人 有李杞者 亦一段奇人也 尤善寫眞 嘗爲公畵像甚肯"

208) 崔滋,『補閑集』卷中. "毅王遜于南荒 有李琪者善畵寫眞 不題稱謂安於東都草堂"

강남의 文笑笑가 응당 일파를 나누어 팽성에 부쳤으리"209)

나) 碧蘿老人이 일찍이 睡居士가 그린 묵죽의 작은 병풍을 나에게 보냈는데 … 내가 일찍이 이것을 배워 종이와 깁과 병장을 만나면 그리고 쓰지 않음이 없었다. 스스로 생각하기를 그와 그럴 듯하게 비슷하다고 하였다. 그리하여 시를 지었다.

餘波가 오히려 푸른 낭간에까지 미치니
스스로 前身이 아마 文笑笑인가 하노라

그러나 나는 진실로 재주가 없어 겨우 모양이 비슷한 것을 얻었을 따름이었다. 당형 千林堂이 처음으로 紙屛에 그려주기를 요구하여 내가 다만 한가지를 그렸는데 … 한 畵史가 이것을 보고 말하기를 "이 가지와 마디는 보통 사람으로 잘 하지 못하는 것이요, 東山의 墨戲 풍골이 있습니다.210)

자료 가)와 나)에 나오는 문소소는 송나라 文同(字 與可)의 호이고, 가)의 팽성은 당시 팽성의 수령으로 가 있던 소식을 가리키는 말이고, 나)의 '東山 墨戲의 풍골' 역시 소식을 가리키는 말이다. 따라서 문동과 소식의 화풍이 당시의 고려에 유행하였음을 알 수가 있다. 그런데 소식은 바로 문동에게 묵죽을 배워 일가를 이루었다. 특히 문인화론은 소식에 의해 체계화되고 강조되어 후대에까지 지속적으로 이어지고 있었다. 文人畵論에 바탕을 둔 詩畵一致의 藝術一元論과 形似를 초월한 정신표현의 강조, 胸竹成竹論의

---

209) 李仁老,『破閑集』卷上. "僕往與君綏同在察院 院中有素屛一張 諸公請寫一枝 使僕跋之 卽題云 雪堂居士以詩名 墨戲風流亦寫生 遙想江南文笑笑 應分一派寄彭城"

210) 李仁老,『破閑集』卷上. "碧蘿老人 嘗以睡居士所畵墨竹小屛贈僕 … 僕嘗學之 遇紙素屛幛無不揮灑 自以謂得其髣髴 故作詩云 餘波猶及碧琅玕 自恐前身文笑笑 然僕誠不工 僅得形耳 堂兄千林堂頭以紙屛求之 僕但寫一枝 … 有一畵史見之曰 此枝節非庸流所能 有東山墨戲之風骨"

예술론이 소식에 의해 고취되면서 회화의 문학화와 더불어 문학에 있어서 題畵詩文이 성행하게 되었다. 그리하여 畵法에 있어서 '內外合一'과 '心手相應'의 바탕 위에서 작가로서의 체험을 통한 세심한 관찰과 주의의 기교적 표현이 강조되었다.[211]

소식의 화풍 숭상의 당연한 결과로서 시화일치론은 무신정권하에서 널리 유행하였다. 이인로가 "시와 그림이 묘한 곳에서 서로 도와주는 것이 한결같다 하여 옛 사람이 그림을 소리 없는 시라 이르고, 시를 운이 있는 그림이라고 일렀으니"[212]라고 한 것이나, 이규보가 "그대와 함께 완상할 적에 한번 보고는 곧 시 지었으니"[213]라고 한 것은 바로 시화일치론에 입각한 것이다. 이를 가장 잘 보여주는 것은 다음의 자료 다)이다.

> 다) 秘監 丁而安은 문장에 조예가 깊고 대나무의 묵화에 매우 뛰어났다. 일찍이 진양후의 집에 한 폭의 그림족자가 있었는데 여러 문필을 맡은 사람들이 다 그림의 근본을 알지 못하였다. 監이 보고 말하기를 "이것은 유빈객의 시를 그림으로 그린 것이다."하고 그 시를 외우니 터럭만한 차이도 없었다. 이에 말하기를 "사대부의 휘소는 시를 근본으로 하는 것이 상례이다. 만약 그림에만 탐닉하면 그것은 화공이다"라고 하였다.[214]

---

211) 소식의 회화론 및 송대의 문인화에 관한 연구로는 青木正兒, 1942, 「題畵文學の發展」『支那文學藝術考』, 弘文堂 ; 鈴木敬, 1981, 『中國繪畵史』上券, 吉川弘文館 ; 權德周, 1975, 「蘇東坡의 畵論」『淑大論文集』15 ; 洪瑀欽, 1988, 「蘇東坡畵論賞述」『民族文化論叢』9, 영남대학교 민족문화연구소 등이 있다.
212) 李仁老,「題李佺海東耆老圖後」『東文選』卷102.
213) 李奎報,「竹齋記」『東國李相國後集』卷11.
214) 崔滋,『補閑集』卷中. "丁秘監而安邃於文章 墨竹最妙 嘗於候家有一畵簇 衆史皆瞢其圖本 監見之曰 是劉賓客詩也 頌其詩以校其畵 歷歷無一毫差 因曰士大夫揮掃 例以詩爲本 若沓其圖 卽畵工也"

그 결과 이인로의 『破閑集』, 최자의 『補閑集』, 이규보의 『東國李相國集』 등에 전대와 달리 비교적 풍부한 제화문학 작품이 수록되기에 이르렀다. 이러한 작품들을 그려낸 당대의 문인들은 자료다)에서 보다시피 시화일치론에 입각해 시를 근본으로 한 그림을 그리고자 하였다. 따라서 그들의 회화관을 이해하기 위해서는 당대 문인들에 의해 유행하였던 문학의 경향을 먼저 이해할 필요가 있다.

무신정권이 성립하기 전에 고려의 문인들에 의해 널리 성행하던 문풍은 신라 말에 들어온 四六騈文類의 문장이었으며[215], 여기에 광종조 이후 과거가 실시된 이후 소위 科試를 위한 '功令詩'가 널리 행하게 되었다. 사륙병문류의 문장은 문장을 엮어 나가는데 있어서 句와 句를 4·4字, 6·6字, 6·4字로 하는 음조의 규칙을 지키면서 정교한 의미의 對偶를 이루어야만 했다. 거기에는 고상하고 아름다운 故事를 인용하여 짝지우는 것을 필수조건으로 여겼다. 이런 형식적인 규칙을 다 지키면서 그 속에 아름답고 깊은 뜻을 내포하기란 극히 어려운 일이었다. 더욱이 중국사람이 아닌 고려사람이 그렇게 까다로운 중국문학을 짓는데는 많은 제약이 따르기 마련이었다. 그리하여 자연 문장의 형식적 모방에만 급급할 따름이었다. 오직 따오고 맞추고 다듬고 고치는 등의 겉치레에만 여념이 없어 언제 얼마나 훌륭한 내용을 담을 것인가를 돌볼 겨를이 없었다.[216] 한편 科詩를 위한 문장 역시 百字로 지어야 하느니 六韻八脚으로 지어야 하느니 하여 형식만 까다롭게 만들어 놓았을

---

215) 사륙병문은 崔致遠(857~?)대부터 활발하게 지어지면서 고려 초부터 중엽에 이르기까지의 고려문단을 풍미하였다. 최치원의 「討黃巢檄」은 사륙병문의 형식을 취한 대표적인 글이다.

216) 洪瑀欽, 1982, 「李奎報의 文體革新에 대한 探討」『민족문화논총』 2·3 합집, 영남대학교 민족문화연구소, 1~3쪽 참조.

뿐 사회상에 전연 통용되지 못하는 문학이 되고 말았다.[217] 이처럼 사륙병문의 문장과 科詩를 위한 문장이 어우러져 부화한 문학풍조를 조장시킨 결과 막대한 병폐를 끼치게 되었다.[218] 예종조 崔瀹이 "제왕은 經術을 좋아하여 날마다 儒雅들과 더불어 經史를 토론하고 정치의 이치를 물어 백성을 교화하고 풍속을 이루기에 겨를이 없어야 할 것입니다. 그런데 어찌 어린애들의 彫蟲을 일삼고 경박하고 방탕한 사신들과 자주 어울려 바람을 읊고 달을 읊조리면서 天衷의 순직한 마음을 잃어버리면 되겠습니까"[219]라고 한 비판이나, 인종조에 宋使를 따라왔던 徐兢이 고려의 학풍을 말하면서

> 詩·賦·論의 세 가지를 출제하지만 策問을 써서 時局을 묻지 않는다. 이것은 조소할 일이다. 대저 聲律을 숭상하고 經學에는 힘들이지 않으므로 그 문장을 보건대 唐의 餘弊와 방불하다고 하겠다.[220]

라고 하여 사회의 부조리를 비판·제거하는 시무책을 경시하고 있음을 지적하고 있는 것은 그 단적인 예이다. 이와 같은 비판에도 불구하고 무신들의 쿠데타로 말미암아 문벌귀족이 일대 타격을 당하는 그 순간까지 그들은 귀족문화의 융성이라는 표면 뒤에 감추어져 있는 사회경제적 모순을 인지하여 그를 해결하기 위하여 '經史를 토론하고 정치의 이치로 백성을 교화하고 풍속을 이루고자' 하기보다는 현실과 유리된 채 章句爲主의, 吟風弄月의 唯美主義적 부화한 문풍에만 매달려 있었다. 이러한 시대적 상황 속에서

---

217) 李穡,「十韻詩序」『牧隱文藁』卷8. "近世以百字科進者多矣 … 然比之六韻八脚 亦天地懸隔矣"
218) 李齊賢,「史贊」『益齊亂藁』卷9. "光王之用雙冀 可謂立賢無方乎 … 惟其唱以浮華之文 後世不勝其弊"
219) 崔滋,『補閑集』卷上.
220) 徐兢,「同文儒學」『高麗圖經』卷40.

당·송 고문운동의 흐름이 고려에 받아들여지기 시작하였지만 그 것이 꽃을 피울 수가 없었다.

고문운동은 사륙병문류의 미문을 반대하고 평범하고 쉬우며 실용적인 산문을 주장함과 동시에 문장은 인륜대도를 표현하며 諷刺, 勸善, 敎化의 기능을 가져야 한다고 제창하였다. 그리고 그러한 문학정신으로 시를 쓴 사람들은 가냘픈 風花雪月, 요염하고 색정적인 문학을 공격하고 시대와 사회의 교화에 도움이 되는 시를 써야 한다고 주장하였다.221) 여기에는 필연적으로 강한 현실성을 수반하게 되는 것이다. 특히 고문운동의 결실을 거둔 歐陽修의 문하생으로 고문가 중에서 가장 뛰어난 蘇軾의 문풍이 고려에 널리 풍미하기에 이르렀다. 그리하여 唐·宋의 고문운동 흐름의 영향 하에서 고문존중·계승의 분위기가 고려중기 김부식 형제 등에 의해 확립되었다. 그러나 고려의 내부에 밖으로부터 들어온 고문운동의 씨앗이 뿌리박고 성장하는데 필요한 토양이 성숙되지 않은 상황 속에서 이것은 단지 문장의 형식적 모방으로 흐르게 되었다. 이러한 경향은 무신정권 이후 더욱 심화되었다.

무신쿠데타 이후의 수살문사의 분위기 속에서 겨우 목숨을 부지한 문인들은 현실과 거리를 둔 가운데 음주와 담론, 시가를 읊조리며 은일·도락적 모임의 죽림고회의 풍을 이루는가 하면, 무신정권의 성립 후 그들과 타협하여 권력으로의 길에 들어선 문인들은 아유·타협·왜곡을 일삼으면서 권력의 시녀로 전락하여 무신정권의 권력의 정당화·은닉화 작업을 위한 이데올로기를 분식하는 역할을 자임하였다. 이들은 의기가 저상되어 협소한 체험에 주의를 집중하며 형식적 매력에 이끌리게 되었다. 그 결과 문학 역시 정치의 도구로 전락하여 현실비판적 기능은 사라지게 되었다. 이

221) 홍우흠, 앞의 글, 9~10쪽 참조.

넘적이나 사실적 수법 같은 것은 배제된 채 오직 시의 기교적 측면
에 중점을 두는 기교적 문예취향이 유행하였다. 이런 상황 하에서
무신정권 이후 소식문풍의 숭상과 궤를 같이하여 고문존중·계승
의 분위기는 비록 표면적으로 더욱 성행하였지만,[222] 내면적으로
는 기형적·형식적 모방에 그칠 뿐이었다. 이를 자료 라)를 통해
살펴보기로 한다.

  라) ① 시구를 조탁하는 법은 오직 소릉(=두보)이 홀로 그 묘함을 극진
      히 하였다. … 그리고 蘇(軾)·黃(庭堅)에 이르러서는 故事를 사
      용하는 것이 더욱 정밀하고 기운이 용출하여 시구를 조탁하는 묘
      방은 두소릉과 더불어 서로 견줄 만 하다.[223]

      ② 초로는 동파가. 눈을 읊은 차자를 압운한 시를 보고 그의 韻을 잘
      활용한 것을 사랑하여 먼저 한 편의 시를 지어 화답했으나 그 마
      음에 오히려 쾌하지 못하였으므로 다시 다섯 편을 지어 이에 계
      속하니, 비록 用事한 것이 더욱 기이하고 그 자구가 더욱 험하여
      기험한 것으로서 원작을 억누르고자 하였다.[224]

      ③ 세상에서는 임춘의 글이 옛 사람의 문체를 체득했다고 한다. 그
      러나 그의 글을 보면 다 옛 사람의 용어를 빼앗아 쓰고 있다. 어

---

222) 임춘이 이인로와 소식을 논하면서 "근래 동파의 문장이 크게 유행되
  어 배우는 사람들이 감탄하여 읊지 않는 사람이 없습니다(林椿,「與
  眉叟論東坡書」『西河集』卷4)"라고 한 것이나, 이인로가 말하기를
  "두문불출하고서 黃庭堅, 蘇軾의 두 문집을 읽고 난 후에 말이 굳세
  고 韻이 또랑또랑해져서 시를 짓는 핵심을 얻었다"고 한 것(崔滋,『補
  閑集』卷中), 그리고 특히 상주에 보관 중이던 동파집의 摹本이 몽고
  의 침입으로 소실되자 전란의 와중에서도 전주에서 중각 된 사실을
  보더라도 소식에 대한 당시의 열의를 충분히 엿볼 수가 있다(李奎報,
  「全州牧新雕東坡文集跋尾」『東國李相國集』卷21).
223) 李仁老,『破閑集』卷上. "琢句之法 唯少陵獨盡其妙 … 及至蘇黃卽使
  事益精 逸氣橫出 琢句之妙 可以與少陵幷駕"
224) 李仁老,『破閑集』卷上. "楚老見眉山賦雪 又字韻詩 愛其能用韻也 先
  作一篇和之 其心猶未快 復以五篇續之 雖用事愈奇 吐詞愈險 欲以奇
  險壓之 然未免如前之累"

떤 것은 수십 자를 잇달아 옛 글을 가져다가 엮어 놓고 자기의 글
이라고 하는 것까지 있다. 이것은 그 문체를 체득한 것이 아니고
그 용어를 빼앗은 것뿐이다.225)

④ 세상의 분분하게 동파를 모방하여 따라가지 못한 사람들은 말할
것도 없고, 비록 시로 울리는 某某 몇 사람들도 모두 동파를 모방
하기를 면치 못하여, 그의 語句를 도용할 뿐 아니라 아울러 그 뜻
까지 낚아채어 스스로 잘하는 체 한다. … 과거에 합격한 후에야
바야흐로 시 짓기를 배우게 되는데, 더욱 동파의 시를 즐겨 읽으
므로 해마다 방이 나붙게 되면 사람들이 '올해도 동파가 30명 나
왔다'고 하게 되는 것이요.226)

자료 라)에서 보다시피 이인로나 임춘 등을 위시한 대부분의 문
인들은 시구의 조탁과 고사의 사용에만 치중하여 겉으로 드러난
말(語·辭)이나 用事의 기교적인 형식적 모방에 급급하였을 뿐이
었다. 아직도 육조풍을 벗어나지 못한 채 현실도피적이거나 체제
지향적 입장을 취하고 있었던 그들의 성향상 소식으로 대표되는
고문운동으로부터 호매한 기풍과 넉넉한 문체, 곧 문장 속에 담겨
진 뜻을 받아들여 고문정신의 참 뜻을 구현해 보려는 노력이 나올
수 없었던 것은 어쩌면 당연한 결과였을 것이다. 그러나 자료 라)
③, ④에 의하면 이에 대한 비판과 새로운 움직임의 모색이 일어
나고 있음을 엿볼 수 있다. 특히 ④에 의하면 과시 합격자들이 과
거 합격 후에 科試를 위한 '功受詩'를 버리고 비로소 소식의 문풍
체득에 본격적으로 나서게 됨으로써 사람들이 '올해도 동파가 30
명 나왔다'고 할 정도였음을 알 수 있다.

고려중기 문벌귀족사회의 제반 모순 속에서 폭발한 무신쿠데타
는 새로운 사회변혁의 가능성을 열어놓았지만 변혁에 대한 올바른

---

225) 崔滋, 『補閑集』 卷中. "世以椿之文得古人體 觀其文 皆奪取古人語 咸
   至連數十字綴之以爲己辭 此非得其體 奪其語"
226) 李奎報, 「答全履之論文書」 『東國李相國集』 卷26.

전망을 세우지 못한 채 그 자체 치열한 권력쟁탈전의 소용돌이에 휩싸임으로써 사회경제적 모순과, 그것을 야기시켜 온 지배층을 척결하지 못한 채 기존 권력체계의 틀 위에서 변혁보다는 반동적 성격을 띠면서 오직 힘의 논리를 통해 기존 사회체제의 붕괴 해체를 막고자 하였다. 결국 중앙, 즉 개경으로부터, 무신정권 체제내부로부터의 개혁움직임이 차단된 속에서 외부로부터의 거센 저항이 야기될 수밖에 없었다. 바로 무신정권시대의 치열한 민의 저항은 그 단적인 예라 하겠다. 이런 역사적 상황 속에서 송대 고문운동의 참 뜻을 구현함으로써 현실과 유리되어 정치적 도구로 전락한 고려문단에 대한 철저한 자기비판의 움직임이 일각에서 일어나지 않을 수 없었다. 이는 자료 라)의 ③, ④ 및 다음의 자료 마)를 통해서 살필 수가 있다.

마) ① 이제 미수의 시를 보면 어떤 것은 일곱 자, 혹은 다섯 글자가『동파집』에서 온 것이다. 문순공의 시를 보면 너댓 자도 동파의 말을 빼앗아 쓴 것은 없다. 그러나 그 호매한 기운과 풍부하고 넉넉한 문체는 곧 동파의 시와 서로 잘 맞는다.[227]

② 지금 시인이 평하기를 … 문순공 이규보의 시는 기운이 장하고 말이 웅대하며 창의함이 신기하다. 학사 이인로는 말의 격이 높고, 고사를 인용하는 것이 신과 같다. 비록 옛사람의 수법을 도습한 데가 있으나 쪼고 다듬은 것의 교묘함은 푸른빛이 쪽에서 나왔건만 쪽보다 더 푸른 것과 같다.[228]

③ 근세에는 동파를 숭상하였다. 대체로 그 기운이 호기스럽고 멀며 뜻이 깊고 말은 풍부하며 고사의 인용이 크고 넓은 것을 사랑하

---

227) 崔滋,『補閑集』卷上. "今觀眉叟詩 或有七字五字 從東坡集來 觀文順公詩 無四五字奪東坡語 其豪邁之氣 富瞻之體 直與東坡吻合"
228) 崔滋,『補閑集』卷中. "今之詩人評曰 … 李文順公奎報 氣壯辭雄 創意新奇 李學士仁老 言皆格勝 使事如神 雖有蹈古人畦畛處 琢練之巧 青於藍也"

기 때문일 것이다. 거의 그 문체를 본받아 얻기를 기대하게 되었
더니 지금의 후진들은 동파집을 읽을 때 모방하여 본받아서 그의
풍격과 기골을 얻으려고 하지 않고 다만 그것을 증거로 하여 고
사 인용의 도구로 삼거나 표절하고자 할 뿐이니 教導할 여지가
없다.229)

　당시의 일부 문인지식층에서 韻·말·用事의 형식에만 관심을
보이는 李仁老, 林椿과 같은 당대의 문인들을 비판하면서 蘇軾의
호매한 기상과 뜻을 추구하는 문학정신을 터득하여 창의위주의 문
장론을 펼치기에 이른 것은 결코 우연한 일이 아니라 한계상황에
처한 문인들의 자기반성의 결과에서 비롯된 것이다. 이는 최자의
『補閑集』‘序’에 잘 나타난다. 최자는 당시 시단의 두 흐름을 지적
하면서 聲律과 章句를 앞세우는 用事위주의 계열과 氣骨과 意格을
앞세우는 創意新語, 즉 내용위주의 계열이 있음을 지적하고, 자신
은 후자의 입장에 서서 전자에 치우치는 당시의 시단에 대한 비판
을 하고 있다. 특히 그는 文이란 것은 道를 밟아 가는 門으로서, 시
를 읽는 사람으로 하여금 ‘感悟人心’하여 ‘歸於正’하게 해야 한다
고 하였다.230) 이런 입장의 그는 風敎를 중시할 수밖에 없었다.231)
　내용위주의 문학론자들은 문학의 대사회적 기능을 보다 중시하
면서 강한 현실주의적인 입장을 취하게 되었지만 그 또한 당시의

---

229) 崔滋, 『補閑集』 卷中. "近世尙東坡 皆愛其氣韻豪邁意深言富用事恢
　　 博 庶幾效得其體也 今之後進讀東坡集 非欲倣效以得其風骨 但欲證
　　 據 以爲用事之具 剽竊不足導也"
230) 崔滋, 『補閑集』 序. "文者 踏道之門 不涉不經之語 然欲鼓氣肆言 竦
　　 動時聽 或涉於嶮怪 況詩之作 本平比興諷諭 故必寓託奈詭 然後其氣
　　 壯其意深其辭顯 足以感悟人心 發揚微旨 終歸於正 若剽竊刻畵 誇耀
　　 靑紅 儒者固不爲也 雖詩家有琢鍊四格 所取者 琢句鍊意而已 今之後
　　 進 尙聲律章句 琢者必欲新 故其語生 鍊對必以類 故其意拙 雄傑老
　　 成之風 由是喪矣"
231) 崔滋, 『補閑集』 卷下. "且有鑑戒存乎數字中 覽者詳之"

시대적 상황 속에서 크게 제약을 받아 표면에 표출되지 못하였다. 그러나 용사위주의 형식을 중시하는 이인로의 문집이 현실성이 거의 배제된데 반해 소식의 고문정신에 보다 충실하여 創意新語 위주의 내용을 중시하는 이규보·최자 등의 문집에는 인륜대도를 표현하며 풍자, 권선, 교화의 기능을 가진 문장, 즉 고문정신에 입각해, 시대와 사회의 교화에 도움이 되는 시를 써야 한다는 노력의 일단을 엿볼 수 있다.

무신정권 시대의 문학이 用事爲主의 형식을 중시하는 흐름과 創意新語爲主의 내용을 중시하는 흐름으로 대별되면서도 당시의 시대적 상황 속에서 현실비판적 기능은 탈색된 채 단지 고문의 형식적 모방과 기교적 문장에만 치중하는 한 시화일치론에 입각해 그려진 그림 역시 사대부의 희롱, 즉 취미와 여기의 수단으로 간주되어 감상과 흥취의 대상으로만 받아들여질 수밖에 없었다. 그림이 단순한 실용을 넘어서 문인들 사이에 감상용으로 제작되고 또 그에 대한 일정한 수요가 있었다는 것, 특히 그림을 한갓 사대부의 희롱, 즉 취미와 여기로 간주할 수 있었다는 것은 그림을 향유하는 문인들의 세련된 美觀과 물질적 여력이 있어야만 가능하였다. 이러한 여력은 당시의 시대적 상황 속에서 정권에 배제된 채 곤궁한 일생을 보내는 문인들보다는 무신정권에 참여한 문인들이 앞설 수밖에 없었다. 이규보가 정홍진으로부터 증정 받은 묵죽에 대한 감사의 시 일절에

> 묵죽은 그대에게 취함이 마땅하여
> 두서너 떨기를 얻어 왔도다
> 이는 사대부의 희롱이기는 하나
> 그대보다 나은 이 누구이랴
> 한 떨기 한 줄기가 모두 천금 값이네
> …

> 바라건대 새 도장 만들었거든
> 전자도장으로 낙관하여 주구려
> 가보로 보관하고 자손에게 당부하여
> 남에게 빌려주지 못하게 하겠소
> 분명히 알겠거니 백세 뒤에는
> 이 묵죽 천하에 보물 될 거라[232)]

라고 한데서 보다시피 이 시대의 문인화가였던 金君綏, 丁鴻進을 위시한 이인로·이규보 등의 참여문신들은 무신정권에 협력 동조함으로써 자신의 영달과 경제적 여력을 보유하여 문명을 날리고 묵죽이니 초상화니 하는 취미나 여기의 그림을 즐기며 그 값을 매길 수 있었던 것이다.[233)] 이인로나 이규보, 최자의 문집에서 불우한 한평생을 보내었던 임춘의 문집에서보다 훨씬 풍부한 제화문학 작품을 찾을 수 있는 것은 바로 이 때문이다.[234)]

그러면서도 일부 문인들의 내적 성찰에 따른 자기반성의 흐름은 시화일치론에 입각한 당시의 회화에도 필연적으로 새로운 반성을 가져오게 하였다. 자료 다)에서 보다시피 劉賓客의 시를 그림으로 그린 것을 晋陽候의 집에 모인 당대의 문필들이 그 근본을 알지 못하였다고 한 것이나, 이에 대해 정홍진이 "사대부의 휘소는 시를 근본으로 하는 것이 상례이다. 만약 그림에만 탐닉하면 그것은 화

---

232) 李奎報,「謝墨竹」『東國李相國後集』卷5. "墨竹當取君 求得數四朶 此是士夫戲 孰於君得過 一叢與一莖 已直千金價 … 願得新成印近者 晉陽公使刻印 其章曰 東國而安之印 每畫竹標之 標以篆文楮 家藏囑 于子孫 勿使人傳借懸 知百世後 此竹貴天下"

233) 이규보가 "그림은 사람마다 소장하기 어렵지만 시는 어디고 보급될 수 있는 거야(李奎報,『東國李相國集』卷8)"라고 한 것은 바로 이를 말하는 것이다.

234) 물론 이것은 임춘의 그림에 관한 소양의 부족에서 비롯된 것이라고 할 수도 있지만 그의「畫雁記」『西河集』卷5 등을 살펴보면 회화에 대한 상당한 안목을 갖고 있음을 알 수가 있다.

공이다"라고 하면서 기교와 형식적 모방의 그림을 비판하면서 시를 근본으로 하여 작가의 정신세계를 그림 속에 넣어 표현할 것을 말한 것은 바로 그러한 흐름 속에서 나올 수 있는 말이다. 이러한 화풍의 차이는 똑같은 그림을 보고 읊은 제화시문에서도 그대로 나타난다. 任景謙의 '寢屛六詠(침실의 병풍에 그린 여섯 가지의 그림을 두고 지은 시)'을 화답한 시를 보고 최자가 '문순공의 시는 새로운 뜻이 절묘한 경지에 들어갔고, 이학사의 시는 주어가 맑고 곱다'235)고 한 것은 두 사람의 회화관의 차이에서 비롯된 것이라고 할 수 있다. 그림의 형식적인 측면을 중시하는 계열은 그림의 기교적인 측면을 중시하면서 그때 그때의 감흥을 표현하여 그림을 취기와 여기로 간주하면서 감상위주의 회화관을 가진데 반해 정홍진이나 안치민처럼 내용을 중시하는 계열은 비록 감상위주의 회화관을 벗어나지는 못하고 있지만 그림 속에 작가의 정신세계를 표현하고자 하였다. 그리하여 문학에서처럼 인륜대도를 표현하며 풍자, 권선, 교화의 기능을 가진 그림, 즉 시대와 사회의 교화에 도움이 되고자 하는 의식 있는 그림을 그리고자 하였다. 김보당의 난 직후에 정산현 유구역의 벽에 그려진 '諫臣去國圖'에 대하여 지나는 객이 "게으른 사람을 격동시키네"라고 한 것은 그 한 예이다. 이제 문인화는 유교적인 주제 내용과 주관주의적 형식으로 일관하면서 왕에 대한 충성과 사대부로서의 절개와 지조를 상징적으로 노래하려고 한데서 한 차원 발전하여 강한 현실비판의 내용을 담은 리얼리즘의 세계를 모색하고자 하였던 것이다. 그러나 그러한 움직임은 당시의 시대적 상황 속에서 많은 제약과 간섭 속에 한계성을 갖고 있음을 먼저 지적하지 않을 수 없었다.

---

235) 崔滋, 『補閑集』 卷中.

2. 繪畵에 나타난 文人知識人像

앞에서 살펴본 바와 같이 무신정권시대의 회화는 전대의 단순한 실용위주의 회화와는 달리 문학에 있어서의 崇蘇熱의 영향 하에서 소식의 문인화의 기법을 받아들여 시화일치론에 근거를 둔 形似를 초월한 정신표현을 강조하는 문인화론과 제화문학이 널리 성행하였다. 그러나 이 시대의 문인화가 무신정권에 참여한 문인들에 의해 주도될 수밖에 없는 상황 하에서 어쩔 수 없이 취미와 여기의 수단으로 널리 성행하였다. 그 가운데서도 소식 등의 문인화의 기법을 받아들였지만 작품의 形似에만 치중하는 계열과 소식의 정신표현을 강조하는 시화일치사상에 보다 충실하여 단순히 그림에만 탐닉하지 않고 작가의 정신세계를 화폭에 담고자 하는 계열이 존재하였다. 전자는 회화의 기교적인 측면을 중시하고 그때 그때의 감흥을 표현하여 그림을 단순한 감상과 흥취의 대상으로 여긴데 반해 후자는 비록 감상위주의 회화관을 바탕으로 하고 있지만 시대와 사회의 교화를 목적으로 하는 그림을 그리고자 하였다. 무신정권에 타협하기를 거부하는 재야문인들이나 내용위주의 문학론을 펼치고자 하는 문인들의 그림에 후자의 성향을 띤 것이 많다.

기교적이며 그때 그때의 감흥을 표현한 감상위주의 작품과는 달리 재야문인의 작품이나 작가의 정신세계를 표현하고자 하는 계도적인 목적을 구현하고자 하는 그림에는 작가의 시대적 안목, 즉 현실인식이 강하게 내포되어 있다. 다시 말하면 무신정권의 성립을 전후한 시기의 문인들의 현실인식, 혹은 무신정권하의 문인들의 어용화에 대한 비판, 그러한 비판에 대한 참여문신들의 고뇌가 어우러져 있다. 어떤 점에서는 도리어 문자로 표현되어 그 뜻이 직접 드러난 시 등의 작품보다는 현실에 대한 착잡한 감정을 추상화시켜 화폭 속에 담아 숨길 수 있는 회화가 당시의 시대적 상황 속에서 자기 심정을 표현하기에 나았을런지 모른다. 따라서 당시의 문집 속에 나타나는 제화문학작품을 통해 회화에 나타난 문인들의 현실인식을 엿볼 수가 있을 것이다.

먼저 무신정권의 성립 후 실세하여 낙향한 문인들이나 최씨정권하에서의 재야문인들의 회화작품에 나타난 현실인식을 살펴보고자 한다. 1170년 무신정권이 성립함에 따라 문신에 대한 대대적 숙청이 가해져 문신귀족의 대다수는 커다란 화를 입었다. 무신쿠데타에 대해 문신들은 김보당, 혹은 조위총의 정변 등을 통해 무신들을 제거하고 의종을 복위시키고자 하는 반문신란을 기도하였다. 이러한 시대상황하에서 만들어진 李琪의 毅宗肖像畵와 그에 대한 기암거사의 찬은 우리에게 많은 時事性을 제공해 준다.

> 毅王이 남쪽 먼 지방으로 달아났다. 李琪라는 사람이 있어서 그림을 잘 그렸다. 그가 의왕의 초상을 그려서 제목을 쓰지 않은 채 동도 초당에 봉안하고 아침저녁으로 예로서 모신다고 하였다. 기암거사가 우연히 보고 찬을 지었다. '제왕의 상이라고 하려 하니 幅巾을 쓰고 鶴氅衣를 입은 차림은 呂翁과 같다. 隱逸의 모습이라고 하려 하니 큰 콧대에 용의 낯을 한 것이 漢 沛公과 같다. 문득 붉은 계단·옥좌 위에 모시려고 하니 天命이 다시 통하지 않고 늙은 소나무와 이상한 돌들이 있는 곳으로 인도하려고 하니 임금다운 氣가 오히려 다 사라지지 않았다. 처음에는 孔衰鳳인가 의심하고 혹은 李猶龍인가 두려워하였다. 그렇지 않으면 하늘의 신령이 제왕으로 화신해 내려와서 자주 河淸을 만나 民의 春臺에 오른 것처럼 나의 태평성대를 누리게 하다가 치닫기만 하는 용처럼 너무 높이 오르기만 하는 기세에 후회함이 일어나 한바탕의 꿈은 바야흐로 놀라 깨고 드디어 다시 어둠과 아득한 세상으로 돌아간 것일 것이다' 하였다.[236]

---

236) 崔滋, 『補閑集』卷中.

이기의 의종 초상화는 기암거사 안치민의 찬에 의하면 제왕의
상도 아니고 은일의 상도 아닌 모습으로서 다시 옥좌에 모시려고
하니 천명이 통하지 않고 그만두자 하니 임금다운 氣가 사라지지
않은 그런 모습이었다. 이기의 이 그림은 무신정권 성립직후의 문
인들의 의식상태의 한 단면을 적나라하게 드러내 주고 있다. 무신
쿠데타로 말미암아 그들의 동료가 죽임을 당하는 상황 속에서 문
신들은 정치적 경제적 기반을 일시에 빼앗기고 "모두가 깊이 숨고
멀리 은둔하여 이름을 도적질하고 거짓 복종하여 난을 피하지 않
을 수"237) 없었던 것이다. 당시 그들의 암울한 생활을 林椿은 다음
과 같이 실토하고 있다.

> 나는 亂을 만나 앞으로 엎어지고 뒤로 넘어져 엎드려 숨어서 남에
> 게 구제된 것이 여러 번이었다. 모두 개·돼지로 대우하고 돌아보지
> 않아 서울에 거주한지 오년에 굶주림과 추위가 더욱 심했고, 친척도
> 방문하는 이가 없어 家族을 이끌고 동쪽으로 떠났습니다.238)

그러나 그의 地方生活 역시 마찬가지로 아침에 저녁을 계획하지
못하도록 구차스럽고 가난한239) 것이었다. 林椿의 이러한 비참한
생활은 당시 文人들의 대다수가 공통적으로 겪고 있는 현실이었
다. 이러한 상황에 처한 文人들로서는 武臣政權을 타도하고 毅宗
을 복위시켜 잃었던 기반을 되찾고자 발버둥치지 않을 수 없었던

---

237) 林椿, 「寄山人悟生書」『東文選』卷59.
238) 林椿, 「興洪校書書」『西河集』卷4. "僕自遭難 跋前躓後 隱匿竄伏 投
　　於人而求濟者 數矣 皆以犬豕遇之而不顧 故居京師凡五載 飢寒益甚
　　至親戚 無有納門者 乃挈家而東焉"
239) 林椿, 「謝尙州書紀紹啓」『西河集』卷6. "飄然去國離鄕 久餬口於江南
　　幸卜居於境內 食如玉薪如桂 不堪蘇子之愁 朝不謀夕 窶而且貧 鄕黨
　　窃笑而相欺 朋遊皆背而告絕 至此亦命 予將疇依"

것이다. 그러나 일면 그렇게 하자니 이미 천명이 다했음을 느끼지
않을 수 없었다. 무신정권의 성립은 문벌귀족사회의 제반 모순이
폭발한 것으로서 이 쿠데타에 내심 동조하거나 관망하는 신진관료
가 많았고 일반 병사들의 호응과 지방의 일부 재향세력 및 민중들
의 무언의 협조가 있었기 때문에 성공을 거둘 수가 있었던 것이다.
그 결과 庚癸 兩年에 걸쳐 무신들이 문신들을 학살하고 있을 때조
차 조직적인 저항이 많지 않았고, 의종이 경주에서 피시 될 때조차
주민들은 거의 방관하고 있었던 것이다.[240] 권력에서 밀려난 일부
문인들이 낙향하여 여러 지방을 떠돌면서 일반 민들을 직접 접해
봄에 따라 이미 민심이 자기들에게서 떠나갔음을 알게 되었다. 그
들 중에는 천명이 다했음을 깨닫고 영원히 은거의 길을 택하여 끝
내 세상을 등지고 일생을 마치기까지 하였다. 이러한 시대적 상황
속에서 만들어진 이기의 초상화는 어쩔 수 없이 帝王의 像도 아닌,
隱逸의 像도 아닌 어정쩡한 모습이었고, 드러내어 모실 수 없는 처
지였던 것이다. 여기에 바로 문인들의 고민이 있었던 것이다.
　定山縣 維鳩驛 公館의 벽화인 '諫臣去國圖' 역시 무신정권 성립
전후의 문신들의 자괴감을 묘사한 그림이다.

　　毅王은 풍악과 여색을 가까이 하고 놀이를 좋아하였다. 忠肅公 文
　克謙이 그때에 正言이었는데 疏를 올려서 간절하게 간하였으나 좋
　지 않았다. 경인년 가을이 되자 무신이 난을 꾸며서 乘輿는 남쪽으
　로 옮겼다. 계사년 겨울에 定山縣 維雛驛에 公館을 새로 수리하여
　마치고 畵工을 청해서 벽에 채색을 시공하였다. 화공은 당시의 妙手
　로서 성은 朴이고 이름은 모른다. '지금 그 驛吏가 사실을 갖추어서
　말하였다.' 寢房 서쪽 벽 사이에는 흰 옷에다 삿갓을 쓰고 말을 탄

240) 金晧東, 1982,「高麗武臣政權下에서의 慶州民의 動態와 新羅復興運動」
　　『民族文化論叢』 2·3합집, 영남대학교 민족문화연구소 및 李樹健,
　　1984,『韓國中世社會史硏究』, 일조각, 338쪽 참조.

사람 하나가 산길을 따라서 고삐를 그대로 두고 천천히 몰아가는 것을 그렸는데 그 모습이 쓸쓸하였다. 아이 종들이 서로 붙들고 차츰차츰 가는데 사람들이 보아도 무슨 그림인지 모두 몰랐다.

임오년 가을에 송광사 無衣子가 … 그 그림을 보고 한참 동안 탄식하다가 "이것은 諫臣去國圖이다"하고 이에 시를 지었다.

어떤 사람이 벽에다 이 그림을 그렸나
諫臣이 나라를 떠났으니 일이 되겠나
중도 한 번 보고 오히려 슬퍼지는데
하물며 요로에 있던 사대부이겠나

아아, 화공이 지난 일에 느낌이 있어 이 그림을 그린 것과 선사가 옛 그림의 뜻을 알고 이 시를 남겼음은 옛날 風雅君子와 다름이 없다. 그 후 지나가던 두 객이 있어 이 시를 차운하여 벽에다 썼다.

굴뚝을 굽히라고 말하기 전에 일찍이 도모하지 않다가
머리를 데고 난 다음에 후회한들 돌이키겠나
어떤 사람이 이런 諫臣의 떠나는 그림을 그렸나
벽에 가득한 맑은 모습이 게으른 사람 격려하네

또 한 사람이 차운하기를

흰 옷에다 누런 띠를 띤 諫臣의 그림은
이것이 屈原인가 微子이던가
임금의 잘못을 바루지 못하고 속절없이 나라를 떠났는데
모름지기 털끝만큼도 공부하지 않았다.[241]

定山縣(현 靑陽郡 定山面) 유구역 공관의 벽화는 단순한 감상의 대상으로 그려진 것이 아니라 강한 경계의 뜻을 담아 교훈을 전파하고자 하는 비판적이고 啓導的인 회화관이 두드러지게 반영된 작품이었다. 물론 이 그림은 화공이 그린 것이지만, 화공의 그림이란

---

241) 崔滋, 『補閑集』 卷下.

당대 사회의 요구와 美觀을 반영하고 있으므로 당시의 문인들의 심정이 깊이 투영되어 나타난 것이라고 볼 수 있다. 특히 이 그림이 의종대의 사회현실에 대한 비판적 입장을 개진하다가 쫓겨난 諫官 文克謙을 모델로 한 것이라는 점에서 강한 경계의 뜻이 담긴 것이라고 하지 않을 수 없다. 원래 院宇와 驛 郵置所 등에는 지나는 객들이 시나 그림 등을 많이 남겼다. 이것들은 이름을 남기거나 하는 경우도 있었지만 대부분 익명이 많았기 때문에 그 중에는 현실비판적인 내용이 많았다. 그렇기 때문에 한때 毅宗은 院宇와 역에 써 붙인 시를 모두 기록해서 御府에 바치게 하여 風謠와 民物의 이해를 살펴보고자 하였던 것이다. 그 당시 어떤 사람과 尙書 金莘尹이 농사에 찌든 농민들의 질곡과 관리들의 가렴주구, 아첨의 풍속을 지적하는 시를 驛壁에 쓴 것을 吏員이 기록하여 進呈한 적이 있었지만, 이러한 비판들이 현실정치에 반영되어 개혁의 바람을 일으키지 못하고,[242] 결국은 무신들의 쿠데타를 맞이하고 말았던 것이다. 바로 유구역 공관의 벽에 그려진 그림은 바로 이러한 자괴감과 후회감이 깃들여진 그림이다. 그러나 시간이 지나면서 그러한 감정은 기억 저 너머로 사라지고 사람들이 그 그림을 보아도 무엇을 의미하는지 알 수 없는 상황이 되고 말았다. 그것은 무신정권하의 문인들의 태도 변화에 기인하는 것이다.

무신정권이 장기화, 안정화되어 가자 문인들은 사회경제적 기반의 박탈 속에서 더 이상 무신정권에 저항하기보다는 호구지책을 위해 개별적으로 무신정권과 타협해 가기 시작하였다. 遯世無悶으로 일생을 마쳤던 悟生에게 보낸 편지에서 정계를 은퇴했던 문인들이 利祿을 구해 정계로의 재등장을 동경하는 풍조를 개탄하고 있었던 임춘[243]마저도 생활의 방편 상 어쩔 수 없이 정계로의 진출

---

242) 李仁老, 『破閑集』 卷下.

을 끊임없이 구하다가 결국 불우한 일생을 마친 것은 그 좋은 예이
다. 이제 利祿을 위해서는 깊이 사귀어 온 인물과의 결별도 서슴지
않을 정도였다. 김보당의 난으로 인해 원주에 화를 피해 온 朴仁碩
은 무신정권과 결별한 채 후진교육에만 전념하고 있었던 權敦禮와
한때 의기투합하였지만 문득 소문이 떠돌아 언제 해가 미칠까 예
측하지 못하자 일신의 신변안전을 위해 훌쩍 원주를 떠나 죽산으
로 옮기고만 것은 그 단적인 예이다.[244] 이렇게 하여 무신정권과
타협해 가는 문인들은 무신정권이 요구하는 인간형으로 자신을 맞
추어나가지 않으면 안되었다. 이를 이규보가 求官을 위해 閔湜에
게 보낸 편지를 통해 알 수 있다.

    재삼 저를 보시며 말씀하시기를 '선비는 마땅히 겸손하고 삼가는
뜻을 가져야 하는 것인데, 근세에 임춘이라는 시인이 재주만 믿고
남에게 오만하여, 마침내 급제 한번 하지 못하고 곤궁하게 굶주리다
가 죽고 말았지! 보건대 그대의 재주가 임생에게 뒤지지 않는데 항
상 겸손하여 조금도 버릇없거나 오만한 기색이 없으며, 또 외모도
윤택하여 반드시 원대하게 될 사람이다'라 하여, 한 마디 말씀의 위
로됨이 천금보다 중하였으니, 내가 목석이 아닌 이상 감격되지 않을
수 있었겠습니까! … 문장이란 단지 하나의 조그마한 기예여서 비록
錦腸繡肝 같은 뛰어나게 아름다운 재주가 있더라도, 知己 이외에는
누구나 공경하고 외복하지는 않는 것이니, 만일 이를 자부하고 남을
능멸한다면, 반드시 공박을 받아 좌절되는 모욕을 당하게 될 것이요,
이 뿐만 아니라 헤아리지 못할 화에 빠질 것도 환한 일입니다. … 저
같은 사람은 온 몸을 돌아보아도 한 가지 일이라도 자부하여 버릇없
이 하거나 오만 부릴 것이 없어서, 비록 목이 땅에 닿도록 수그리게
하더라도 감히 쳐들지 못하고 위축되어, 항시 큰 수치를 당한 듯 하

243) 林椿, 「寄山人悟生書」『西河集』卷4. "昨於擾攘之際 人皆深潛遠遁
    盜名僞服 以避一時之難 及其神志一變 卽不待鶴書之聘 甘心利祿 突
    梯苟冒 誰復自藏於畔高肥遁之節耶 是以幽逸之士 古卽相望於世 今
    卽罕聞焉"
244) 「朴仁碩 墓誌」『韓國金石全文』中世 下 許興植編.

는 것이 진실로 떳떳한 도리이겠는데, 각하께서 그런 말을 하신 것
은, 어찌 저로 하여금 더욱 겸손한 태도를 가져서 마침내 이 몸을 보
전하게 하시려는 것이 아니겠습니까! 제가 비록 민첩하지 못하나 감
히 명심하여 주선하지 않으리까.245)

　여기에서 이규보는 자신과 교유하였던 林椿과 자신이 다르다는
것을 강조하면서, 관직을 위해 그가 배워 익힌 학문적 이상도 저버
린 채 권력에 대해 맹목적 추종과 굴종을 맹서하고 있다. 이를 통
해 권력의 획득을 위해 변해 가는 한 지식인의 모습을 엿볼 수 있
다. 이규보가 이때를 전후해 「雙馬圖」를 보고 지은 제화시문은 우
리에게 시사하는 바가 크다. 「雙馬圖」에서 이규보가 본 것은 두
마리의 말 중 한 마리는 은안장 황금굴레로 장식하고 용마와 같이
매달리지만, 다른 한 말은 무거운 수레에 눌리어 오금도 펴지 못한
채 머리를 수그리고 달리지 못할 뿐만 아니라 베적삼을 입은 아이
에게 끌리어 푸른 풀 흘끔거리며 더딘 모습이었다. 이에 대해 이규
보는 다음과 같이 말하였다.

　　화공이 이 그림 뜻 없이 그렸을까? 그 속의 묘한 뜻 뉘라서 알리
　요. 천한 가축만이 이러하랴. 사나이의 궁달도 이와 똑같네. 쓰이면
　하늘 거리에 뛰어오르고 버려지면 진흙길에 묻혀 있으니. 때를 만나
　고 못 만난 때문이라. 나 같은 자는 복력을 분수로 여겨 한숨짓지 말
　지어다. 끝내는 찾아올 사람 있으련만 때가 오지 않음 천명인가 하
　노라.246)

　그가 비록 내용위주의 문학론을 말하고 그것에 입각해 그림에서
깊은 뜻을 찾고자 하였지만 「雙馬圖」에서 본 것은 자신의 불우한
처지였고, 그를 통해 자신을 찾아 줄 사람, 즉 자신을 관직에 천거

---

245) 李奎報, 「上閔上侍湜書」『東國李相國集』卷26.
246) 李奎報, 「閔常侍令賦雙馬圖」『東國李相國集』卷9.

해줄 인물을 고대하고 있음을 보여주고 있다. 이처럼 그의 생각이 개인의 출세에만 머물러 있을 때 설혹 유구역 공관의 벽화를 보았다 하더라도 그 뜻하는 바를 이해할 수 있었을 것인지는 의문이다. 유구역 공관의 벽화가 고종조에 이르기까지 아무런 주목의 대상이 되지 못하고, 화공의 이름마저 전하지 못하게 되었던 것은 그림 속에서 뜻을 캐고자 하는 사람들마저 개인의 협소한 체험에만 매몰되어 있었기 때문일 것이다.

1222년(고종 9)에 유구역 공관의 벽화는 송광사 無衣子와 두 客의 題畵詩文이 보태어짐으로써 다시 세인의 관심을 끌게 된다. 이 벽화를 다시 주목한 무의자, 즉 眞覺國師 慧諶이 굳이 '諫臣去國圖'라 명명하여 주목하게 된 사정은 당시의 정책의 담당자 내지 그 추종자, 특히 諫官들에 대한 강한 비판의식에서 비롯된 것이다.

더욱이 당시 고려로서는 대내적 모순의 심화와 더불어 대외적 모순이 촉발되어 가던 시기였기 때문에 사회의 전반적 위기의식이 고조되어 가고 있었다. 즉 대외적으로 한차례 契丹遺種의 침입을 받게 되고, 그것을 격퇴하는 과정에서 몽고와의 접촉이 이루어져 그들로부터 여러 가지의 무리한 요구를 받게 되었다. 마침내 고종 8년 8월에 몽고가 고려에 막대한 공물을 요구하게 되었고, 사신으로 왔던 저고여가 귀환 도중에 암살됨으로써 양국 사이의 국교는 단절되는 등 일촉즉발의 분위기 속에서 불안감이 고조되어 가고 있었다. 바로 이 시기 정산역 유구역의 시사성이 강한 그림은 무신 쿠데타의 문인들의 자괴감을 표현한 것에서 한 걸음 더 나아가 無衣子와 두 客의 제화시문이 덧붙여짐으로써 참여문신들의 권력에의 맹목적 추종에 대한 비판의 뜻까지 지니게 되었던 것이다. 이제 그림과 시가 어우러져 당시의 재조관료들이 현실을 직시하여 대내외적 모순의 제거를 위한 直言과 忠諫을 해주기를 바라는 염원과 경계의 뜻을 담게 되었던 것이다.

정책의 담당자 및 추종자들에 대한 따가운 비판의 뜻이 담긴 그림은 이미 기암거사 안치민에 의해서도 구사되었었다.

> 일찍이 僕射 李世長의 집을 지나가는데 긴 대 두어 떨기가 있어서 새 가지가 헌함 위에 나왔다. 공이 병풍 하나를 내어 주며 그림을 그리라고 하였다. 거사는 즉석에서 두어 개 대나무 가지의 끝만을 그려 놓을 뿐이다. 그리고 다음과 같은 시를 지었다.

> 樓아래 대나무 수풀 백척이나 길건만
> 누가 높아 다만 두어 가지의 끝만이 보이네
> 땅에서 솟아나는 옥 같은 죽순 보려거든
> 모름지기 충충다리를 밟고 이 누를 내려가소서[247]

그간 文人畵에서 대나무는 왕에 대한 충성과 문인들의 절개와 지조를 상징적으로 노래하는데 주로 사용되었지만 안치민은 대나무에서 전혀 다른 뜻을 그려내고 있다. 안치민은 이세장에게 누에서 내려가 죽순을 볼 것을 권함으로써 당시의 관리들이 민과 유리되어 최씨정권에 맹목적 추종과 굴종을 하기보다는 누 아래 내려가 백성들의 질곡을 살펴 백성들의 편에 선 정사를 펼칠 것을 뜻하는 염원을 그려내고 있다.[248] 그러나 현실에의 영합과 적응이 체질화된 관료들은 이러한 따가운 비판에 응하여 현실의 모순구조를 타파하기 위한 어떠한 노력도 보여주지 못하였다. 이에 안치민은 자신의 自畵像인 '醉睡先生眞影'을 그리고, 그 뒤편에 다음과 같은 제화시문을 남겼다.

---

247) 崔滋, 『補閑集』卷中. "其後嘗過李僕射世長宅 有修竹數叢 新梢出檻 公出一屛命畵 即寫數梢頭而已 題云 樓下篁林百尺修 數高只見數梢頭 要看拔地千竿玉 須踏層梯下此樓"
248) 이에 관한 보다 구체적 분석은 본서 제2장 제1절 참조.

道가 있어도 행하지 않으면 취하니만 못하고
입이 있어도 말하지 않으면 잠자는 것만 못하다
선생이 취하여 살구나무 꽃 그늘에 잠자니
세상에 이 뜻을 아는 사람 없더라.[249]

도가 있어도 행하지 않고, 입이 있어도 말하지 않는 당시의 세태를 신랄하게 비판하였다. 이는 당시 무신정권에 참여한 문인들이 무신정권에 예속되어 그 정책의 잘못됨을 알아도 한마디 간언조차 못하는 행동에 대한 비판인 동시에, 문인들을 그러한 상태로 몰고가는 무신정권에 대한 강한 비판이기도 한 것이다.

권력지향적인 성격의 참여문신들 중에는 그들에게 쏟아지는 따가운 시선을 의식하지 않을 수 없었던 자들이 있었다. 생활의 방편상 어쩔 수 없이 환로에 나서서 무신정권에 참여하였지만 동료 재야문인들의 따가운 비판에 갈등과 고뇌를 느끼지 않을 수 없었다. 그렇기 때문에 이들은 일면 자기들의 행동에 대한 정당성을 부여하려고 애쓰는 한편 무신정권과 결별한 채 초야에 묻혀 살고 있었던 悟生이나 神駿, 權敦禮와 같은 문인들을 동경의 대상으로 삼을 수밖에 없었다. 李仁老가 "천하의 일에 있어서 貴賤·貧富로서 高下를 삼지 못하는 것은 오직 문장뿐이다"[250]라고 하면서 애써 순수문관으로의 자기 위치를 강조하면서 불우한 동료 문인들을 돌본 것은 자기에게 가해지는 따가운 비판에 대한 최소한의 자기 합리화에서 비롯된 것이라 할 수 있다. 그러나 보다 더 그러한 고뇌를 나타낸 문인들은 문학에 있어서 내용위주의 문학론을 전개한 이들이었다. 이들은 거개 문학이란 經史百家에 바탕을 두면서 모두 王

---

249) 崔滋,『補閑集』卷中. "嘗自寫醉睡先生眞 書其後曰 有道不行不如醉 有口不言不如睡 先生醉睡杏花陰 世上無人知此意"
250) 李仁老,『破閑集』卷下. "天下之事 不以貴賤貧富爲之高下者 惟文章耳"

覇를 말하고, 도덕을 논하며, 그 政教와 풍속, 興亡과 治亂의 근원을 말한 것이어야 한다고 믿으면서, 배운 바 익힌 학문이란 후학에게 보탬이 되는 것이어야 한다고 생각하고 있었다. 그러나 현실적으로 어용적 문인으로의 길을 걷지 않을 수 없었기 때문에 그들이 구현하고자 하였던 학문적 이상과 현실정치의 괴리 사이에서 갈등을 느끼면서 깊이 고뇌하지 않을 수 없었다. 바로 그러한 자신의 고뇌를 그림을 통해 표현하고자 하였다. 시화일치 사상에 입각해 작가의 정신세계를 화폭에 담아 내고자 하였던 그들로서는 문자로 표현되어 그 뜻이 직접 드러나는 시 등의 작품보다는 현실에 대한 착잡한 감정을 추상화시켜 화폭 속에 담아 숨길 수 있는 회화를 즐기게 됨은 자연스러운 일이었다. 在朝官僚로의 길을 걸은 정홍진의 작품세계를 통해 이것을 살펴보기로 한다.

묵죽화에 특히 뛰어나, 그 명성이 중국에까지 알려졌던 丁鴻進은 특히 風竹에 대한 그림을 즐겨 그렸다. 그가 松廣社主인 大禪師 夢如에게 그려준 風竹의 묵화는 이규보에게 다음과 같이 비치었다.

　　풍죽 두 그루 가운데 한 그루는 움직이고 한 그루는 움직이지 않게 그리다. 큰바람 부는 것을 모든 물건이 함께 받는데 어찌 같은 대로서 하나는 흔들리고 하나는 흔들리지 않음이 있는가. 한 그루는 바람에 시달려서 쉴새없이 흔들리고 한 그루는 태연히 곧게 섰구나. 흡사 두 사람이 한가지로 禪을 배우는데 한 사람은 道를 깨쳐서 마음이 움직이지 않는데, 한 사람은 그렇지 못하여 착잡한 생각이 마구 일어나는 것 같다. 듣는 것을 돌이켜 제 본성을 듣게 되면 움직임과 고요함이 이에 모두 그치게 된다.251)

---

251) 李奎報,「松廣社主大禪師夢如遣侍者二人 求得丁而安墨竹二幹 仍邀予爲贊云」『東國李相國後集』卷11. "風竹二叢一動一靜 大風所吹 萬殊同受 何一竹中 有動與不 一叢因風 搖簸不息 一叢自若 植植其直

정홍진이 "사대부의 揮掃는 詩를 근본으로 하는 것이 상례이다. 만약 그림에만 탐닉하면 그것은 畵工이다"라고 하면서 화폭에 자신의 깊은 내면세계를 그려내고자 하였음을 상기해 볼 때 바람이 불면 흔들릴 수밖에 없는 風竹을 그리면서 한 화폭 속에서 하나는 바람에 흔들리고, 하나는 흔들리지 않는 대나무를 대비하여 그렸다는 것은 깊은 뜻이 내포되어 있다고 볼 수 있다. 그렇기 때문에 이규보는 바람에 나부끼지 않는 대나무를 도를 깨쳐서 마음이 움직이지 않는 사람으로 보았고, 바람에 나부끼는 대나무를 도를 깨치지 못하여 착잡한 생각이 마구 일어나는 사람으로 파악하였던 것이다. 이렇게 파악할 때 바람에 나부끼지 않는 대나무는 바로 최씨정권에서 끝까지 굴하지 않은 저항지식층인 재야문인이거나 혹은 속세를 떠난 禪師를 비유한 것이라면 바람에 나부끼는 대나무는 최씨정권에 굴종한 채 현실의 모순에 대해 애써 눈을 감을 수밖에 없는 상황 속에서 깊이 고뇌하지 않을 수 없었던 참여문신, 바로 자신들의 내면의 모습을 투영해 낸 것이라 할 수 있다. 정홍진이 이규보를 위해 그려 준 풍죽과 이 그림을 비교해 보면 그의 작품세계가 뜻한 바가 더욱 분명해진다.

　　너에게 소중한 것은 곧은 절개뿐이다. 흔들리어 몸을 가누지 못한 것은 바람이 시킨 것일세. 이도 또한 빈 것인데 누가 이것을 흔들까?[252]

　　有如二人 同學于禪 一人懸悟 心已懋然 一猶未爾 群動坌起 返聞聞性 動靜酒已"

252) 李奎報, 「丁學士而安掃與墨竹四幹各作贊云」 『東國李相國後集』 卷11. "風竹 ; 所貴於汝 節直而已 低昂不持 酒風所使 斯亦本空 孰披拂是" 이때 정홍진은 露竹, 風竹, 老竹, 新竹 4幹을 각기 별도의 화폭에 담아 이규보에게 그려 주었는데, 風竹의 경우 夢如에게 준 것과는 달리 오직 바람에 나부끼는 대나무만을 그려 주었다.

몽여에게 바람에 흔들리는 대나무와 흔들리지 않는 대나무를 한 화폭에 함께 그려 주었던 정홍진은 자기와 같은 길을 앞서 걷고 있었던 이규보에게는 흔들리어 몸을 가누지 못하는 風竹만을 그려 줄 수밖에 없었다. 이것은 현실의 방편상 어쩔 수 없이 최씨정권에 영합하여 타협, 왜곡의 형으로 굴절되지 않을 수 없었던 정홍진이 자기 내면 속에 깊숙이 도사리고 있었던 현실에 대한 갈등을 적나라하게 반영시킨 작품이라 할 수 있다. 이러한 정홍진의 작품세계는 문학과 그림에서 작품 속에 담겨진 뜻을 캐내고자 하였던 이규보에게 깊은 공감을 가져다 주었고, 결국 이로 인해 이규보는 그를 당시 최고의 화가로 높이 평가하였던 것이다. 그러나 일면 이규보는 정홍진이 자기에게 그려 준 풍죽에 대해 흔들리어 몸을 가누지 못하는 것은 바람이 시킨 때문이라고 굳이 자기 변명을 하지 않을 수 없었던 것이다. 또한 이규보가 그렇게 변명하지 않을 수 없었던 것도 자기의 평소 현실의 생활태도에 대해 깊은 번민을 하고 있었다는 것을 역설적으로 말해 주는 것이다.253) 그것은 정홍진이 그려 준 이규보의 초상화에서도 확인할 수 있다.

> 기쁘구나 머리에 관 쓰지 않은 것
> 내 이미 벼슬길로 달려감 싫어졌으니까
> 얼굴모습 자못 깨끗하니
> 때묻은 지금 모습 아니네254)

---

253) 이규보의 「畏賦」가 굳이 읊어졌다는 것은 최씨정권에 맹목적으로 굴종하며 오직 높은 벼슬만을 추구하면서 한마디 간언도 제대로 하지 못하는 자신에 대한 실망과 자기혐오에서 비롯된 일종의 반어법이라고도 할 수도 있다.

254) 李奎報, 「次韻丁秘監而安和前所寄詩以墨竹影子親訪見贈 并序」「謝寫眞」『東國李相國後集』卷5. "喜哉首不弁 已厭名途驟 眉目頗洒然 不以今蒙垢"

정홍진이 이규보에게 그려 준 초상화는 관복을 입지 않은 모습이
었으며, 이에 대해 이규보 역시 기쁨을 표하면서 "때묻은 지금 모습
이 아니구나"한 것으로 보아 그들 역시 생활의 방편상 어쩔 수 없
이 관직에 나갔지만 의식의 내면 깊은 곳에서 초야에 묻혀 벼슬과
는 담을 쌓고, 그 뜻을 굽히지 않은 동료문인들에 대해 깊은 동경과
관심을 표하고 있었다.255) 이규보가 '先聖'의 像에 대한 贊에서

>   하늘과 같은 덕을 가지셨는데
>   생시에 왜 때를 만나지 못하였소
>   아, 그 뿐이랴
>   기린은 어째서 잡혔으며
>   봉의 덕은 어째서 쇠했느냐256)

---

255) 金瑗이 거의 이십년 동안이나 영남에 유배되었다가 赦命을 받고 경도
로 돌아온 후 다시 낙향의 길을 떠날 때 이규보는 그에게 다음과 같은
시를 지어 준 것에서도 이를 확인할 수 있다.

>   계림선생은 뛰어난 재사로서
>   화려한 가문에 부귀한 몸이로세
>   봉래전 위에 취한 채 신을 벗기웠고
>   비련을 잘못 양귀비에 비유하였다가
>   하루아침에 강남으로 내려가
>   이십년 동안 연화 속에 취했으니
>   …
>   금계의 사면으로 경도로 돌아왔으나
>   경도에는 풍진이 많다하여
>   손 흔들며 다시 멀리 떠나려고 하니
>   손목을 부여잡고 눈물만 뿌리누나
>   훌쩍 떠나려는 그대의 고결한 뜻을 보니
>   공명을 마치 헌신짝처럼 여기는구려
>   가거든 천금 같은 몸 잘 보호하소
>   동서남북이 다같은 하늘과 땅일세
>   (李奎報,「醉贈金君瑗 幷序」『東國李相國集』卷5)

라고 한 것은 아마도 孔子에게 동료 재야문인을 가탁해서 이야기
한 것이 아닐까 한다. 그런 입장의 이규보는 정홍진이 풍죽과 함께
그려 보낸 新竹의 墨畵에 대한 贊에서 "하늘을 찌르는 것도 좋지
만 위태로운 법이다"[257]라고 하여 깊은 우려와 충고의 뜻을 표하
고 있다. 이것은 일면 그가 비록 현실에 대한 깊은 심적 갈등을 겪
고는 있었지만 그 자신 모든 것을 박차고 현실을 뛰쳐나갈 정도의
의식수준에까지 이르지 못하고 있었다는 것을 나타내 주는 것이
다. 그는 어디까지나 권력지향적인 속성을 지닌 어용적 문신의 범
주에 속할 수밖에 없었던 것이다. 그러나 정홍진의 작품세계가 당
시 최씨정권의 문객들의 고뇌의 모습을 적나라하게 표현해 주었기
때문에 이규보는 이를 단순한 감상의 대상으로 여기지 않고 자손
만대에 물려줄 가보로 삼고자 하였던 것이다. 이런 점에서 숭상과
기원의 대상인 至尊·至美의 위엄있고 아름다운 부처와 보살의
건립 외에 고행과 수행의 면벽을 하는 達摩大師像이 이 시대에 와
서 그려졌다는 것은 단순히 불교계에 있어서 선종의 융성이라는
이유만이 아니라 문인지식층의 고뇌가 투영되어 나온 작품이라고
볼 수도 있을 것이다.[258]

무신정권시대의 題畵文學作品들은 林椿의 『西河集』, 李仁老의
『破閑集』, 李奎報의 『東國李相國集』, 崔滋의 『補閑集』 등에 산견
되어 나타난다. 그 중 문인들의 현실인식이 투영된 작품들은 거개
가 『東國李相國集』, 『補閑集』에 실린 것이다. 이런 점에서 이규보
나 최자가 비록 어용화의 길을 걸었지만 이들에 의해 그나마 이런

---

256) 李奎報, 「先聖先師贊」 『東國李相國集』 卷19. "有德如天 生不遇時 噫
    乎已矣 麟獲芳鳳何衰"
257) 李奎報, 「丁學士而安掃與墨竹四幹各作贊云」 『東國李相國後集』 卷11.
258) 李奎報, 「達摩大士像贊」 『東國李相國集』 卷19 및 「書達摩畵像幀額文」
    앞의 책, 後集 卷12

작품경향의 편린이 남아 전해질 수 있었던 것을 생각할 때 이들의 존재는 한국사의 발전에 있어서 일 족적을 남긴 것은 부인할 수 없는 것이다.

제2장

文人知識層의 現實認識

제1절 비판적 知識人 安置民의 現實認識

　1170년 무신쿠데타로 말미암아 문벌귀족사회가 무너지고 무신정권이 탄생함에 따라 중앙정치무대에서의 권력투쟁이 격화되었다. 그 결과 사회경제적 모순이 더욱 심화되어 농촌사회의 분화가 가속화되는 속에서 농민, 천민들의 삶을 위한 투쟁이 역사의 전면에 표출되었다. 이러한 격동의 시기에 처하여 고뇌하고 방황하며 사유함으로써 한계 상황에 처한 자신의 존재를 자각하여 내적 성찰과 도덕적 용기를 지니고 당시의 시대가 갖는 모순을 비판하고, 그에 저항한 지성은 현존하는 자료에서 더이상 찾을 수 없는 것인가? 본 절은 이러한 문제의식에서 출발하여 '安置民'이라는 한 인물을 주목하게 되었다.

　안치민은 오직 힘의 논리만이 관철되던 무신정권이라는 시대적 상황, 즉 독재와 억압 속에서 맹목적 추종과 굴종만이 강요되는 역사적 상황 속에서 時流에 편승하지 않으면서 시문과 그림을 통해 마음껏 현실비판적 견해를 토로하였다. 이는 권력의 시녀로 전락하거나 은둔자적 태도를 갖고 애써 현실에 초연한 자세를 보여주는 문인들과는 뚜렷이 구별되는 것이다.

　그러나 비록 그는 비판하기 위해 말하고 행동하였지만, 전근대 신분제 사회에서 그가 속한 지배자적 신분의 속성상 그의 비판은 일정한 한계를 지니는 것이었다. 그는 결코 체제전복을 위해 투쟁

하지도 않았고, 그렇다고 민의 입장에 서서 사회의 변혁을 지지하
는 처지에도 있지 않았다. 그는 결국 지배층의 처지에서 당시 무너
져 가는 고려사회를 어떻게 다시 안정화시켜 나갈수 있는가 하는
문제에 깊은 관심을 갖고 있었던 것이다.

허지만 당시의 시대적 상황 속에서 체제에 대한 최소한의 비판
과 저항마저도 자기와 무관한 일에 참견하려는 귀찮은 존재로 간
주되어 권력으로부터 배척을 받아 『高麗史』 등의 사서에서 안치
민의 이름 석자마저 언급되지 않음으로써 역사 속에 매몰되어 지
금까지 거의 주목받지 못하였다.[1] 바로 이러한 안치민의 존재를
한국사 속에 자리매김 하고자 하는 것이 본 節의 작성동기이다.

---

1) 현재 안치민에 관해서는 미술사분야에서 일부 그의 이름을 언급할 정
   도이고, 국사학계에서는 거의 주목하지 않았거나 잘못 이해하여 왔다.
   즉 북쪽의 경우, 1983, 『조선전사』 4, 고려, 489~490쪽에서 崔滋의
   『補閑集』 卷中에 나오는 안치민의 자화상인 '醉睡先生眞影'을 李琪
   가 그린 것으로 잘못 언급한 이래 그 잘못을 1987, 『조선미술사』, 조
   선미술가동맹편, 과학, 백과사전출판사 ; 1989, 한마당, 북한연구자료
   선 8에서도 그대로 답습하고 있다. 이는 보한집 해석의 오류에서 비롯
   된 것일 것이다. 반면 남쪽의 경우, 안치민은 지금까지 거의 주목받지
   못하였다. 다만 필자가 1986, 「高麗武臣政權時代 繪畵에 나타난 文人
   知識層의 現實認識論」 『慶大史論』 2, 경남대학교 사학회에서 그를
   언급한 후 金塘澤의 1988, 「崔滋의 『補閑集』 著述動機」 『震檀學報』
   65 및 류창규의 1989, 「高麗武人政權時代의 문인 朴寅碩」 『東亞研
   究』 17, 서강대학교 동아연구소에서 필자의 논문을 인용해 그를 언급
   하고 있을 뿐이다. 그 결과 최근에 수정 발간된 정신문화 연구원의
   『한국민족문화대백과사전』에 수록되기에 이르렀다.

1. 安置民과 慶州

안치민의 자는 淳之이며, 棄菴居士, 睡居士, 혹은 安處士라고 불리기도 하고, 자칭 睡先生이라고도 하였다.[2] 그는 뛰어난 문장가인 동시에 글씨와 그림에도 남다른 조예를 갖고 있었다. 그리하여 당시 그의 문집이 크게 성행하였지만, 알아 모아 준 사람이 없었기 때문에 유고가 모두 흩어져 버렸다.[3] 더욱이 그는 관직에 전혀 나가지 않은 처사로 일관하면서 무신정권에 대해 거리낌없는 비판적 자세를 취하였기 때문에 역사의 표면에 전혀 드러나지 않음으로써 현재 그에 관해서는 거의 알려져 있지 않다. 다만 이규보의 『東國李相國集』, 최자의 『補閑集』 등에 나타난 단편적 자료의 편린을 통해 그의 생애를 정리하면 다음과 같다.

가) ① 그(=최치원)가 살았던 곳을 이름하여 上書莊이라고 불렀다. 후에 高士 李能逢, 吳世才, 安淳之가 계속하여 그 곳에 살았다.[4]

② 의왕이 남쪽 먼 지방으로 달아났다. 李琪라는 사람이 있어서 그림을 잘 그렸다. 그가 의왕의 초상을 그려서 東都 草堂에 봉안하고 아침저녁으로 예로서 모신다고 하였다. 기암거사가 우연히 그 초상을 보고 찬을 지었다.[5]

---

2) 崔滋, 『補閑集』 및 李奎報, 『東國李相國集』 참조.

3) 崔滋, 『補閑集』 卷中. "棄菴居士安淳之 以曠世大手 於文章愼推 … 金翰林克己 與安同邑又同時 安之文集中 未嘗一與金 有唱和之作"; 같은 책, 卷中. "(棄菴) 居士 亦工於書畵 每掃竹作詩書"; 같은 책, 같은 권. "今世吳先生兄弟安處士陳補闕兪金二李許多輩 比於補闕霄壤懸絶 時無知己抬拾 遺稿皆散亡 長老未釋然"

4) 崔滋 『補閑集』 卷上. "以公昔所居 名爲上書莊 後高士李能逢吳世才安淳之 相繼而寄居"

5) 崔滋, 『補閑集』 卷中. "毅王遜于南荒 有李琪者善畵 寫眞不題稱謂 安

③ (오)세재는 늙도록 때를 만나지 못하여 동도에서 방랑생활을 하는
데 기암거사 순지가 시를 지어 주기를,

나는 원래 동남쪽 한 백성인데
늙고 게을러 농사짓지 못하겠기에
이 절에 와 한가로이 사는데
매양 사람들이 거사라고 불러주네 …6)

④ 지난 해(신종 5, 1202년) 11월에 征東의 명을 받았는데, 종군하는
것이 아름다운 일은 아니나, 처사를 만나 뵙게 된 것을 다행으로
여기며 만나 뵙게 될 날이 있을 것을 알았습니다. 다만 이 도회에
난리가 치열한데 잘 계시는지 확실하게 알 수 없어 이 점이 염려
가 되었습니다. 이 도회에 들어오자 시급히 만나 뵙고 싶었는데,
군문의 자물쇠를 굳게 잠그고 수비가 매우 엄중했으며, 또한 처
사께서 이 도회에 사시는 분이므로 만일 만나보게 되면, 군중에
서 의심 갖는 사람이 있게 될까 싶기 때문에 감히 어떻게 하지 못
했습니다. 지난번에 군막 안의 첨판 朴郎中 처소에서 처사께서
바야흐로 박공과 이야기하실 때 마주쳤는데, 제가 평소에 안면이
없었으나, 그 수염과 머리카락이 하얗고 緇衣 緇冠 차림을 하여
마치 세상에 나도는 도객이나 거사의 화상 같음을 보고서, 즉각
알아차려 이름을 물을 것도 없이 무릎을 마주 대고 담화하기를
전에 마음껏 같이 놀던 처지처럼 하였습니다.7)

於東都草堂 朝夕禮事 棄菴居士偶覩之 及作讚"
6) 崔滋,『補閑集』卷上. "世才不得志 客有東都 棄菴居士淳之 贈詩曰 我本
東南一民耳 老慵未可躬耒耕 來依古寺寓閑房 每被人呼作居士 …"
7) 李奎報,「軍中答安處士置民手書」『東國李相國集』卷27. "及去歲十
一月 被征東之命 從軍非佳事 以得見處士爲幸 知會面有日 但此都亂
熾 未的識好在 以此爲慮耳 及入都 急欲邀見 緣軍門壯鑰 謹誰何甚慮
且處士亦此都人 若與相見 恐軍中有疑者 故未敢爾 昨於幕中 簽判朴
郎中所寓 値處士方與朴公話 僕素未識面 觀其鬚髮皓然 著緇衣 峙緇
冠 如世所畵道客居士者 卽自認之 不問名諱 促膝接話 若舊 日飽相與
遊者" 정병모 씨가 1988.10,「一般繪畵」『講座美術史』1(한국미술사
연구소)에서 "(이규보가) 종군하다가 안치민을 만났고 … 안치민을 통
하여 박인석과 교유하게 되었다"고 한 것은 잘못된 견해이다.

우선 자료 가) ①~④를 통해 안치민은 무신정권 성립 직후부터 이규보가 정동군의 일원으로 경주에 내려가 활동을 할 당시까지 경주에 살고 있었음을 알 수 있다. 그러나 이 자료만으로는 그가 무신쿠데타를 계기로 화를 피해 경주로 온 것인지, 아니면 그 이전부터 경주에 살고 있었는지, 나아가 그의 출생지가 어디인지 알 수 없다.[8] 『補閑集』에서 안치민이 翰林 金克己와 同邑同時人이라고 하였지만,[9] 김극기 또한 그 출신지를 알 수 없다. 하지만 『新增東國輿地勝覽』(卷21) 慶州府조에 김극기의 시문이 다수 실려 있고, 특히 牟梁驛에서 읊은 시에,

> 고향 생각하는 마음 만리 밖에서
> 오랫동안 바람 앞 깃발처럼 흔들리더니
> 홀연히 고향 향하여 채찍을 휘두르며 달려가네
> 먼 재는 점점 타향의 물색이 잠겨가고
> 어지러운 물소리는 처음으로 고향소리 들려주네.[10]

라고 한데서 그의 고향이 모량역과 가까운 지역임을 알 수 있다. 이를 염두에 두고 『世宗實錄地理志』 경주부 속읍 安康縣의 성씨조를 살펴보면, 토성으로서 김씨와 안씨가 함께 나타나는 것으로 보아[11] 김극기와 안치민은 안강현의 토성이족 출신이라고 할 수 있다. 지금까지의 연구성과에 의하면, 속읍의 土姓吏族은 邑司를 구성하여 외관이 파견되지 않은 상황에서 戶長·副戶長 등의 향리직 상층부를 배타적으로 독점하여 그들의 직역을 철저히 세습시켜 나감

---

8) 특히 『新增東國輿地勝覽』 卷21, 慶州府의「人物」조에 안치민이 언급되지 않고,「寓居」조에 "安淳之 號棄菴 隱居不仕"라고 한 점에서도 그를 경주출신이라고 단정할 수 없다.
9) 崔滋, 『補閑集』 卷中. "金翰林克己 與安(置民)同邑又同時"
10) 『新增東國輿地勝覽』 卷21, 慶州府, 驛院條.
11) 『世宗實錄』 卷150, 地理志, 慶尙道 慶州府. "安康姓五 安盧金黃廉"

으로써 일읍을 실질적으로 지배하고 있었다. 더욱이 이들은 계급내
혼제와 지역내혼제를 통해 그들의 지위를 더욱 공고히 하였다. 그
러면서도 각 읍마다 읍사를 중심으로 반근착절되어 있었던 토성이
족이 시대의 변화에 따른 上京從仕, 遊離, 소멸 등의 과정을 밟아
지역적 이동과 신분적 분화를 끊임없이 계속하였다.[12] 이를 고려할
때 안치민이 농사짓지 않고서도 생활을 유지하면서 유학을 깊이 연
구하고, 평생 관직에 나서지 않으면서 자신의 뜻을 끝끝내 굽히지
않을 수 있었던 것은 그의 가까운 선대가 안강의 읍사조직 운영에
관여하는 등 재지유력층으로 존재하면서 일정한 항산을 갖고 있었
기 때문일 것이다. 이러한 가문적 배경을 갖고 있었던 그가 경주에
우거한 것은 아마도 선대로부터, 혹은 혼인을 통해 안강의 주읍인
경주에 일정한 재지적 기반을 갖고 있었기 때문일 것이다. 소수의
주읍에 다수의 속읍이 예속된 주읍중심의 권역별 군현조직의 구조
적 모순, 즉 주읍에 의한 속읍의 수탈이 12세기이래 가속화되면서
속읍민의 유망이 역사의 표면에 두드러지게 나타게 되고, 일면 이
의 개선을 위한 국가적 노력의 일환으로 속읍에 현령 감무의 파견
이 이루어짐에 따라 속읍 향리의 재량권이 크게 위축되는 상황 속
에서도[13] 안치민이 주읍인 경주에 별다른 거부감 없이 우거한 것은
바로 이 때문일 것이다. 또한 '안강은 계림부의 속현으로 역시 동경
이라고도 부르는데 큰데에 통합되어 불리워진 것이다'[14]라고 한데

---

12) 李樹健, 1984,『韓國中世社會研究』, 一潮閣 및 1989,「高麗時代 '邑
    司'研究」『國史館論叢』3, 국사편찬위원회 참조.
13) 金潤坤, 1983,『高麗郡縣制度의 研究』, 경북대학교 박사학위논문 및
    1988,「羅・麗 郡縣民 收取體系와 結負制度」『民族文化論叢』9,
    영남대학교 민족문화연구소 ; 金晧東, 1987,「高麗武臣政權時代 地方
    統治의 一斷面－李奎報의 全州牧'司錄兼掌書記'의 活動을 중심으로－」
    『嶠南史學』3 참조.
14)『高麗史』卷71, 樂2, 三國俗樂 東京. "東京 頌禱之歌也 或臣子之於君

서 보다시피 안강은 흔히 경주로 불리워졌다. 따라서 경상도 지역
의 거점도시로서 신라이래 학문적 문화적 선진지역이었던 경주로
의 우거는 그의 학문적 성숙의 밑거름이 되었을 것이기 때문에 경
주로의 우거가 자연스럽게 가능하였을 것이다. 이런 지역적, 가문적
기반 위에서 유학을 익힌 안치민은 문신귀족정치의 말기에 상경 유
학하였을 가능성을 갖고 있으나[15] 1170년 무신쿠데타 직후부터
1203년(신종 6) 이규보가 신라부흥운동 진압군의 일원으로 경주에
내려와 활동을 할 당시까지, 그리고 그 이후에도 주로 경주를 무대
로 하여 활동하였다. 지배자적 속성을 갖고 있었던 안치민이 경주
에 살면서 이곳 경주, 나아가 경상도가 겪게되는 역사적 경험을 체
험하여 한계상황에 처한 자신을 자각함으로써 동시대의 대다수의
문인과는 다른 길을 걷게 된다. 이의 이해를 위해 고려시대 경주가
겪게 되는 역사적 상황을 개관하기로 한다.[16]

　신라의 멸망, 나아가 고려의 후삼국 통일로 말미암아 한국사의
주도권이 경주를 중심으로 한 경상도 지역에서 개경을 중심으로
한 중부지방으로 옮겨감에 따라 경주는 오직 지방의 한 거점도시
로서의 기능만을 지닌 채 수도 개경에 종속되어 있었다. 그러나 경

　　父 卑少之於尊長 婦之於夫 皆通 其所謂安康 卽鷄林府屬縣 而亦名東
　　京 統於大也"
　15) 고려시대 토성의 자제들은 鄕貢외에 상경유학하여 학문을 익힌 다음
　　과거에 응시하여 출사하는 자가 많았다.『高麗史』卷74, 選擧 2, 學校,
　　성종 5년 7월조에 의하면 당시 上京肄業하고 있던 지방학생의 수는
　　260명이나 되었다(李樹健, 앞의 책, 257쪽, 주 345) 참조). 이때 향공,
　　혹은 상경유학의 경우 속읍은 주읍보다 불리하였을 것이다.
　16) 다음은 필자의 1982,「高麗武臣政權下에서의 慶州民의 動態와 新羅
　　復興運動」『民族文化論叢』2·3합집, 영남대학교 민족문화연구소 및
　　1990,「武臣政權時代 慶北地域의 農民蜂起와 新羅復興運動」『慶北
　　地域 義兵史』, 경상북도에 의거해 정리한 것이다. 따라서 그 구체적
　　전거를 생략한다.

주 김, 최, 이씨를 중심으로 한 이곳 출신들이 신라시대 이래 체질
화되어 온 중앙지향적, 권력지향적 속성을 지닌 채 그들의 신라적
전통, 학문적 소양, 관료적 자질을 배경으로 하여 상경 종사함으로
써 문벌귀족의 일익을 담당하였다. 그리고 事審官을 통해 本鄕과
관련을 갖고 일정한 재지적 기반을 구축하여 부재지주화하고 있었
다.17) 또한 그 일족 및 그들과 선을 닿고 있었던 자들이 그 후광을
바탕으로 하여 경주의 府司를 장악하면서 경주는 물론 그 영·속
읍에까지 영향력을 끼치고 있었다.

1170년 무신쿠데타 이후 기존 문벌귀족의 와해와 궤를 같이하여
경주를 중심으로 하여 경상도일대에서 기왕에 상경 종사하였던 인
물들 역시 큰 화를 입게 되었고, 이를 피해 중앙에서 멀리 떨어진,
그리고 그의 재지적 기반이 아직 존재하였던 이곳 경상도일대에
이들의 낙향이 현저하게 나타나게 되었다. 또 이들과의 학문적 수
수, 혹은 혼인관계를 통해 이곳을 妻, 外鄕으로 하였던 인물들의
이곳으로의 우거도 적지 않았다.18) 자연 이들을 중심으로 하여 반
무신, 나아가 의종복위운동의 흐름이 형성되어 가고 있었다. 이와
는 달리 경주출신의 미천한 신분적 열세에도 불구하고 뛰어난 무
력을 바탕으로 하여 출세한 李義旼이 무신쿠데타를 계기로 두각을
나타내기 시작하여 집권무신들의 배려 속에 그의 一族 및 黨附者
로 하여금 경주를 비롯한 경상도일대에 그 영향력을 미치고자 하
였다. 양 세력의 대립 갈등 속에서 김보당과 연결된 전자에 의해

---

17) 金晧東, 1986, 「崔殷含－承老 家門에 관한 硏究－新羅六頭品家門의
    高麗門閥貴族化過程의 一例－」『嶠南史學』2, 영남대학교 국사학회.
18) 김부식의 문생이었던 오인정의 아들인 오세재가 외향이었던 경주로
    우거한 것은 그 일 예라 하겠다(「吳仁正墓誌」『韓國金石文追補』;
    『高麗史』卷102, 列傳 李仁老 附 吳世才 ; 李奎報,「吳先生德全哀詞」
    『東國李相國集』卷37).

의종복위운동이 일어나게 되었다. 그러나 오랫동안 문신귀족정치의 질곡에 신음하고 있었던 대부분의 이 지역민들이 이의민의 편에 섬으로써 의종복위운동은 결국 실패하고 말았다. 의종복위추진세력은 완전 실세하여 亡命의 길을 걷지 않으면 안되었다.

반면에, 이의민은 의종시해문제로 인해 한때 정치적 어려움을 겪기도 하였지만 경주민을 비롯한 경상도민의 전폭적 지지와 협조, 무신쿠데타에 가담하였던 하급무신과 일반군인들의 지지에 힘입어 마침내 대권을 장악하기에 이르렀다. 그 결과 이 지역의 재향세력의 역학관계의 변동이 일어나게 되었다. 의종을 시해한 이의민정권에 대한 끊임없는 도전과 반발 속에 정권의 정당성·도덕성을 확보하지 못한 이의민정권은 상대적으로 강압정치에 의존하기에 이르렀다. 정권유지를 위한 막대한 군사력과 경제력을 조달하기 위해 이의민정권은 특히 그의 복심이었던 경주, 나아가 경상도지역에 대한 대규모 토지침탈과 가혹한 탐학을 하기에 이르렀다. 이의민정권의 수탈자적 성격이 드러나면 날수록 이 지역민들의 상대적 박탈감은 더욱 심하여 다른 어느 지역보다도 유망민의 수가 격증하였다. 그 결과 명종 20년 경주에서 농민봉기가 일어나기 시작하여, 동왕 23년 경상도일대에서 유망한 농민들을 대거 결집한 金沙彌·孝心의 봉기로 발전하였다.

명종 14년부터 동왕 26년까지 지속되었던 이의민정권은 멀리는 의종시해문제, 가까이는 그 정권의 복심이었던 동경관내의 농민봉기로 말미암아 무너지게 되었다. 특히 최충헌이 의종시해문제를 쿠데타의 명분으로 내세우며 이 지역의 이의민 일족을 제거해나가자 재향세력들의 분열과 갈등이 더욱 첨예해짐과 아울러, 이의민의 의종시해에 협조하였던 경주민들에게 심각한 위기의식을 가져다 주었다. 이들은 마침내 신종 5년 雲門賊, 草田·蔚珍의 草賊세

력과 힘을 결집하여 공동 연합전선을 구축하여 '正國兵馬使'를 자
처하며 '新羅復興'을 표방하였다. 고려왕조 자체를 부정하는 신라
부흥운동이 결국 실패로 돌아감에 따라 최충헌정권에 의해 경상도
군현조직의 구조적 개편이 단행되었다. 어떤 점에서 고려왕조 자
체를 근본적으로 부정한 신라부흥운동의 시말은 중앙에서의 최충
헌의 입지를 강화시켜주고, 상대적으로 농민들의 생존을 위한 정
당한 투쟁마저도 무력으로 강경 진압하게 하는 빌미를 제공하게
되었을 것이다.

안치민은 속읍의 토성이족출신으로서 주읍인 경주에 줄곧 거주
하면서 경주, 나아가 경상도가 겪게되는 역사적 상황을 자신의 생
애 속에 내재화시켜 밖으로 드러냄으로써 이 시대를 살고 있었던
대부분의 문인들과는 다른 학문적 태도, 현실인식을 지니게 되었
을 것이다.

2. 安置民의 學問·思想的 편린

고려전기이래 대민지배방식인 군현조직의 개편·보완과, 이를
통한 국가의 권농정책 및 농지의 양적 확대 정책, 직접 생산의 담
당자인 농민들의 보다 나은 삶을 영위하기 위한 노력의 결과로 인
해 농업의 지속적 발전이 이루어져 생산력이 발전하고 수취량이
증대되어 고려 문벌귀족사회가 성립 안정화될 수 있는 제 조건을
충족시키기에 이르렀다.[19] 그러나 12세기 초 예·인종조를 전후해

---

19) 金潤坤, 1988,「羅·麗 郡縣民 收取體系와 結負制度」『民族文化論叢』
   9, 영남대학교 민족문화연구소 ; 박종기, 1990,「高麗前期 鄕村支配構
   造의 成立과 그 性格」『역사와 현실』3, 한국역사연구회.

왕실 및 문벌귀족들의 문화적 욕구를 충족시키기 위한 조부공역의 강화를 통한 물적 기반의 확충기도로 말미암아 사회경제적 모순이 잉태되어 농업생산력의 발전에도 불구하고 이촌유망화현상이 일반적인 현상으로 드러나기 시작하였다. 이미 풍부한 경제적 여력의 바탕 위에서 난숙한 문화에 심취한 문벌귀족들은 고상하고 아름다운 고사를 인용하여 짝지우기 여념 없는 형식위주의 사륙병문류, 음풍농월의 문장과 科試를 위한 문장에만 빠져들어 결과적으로 현실과 유리된 학문의 틀 속에서 현실의 사회경제적 모순구조를 인식할 수 있는 사고를 상실한 채 겉으로 드러난 문화의 융성만을 바라다볼 뿐이었다. 더욱이 무신쿠데타 이후의 수살문사의 분위기 속에서 겨우 목숨을 부지한 문인들은 현실과 거리를 둔 가운데 음주와 담론, 시가를 읊조리며 은일·도락적 모임의 죽림고회의 풍을 이루는가 하면,20) 무신정권의 성립 후 그들과 타협하여 권력으로의 길에 들어선 문인들은 권력의 시녀로 전락하여 지배계급의 통치수단으로서만 존재함에 따라 문학 역시 정치의 도구로 전락하여 현실비판적 기능은 사라지고 이념적이나 사실적 수법같은 것은 배제되어 오직 시의 기교적 측면에 중점을 두는 기교적 문예취향이 유행하였다. 결국 이들은 의기가 저상되어21) 협소한 체험에 주의를 집중하며 형식적 매력에 이끌리게 되었다.22)

이런 역사적 상황 속에서 송대 고문운동의 참 뜻을 구현함으로써 현실과 유리되어 정치적 도구로 전락한 고려문단에 대한 철저한 자기비판의 움직임이 일각에서 일어나기 시작하였다. 그것을

---

20) 李基白·閔賢九 編著, 1984,『史料로 본 韓國文化史-高麗編-』, 일지사, 179쪽.
21) 金毅圭, 1981,「高麗武人執權期 文士의 政治活動」『韓㳓劤停年紀念 史學論叢』, 지식산업사.
22) 제2장 제2절 참조.

주도한 대표적 인물의 하나가 바로 안치민이 아닌가 한다. 이를 다음의 자료들을 통해 살펴보기로 한다.

> 나) ① 고아한 정취 黃庭堅의 시보다 낫고
> 　　　풍부한 문장 柳子厚의 풍도 남아있네.[23]
>
> 　　② 碧蘿老人이 일찍이 睡居士가 그린 묵죽이 든 작은 병풍을 내게 보내왔는데, 뒤에다 "뭇 바람과 안개를 거느리고, 평범한 초목을 하찮게 업신여기도다"고 한 白傳의 시 한 귀를 썼으니 그 필적이 더욱 기묘했다.[24]
>
> 　　③ 내가 요즈음 낙천집을 구해다가 보니 자유자재하고 부드럽고 여유로와 단련한 흔적이 없으며, 가까운 듯하면서도 멀고, 화려하면서도 충실하여 시의 여섯 가지 체가 모두 갖춰졌다.[25]
>
> 　　④ 지금의 시인이 평하기를 … 오세재 선생과 처사 안순지는 富贍渾厚하다.[26]
>
> 　　⑤ 안(치민)은 호방하고, 이(유지)는 맑다는 것이 사람들의 입에 퍼져 있다.[27]

　나) ①에 의하면 그의 詩·文은 황정견·유자후에 비유되고, ②와 ③에 의하면 백낙천의 영향을 받고 있음을 알 수 있다. 또 ④, ⑤에 의하면 그의 시문은 '富贍渾厚', 혹은 '豪'하다고 하였는데, 이는 아마도 소식의 영향을 받았기 때문일 것이다. 소식의 문풍은

---

23) 李奎報, 「廻安處士置民詩卷」 『東國李相國集』 卷12. "詩高全勝庭堅體 文贍猶存子厚風"

24) 李仁老, 『破閑集』 卷上. "碧蘿老人 嘗以睡居士所畵墨竹小屛 贈僕 題 白傳詩一句於後云 管領風烟 欺凌凡草木 筆跡尤奇"

25) 崔滋, 『補閑集』 卷中. "余近得樂天集閱之 縱橫和裕 而無鍜之跡 似近 而遠 旣華而實 詩之六義備矣"

26) 崔滋, 『補閑集』 卷中. "今之詩人評曰 … 吳先生世才·安處士淳之 富贍渾厚"

27) 崔滋, 『補閑集』 卷中. "安豪李淸 皆播在人口"

고려중기 이후 들어오기 시작하여 무신정권기에 오면서 크게 유행
하였다.[28] 특히 최자가 "근래 동파를 숭상하는 것은 대개 그 氣와
韻이 豪邁하고 뜻이 깊고 말이 넉넉하며 고사에 회박하기 때문"[29]
이라고 한 것이나, 이규보의 豪邁한 기운과 富贍한 문체는 곧 동파
의 시와 잘 맞는다고 한 것에서[30] 안치민의 '富贍渾厚', '豪'한 문
체는 소식의 영향에서 비롯된 것이라 할 수 있다. 비록 그가 소식
의 영향을 받았다는 직접적 자료는 없지만 진화의 시를 보고 "조
금만 더 진취하면 동파에 이를 수 있다"[31]고 한데서도 소식에 대
한 그의 이해가 각별하였음을 알 수 있다. 안치민과 관련된 이들은
고문운동가이다. 특히 소식에 의해 대표되는 송대 고문운동은 사
류병려의 미문을 반대하고 평범하고 쉬우며 실용적인 산문을 주장
함과 동시에 문장은 인륜대도를 표현하며 諷刺・勸善・敎化의 기
능을 가져야 한다고 하였다. 그리고 그러한 문학정신으로 시를 쓴
사람들은 가냘픈 風花雪月, 요염하고 색정적인 문학을 공격하고
시대와 사회의 교화에 도움이 되는 시를 써야 한다고 주장하였
다.[32] 안치민은 바로 이들의 영향 하에 고문정신을 익혔던 것이다.
그것은 다음의 자료에 잘 나타난다.

---

28) 秦星圭, 1984,「林椿의 生涯와 現實認識論」『韓國史硏究』45 ; 洪瑀欽,
   1982,「李奎補의 文體革新에 대한 探討」『民族文化論叢』2・3합집,
   영남대학교 민족문화연구소 ; 金晧東, 1986,「高麗武臣政權時代 繪畵
   에 나타난 文人知識層의 現實認識論」『慶大史論』2, 경남대학교 사
   학회 참조.
29) 崔滋,『補閑集』卷中. "近世尙東坡 盖愛其氣韻豪邁 意深言富 用事恢博
   庶幾效得其體也"
30) 崔滋,『補閑集』卷中. "今觀眉叟詩 或有七字五字 從東坡集來 觀文順
   公詩 無四五字奪東坡語 其豪邁之氣 富贍之體 直與東坡吻合"
31) 崔滋,『補閑集』卷中. "見陣玉堂詩曰 君才已過筠溪 小進之 可至東坡"
32) 제2장 제3절 참조.

또 讀雅詩敍에서 "시경 삼백 편이 반드시 성현의 입에서 나온 말
은 아니지만 공자가 모두 기록하여 만세의 경서로 삼은 것은 어찌
그 찬미하고 풍자하는 말이 그 성정의 진실에서 발하여 감동의 절실
함이 사람들의 골수에 깊이 들어가기 때문이 아니겠는가. 그렇기에
비록 꼴 베는 농부나 천한 종일지라도 진실로 그 말이 도에 맞으면
성인이 버리지 않는 바인데, 하물며 대현군자가 지은 것이 문장과
뜻이 모두 좋고 형식과 실질이 서로 맞는 것을 홀로 雅·頌의 열에
넣지 않을 수 있겠는가. 내가 요즈음 樂天集을 구하여 보니 자유자
재하고 부드럽고 여유로와 단련한 흔적이 없으며, 가까운 듯하면서
도 멀고, 화려하면서도 절실하여 시의 여섯 가지 체가 모두 갖추어
졌다"고 하였으니 기암의 말이 그럴 듯하다. 백낙천의 시가 시경의
風·雅·頌의 뜻과는 깊고 얕음의 다름이 있다. 그러나 그것이 교화
에 관계됨은 매한가지다. … 만약 진신, 선각으로서 한가롭게 열람
하여 천명을 즐기고 근심을 잊으려고 한다면 백낙천의 시가 아니면
안된다. 옛날 사람들이 백공을 인재라고 한 것은 아마 그 말씨가 부
드럽고 평이하여 풍속을 말하고 사물의 이치를 서술함이 사람의 정
에 매우 적실하였기 때문일 것이다.[33]

'讀雅詩敍'에서 안치민은 시경 삼백편이 만세의 경서로 됨은
풍자하는 말이 그 성정의 진실에서 발하여 감동의 절실함이 사
람들의 골수에 깊이 들어가기 때문이라고 하였다. 또 그가 낙천
집을 읽고 평한 글에 대해 최자가 공감을 표하면서 백낙천의
시가 시경의 뜻과는 깊고 얕음의 다름이 있으나 교화에 관계됨
은 마찬가지라고 하면서 백공을 인재라고 한 것은 아마 그 말

---

33) 崔滋,『補閑集』卷中. "又作讀雅詩敍云 詩三百篇 非必出於聖賢之口
而仲尼皆錄爲萬世之經者 豈非以美刺之言 發其性情之眞 而感動之切
入人骨髓之深耶 然則雖芻蕘賤隷 苟其言中道 則聖人之所不敢捨 況
大賢君子之所作 文義俱勝 華實相副者 獨不入於雅頌之列乎 余近得
樂天集閱之 縱橫和裕 而無鍛之迹 似近而遠 旣華而實 詩之六義備矣
棄菴之言然 白詩風雅頌之義 沈淺異耳 其關於敎化一也 … 若搢紳先
覺 閑居覽閱 樂天忘憂 非白詩莫可 古人以白公爲人材者 盖其辭和易
言風俗敍物理 甚的於人情也"

씨가 부드럽고 평이하여 풍속을 말하고 사물의 이치를 서술함
이 사람의 정에 매우 적실하였기 때문일 것이라고 하였다. 이것
은 안치민의 백낙천에 대한 평가가 최자에게 공감을 주어 표현
된 것으로서 곧 안치민의 견해라고 할 수 있다. 그의 '讀雅詩敍'
와 낙천집에 대한 평가를 통해 안치민이 앞에서 말한 고문정신
을 구현하고자 하였음을 알 수 있다. 고문주의는 前漢末에 국가
의 공인을 얻어 유력하게 된 공자의 경전들과 예기·맹자·노
자 등에 입각하여 문학을 道의 표현으로 삼고자 하였는데,34) 안
치민이 '讀雅詩敍'에서 비록 꼴 베는 농부나 천한 종일지라도
진실로 그 말이 도에 맞으면 성인이 버리지 않는다고 한 것이
나, '醉睡先生眞影'의 찬에서 "道가 있어도 행하지 못하면 취하
니만 못하다"35)고 한데서 그가 문학을 통해서 도를 구현하고자
하였음을 알 수 있다. 결국 안치민은 사륙병려의 미문을 반대하
고36) 평범하고 쉬우며 실용적인 문장을 강조하면서, 문학이 시
대와 사회의 교화에 도움이 되고 인륜을 밝히고, 나아가 도를
실현할 수 있는 것이어야 한다고 하였다. 그리고 그것을 구현하
기 위해 말하고 행동할 수 있어야 한다고 하였다. 여기에는 필
연적으로 문학의 현실비판적 기능이 강조되고, 문학의 효용으
로서 풍교를 중시할 수밖에 없었던 것이다. 이에 의거해 안치민
은 앞에서 언급한 바의 현실과 거리를 둔, 나아가 정치적 도구
로 전락한, 그리고 고문의 형식적 모방에 급급한 문풍에 대해서

---

34) 朴菖熙, 1973, 「武臣政權時代의 文人」『한국사』7, 국사편찬위원회,
    263쪽.
35) 崔滋, 『補閑集』卷中. "嘗自寫醉睡先生眞 書其後曰 有道不行 不如醉 …"
36) 이것은 이규보가 안치문의 求得文에 대해 "갖고 있는 것은 사륙문뿐
    이라 보여줄 바가 못됩니다"라고 한데서도 알 수 있다(李奎報, 「又寄
    安處士手書」『東國李相國集』卷27).

가차없는 비판을 가하였던 것이다. 고문의 형식적 모방에 급급한 이인로[37]가 일찍이 편지와 시를 가지고 급고당 기문을 지어주기를 청하여도 응하지 않다가 굳이 독촉하자 마지못해 기문을 지어 주었다. 이때 이미수가 지은 급고당 시가 뜻이 나쁘다고 공박하였다.[38] 또 同邑同時人이었던 金克己와도 전혀 교류가 없었다.[39] 이들이 참여한 무신정권, 특히 최씨정권은 문학의 보호육성책을 펼쳤지만 그 표면적 융성과는 달리 아무런 비판의식도 없이 현실에의 영합과 적응이 생리화 된 속에서 문학의 정치적 도구화, 종속화만이 존재하였다. 무신정권에 참여하여 권력에로의 길에 들어선 문인들이 권력의 정당화 은닉화 작업을 위한 이데올로기의 분식에 협력 동조하는 한 참된 고문정신의 구현은 불가능한 것이며, 오직 형식적 모방만이 있을 뿐이다. 안치민은 바로 이러한 문단의 주류적 경향에 반발하면서 이들 참여문신들의 문학적 태도에 대해 끊임없이 비판하였던 것이며, 그것은 곧 그들의 현실인식, 나아가 정치적 입장에 대한 비판으로까지 이어졌던 것이다. 안치민이 오세재에게 지어준 시에서,

> 때로는 비구들을 쫓아 경론을 묻고
> 감히 진신에게 문자를 논란하였네
> 이 나라는 魯나라처럼 예부터 儒士가 많은데
> 어쩌다 혹 만나면 꺼리는 듯 하네
> 알겠노라, 취향이 진실로 서로 같지 아니하여

---

37) 본서 제1장 제3절 참조.
38) 崔滋,『補閑集』卷中. "棄菴居士安淳之 以曠世大手 於文章愼推 李眉叟嘗以書及詩 求作汲古堂記 再三猶不應 李固迫之 乃不得已作記 以駁李所著 汲古堂詩之意非之"
39) 주 9) 참조.

비록 이웃이면서도 천리같이 머네.[40]

라고 한 것은 그 단적인 예이다.

안치민이 현실과 거리를 둔, 나아가 정치적 도구로 전락한, 그리고 고문의 형식적 모방에 급급한 문풍을 일삼는 문인들에 대해 가차없는 비판을 가할 수 있었던 것은 중앙지향적, 권력지향적 속성의 고려 문벌귀족사회에서 중앙과, 권력에서 한 걸음 물러서 있었기 때문에 가능한 것이었다. 아직 科試위주의 형식적, 唯美主義의 문풍에 물들지 않은 학문적 순수성을 지니고 있었기 때문에 무신쿠데타를 전후해 지역적으로는 경주, 나아가 경상도가 겪게 되는, 신분적으로는 속읍의 토성이족이 겪게 되는 역사적 상황을 자각하여 밖으로부터 고문운동을 받아들여 이를 자신의 내부에 내재화시킬 수 있었던 것이다.

앞에서 살펴본 것처럼 안치민은 경주의 속읍 안강의 토성이족출신으로서, 현존하는 자료상 무신들의 쿠데타 직후부터 신라부흥운동이 창궐할 때까지, 그리고 그 전후에도 줄곧 경주를 무대로 하여 처사생활을 하였다. 이러한 안치민의 학문적 명성과 그림솜씨가 멀리 중앙에까지 알려지게 된 것은 그 어떤 이유 때문일까? 물론 여기에는 그의 학문적 능력과 그림솜씨가 뛰어난 것이 그 일차적 요인이겠지만, 그 직접적 계기는 신라부흥운동 진압군의 일원으로 경주에 온 박인석·이규보 등에 의해 그의 명성이 중앙으로 전해졌기 때문일 것이다. 그러나 사료 가) ④에 의하면 이미 이규보는 征東의 명을 받기 이전 개경에 있을 때부터 안치민의 학문적 명성을 익히 알고 있었고, 또한 이규보가 정동군의 일원으로 경주에 왔

---

40) 崔滋, 『補閑集』 卷上. "時從芝蕥問經論 敢逐搢紳攻文字 茲邦如魯古多儒 縱或相逢如有忌 乃知所趨苟不同 雖在比隣邈千里"

을 때 군중의 어떤 사람이 이규보와 안치민이 교유한다는 말을 듣고 안치민의 墨竹을 구하려고 한 것으로 보아[41] 이미 훨씬 이전부터 안치민의 존재가 개경에 알려져 있었음을 알 수 있다. 그의 학문적 명성이 개경에 알려지는데 큰 역할을 한 사람으로서 吳世才와 陳澕를 들 수 있을 것이다. 당대의 뛰어난 문인이었던 오세재가 이곳 경주에 내려와 여생을 지냄에 따라 안치민과 오세재의 학문적 교류가 이루어지게 되었고,[42] 결국 오세재와 왕래, 혹은 서신 교환을 하던 인사들에게 안치민의 존재가 알려지게 되었을 것이다. 그러나 오세재가 결국 여생을 경주에서 보낸 것을 감안할 때 안치민의 존재를 널리 알리는데 보다 큰 역할을 한 사람은 진화일 것이다. 진화가 신종 1~3년 사이에 아버지 光賢을 따라 임소인 동경에 가서 머문 적이 있었는데,[43] 이때 안치민과 깊은 학문적 교류가 있었을 것이다. 안치민이 진화에게 "그대의 재주는 筠溪보다 앞서니 조금만 더 진취하면 東坡에 이를 수 있다"[44]고 한 것은 바로 이때의 이야기가 아닌가 한다. 훗날 진화가 李允甫와 함께 廣寧府의 13山을 읊은 시를 최자가 평하면서 "陳의 시는 뜻으로서 짓고, 李의 시는 말로서 지었다"[45]고 한데서 보다시피 진화의 뜻을 중요시하는 학문적 입장은 바로 안치민의 학문을 섭취한데서 비롯된

---

41) 李奎報,「軍中答安處士置民手書」『東國李相國集』卷27. "軍中有所 厚某田者 聞予與處士遊 將絹素 求墨竹甚勤 爲我一揮可乎"

42) 崔滋,『補閑集』卷上. "안치민은 오세재와 여러번 술자리를 같이하면서 시문을 주고받았다."

43)「梅胡公小傳」『梅胡遺稿』. "神宗戊午 從樞副 公東京任所 未幾魁司馬 庚申登亞元第" 이때 진화가 동경에서 형 湜을 생각하고 시 두 수를 보내온 바 있는데 식을 대신해 이규보가 화답한 시가 남아 전한다 (李奎報,「代陳同年 … 億兄 見寄二首」『東國李相國集』卷8).

44) 崔滋,『補閑集』卷中.

45) 崔滋,『補閑集』卷中.

것일 것이다. 진화가 개경에 돌아와 안치민의 존재를 널리 알리게 되었고, 그 후 박인석, 이규보 등이 경주에 옴에 미쳐 이들의 활발한 교류가 이루어지게 되었고, 이를 기화로 안치민은 간혹 개경에까지 그 모습을 드러내게 되었을 것이다.[46]

안치민과 학문적 교감을 주고받은 박인석, 이규보, 진화, 그리고 그에 관한 가장 풍부한 자료를 제공해 주는 최자 등은 한결같이 뜻을 중요시하는 내용위주의 문학론자들이다.[47] 그러나 처사로서 일

---

46) 오세재에게 준 시에서 "감히 진신과 문자를 논란했네"라고 한 귀절로 보아(주 40) 참조) 오세재가 경주에 오기전에 안치민과 진신들의 학문적 교류가 있었지만 안치민의 학문적 진가를 평가하여 널리 알린 사람들은 오세재, 진화, 박인석, 이규보 등에 의한 것임은 의심의 여지가 없을 것이다.

47) 金晧東, 1986,「高麗武臣政權時代 繪畵에 나타난 文人知識層의 現實認識論」『慶大史論』2 참조. 류창규씨는 1989,「高麗 武人政權時代의 문인 朴寅碩─고문존중·계승과 관련하여─」(『東亞硏究』17, 서강대학교 동아연구소)에서 박인석은 권돈례·임춘 등의 고문존중의 태도를 가진 문인과의 교류를 통해 고문존중·계승의 입장에 있다고 하고, 정계등장 이후 走筆위주의 이규보 등과 같은 다른 경향을 가진 문인을 이해하고 긍정하려는 노력을 보였다고 하였다. 류창규씨는 朴菖熙씨가 1973,「高麗武臣執權期 文臣의 政治的 動向」(『한국사』7, 국사편찬위원회, 265쪽)에서 "고문을 계승·발양한 임춘의 하향은 재래부터의 고려의 고문계승 움직임에 종지부를 찍게 되고", "이제 개경에는 정권의 요구에 맞는 과제의 문장과 주필 등이 성행하게 된다"고 한 것에 의거하여 말한 것이다. 그러나 필자는 앞의 논문에서 이미 언급한 바와 같이 이와는 다른 견해를 갖고 있다. 임춘은 고문의 형식적 모방자에 불과하다(崔滋,『補閑集』卷中. "世以椿之文得古人體 觀其文 皆奪取古人語 咸至連數十字綴之以爲己辭 此非得其體 奪其語"). 특히 이규보는 고문의 참 뜻을 구현하고자 하는 창의위주의, 뜻을 중요시하는 학문적 태도를 갖고 있었다. 이규보의 '走筆'은 이규보의 또 다른 일면을 보여주는 것으로서 당시 참여문신의 공통적 속성에 속하는 것인 동시에 그의 창의위주의 입장을 제약하고 있는 또 다른 일면이다. 한 개인의 학문적 경향은 일생동안 한결같기가 어려운 것이다.

관한 안치민과 권력으로의 길로 매진한 이규보, 최자 등은 내용위
주의 문장론자라는 학문적 공감대에도 불구하고 그들의 현실인식
은 커다란 차이가 존재할 수밖에 없었다.

이규보가 안치민을 참선하여 묘리를 얻은 것은 龐居士, 즉 龐蘊
과 같고,[48] 치의·치관 차림을 하여 마치 세상에 나도는 도객이나
거사의 화상 같았다고 한 것이나(가) ④), 안치민이 스스로 "절에
와 한가로이 사는데 매양 사람들이 거사라고 불러주네(가) ③)"라
고 한데서 안치민은 개경의 문벌귀족과 밀착되어 수도위주의 귀족
적 취향을 가진 교종보다는 선종에 깊이 심취한 거사의 모습을 보
여준다. 허흥식씨가 李資玄·慧炤·學一·坦然 등과 세속의 尹彦
伊 등이 고려중기 위축된 선종계를 楞嚴禪으로 부흥하였고, 이들
은 선종에 타격을 준 義天 및 그의 계승자와 대결하면서 고려후기
선종계가 중흥할 수 있는 토대를 마련하였다고 하면서, 특히 蘇軾
은 의천과 대립된 宋僧과 유대를 맺고 있었다고 지적한 것과 관련

이규보의 경우 권력에의 길로 빠져들면 들수록 시대와 사회의 교화,
도의 실현의 방편으로서의 학문적 경향은 탈색되어 갔을 것이다. 이
점은 박인석의 경우도 마찬가지일 것이다. 박인석이 임춘·권돈례 등
과 교류할 때의 학문적 경향과 후일 이규보·안치민과 교류할 때의
그것은 다른 것이다. 안치민과 교류할 때 그는 안치민의 학문적 입장
과 통할 수 있었지만 그 후 그의 환달에 비례하여 그 경향은 감소되었
을 것이다. 류창규씨가 언급한 바와 같이 박인석이 원주에서 권돈례
와 교류하다가 '해가 미칠지 모른다'는 충고를 듣고 원주를 떠난 것에
서 보다시피(「朴寅碩墓誌」『韓國金石全文』中世 下) 그는 극히 기회
주의적 속성을 보여주는 문인이다. 따라서 그의 학문적 태도 역시 일
관된 것이 아니다.

48) 李奎報,「軍中答安處士置民手書」『東國李相國集』卷27. "僕之向之
比處士 以文洋州龐居士者 … 參禪得妙如龐蘊 故指的實而言耳" 방
온은 선종에 통달하였다(『국역동국이상국집』Ⅳ, 민족문화추진위원회,
47쪽, 주 6) 참조).

시켜볼 때[49] 소식으로 대표되는 고문의 흐름을 익힌 안치민이 선종에 심취하게되는 계기를 이해할 수 있을 것이다. 한편 최병헌씨는 고려중기 유행한 居士佛敎는 個我的 修業의 禪에 관심을 크게 가지며, 대 사회적 의식이 약한 고답적이며 은둔적 성격을 가지고 있었는데, 이는 무인란 이전의 안정기에나 가능한 것으로서 무신란 이후, 대몽항쟁기간의 무렵에 오면 이러한 거사불교가 후퇴하고 새로 지방의 지식인을 중심으로 적극적인 사회의식을 내세우면서 현실에 대처하려는 結社佛敎가 대두하게 된다고 하였다.[50] 허지만 기암거사인 안치민은 상기와 같은 거사불교의 모습과는 다른 강한 현실비판적 견해를 토로하는 거사로서의 모습을 보여준다. 그런 점에서 최씨가 언급한 전자에서 후자로의 전환의 한 접맥점으로서 안치민이 존재하는 셈이다.

문학뿐만이 아니라 그림에도 뛰어난 솜씨를 갖고 있었던 안치민은 그림이란 사대부의 희롱, 즉 취미와 여기의 수단으로 간주하여 감상과 흥취의 대상으로만 받아들이는 경향에 대해 비판하면서 참된 작가의 정신세계를 화폭에 담아 표출하고자 하였다.

안치민은 대나무를 그리면서 매양 詩書를 지었고,[51] 자신의 초상화에 대한 찬을 짓고,[52] 또 이세장에게 그려 준 대나무 그림에 시를 남긴 것[53]으로 보아 시화일치론에 입각한 그림을 그렸음을 알 수 있다. 그의 詩畵一致論은 蘇軾의 화풍에서 비롯된 것일 것

---

49) 許興植, 1982, 「高麗中期 禪宗의 復興과 看話禪의 展開」『奎章閣』 6 ; 1986, 『高麗佛敎史研究』, 일조각 참조.
50) 崔柄憲, 1983, 「高麗中期 李資玄의 禪과 居士佛敎의 性格」『金哲埈 華甲紀念史學論叢』, 지식산업사.
51) 崔滋, 『補閑集』 卷中. "(棄菴) 居士 亦工於書畵 每掃竹 作詩書"
52) 崔滋, 『補閑集』 卷中.
53) 上同.

이다. 이규보가 안치민에게 편지를 보내어,

> 제가 요전에 처사를 文洋州와 龐居士에게 비유한 것은 대개 묵죽
> 은 與可와 똑같고 참선하여 묘리를 얻은 것은 龐蘊과 같기 때문에
> 확실한 것을 지적해서 말한 것이요.[54]

라고 한데서, 그의 그림솜씨가 文與可, 즉 文同에 비유되고 있음을
알 수 있는데, 소식은 바로 문동에게서 묵죽을 배워 일가를 이루었
던 것이다. 또 이인로가 안치민이 그린 묵죽병풍을 보고 그린 묵죽
에 대해 東山, 즉 소식의 墨戲의 풍골이 있다[55]고 한 평에서도 안치
민의 화풍이 소식의 영향을 받았음을 알 수 있다. 안치민의 묵죽에
관한 이규보의 찬을 통해 이를 좀더 구체적으로 살펴보기로 한다.

> 기암거사는 대를 그리는데 기술이 절정에 달하였네. 한번 그 실물
> 을 그리면 은연중 자연과 합치되네. 손은 마음의 심부름꾼 되어 언
> 제나 마음 전해주니, 마음이 지시하고 손이 따르면 물건이 어떻게
> 도망하겠는가? 대를 일부로 주시하고 있으니, 그 천연스러운 본색을
> 숨기지 않아 마디 하나 잎 하나 그 모습 완전히 다 나타났네.[56]

이규보가 그림에서 작가의 뜻을 찾고자 함을 고려할 때[57] 앞의

---

54) 李奎報,「軍中答安處士置民手書」『東國李相國集』卷27. "僕之向之
　　比處士 以文洋州龐居士者 盖墨竹絶似與可 參禪得妙如龐蘊 故指的
　　實而言耳"
55) 李仁老,『破閑集』卷上.
56) 李奎報,「安處士墨竹贊」『東國李相國集』卷19. "棄菴居士 於竹通仙
　　一掃其眞 暗契自然 手爲心使 嘗以心傳 心指手應 物何逃焉 竹故見之
　　莫藏其天 一節一葉 盡呈其全"
57) 이규보가 그림에서 작가의 뜻을 찾고자함은「雙馬圖」에 대한 글에서
　　"화공이 이 그림 뜻없이 그렸을까? 그 속의 묘한 뜻 뉘라서 알리요,
　　천한 가축만이 이러하랴. 사나이의 궁달도 이와 똑같네(李奎報,「閔常
　　侍令賦雙馬圖」『東國李相國集』卷9)"라고 한데서 잘 알 수 있다.

자료는 안치민의 화법이 이규보에게 투영되어 나타난 것이라고 할
수 있다. 여기에서 말하는 '一掃其眞 暗契自然 手爲心使 嘗以心傳
心指手應'은 곧 소식의 '內外合一', '心手相應'과 일치하는 것이다.

안치민의 문학론이 뜻을 중요시하면서 시대와 사회의 교화에 도
움이 되고, 도의 실현을 위한 것이었음을 고려할 때 '心指手應',
'手爲心使'에 의거해 그려진 그의 그림은 당시의 역사적 상황 속에
서 강한 현실비판적 내용을 담을 수밖에 없었다. 안치민은 더 이상
협소한 체험에 주의를 집중하거나 논쟁하고 이의를 제기하는 성격
이 매우 약화되어 있는 美를 찾는 작업, 즉 형식주의적 매력에 이
끌리는 회화에 머물 수 없었다.

취미와 감상위주의 회화론의 주조적 흐름 속에서나마 안치민의
이러한 회화관은 내용위주의 문학론자에게 계승 발현되어 나타나
기에 이르렀다. 이규보가 「雙馬圖」에서 "화공이 이 그림 뜻 없이
그렸을까? 그 속의 묘한 뜻 뉘라서 알리요"[58]라고 한 것이나 정홍
진이 "사대부의 휘소는 시를 근본으로 하는 것이 상례이다. 만약
그림에만 탐닉하면 그것은 화공이다"[59]고 한 것에서 이들이 비록
감상위주의 회화관을 바탕으로 하고 있지만 작품 속에 정신세계를
표현하고, 또 그림에서 그 뜻을 찾아내고자 하였음을 알 수 있다.
이들 내용위주의 문학론자들은 시화일치론에 입각하여 문학에서
처럼 인륜대도를 표현하며 풍자, 권선, 교화의 기능을 가진 그림,
즉 시대와 사회의 교화에 도움이 되고, 도를 실현할 수 있는 의식
있는 그림을 그리고자 하였다.[60]

---

58) 上同.
59) 崔滋, 『補閑集』卷中. "丁秘監而安邃於文章 墨竹最妙 嘗於候家有一
    畵簇 衆史皆夢其圖本 監見之曰 是劉賓客詩也 頌其詩以校其畵 歷歷
    無一毫差 因曰 士大夫揮掃 例以詩爲本 若沓其圖 則畵工也"
60) 정홍진, 이규보의 회화론에 관해서는 본서 제1장 제3절 참조.

3. 安置民의 現實認識

안치민은 문학에 있어서 뜻을 중요시하면서 인륜대도를 표현하며 풍자, 권선, 교화의 기능을 가진 문장, 즉 시대와 사회의 교화에 도움이 되고, 도를 실현할 수 있는 시문을 써야 한다는 고문정신을 구현하면서, 시화일치론에 입각하여 '心指手應', '手爲心使'의 바탕 위에서 시대와 사회의 교화에 도움이 되고 도를 실현할 수 있는 의식 있는 그림을 그리고자 하였다. 이제 안치민의 생애를 통해 이룩된 이러한 문학·회화관이 그가 처한 역사적 상황 속에서 어떻게 구체화되는가를 살펴보고자 한다.

그의 생애 중 가장 커다란 변화를 가져다준 사건은 1170년 무신쿠데타일 것이다. 쿠데타로 인해 그가 어떠한 처지에 놓이게 되었는가는 알 수 없지만, 다음의 자료는 무신정권 성립 직후의 그의 의식의 한 단면을 보여준다.

　　毅王이 남쪽 먼 지방으로 달아났다. 李琪라는 사람이 있어서 그림을 잘 그렸다. 그가 의왕의 초상을 그려서 제목을 쓰지 않은 채 東都 草堂에 봉안하고 아침저녁으로 예로서 모신다고 하였다. 기암거사가 우연히 보고 찬을 지었다. '제왕의 상이라고 하려 하니 幅巾을 쓰고 鶴氅衣를 입은 차림은 呂翁과 같다. 隱逸의 모습이라고 하려 하니 큰 콧대에 용의 낯을 한 것이 漢 沛公과 같다. 문득 붉은 계단·옥좌 위에 모시려고 하니 天命이 다시 통하지 않고 늙은 소나무와 이상한 돌들이 있는 곳으로 인도하려고 하니 임금다운 氣가 오히려 다 사라지지 않았다. 처음에는 孔衰鳳인가 의심하고 혹은 李猶龍인가 두려워하였다. 그렇지 않으면 하늘의 신령이 제왕으로 화신해 내려와서 자주 河淸을 만나 民들의 春臺에 오른 것처럼 나의 태평성대를 누리게 하다가 치닫기만 하는 용처럼 너무 높이 오르기만 하는 기세에 후회함이 일어나 한바탕의 꿈은 바야흐로 놀라 깨고 드디어

다시 어둠과 아득한 세상으로 돌아간 것일 것이다'하였다.[61]

　무신쿠데타로 말미암아 毅宗이 폐위되고 明宗이 뒤를 이어 즉위한 역사적 상황 속에서도 李琪가 毅宗의 초상화를 그려 東都 草堂에 봉안하고 아침저녁으로 예로서 모실 수 있었던 것은 이곳 경주를 중심으로 반무신란의 분위기가 만만치 않았음을 말해 주는 것이다. 이기와 같이 아직 명종을 인정하지 않고 의종에 대한 여전한 충성심을 보이고 있었던 자들은 무신쿠데타 이후 이곳 경주를 중심으로 한 경상도 일대에 낙향·우거한 문신 및 이들과 연결되어 이곳의 鄕職을 장악하고 있었던 재향세력들이었다. 중앙지향적·권력지향적 속성을 갖고 있었던 이들은 무신쿠데타 이후 정치적 경제적 사회적 기반을 일거에 박탈당한 채 세력만회의 기회를 엿보고 있었다. 이런 분위기 속에서 김보당이 반무신란을 일으키면서 의종복위를 내걸고 張純錫·柳寅俊으로 하여금 거제에 유폐되어 있었던 의종을 경주로 모시고 나오게 할 수 있었다.[62]

　그러나 이때의 의종복위운동은 결국 실패로 돌아갈 수밖에 없었음을 이기의 의종초상화에 대한 안치민의 찬에서 엿볼 수 있다. 안치민의 눈에 비친 의종 초상은 '帝王의 상도 아니고 隱逸의 상도 아닌 모습으로 다시 옥좌에 모시려고 하니 천명이 통하지 않고 그만두자 하니 임금다운 氣가 사라지지 않는' 그런 모습이었다. 경주 출신의 재경문신들에 의해 경주 및 경상도 일원에 가해지는 대토지겸병과 수탈에 대해 평소 비판적 입장을 갖고 있었던 안치민은 이기와 같은 낙향문신들에 의해 추진되는 의종복위운동에 대해 극도의 자기 갈등을 겪다가 결국 천명이 통하지 않음을 자각하고

---

61) 崔滋, 『補閑集』卷中.
62) 金晧東, 앞의 「高麗武臣政權下에서의 慶州民의 動態와 新羅復興運動」 참조.

"한바탕의 꿈은 바야흐로 놀라 깨고 드디어 다시 어둠과 아득한 세상으로 돌아간 것일 것이다"라는 결론에 다다르고 만다. 무신쿠데타에 따른 문신귀족정치의 붕괴를 안치민은 곧 천명으로 파악함으로써 무신정권의 성립을 현실적으로 인정하고 만다. 이러한 인식은 경주의 속읍 출신으로 줄곧 경주를 무대로 하여 살면서 중앙으로부터, 또 권력으로부터 한 걸음 떨어져, 시대와 사회의 교화, 도의 실현을 위해 꼴 베는 농부나 천한 종에게까지 귀기울이고자 하는 적극적 태도를 취함으로써 경주의 민심 동향을 그 어느 누구보다도 정확히 파악할 수 있었기 때문에 가능한 것이었다. 어쩌면 그는 김보당의 난, 혹은 의종복위운동을 민심의 향배를 읽지 못하는, 즉 천명을 거역하는 반역사적 행위로 인식했을지 모른다. 경주의 민심이 돌아선 상황 속에서, 또 이 지역 지식층의 일부에서 의종복위운동에 대해 동조하지 않는 분위기가 있는 상황 속에서 만들어진 이기의 의종 초상화는 어쩔 수 없이 제왕의 상도 아닌, 그렇다고 은일의 상도 아닌 모습으로, 경주에서마저도 드러내어 모실 수 없는 처지였다. 결국 이런 분위기 속에서 행해진 의종복위운동은 실패로 귀결될 수밖에 없었다. 어쩌면 안치민은 무신정권이 시대와 사회를 교화하여 도를 실현함으로써 천명이 다시 통하도록 해주기를 갈망하였는지 모른다. 그러나 무신정권은 안치민의 이러한 기대에 부응하지 못하였다. 다음의 자료는 그 한 예를 보여주고 있다.

> 내가 일찍이 꿈에 보니 神人이 내려왔었다. … 서로들 전갈하기를 神人이 詩 한 句를 "만 백성이 희희낙락하여 태평을 즐긴다"라고 지었다고 한다. 내가 생각하기에, 神人이 만일 나를 보고 이 詩句를 채우라고 하면 바로 응하지 못할까 하여 "三光이 찬란하여 임금을 시위하였도다"라고 하여 미리 지어 두었다. 그 앞에 직접 드리려고 하

다가 그러하지 못하고 꿈을 깨었는데 이제 보니 公(=吳世才)의 용모
가 꿈에 본 神人과 다름이 없었다.[63]

이 자료는 이의민정권 때 오세재가 경주에서 방랑생활을 할 무
렵 안치민이 오세재에게 준 시의 細註의 내용이다. 여기에서 안치
민은 삼광(해·달·별)이 임금을 시위한 상태 속에서 만백성의 태
평성대를 희구하고 있다. 강력한 왕을 중심으로 한 사회질서의 구
축을 염원하고 있었던 안치민으로서는 당시의 무신정권이 왕을 무
력화하고 권력을 장악한 것을 비판하지 않을 수 없었던 것이다. 특
히 이의민이 비록 폐위된 임금이지만 의종을 살해한 행위를 직접
경주에서 겪은 안치민으로서는 이의민에 대해 비판적 입장을 가졌
을 것이고, 이의민이 경대승정권 때 경주에 내려와 반정부적 활동
을 하면서 민심을 부추기는 행위를 하고,[64] 마침내 대권을 장악한
후 왕권을 크게 위축시킨 행위에 대해 비판적 견해를 가지고 꿈에
가탁하여 이 시를 굳이 읊었을 것이다. 더욱이 이의민이 그 일족과
당부자를 통해 경주일원에 대한 토지점탈과 탐학을 행함으로써 유
망민이 격증하여 마침내 대규모 농민봉기로 확대되어 가는 과정을
직접 목도한 안치민으로서는 이의민정권에 의해 끊임없이 이루어
지는 권력의 정당화 은닉작업이 얼마나 기만적인가를 깊이 인식하
는 계기가 되었을 것이다. 이에 무신정권의 성립을 천명으로 간주
하였던 그가 무신정권에 대한 철저한 비판자로 돌아서게 되었던
것이다. 바로 이의민정권기는 안치민에게 있어서 역사적 상황 속
에 처해진 자기 자신의 존재를 자각하게 되는 사유의 시대로서, 그

---

63) 崔滋,『補閑集』卷上. "嘗夢見神人下降 … 相傳云 神人作詩有一句云 萬
　　姓欣欣樂泰階 予謂神人若見我 令對此句則 不可以應卒 予預構之云 三
　　光爛爛開天仗若 自進於其前未果 遂覺 今觀公之貌 與夢所見無異"
64) 金晧東, 1994,「李義旼政權의 재조명」『慶大史論』7, 경남대학교 사학회.

의 현실비판적 입장이 확고하게 자리잡게 되는 시기였던 것이다.

최씨정권기에 오면 문신에 대한 보호육성책이 취해져 참여문신의 수가 크게 늘어나게 되었다. 특히 최충헌은 쿠데타의 명분으로서 의종을 살해한 역신을 몰아냈다는 것을 내세움으로써 이의민의 의종시해에 대해 끊임없는 정당성·도덕성의 문제를 제기했던 문인들로부터 상당한 공감대를 끌어낼 수 있었을 것이다.[65] 이 점이 최충헌정권 때 문인들이 대거 참여의 길로 나서게 하는 한 요인으로 작용하였을 것이다. 그러나 안치민은 이러한 시대적 추세에도 불구하고 최씨정권에 참여하지 않고 여전히 경주에서 처사로서 일관하면서 현실의 모순에 대한 비판을 그치지 않았다. 강력한 왕권의 구축을 통하여 시대와 사회의 교화가 이루어지고, 도가 실현될 수 있는 사회의 건설을 염원하고 있었던 안치민으로서는 무엇보다도 두 임금을 교체하고 네 임금을 새로 옹립한 최충헌을 결코 용납할 수 없었을 것이다.

무신정권에 대한 비판자로서의 안치민의 모습을 다음의 자료를 통해 좀더 구체적으로 살펴볼 수 있을 것이다.

> 일찍이 자기 스스로 '醉睡先生眞影'을 그리고, 그 뒤편에 다음과 같이 썼다.
>
> 道가 있어도 행하지 않으면 취하는 것만 못하고
> 입이 있어도 말하지 않으면 잠자는 것만 못하다
> 선생이 취하여 살구나무 꽃 그늘에 잠자니
> 세상에 이 뜻을 아는 사람 없더라[66]

---

65) 본서 제1장 제1절 참조.
66) 崔滋, 『補閑集』 卷中. "嘗自寫醉睡先生眞 書其後曰 有道不行不如醉 有口不言不如睡 先生醉睡杏花陰 世上無人知此意"

안치민의 '醉睡先生眞影'이 언제 그려졌는가는 알 수 없지만 정
황상 무신정권시대의 작품으로 보아도 별 무리가 없을 것이다. 여
기에서 안치민은 도가 있어도 행하지 못하고 입이 있어도 말하지
못하는 당시의 세태를 신랄하게 비판하면서 취하거나 잠자는 것만
못하다고 하였다. 이는 당시 무신정권에 참여한 문신들이 무신정
권에 예속되어 그 정책의 잘못됨을 알아도 한마디 간언조차 못하
는 행동에 대한 비판인 동시에, 문신들을 그러한 상태로 몰고 가는
무신정권에 대한 비판이기도 한 것이다. 명종조 諫官 임명의 한 예
를 통해 무신정권시대에 어떠한 인간형의 인물이 요구되었는가를
짐작할 수 있을 것이다.

> 李居正이란 자는 어려서 民庶와 더불어 同學하였는데 별다른 재
> 능이 없었다. 임금이 正言을 주고자 하여 民庶에게 묻기를 "거정은
> 어떤 사람이냐? 능히 침묵하여 인물을 시비하지 않을 자냐?"하니, 대
> 답하기를 "거정은 성품이 화평하고 또 訥默하나 절개가 있는 자는
> 아닙니다"하니, 임금이 말하기를 "만약 그렇다면 마땅히 정언이 되
> 겠다"하고 이에 제수하였다.[67]

言路를 맡고 있는 諫官인 正言에 침묵하여 인물을 시비하지 않
고, 절개 없는 李居正이 임명되었다는 사실에서 안치민의 '醉睡先
生眞影'이 뜻하는 바가 더욱 분명해지는 것이다.

이거정과 같은 인간형을 요구하는 무신정권시대에 살고 있었던
참여문신들의 처세술이 어떤 것인가는 이규보의 '畏賦(『東國李相
國集』卷1)'에 잘 나타난다. 「畏賦」에서는 獨觀處士와 沖默先生이
라는 두 가지 유형의 인간형이 대비되고 있다. 독관처사는 늘 무슨

---

67) 『高麗史』卷99, 列傳 林民庶. "有李居正者 少與民庶同學 無他才能
王欲授正言 問民庶曰 居正何如人 能沈默不臧否人物者乎 對曰 居正
性和平 且訥默 非耿介者也 王曰 若爾宜爲正言 乃授之"

두려움이 있는 듯이 일거수 일투족을 조심하며 자기 모습을 두려
워하면서 혼자 우뚝 높이 서서 세속의 무리를 벗어나 저 넓은 곳에
가서 자기대로 놀고 싶어하는 존재인데 반해 충묵선생은 "정도를
지키고 남을 속이지 않으면 하늘도 나에게 위엄을 부리지 않을 것
이다"라고 하면서도,

> 밑에 있으면서 위를 섬길 때는 법도에 꼭 맞게 행동하여, 만나면
> 꿇어앉고 절할 때는 고개를 숙여야 한다. 무슨 명령을 들으면 몸을
> 더욱 구부려 맡은 일을 잘 지켜 나간다.

라고 하여, 현실정치에 참여한 문신들의 행동 가짐을 제시하면서
독관처사에게 일러 말하기를,

> 낮에 뱉은 침을 그대로 말리우고, 가랑이 밑으로 숙이고 나가 허심
> 하게 세상을 살아가면, 내가 저를 안 건드리매 저들이 어이 성낼 것인
> 가. 이 또한 두려울 것이 없으리. … 성인들이 사람을 두려워 않고 오
> 직 입을 두려워했으니, 입을 곧 삼가면 처세에 무슨 탈이 있으리.

라고 하여, 처세의 지름길은 곧 입 조심을 하는 것이라고 하였다.
이처럼 무신정권의 무단정치 하에서 言路는 굳게 막히어 현실비판
의 이야기는 전혀 용납되지 않는 상황이었다. 무신정권의 성립 후
왕이 마음대로 교체되고 심지어 죽임을 당하는가 하면, 사회경제
적 모순의 노정과 계급간의 갈등 속에 하층민의 봉기가 광범위하
게 확산되었음에도 불구하고 참여문신들은 한마디 정책의 개진 없
이 입 조심하면서 맹목적 추종만 하여 어용적 문신의 길을 마다하
지 않았던 것이다. 여기에는 현존하는 상황의 좁은 한계 속에 들어
맞도록 자신의 희망을 조절하면서 아무런 비판의식도 없이 현실에
의 영합과 적응만이 생리화된 아유·타협·왜곡형의 인간만이 존

재할 뿐이다. 이제 그들은 왕권과의 상호보험 하에서 권력을 창출하는 집단으로서의 역할을 방기한 채 오직 이미 위로부터 주어지고 맡겨진 일을 처리할 뿐 그를 토론하거나 바꿀 수도 없었다. 단지 그들이 할 수 있는 것은 그 수단이나 시행방식에 대해 조언을 할 수 있을 뿐이었다. 이런 상황 속에서 그들이 배운 道가 입으로 개진되거나 행동으로 표출될 수가 없었다. 어쩌면 안치민의 취수선생진영은 참여 문신 중에서도 시대와 사회의 교화, 도의 실현을 위한 문장을 입으로 주장하면서도 처세의 길을 위해 입 조심하며 행동하지 못하는 李奎報・崔滋와 같은 인물에 대한 따가운 비판이 더 담겨져 있는 것인지 모른다.

짐짓 취한 듯 잠자는 듯한 안치민의 모습은 단순히 술에 취하고 잠만 자는 모습이 아니라 道의 실현, 즉 현실에 대한 강한 비판의식과 현실개조의 이상을 구현하고자 하는 행동하는 모습이었다. 결코 그의 모습은 처세를 위해 입 조심하라는 충묵선생의 충고에 귀 기울이는 독관처사와 같은 모습도 아니요, 그렇다고 머리 깎고 중이 되어 遁世無悶으로 일생을 마친 神駿이나 悟生과 같은 모습도 아니다.[68] 또한 林椿이나 吳世才처럼 무신정권에 참여하기를 갈망하지도 않았고, 의기가 저상하여 자신을 불우하다고도 인식하지 않았다.[69] 그는 취수선생진영에서 보다시피 '道行一致' 즉 행동으로 道를 실현할 것을 주장하면서, 이를 위해 때로는 비구들을 쫓

---

68) 산간으로 몸을 피해 승려가 된 이들의 태도는 개인적으로 고상한 절개를 지켰을런지 모르지만 일반적으로 현실과 담을 쌓은채 정치에 대한 무관심을 나타내기 마련이었으므로 결과적으로 별다른 사회적 역할을 갖지 못한 것이다.

69) 秦星圭, 1984,「林椿의 生涯와 現實認識論」『韓國史研究』45. 秦星圭씨는 임춘의 시에 나타난 현실인식은 새로운 좌표설정도 하지 못한채 자기의식에만 집착이 강하여 대결의식도 찾아보기 힘든 면이 있다고 하였다.

아 經論을 묻고, 搢紳과 문자를 논란하고, 꼴 베는 농부나 천한 종
이라 할지라도 진실로 그 말이 道에 맞으면 버리지 않는다는 적극
적 태도를 취하였던 것이다. 그의 이러한 태도는 결국 기존 권력체
계에 대한 철저한 비판적 태도로 나타났으며, 여기에는 그의 지적
성숙성과 도덕적 용기가 전제되었을 때 가능한 것이었다.[70] 안치
민의 위정자에 대한 비판은 이세장에게 그려 준 대나무 그림에 잘
드러난다.

　　일찍이 僕射 李世長의 집을 지나가는데 긴 대 두어 떨기가 있어
서 새 가지가 헌함 위에 나왔다. 공이 병풍 하나를 내어 주며 그림을
그리라고 하였다. 거사는 즉석에서 두어 개 대나무 가지의 끝만을
그려 놓을 뿐이다. 그리고 다음과 같은 시를 지었다.

　　　　樓아래 대나무 수풀 백 척이나 길건만
　　　　樓가 높아 다만 두어 가지의 끝만이 보이네
　　　　땅에서 솟아나는 옥 같은 竹筍 보려거든
　　　　모름지기 층층다리를 밟고 이 樓를 내려가소서[71]

李世長은 과거출신자로서, 명종 21년 司業을 거쳐 守司空左僕
射・寶文閣學士를 지낸 후 치사하여 崔讜 등과 함께 海東耆老會

---

70) 박인석이 원주에서 권돈례 등과 교류하다가 언제 해가 미칠지 모른다
　　는 소문이 떠돌고 중앙정계에서 그를 애석히 여기는 사람이 있어
　　延昌郡(竹山)으로 옮기도록 하였을 때 이에 응한 것(「朴仁碩墓誌」
　　『韓國金石全文』中世 下)과 비교할 때 안치민의 존재가치가 더욱 드
　　러난다고 할 수 있다.
71) 崔滋,『補閑集』卷中. "其後嘗過李僕射世長宅 有修竹數叢 新梢出檻
　　公出一屛命畵 卽寫數梢頭而已 題云 樓下篁林百尺修 樓高只見數梢
　　頭 要看拔地千竿玉 須踏層梯下此樓" 그런데『東文選』卷19에 의하면
　　「李僕射出小屛命作墨君地窄未能展意只寫竹頭數梢仍題其後云」이라
　　고 하면서 앞의 시를 싣고 있다. 굳이 '자본이 좁아 뜻을 다 펼 수 없
　　다'고 한 그 자체가 깊은 뜻을 표하는 것이라고 할 수 있다.

의 일원으로 활약하였는데, 희종 2년 당시 71세였다. 해동기로회가 최씨정권과 결탁한 전형적인 문인집단이라고 할 수 있으므로 이세장은 친최씨계의 참여문신의 일원이었다.[72] 앞의 제화시문이 지어진 시기는 이세장이 희종 2년 당시 71세로서 치사한 상태인 것으로 보아 그 이전에 지어진 것으로 볼 수 있으며, 설혹 그 이후라도 그가 해동기로회의 일원으로서 개경에 몸을 담고 있던 당시의 것임을 알 수 있다. 이로 보아 당시 안치민은 경주를 떠나 일시적으로 개경에 그 모습을 나타내고 있음을 알 수 있다. 그는 경주에서 세상을 등진 채 현실과 담을 쌓고 살아가는 처사로서가 아니라 개경과 경주 등을 넘나들면서 道의 실현과 시대와 사회의 교화를 위한 적극적 행동을 하고 있었음을 알 수 있다. 짐짓 취한 듯 잠든 듯 하던 안치민이 이세장에게 누에서 내려가 죽순을 볼 것을 권한 것은 당시의 관리들이 민과 유리되어 최씨정권에 맹목적 추종과 굴종을 하기보다는 누 아래 내려가 백성들의 질곡을 살펴 백성들의 편에 선 정사를 펼칠 것을 뜻하는 염원을 담은 것이라고 할 수 있다.[73] 안치민이 집권층에게 이러한 따가운 비판을 가할 수 있었던

---

72) 金龍善, 1987, 「高麗墓誌銘二例」『斗溪李丙燾博士九旬紀念韓國史學論叢』.

73) 누를 내려감이 민간의 고통을 나누는 것에 비유됨은 다음의 자료에 잘 나타난다.

무더위는 오랫동안 찌는데 음산한 구름은 비를 거두지 않네
저자가 파하니 떠들어대는 들늙은이요
강물이 부니 시끄러운 고깃배일세
모기와 등애는 창틀에 깃들이고 두꺼비는 부엌으로 들어오네
어느 때에 찌는 더위 거두어 이마 펴고 층루에 오를꼬

했다. 공(侍中上柱國崔公)의 추운 때 쓰는 정자는 더워야 어울렸고, 높은 누각은 마치 민간의 괴로움을 알지 못하는듯 하였지만 지금 더위와 비를 말하여 이마를 펴고 층루에 오른다고 하였으니, 그 사리에 밝게

것은 그가 속읍의 토성이족으로서 대대로 대민업무를 관장하는 가
문적 배경을 가졌다는 점, 또 관직에 나아가지 않고 치자층으로부
터 한 걸음 물러나 경주에 거주하면서 백성들의 어려운 생활을 직
접 목도하였기 때문에 가능한 것이었다. 그가 머물렀던 경주는 무
신정권시대에 농민봉기의 거점으로서, 특히 신라부흥운동이 일어
난 지역이었기 때문에 그의 현실인식은 當路者의 그것과 같을 수
없었다. 그는 때로는 승려에게 경론을 묻기도 하고 사대부와 문자
를 다투기도 하면서, 비록 꼴 베는 농부나 천한 종마저도 진실로
그 말이 도에 맞으면 취한다는 적극적 입장을 가졌기 때문에 당시
무신정권이 처한 문제점을 직시하고, 이에 대한 과감한 비판을 가
할 수 있었던 것이다.

　현실모순의 자각에 따른 위정자에 대한 따가운 비판의식은 그의
정치적 역량이 전무한 상태에서 별반 반향을 불러일으키지 못하였
다. 무신정권은 물론 무신정권에 참여한 대부분의 어용적 문신들
은 안치민의 이러한 따가운 비판에 동조하여 현실의 모순을 자각
하고, 그의 해결을 위한 그 어떠한 독자적이고도 구체적인 사고나
행동을 하려고 하지 않았다. 앞에서 본 바와 같이 안치민으로부터
비판의 뜻이 담긴 대나무 그림을 받은 바 있는 이세장은 여전히 해
동기로회의 일원으로서 詩・酒・琴・碁나 즐기며 할 일 없이 허
송세월을 보내고 있었던 것이다.[74] 이들은 무신정권에 대해 대립
하거나 비판적 입장을 취하는 것이 아니라 협력 동조하여 봉사함

　　나라를 다스리는 마음을 여기에서 엿볼 수 있다(崔滋,『補閑集』卷中).'
74) 李佺의 '海東耆老會圖'에 의하면 할 일 없이 허송세월을 보내는 늙은
　　선비들이 모여 술 마시며, 기지개를 펴기도 하며, 뒤로 벌렁 드러누어
　　있는 모습이 묘사되어 있다(李仁老,「李佺海東耆老圖後」『東文選』
　　卷102). 이것은 이규보 등의 시에 의해 묘사되어 나타나는 민들의 초
　　췌하고 파리한 모습과는 극단적 대조를 보이고 있다.

으로써 만년에 해동기로회니 하는 것을 조직하고 거기서 할 일 없이 노닐며 여유자적 할 수 있었다. 현실에의 영합과 적응만이 생리화된 그들이 안치민에게 바라는 것은 오직 그의 훌륭한 그림과 글씨에 그칠 뿐이었다. 안치민의 현실비판적 행동은 도리어 그들에게 부담이 되고 결국 그를 기피하게끔 하는 결과만을 가져다 주었을 뿐이다. 안치민이 오세재에게 지어 준 시에서,

> 때로는 비구들을 쫓아 경론을 묻고
> 감히 진신에게 문자를 논란했네
> 이 나라는 魯나라처럼 예부터 儒士가 많은데
> 어쩌다 혹 만나면 꺼리는 듯하네
> 알겠노라, 취향이 진실로 서로 같지 아니하여
> 비록 이웃이면서도 천리같이 머네[75]

라고 한 것은 그것을 잘 표현하고 있다.

물론 참여문신의 일각에서는 학문적으로 안치민처럼 시대와 사회의 교화에 도움이 되고, 도를 실현할 수 있는 수단으로서의 내용위주의 문장을 주장하는 이규보·최자·진화와 같은 자들도 존재한다. 기실 안치민의 참여문신에 대한 끊임없는 비판이 존재하였기 때문에 그와 학문적 입장을 같이 하는 이규보 등이 자신에게 가해지는 따가운 비판에 나름대로 귀를 기울이며 시대와 사회의 교화, 도의 실현을 위한 노력을 제한적이나마 간간이 보여줄 수 있었던 것이다.[76] 이 점을 염두에 두고 이규보의 「畏賦」의 일절에서 충

---

75) 주 40) 참조.
76) 현실의 방편상 어쩔 수 없이 무신정권에 가담한 뒤 타협·왜곡의 형으로 굴절되지 않을 수 없었던 이규보·최자·정홍진 등이 자기들에게 가해지는 비판의 소리에 귀기울이고 깊이 고뇌하고 있는 모습에 대해서는 본서 제1장 제3절에 그 편린이 소개되어 있다.

묵선생과 독관처사가 주고받는 말을 좀더 살펴보기로 한다.

> "지금 처사는 혀를 놀려 하는 말이 칼날처럼 날카롭고 가루처럼 쏟아져 세상 길이 험난하다느니 평탄하다느니, 남의 말이 옳으니 그르니 잘도 비평하니 참으로 말을 잘한다고 할 수 있고 또한 재주도 특이하다 하겠다. 그러나 대개 입이란 몸을 망치므로 말을 잘못하면 화가 따른다. 자네가 이러고도 한 세상에 화를 면하려고 함은 마치 도망쳐 숨은 자를 북을 치면서 찾는 것과 똑같은 셈이다. 아무리 빨리 달려가 찾고자 한들 무슨 이익이 있겠는가? 그런데 지금 처사는 겉으로는 두렵다고 말하나 실은 두려움이 없으며 화를 싫어하면서도 화를 스스로 불러들이고 있으니 나는 적이 가소롭게 여긴다"하니, 처사는 이 말을 듣고 앉은자리를 조금 물러나 한참 머뭇거리다가 정신을 가다듬고 낯빛을 고치고 말하기를 "내가 불초하긴 해도 지금 선생의 가르침을 들으니 환히 깨닫는 마음이 마치 멀었던 눈을 뜨고 밝은 햇빛을 본 것과 같다"하였다.[77]

이 「畏賦」는 어쩌면 현실비판적 견해를 거리낌없이 토로하는 안치민과 같은 저항지식층을 염려하면서 깊은 우려와 충고를 뜻한 것이기도 하다. 그럼에도 불구하고 처세를 위해 입 조심하라는 충고를 하는 충묵선생의 뜻에 결국 승복해 버리고 마는 독관처사를 그려냄으로써 권력으로의 길로 나선 자신의 입장을 정당화해 버리고 만다. 안치민과 같은 저항지식인과 이규보・최자와 같은 참여 문신이 비록 시대와 사회의 교화, 도의 실현을 추구하는 내용위주의 학문적 입장을 공유하고 있음에도 불구하고, 전자는 배워 익힌 도와 행동의 일치를 주장하면서 당시의 모순구조에 대한 끊임없는

---

77) 李奎報,「畏賦」『東國李相國集』卷1. "(先生曰) 今處士騁舌吐辭 鋒欑屑罪 談世路之嶮易 譏人間之是非 誠辯則辯矣 奇而又奇 然口能覆身 言出禍值 子以此求免於時 亦擊鼓而求亡者也 其何益於馳哉 僕竊笑 處士聲其畏而實無有也 惡其禍而秪自招之 處士聞之 避席逡巡 聳然作號曰 小者不肖 今聞先生之敎 曉然若被育而見大曜也"

비판적 견해를 토하는 행동하는 지성의 모습을 보여 준데 반해, 후
자는 현실과 쉽게 타협하여 처세의 길로 나섬으로써 일관된 학문
적 경향을 견지하지 못한 채 깊은 고뇌와 자기 갈등 속에서 끊임없
이 자기 변명을 늘어놓지 않을 수 없었다.

　이제, 위정자에게 거리낌 없이 비판을 가하면서 비록 꼴 베는 농
부나 천한 종이라 할지라도 진실로 그 말이 도에 맞으면 버리지 않
는다는 입장을 견지하고 있었던 在鄕知識人인 안치민이 신라부흥운
동에 대해서 어떤 시각을 갖고 있었는가를 살펴보기로 한다. 이에
관한 직접적 자료는 현존하지 않고, 다만 신라부흥운동이 신종 5~6
년 경주를 무대로 하여 경상도 일대를 휩쓸고 있었을 당시에 진압군
의 일원으로 온 이규보의 글을 통해 간접적으로 추측해 볼 뿐이다.

　　　다만 이 도회에 들어오자 시급히 만나 뵙고 싶었는데, 軍門의 자
　　물쇠를 굳게 잠그고 수비가 매우 엄중했으며, 또한 처사께서 이 도
　　회에 사시는 분이므로 만일 서로 만나 보게 되면 군중에서 의심 갖
　　는 사람이 있게 될까 싶기 때문에 감히 어떻게 하지 못했습니다. …
　　깨우쳐 주신 도둑 잡는 일은 그때 이미 마음 속에 간직하였습니다.
　　내가 어찌 경솔하게 누설하겠습니까. 처사께서 부인과 아이가 있으
　　시니 나날을 지탱하기가 근심되지 않으시겠습니까? 다행히 제게 가
　　진 것이 있기에 長腰 약간 말을 보냅니다.78)

　안치민이 정동군의 일원인 박인석, 이규보 등과 교류하고, 이규
보로부터 長腰까지 도움을 받는가 하면, 도둑 잡는 일까지 이규보
에게까지 일러주었다는 것은 그가 신라부흥운동에 전혀 동조하지
않았음을 말해 주는 것이다. 그가 이규보에게 일러준 '도둑 잡는

78) 李奎報,「軍中答安處士置民手書」『東國李相國集』卷27. "及入都 急
　　欲邀見 緣軍門壯鑰 謹誰何甚厲 且處士亦此都人 若與相見 恐軍中有
　　疑者 故未敢爾 … 兼所曉捕賊事 尋已藏心 予豈輕洩哉 處士有婦與
　　兒 得無慮日支否 幸有私蓄 以長腰若干斗餉之"

일'이 어떤 내용인지는 알 수 없다. 의종복위운동에 대해서는 경주민과 함께 비판적 입장을 갖고 있었던 안치민이 신라부흥운동의 경우 이들과 입장을 달리 한 이유가 무엇일까? 정확한 이유는 알 수 없지만 '비록 꼴 베는 농부나 천한 종이라 할지라도 그 말이 도에 맞으면 버리지 않는다'는 말에서 역설적으로 그 해답을 발견할 수가 있지 않을까 한다.

강력한 왕권의 강화를 통한 백성들의 태평성대를 희구하였던 안치민으로서는 왕권, 나아가 고려왕조 자체를 부정하는 신라부흥운동이 결코 도에 합치하는 것으로 간주할 수 없었을 것이다. 그가 배워 익힌 치자의 지배이데올로기로서의 유학의 틀 위에서 말해지는 시대와 사회의 교화 및 道의 실현, 혹은 天命은 위로부터 아래로 퍼져 내려가는 것으로서 결코 아래로부터 무력에 의해 쟁취될 수 있는 것은 아니었다. 안치민은 어디까지나 치자의 입장에서 전국적 농민항쟁의 사태에 직면하여 유리 도산하고 저항하는 '民'을 다시 토지로 안집시켜 사회를 안정화함으로써 만 백성의 희희낙락을 어떻게 이룰 것인가 하는데에 관심을 갖고 있었다. 이는 곧 자신의 사회적 존재의 존립과 직결되는 것이기도 하다. 그는 이를 위해 강력한 왕을 정점으로 하여 치자층이 臣僚로서 일방적 수탈자로서의 탈을 벗고 누아래 내려가 民苦를 보살피기를 바라마지 않았다. 이 점에 있어서 당시 농민항쟁을 주도하고 있었던 제세력과는 확연히 구별되는 안치민의 모습이 나타난다. 여기에는 또한 안치민의 지배자적 계급성의 속성이 적나라하게 드러난다. 그는 경주의 속읍인 안강의 토성이족 출신으로서, 그의 가까운 선대가 읍사조직에 참여하면서 안강을 실질적으로 지배한 재지유력층에 속하는 가문적 배경을 가지고 군현조직체계상 民에 대한 일정한 지배자적 위치에 있었다. 당시 농민봉기의 중요한 투쟁대상은 바로 이들 재지유력층이었기 때문에 안치민으로서는 커다란 위기의식을 느끼지 않을 수 없었다. 이 지역민들의 오랜 저항으로 인한 토성이족들의 재지적 기반의 급속한 와해 속에서 안치민은 이규보로부터 長腰까지 도움 받지 않을 수 없었다. 이러한 처지의 안치민으로서는 농민항쟁세력을 사회질서를 어지럽히는 존재로 간주하여 이규보에게 '도적 잡는' 계책까지 일러주기에 이르렀던 것이다. 나아가 이와 같은 사태를 야기하여 자신의 사회적 존립을 위태하게 만든 무신정권에 대한 강력한 비판을 하면서, 이의 해결을 위해 비구에게 경론을 묻고 진신과 문자를 논란하고 꼴 베는 농부나 천한 종에게까지 귀기울이면서 사회와 시대의 교화, 도의 실현을 위한 방책을 끊임없이 모색하고자 하였다. 고려중기 이래 중앙집권화 과정과 맞물려 나타나는 외관지위의 강화와 속읍에 대한 현령·감무의 파견, 그리고 중앙권귀들의 토지침탈과 탐학으로 인한 농촌사회의 황폐화는 토성이족들의 재지적 기반을 크게 위협하였기 때문에 이와 같은 적극적 현실대응이 가능하였을 것이다. 뒷날, 지방의 토성이족출신으로서 재지중소지주적 기반을 갖고 있었던 신흥사대부들이 民의 안정화를 통한 상호보험적인 地主−佃戶관계에 바탕한 朱子學의 논리에 깊은 관심을 보이게 되는 것은 무신정권이래 확산일로에 있었던 民의 저항에 따른 재지중소지주층인 토성이족들의 대응논리의 모색 노력의 결과라고 할 수 있다. 이런 점에서 안치민은 어쩌면 고려중기의 문인상에서 뒷날의 신흥사대부로의 모습으로 의식이 변해 가는 길목에 선 지식인이라고 할 수 있다.

안치민에 관한 현존하는 자료는 참여문신인 이규보·최자 등의 문집에 남아 전할뿐이다. 이들은 결국 어용적 문신의 범주를 넘어설 수 없는 존재였기 때문에 위정자에게 거리낌없는 비판을 가하는 안치민의 모습이 그대로 그들의 문집 속에 나타날 리가 없었다. 따라서 현존 자료를 통해 재구성한 안치민의 모습은 구체적이지 못하고 피상적이고 관념적인 것이 되고 말았다.

제2절 參與文臣 李奎報의 農村現實觀

이규보의 문집인『東國李相國集』에는 고려의 문인으로서 가장 많은 농민층에 관한 이야기를 담고 있기 때문에 일찍부터 깊은 관심이 기울어져 왔다. 특히 그의 이른바 '農民詩'에 관해서는 金時鄴에 의해 1978,「李奎報의 現實認識과 農民詩」『大東文化硏究』12를 위시한 1986,「麗末鮮初에 있어서의 士大夫리얼리즘과 그 變質」『韓國漢文學硏究』8 및 1991,「高麗後期 士大夫리얼리즘의 形成에 대하여」『碧史李佑成先生停年退任記念 國語國文學論叢』등에서 분석이 이루어졌다. 그는 이를 통해 "그가 시에서 파악한 농민은 어디까지나 수탈 당하고 피해 받는 소극적인 모습이지 삶의 터전을 잃고 소요하는 流民의 실상이나 침략자 몽고에 항전하는 농민의 의지 등, 좀더 구체적이며 절실한 분위기를 생동감 있게 그려내지는 못하였다. 그러나 李奎報의 시 세계가 농민을 제재로 채택하였다는 사실은 그것만으로도 일단 중요하다. 그는 문학을 통해 현실을 두 갈래로 파악하였다. 外勢의 압박에 대한 민족적 저항의 힘의 원천이 농민이라는 점을 깨닫고 對內的인 관심에서 현실의 문제점을 대변한 문학이 農民詩인 것이다. 이규보 이전에 농민을 시로 다룬 예는 거의 찾아 볼 수 없다. 표현에 있어서도 이만큼 사실적으로 그려낸 경우는 없었다. 이런 점에서 이규보는 일정한 한계 속에서나마 민족 사회의 현실을 다루어 사실적인 시 세계를 열어 놓은 최초의 시인이라고 할 만하다"고 하였다. 그러나 김시업 씨의 이러한 결론 및 그간 이규보에 관한 대부분의 논문들이 당시 시시각각으로 급변하는 역사적 상황의 흐름 속에서 浮遊하는 지식인인 이규보의 의식의 변화를 전혀 반영하지 못하고 있다.

농민시가 농민을 제재로 한다고 해서 결코 농민시라고 할 수는 없을 것이다. 그것이 농촌현실을 주된 소재로 하되 그 현실의 본질을 드러내는 리얼리즘에 다가설 때 비로소 진정한 농민시로서의 이름을 얻을 수 있을 것이다. 이때 농촌현실을 '보는 경우' 과거지향이 아니라 미래지향의 전망을 가져야 하며, 이를 위해 농촌의 물적 현실을 변혁의 관점에서 있는 그대로 드러내 주어야 한다. 단지 첨예화된 토지소유관계와 계급관계 등 물적 현실에 존재하는 모순에서 눈을 돌려 모든 것을 질서와 조화의 관점에서 봄으로써 결국 지배이데올로기의 확장에 기여하거나 마치 농촌이 한갓 자신의 도피의 수단으로 여겨질 때 그것은 허위의식에서 벗어날 수 없는 것이다. 필자는 이런 시각에서 고려무신정권시대의 농촌현실과 주요한 농촌시의 성과로 언급되는 소위 이규보의 '農民詩'의 성과를 분석해 보기로 한다.

1. 出仕 이전의 현실인식과 農村에 관한 시각

고려 무신정권시대의 신진관료 세력에 관해서는 그간 다음과 같은 점이 주목되었다. 그들은 대개 향리출신의 재지중소지주로서의 기반을 가지면서 과거를 통해 관직에 나선 能文能吏의 관인이며 문인학자라는 점, 불교의 비현실성 관념성, 특히 귀족적 세계관을 배제하고 유학적 교양과 윤리를 추구하며 현실주의적 세계관을 지향한다는 점, 그리하여 농사·농민에 대한 관심이 당연히 깊을 수밖에 없고, 개인의 능력을 수단으로 중앙무대에 진출하여 중앙귀족세력들과는 대립적일 수밖에 없으며, 당대로서는 비판적인 신지식계급이라 할 수 있다는 것이다.79) 그리고 이러한 성격의 신진관료 세력의 대표적인 인물로서 이규보를 흔히 들고 있다. 그러나 이규보의 일생은 결코 이와 같은 성격 규명과는 약간 거리가 있다.

이규보는 그 당대에 오면 이미 향리출신의 在地中小地主로서의 기반을 탈각한 상태였다. 驪州李氏에 속한 이규보의 가계는 다음과 같다.80)

李銀伯(中尹＝鄕職)→ 和(檢校校尉)→ 允綏(戶部郎中)→ 奎報
└──→ 富(直門下省)

특히 그의 아버지 李允綏가 戶部郎中을 역임함에 따라 재경관료로서의 지위를 확고히 하면서 개경에 일정한 경제적 기반을 확보하였고,81) 고향인 黃驪에도 祖上 傳來의 家田을 갖고 있었다. 이

---

79) 李佑成, 1964,「高麗朝의 吏에 대하여」『歷史學報』21 ; 金潤坤, 1974,「新興士大夫의 擡頭」『한국사』8, 국편위 ; 金時鄴, 1991,「高麗後期 士大夫리얼리즘의 形成에 대하여」『碧史李佑成先生停年退任記念 國語國文學論叢』.
80) 고종 28년,『韓國金石文追補』203쪽. 李奎報墓誌 ;『東國李相國集』年譜 및 後集終.
81) "옛날 나의 先君이 서쪽 성곽 밖에 별장을 두었는데, 계곡이 깊숙하고 경지가 궁벽하여 즐길 만한 딴 세상을 이루어 놓은 것 같았다. 내가 그것을 얻어서 차지하고 자주 왕래하면서 글을 읽으며 한적하게 지낼 곳으로 삼았다. 밭이 있으니 갈아서 식량을 마련하기에 가하고, 뽕나

규보가 최충헌의 쿠데타 직후 1196년 4월 자기 누님을 모시고 黄
驪에 갔을 때 지은 시에서 "고향의 친척은 판적에서 찾아내고 농
토는 선세의 두둑을 묻노라"[82]라고 한 귀절이나 아래의 자료에 나
오는 根谷村의 그의 田은 바로 그의 재지적 기반에 속하는 것이다.

　　　6월 11일 黄驪를 떠나 상주로 향하면서 근곡촌 '내 농토가 있는
　곳이다'서 자다

　　　산에 들어가니 숲 우거져 처음에는 길 몰랐는데
　　　마을 사람들 고개 넘어 서로 맞아 주네
　　　밭갈이하는 농부들 원숭이처럼 늘어서 절하고
　　　재잘거리는 말소리 자못 남만의 억양일레
　　　田家의 主人 장기에 모발이 노란데
　　　반가이 맞이하여 닭 잡고 기장밥 해주네
　　　수염난 종놈 동이 지고 달려가 샘물 길어 오고
　　　혹난 노파 절구 씻고 힘껏 절구질하네
　　　석 자나 되는 술통 허리와 배 크기도 한데
　　　관솔불 켜 들고 향기로운 술 잔질하네
　　　당 아래서는 허리 굽히며 다투어 조심하는데
　　　당 위에서는 건 벗고 두 다리 뻗는다오
　　　술 취하여 그대로 누워 몇 번 코를 골았는데
　　　마부가 말 먹이니 날이 벌써 샜나 보다[83]

　　무가 있으니 누에를 쳐서 옷을 마련하기에 가하고, 샘이 있으니 물을
　마시기에 가하고, 나무가 있으니 땔감을 마련하기에 가하다(李奎報,
　「四可齋記」『東國李相國集』卷23)." 이것은 「遊家君別業西郊草堂
　二首」『東國李相國集』卷2의 '家君別業' 그것일 것이다. 이 시에서
　"잠깐 서교로 나가 보았더니 밭두둑이 비단처럼 늘어져 있네 토질이
　본래 비옥한데다가 하물며 못 물의 수원이 풍부함에랴"라고 한 것으
　로 보아 그는 上品의 토지를 갖고 있었음을 알 수 있다
82)「初入黃驪 二首」『東國李相國集』卷6. "鄕親尋版籍 農畝問先疇" 특
　히 이 귀절에서 이규보와 황려와의 평상시의 내왕이 소원함을 짐작할
　수 있다. 이는 곧 이규보의 재경 부재지주로서의 모습을 말해 주는 것
　이다.

이 시에 나오는 田家의 主人, 그리고 종과 노파 등은 바로 근곡
촌의 이규보의 토지를 경영하는 인력이다. 이규보와 이들과의 관
계는 地主와 佃戸관계 그것일 것이다. 바로 이 시는 이규보의 不在
地主로서 군림하는 여유 자적함을 읊고 있는 것에 지나지 않는 것
이다. 이러한 내외의 경제적 기반을 갖고 있었던 이규보는 그의 아
버지가 水州로 出守하였을 때조차 개경에 눌러붙어서, 때로는 수
주와 개경을 넘나들면서 과거에 응시할 수 있었다. 그가 "묘령의
어린 나이로 양식 메고 멀리 유학하여 글씨도 쓰며 문장도 익히며
많은 경서 모두 섭렵했다네"[84]라고 한 것은 바로 이를 말해 주는
것에 지나지 않는다. 이러한 가문적 분위기에서 성장한 이규보는
결국 권력지향적이고 중앙지향적인 속성을 지닌 관인으로의 길을
본질적으로 지향할 수밖에 없었고, 중앙귀족 세력과 본질적으로
대립할 수 없는 존재일 수밖에 없다.

개경에 거주하면서 권력지향적이고 중앙지향적 속성을 지닌 채
과거 합격을 통한 관직획득의 기회를 엿보고 있었던 이규보는 몇
차례 司馬試를 치뤘지만 불합격하고 겨우 22세에 이르러 사마시에
첫째로 뽑히게 되었다. 이듬해에 禮部試에 응시하여 동진사에 뽑
혔지만 科第가 낮은 것을 못마땅히 여겨 사양하려고까지 하였으나
아버지가 준절히 꾸짖고 또 前例가 없어 사양하지 못하였다고 한
다. 이에 대해 그의 年譜에서는 "공은 과거에 대한 글을 일삼지 않

---

83) 李奎報,「六月十一日發黃驪將向尙州出宿根谷村(予田所在)」『東國李
   相國集』卷6. "入山蒙密初迷路 村人過嶺相迎去 畦丁羅拜似獼猴 嘍
   囉頗帶南蠻語 田家主人瘴髮黃 邀我欣然具鷄黍 髽奴舁甕走汲泉 瘿
   嫗洗臼力擧杵 三尺山樽腰腹皤 松明吹火的芳醑 堂下曲腰爭磬折 堂
   上脫幘自箕踞 酒酣徑臥再鼾鼻 僕夫秣馬天已曙"
84) 李奎報,「上趙令公永仁」『東國李相國集』卷7. "妙齡初卯角 游學遠
   贏糧 染翰攻鉛槧 橫經對縹緗"

았으므로 글 짓는 것이 거칠고 서툴러서 格律에 잘 맞지 않았
다"85)고 하였다. 이것은 그의 학문적 입장이 당시의 풍조와 달랐음
을 말해 주는 것이다. 이런 입장을 갖고 있었던 이규보는, 다음 해
인 그의 나이 24세(1191) 때 부친의 죽음을 맞이하게 됨에 따라 한
동안 개경의 北山인 天磨山에 우거하여 白雲居士를 자칭하게 된
다. 아마 이 시기의 이규보는 진보적 성향을 갖고 사회모순에 대한
현실비판의식을 가졌던 것이 아닌가 한다. 24세를 전후해 지은 것
으로 추정되는「望南家吟」을 통해 그것을 짐작할 수 있다.

> 南家는 부자요 東家는 가난한데
> 南家에선 歌舞가 흐드러지고 東家에선 哭聲만 구슬프다
> 歌舞는 어찌 저리도 즐거운가
> 賓客이 마루를 메우고 술은 萬斛을 넘치네
> 哭聲은 어찌 저리도 구슬픈가
> 냉랭한 부엌에서는 이레토록 연기 한번 안오르네
> 東家의 가난한 사람 南家를 건너다보면서
> 대를 쪼개듯 한마디 씹어뱉는 말
> '너희는 알지 못하는가
> 석숭이 날마다 미희를 끼고 금곡에서 취해 지냈지만
> 백이숙제의 맑은 이름이
> 천고에 빛남만 같지 못한 것을'86)

---

85) 李奎報,『東國李相國集』「年譜」경술년(1190, 23세)
86) 李奎報,『東國李相國集』卷1. "南家富東家貧 南家歌舞東家哭 歌舞
何最樂 賓客盈堂酒萬斛 哭聲何最悲寒廚七日無烟緣 東家之子望南家
大嚼一聲如裂竹 君不見石將軍 一擁紅粧醉金谷 不若首山餓夫 淸名
千古獨" 이 시는 흔히 향촌사회의 부익부 빈익빈 현상을 언급한 것으
로 해석되고 있지만 그의 24세를 전후한 시기의 작품으로 추정되기
때문에(朴菖熙,「『東國李相國集』作品年譜考」『梨花史學硏究』5, 4쪽)
지방 향촌사회의 모습을 형상화시킨 것이라기보다는 개경의 모습을
묘사한 것이라 할 수 있다.

당시의 개경의 사회구조적 모순의 심각성을 東家와 南家로 형상화하여 貧富 대립의 극명성을 잘 나타내 주고 있다. 이미 문종조에 군인 가운데에 富强者와 貧窮者가 대비되어 나타나고,[87] 인종조에 庶人이 羅衣와 絹袴를 입고 都中에서 기마하는 것과 노예가 革帶하는 것을 금하였다[88]고 한 것에서 문신귀족정치의 말기 빈부의 편재성이 사회문제로 대두되기 시작하였음을 알 수 있다. 특히 이 시가 만들어질 무렵에 오면 무신쿠데타 이후의 내외적 모순의 심화와 중첩화에 따른 격심한 혼란·동요로 인해 이미 富益富 貧益貧 현상이 보편화되어 있었다. 명종조에 한 영역내에서 富强兩班, 혹은 富戶와 貧弱百姓이 대비되고,[89] 노비인 平亮이 '務農致富'하여 면천한 뒤 산원동정의 직까지 얻은 예,[90] 그리고 진각국사 혜심이 "況富者多不爲仁 或約倍長 或約半長 而腹剩收其利 故富者益富 貧者益貧 此亦爲政者之所同瞋也"[91]라고 한 예에서 보다시피 계층간 빈부의 격차, 계층내의 분화의 심각성을 읽을 수 있다. 당시의 집정무신이었던 이의민의 복심이었던 동경지역에서 이 시가 만들어질 무렵인 명종 20년에 농민봉기가 일어나 동왕 23년에 경상도 전역으로 확대될 수밖에 없었던 것은 그 필연적 귀결이라 할 수 있다. 이규보의 「望南家吟」에서 東家의 가난한 사람이 南家를 건너다보면서 대를 쪼개듯 한마디 씹어뱉는 말은 이러한 당시의 상황 하에서 나올 수 있는 말이다. 명종 23년 9월의 京城飢民에 대한 진휼정책은 비록 고식적인 것에 불과하더라도 개경의 이러한 사회분위기에 대한 대책의 일환으로 볼 수 있을 것이다.[92] 이 시기

---

87) 『高麗史』卷81, 兵志 兵制, 文宗 25년 12월.
88) 『高麗史』卷85, 刑法 2, 禁令, 仁宗 9년 5월.
89) 『高麗史』卷79, 食貨 2, 借貸.
90) 『高麗史』卷20, 世家 明宗 18年 5月 癸丑.
91) 慧諶,「常住寶記」『無衣子詩集』卷下(『韓國佛敎全書』6, 65쪽 下).

를 전후해서 지은 시에 그의 현실비판적 견해를 보여주는 몇 편의
시가 더 보인다. 이규보는 「詠筆管」에서 "마땅히 곧은 말만 써야
할거야"93)라고 하였고, 「過延福亭」에서는 의종의 사치의 장소였
던 연복정을 읊으면서 "개중에도 경계해야 할 전례 분명히 있으니
남긴 터전을 송두리째 없애지 말았으면"94)이라고 하여 강한 경계
의 뜻이 담긴 시를 남기고 있다.95)

　이규보의 이러한 현실비판적인 태도는 당시의 사회 역사적 환
경, 그리고 이규보 개인의 진보적인 학문적 태도에서 가능한 것이
었다. 앞에서 보다시피 예부시의 응시를 전후한 그의 학문적 태도
는 科試를 위한 문장과는 자못 다른 것이었다. 예·인종을 전후한
시기에 소식으로 대표되는 고문운동의 흐름이 고려에 들어옴에 따
라 사륙병려의 부화한 문장과 과시를 위한 학업에 대한 비판적 흐
름이 나타나기 시작하였지만 무신쿠데타는 이러한 움직임에 일대
타격을 가하였다. 무신쿠데타 이후 겨우 목숨을 부지한 문인들은
현실과 거리를 둔 가운데 음주와 담론, 시가를 읊조리며 은일·도

---

92) 『高麗史』卷80, 食貨 3, 賑恤 水旱賑貸之制. "發倉賑京城飢民"
93) 李奎報, 「詠筆管」『東國李相國集』卷1. "憶爾抽碧玉 孤直挺寒林 風霜
　　苦不死 反見鋒刃侵 誰將獨夫手 剚出比干心 爲汝雪憤 當書直言箴"
94) 李奎報, 「過延福亭」『東國李相國集』卷2. "憶昔明皇遊幸日 龍舟錦
　　纜髣江湖 勸歡仙妓廻眸笑 被酒詞臣倒腋扶 自古窮奢難遠馭 幾人懷
　　舊發長吁 頹堤不見滄濤拍 複道渾成碧草蕪 羅綺飄將雲共散 笙歌換
　　作鳥相呼 箇中殷鑑分明在 莫遣遺基掃地無"
95) 이규보의 「望南家吟」이나 「過延福亭」 등과 같이 부자와 사치를 비판
　　하는 분위기와 농민항쟁 등이 일어남에 따라 국가에서도 다음과 같은
　　조처를 내리지 않을 수 없었을 것이다. 『高麗史』卷85, 刑法 2, 禁令,
　　明宗 22년 5월. "制曰 古先哲王之化天下 崇節儉斥奢靡 所以厚風俗
　　也 今俗尙浮華 凡公私設宴 競尙誇勝 用穀粟如泥沙 視油蜜如潘滓 徒
　　爲觀美 糜費不貲 自今禁用油蜜果 代以木實 小不過三器 中不過五器
　　大不過九器 饌亦不過三品 若不得已而加之 則脯醢交進 以爲定式 有
　　不如 令有司劾罪"

락적 모임의 죽림고회의 풍을 이루는가 하면, 무신정권의 성립 후
그들과 타협하여 권력으로의 길에 들어선 문인들은 무신정권의 권
력의 정당화·은닉화 작업을 위한 이데올로기를 분식하는 역할을
자임하고 있었다. 이들은 의기가 저상되어 협소한 체험에 주의를
집중하며 형식적 매력에 이끌리게 되었다. 그 결과 문학 역시 정치
의 도구로 전락하여 현실비판적 기능은 사라지게 되었다. 이념적
이나 사실적 수법 같은 것은 배제된 채 오직 시의 기교적 측면에
중점을 두는 기교적 문예취향이 유행하였다. 그리하여 이인로나
임춘 등을 위시한 대부분의 문인들은 시구의 조탁과 고사의 사용
에만 치중하여 겉으로 드러난 말(語·辭)이나 用事의 기교적인 형
식적 모방에 급급하였을 뿐이었다. 아직도 육조풍을 벗어나지 못
한 채 현실도피적이거나 체제지향적 입장을 취하고 있었던 그들의
성향상 이것은 당연한 것이었다.

　고려중기 문벌귀족사회의 제반 모순 속에서 폭발한 무신쿠데타
는 새로운 사회변혁의 가능성을 열어 놓았지만 변혁에 대한 올바
른 전망을 세우지 못한 채 그 자체 치열한 권력쟁탈전의 소용돌이
에 휩싸임으로써 사회경제적 모순과, 그것을 야기시켜 온 지배층
을 척결하지 못한 채 기존 권력체계의 틀 위에서 변혁보다는 반동
적 성격을 띠면서 오직 힘의 논리를 통해 기존 사회체제의 붕괴 해
체를 막고자 하였다. 결국 중앙, 즉 개경으로부터, 체제내부로부터
의 개혁 움직임이 차단된 속에서 외부로부터의 거센 저항이 야기
될 수밖에 없었다. 바로 무신정권시대의 치열한 민의 저항은 그 단
적인 예라 하겠다. 이런 역사적 상황 속에서 현실과 유리되어 정치
적 도구로 전락한 고려문단에 대한 철저한 자기비판의 움직임이
일각에서 일어나지 않을 수 없었다. 그러한 모습의 일단을 바로 이
규보에게서 찾을 수 있을 것이다.

당시, 죽림고회의 풍을 이루고 있었던 해동칠현과 함께 자리를 같이하여, 마침 비어 있던 吳德全의 자리를 대신하라는 말을 듣자 "칠현이 조정의 벼슬자리도 아니거늘 어찌 그 빈자리를 대신한단 말이요"라고 하면서,

> 영광되이 죽림의 모임에 참여하여
> 통쾌히 동잇술 기울였네
> 아지 못하겠네 칠현 가운데
> 그 누가 오얏씨 뚫은 자이던고96)

이들의 학문적·현실적 태도에 대한 비판을 하고 있다. 이규보의 학문적 태도를 통해 그것은 더욱 확연히 드러나리라고 본다.

가) ① 족하가 생각하기를 '세상의 분분하게 동파를 모방하여 따라가지 못하는 사람들은 말할 것도 없고, 비록 詩로 울리는 某某 몇 사람들도 모두 東坡를 모방하기를 면치 못하여, 그의 어구를 도용할 뿐만 아니라 아울러 그 뜻까지 낚아채어 스스로 잘하는 체 한다. 홀로 吾子만이 옛 사람의 것을 답습하지 아니하고 造語가 모두 새로운 뜻으로 되어, 족히 사람들의 이목을 놀라게 하니, 요사이 세상 사람들의 비할 바가 아니다' 하여, 이로써 칭찬하며 나를 구천의 위로 추어올리니, 이는 과당한 칭찬이 아니리까! … 대범 六經은 화려하게 말을 과시하려 한 것이 아니라, 그 귀추를 요약하면 거개 모두 王覇를 말하고, 도덕을 논하며, 그 政敎와 풍속, 興亡과 治亂의 근원을 말한 것이니, 그 辭意가 마땅히 서로 답습되었을 듯하나, 그 같지 않습니다. 소위 요즈음 사람들의 시라는 것은 비록 그 근원이 詩經에서 나온 것이나, 점차로 다시금 聲病·儷偶·依韻·次韻·雙韻이니 하는 격식이 있어, 雕刻과 穿鑿을 힘쓰느라 사람으로 하여금 속박되어 뜻대로 할 수 없게 하므로 짓기가 더욱 어렵습니다. 그러나 그러한 제약에서도 새로운 뜻을

---

96) 李奎報,「七賢說」『東國李相國集』卷21. "榮參竹下會 快倒甕中春 未 識七賢中 誰爲鐵核人"

창작하고 묘미를 극도화하려 하지 않을 수 없으니, 만일 옛 사람이 이미 쓴 語句만 낚아챈다면 무슨 공부가 되겠습니까. … 대범 편집된 것이 점차 많아짐은 대개 후학들에게 보탬이 있으려는 것인데, 만약 모두 서로 답습만 한다면 이는 탑본을 하는 것이라 한갓 종이와 먹을 허비하는 짓이니, 吾子가 새로운 뜻을 귀중히 여김이 대개 이래서일 것입니다. 그러나 옛 시인들이 비록 造語한 뜻이 특히 새로와도 그 어구가 원숙하지 않은 것이 없었음은, 대개 經史百家와 옛 성현의 말을 마음에 훈도시켜 세련되지 않은 것이 없고 입에 익숙하지 않은 것이 없어서, 賦詠할 즈음에는 참조하고 商酌하여 여기저기서 가져다가 자뢰하여 쓰기를 도와서입니다. 그러므로 시와 문이 비록 같지 않은 것이지만 말을 만들고 글자를 놓음이 한결같았던 것이니, 어구가 어찌 원숙하게 되지 않겠습니까.97)

② 대저 시는 뜻(意)으로 주를 삼는 것이니, 뜻을 베푸는 것이 가장 어렵고, 말을 만드는 것이 그 다음 어렵다. 뜻은 또 氣로 주를 삼는 것이니, 氣의 우열에 따라 淺深이 있다. 그러나 氣는 하늘에 근본한 것이니, 배워서 얻을 수 없다. 그러므로 기가 졸렬한 사람은 문장을 수식하는 데에 공을 들이게 되어, 일찍이 뜻으로 우선을 삼지 않는다. 대개 문장을 다듬고 문구를 수식하니 그 글은 참으로 화려할 것이다. 그러나 속에 함축된 심후한 뜻이 없으면, 처음에는 꽤 볼만하지만, 재차 음미할 때에는 벌써 그 맛이 없어지고 만다.98)

이규보는 후학에게 보탬이 되는 시문, 그래서 뜻을 중요시하는 시문을 짓고자 하였다. 그리고 그것은 거개 經史百家에 바탕을 두면서 모두 王覇를 말하고, 도덕을 논하며, 그 政敎와 풍속, 興亡과 治亂의 근원을 말한 것이어야 한다. 여기에는 사회생활과 사회적 모순에 대한 투철한 자각에 바탕을 둔 강한 현실비판과 진보적 사고를 수반할 수밖에 없었다. 그리하여 형식에만 관심을 보이는 이인로, 임춘과 같은 당대의 문인들을 비판하면서 호매한 기상과 뜻

---

97) 李奎報,「答全履之論文書」『東國李相國集』卷26.
98) 李奎報,「論詩中微旨略言」『東國李相國集』卷22.

을 추구하는 문학정신을 터득하여 창의위주의 문장론을 펼치기에
이르렀던 것이다. 이는 결국 시대와 사회의 교화에 관심을 갖는 소
식으로 대표되는 고문운동의 흐름의 구현과 그 궤를 같이하는 것
이었기 때문에 소식의 호매한 기상과 풍부하고 넉넉한 문체를 체
득한 것으로 평가를 받을 수밖에 없었다.99) 이러한 학문적 입장에
있었던 이규보는 상기와 같은 「望南家吟」과 같은 현실비판적 시
문과 왕도정치에 대한 염원을 읊은 「東明王篇」과 같은 작품을 남
길 수 있었던 것이다.

　그의 이러한 학문적 입장은 당시의 정치적 상황과, 그가 갖고 있
었던 권력지향적이고 중앙지향적인 속성 때문에 때로는 굴절되고,
때로는 그에게 혼돈과 갈등을 가져다 줄 수밖에 없었다. 결국 그는
학문적 이상과 현실 속에 방황하다가 현실세계로 다시 뛰어들 수
밖에 없었다. 秀才 金懷英에게 차운한 시에서

　　　　답답한 기운이 가슴에 서리어 억제하기가 어렵지만
　　　　위태로운 말이 나올 적엔 굳게 입을 다물어야지
　　　　푸른 산이 내 돌아갈 길 막지 않았거늘
　　　　홀로 궐문에 외치는 나의 신세 한스럽네100)

라고 한 시는 앞의 붓을 두고 읊은 시에서 직필을 강조한 모습과는
달리 입 조심을 강조하고, 또한 출세를 향해 길게 목을 늘이고 있

---

99) 崔滋『補閑集』卷中. "今之詩人評曰 … 李文順公奎報 氣壯辭雄 創
　　意新奇 李學士仁老 言皆格勝 使事如神 雖有蹈古人畦畛處 琢練之巧
　　青於藍也 … 文順公率不用事 盖尙新意耳 … 今觀眉叟詩 或有七字
　　五字 從東坡集來 觀文順公詩 無四五字奪東坡語 其豪邁之氣 富贍之
　　體 直與東坡吻合"
100) 李奎報,「次云金秀才懷英」『東國李相國集』 卷2. "壯士心懷未易論
　　一軒長嘯又黃昏 鼻端莫見成風手 眼底空餘泣玉痕 鬱氣蟠胸難自洩
　　狂言到吻可堪呑 青山不鑹歸歟路 恨我窮途獨叫閽"

음을 보여주고 있는 것이다. 그가 비록 한동안 천마산에 은거하여
白雲居士로 자칭하기도 하지만 결코 그의 권력지향적이고 중앙지
향적인 본질을 버리지 못했음을 알 수 있다. 북산, 즉 그가 백운거
사를 칭하면서 거처하였던 천마산에서 城中, 즉 개경으로 돌아오
면서,

> 속세 발자취론 신선 경계에 머물 수 없어
> 솔문 길을 나자마자 벌써 서글프기만
> 말발굽 차츰 옮길 때 산도 차츰 멀어지니
> 천천히 가면서 감히 채찍을 더하지 못하네[101]

라고 읊지 않을 수 없었다. 이제 그의 출세지향적 입장은 그의 진
보적 학문관을 서서히 제약하기 시작하였다. 바로 이 시기를 전후
한 시기에 이규보는 농촌과 농민을 읊은 몇 편의 시를 남기고 있지
만 결코 「望南家吟」과 같은 사회적 모순의 자각에서 온 농촌, 농
민의 실상을 그려내지 못하고 있다. 家君의 別業이 있는 西郊草堂
에 관한 시를 우선 살펴보기로 한다.

> 봄바람이 화창한 기운 불러일으켜
> 아침 날씨가 맑고도 아름답기에
> 잠깐 서교로 나가 보았더니
> 밭두둑이 비단처럼 늘어져 있네
> 토질이 본래 비옥한 데다가
> 하물며 못 물의 수원이 풍부함에랴
> 해마다 천종을 수확하면
> 충분히 맛난 술을 담글 수 있거늘
> 무엇 때문에 세월을 허송해 가면서
> 날마다 꽃 앞에 취하기만 할건가
> 이 일군들 손에 맡기는 것보다

---

101) 李奎報, 「自北山入城」 『東國李相國集』 卷2.

몸소 김매고 가꾸었으면 하네
수레에 올라 돌아갈 줄 모르고
두건을 젖혀 쓴 채 배회하노니
먼 산 푸른 연기는 보일락 말락
석양빛은 어느새 기울어져 가네
달이 밝아서야 농막에 돌아오는데
취한 노래 우렁차 이웃 마을을 들썩이누나
상쾌해라 이 농가의 즐거움이여
이제부터 나도 전야로 돌아가야지

취한 나머지라 아침 늦도록 못 일어나니
처마 밑 제비가 사람 없다 멋대로 나는데
종 아이가 막 건거를 대기해 두고
굳이 남녘들에 다녀오길 재촉하네
일어나 앉아 세수와 빗질을 마치고
휘파람 길게 불며 솔사랍을 나가니
숲이 깊어 햇빛이 맑지 않고
풀 이슬도 아직 마르기 전이로세
천천히 걸으면서 맑은 내를 바라보니
도랑물 출렁이고 가랑비 내리는데
흰 갈포 치마 아낙네와
푸른 삼베 적삼 사내들이
밭두둑 곳곳에서 노래 부르고
호미 맨 채 구름처럼 모여 있네
힘써야지 창포며 살구 농사까지도
때맞춰 갈이하고 거두어들이기를[102]

---

102) 李奎報,「遊家君別業西郊草堂 二首」『東國李相國集』卷2. "春風扇
淑氣 朝日淸且美 駕言往西郊 塍壟錯如綺 土旣膏且腴 況復釃潭水
歲收畝千鍾 足可釀醇旨 何以度年華 日日花前醉 念此任胝手 意欲親
耘耔 乘輿自忘還 岸幘聊徙倚 遠岫煙蒼茫 耀靈迫濛汜 月明返田廬
醉哉動隣里 快哉農家樂 歸田從此始 日高醉未起 簷鷰欺人飛 童僕方
巾車 苦促南畝歸 起坐罷梳沐 長嘯出松扉 林深日未煦 草露猶未晞
徐行望淸川 決渠雨霏霏 田婦白葛裙 田夫綠麻衣 相携唱田隴 荷鉏如
雲圍 勉哉趁菖杏 耕穫且莫違"

이 시에서 이규보는 別業의 토질의 비옥함을 말하면서 상대적으로 일군들의 게으름을 나무라는 한편, 부지런한 농부의 삶을 읊음으로써 농사에 힘쓸 것을 독려하고 있다. 그 가운데 농막의 즐거움을 읊조리면서 田野로 돌아갈 것을 말하고 있다. 그러나 이 시에는 '일군들 손에 맡기는 것보다 몸소 김매고 가꾸었으면 하네' 라고 하였지만 기실은 그 어느 한 귀절에도 농사꾼의 체험과 땀의 결실이 그려져 있지 않다. 결국 이 시는 전원시 그 이상도 이하도 아니다. 이는 「村家 3首」를 통해서도 확인된다.

> 띄엄띄엄 연기 낀 속에 마을 방아소리
> 깊은 거리 담은 없고 가시나무만 둘러 있네
> 온 산에 말이고 온 들엔 흩어진 소
> 모두가 태평시대의 얼굴이네
>
> 찬 새벽 짙은 서리에 베틀소리
> 저문 해 검은 연기에 나무꾼 노래하며 돌아오네
> 들 늙은이가 어찌 구월 구일을 알랴만
> 만나고 보니 국화 띄운 흠뻑 익은 술일세
>
> 산 배나무 잎 붉고 들 뽕잎 누른데
> 바람 길에 벼 향기가 물씬 풍기네
> 샘물 긷는 소리 나막신 소리 들리더니
> 열려 있는 가시 문에 달빛만 서늘해라[103]

이 시들은 그야말로 말과 소들이 평화롭게 노니는 태평시대의 평화로운 농촌의 풍경이 한 폭의 그림처럼 그려져 있다. 여기에 나

---

103) 李奎報,「村家 三首」『東國李相國集』卷2. "斷烟橫處響村春 深巷無
　　 垣刺樹重 萬馬布山牛散野 望中渾是太平容
　　 曉寒霜重織聲催 日暮烟昏樵唱廻 野老那知重九日 偶逢黃菊泛濃醅
　　 山梨葉赤野桑黃 一路風廻間稻香 沒井聲中人響屐 柴門不鎖月鋪霜"

타난 농민항쟁세력은 이규보에게 있어서 평화스럽고 소박한 농촌 사회를 무너뜨리는 한갓 '도적의 무리'에 불과하였음을 다음의 시는 보여주고 있다.

　　나) 뭇 개들 시끄럽게 짖는 소리 듣고부터
　　　　이상하게도 갑 속의 칼이 한낮에 쩡쩡 우누나
　　　　놈들을 궐하에 끌어 올 장사가 있을텐데
　　　　관가에서 왜 긴 끈 하나를 아낄까[104]

　여기에는 왜 강남에서 도적이 일어났는가 등의 의문은 전혀 제기되지 않은 채 오직 지배자적 입장에서 국가의 강경진압을 바라는 심정을 토로할 뿐이었다. 이 때의 강남의 도적이란 소위 東京管內에서 일어난 농민항쟁을 가리키는 듯 하다. 명종 20년 동경에 盜賊이 일어나자 農桑을 권과하였다는 사실에서[105] 이를 짐작할 수 있다. 이 농민항쟁은 정부의 진압에도 불구하고 확대 일로의 지경에 이르러 명종 23년 金沙彌에 의해 운문산에 그 거점을 확보하면서, 草田의 孝心의 군대와 더불어 경상도 전역을 횡행하면서 관군과 대치하였다.[106] 그러나 이규보의 시에는 단지 농민항쟁이 농민들의 최소한의 삶을 위한 투쟁으로 인식된 것이 아니라 그야말로 사회의 질서를 어지럽히는 한갓 도적으로 인식될 뿐이었다. 이런 점에서 앞의 「望南家吟」에 나오는 가난한 사람으로서의 東家와 부자로서의 南家는 계급적 모순의 인식에서 나온 것이라기 보다는 지배계급 내부의 가진 자와 덜 가진 자, 즉 상대적 박탈감을 느끼

---

104) 李奎報,「聞江南賊起」『東國李相國集』卷2. "自聞群犬吠高聲 匣劍無端白日鳴 闕下牽來應有士 官家何惜一長纓"
105)『高麗史節要』卷13, 明宗 20年 正月 및 2月條.
106) 金晧東, 1982,「高麗 武臣政權時代 新羅復興運動과 慶州民의 動態」『民族文化論叢』2·3합집, 영남대학교 민족문화연구소.

고 있었던 자들, 곧 과거에 합격하였음에도 불구하고 관직을 획득
하지 못한데 따른 상대적 박탈감에서 비롯된 가난함에 불과한 것
이라 할 수 있다.[107] 아직 당시의 이규보는 농촌의 현실을 꿰뚫어
보고, 나아가 계급적 모순을 바라다 볼 수 있는 눈을 갖지 못하였
던 것이다.

개경에서 관인으로의 길을 모색하고 있었던 이규보가 개경근교
의 농촌이 아닌 지방의 농촌사회를 경험하게 된 시기는 1196년 4
월에서부터 10월까지 향리인 黃驪와 尙州를 오가면서이다. 이는
이규보가 그의 나이 19세 때(병오년) 水州守였던 아버지가 경사로
돌아온 지 10년만이다. 이번 이규보의 黃驪行은 그의 자형이 최충
헌의 쿠데타에 즈음하여 黃驪에 流謫되었기 때문에 누님을 모시고
그곳으로 가게 되었었다고 年譜에서 밝히고 있다. 그러나 개경의
근황을 묻는 黃驪 사람들에게 자신도 겨우 崑岡의 태움을 면했으
나 流離 艱厄 이루 다 말할 수 없다고 하면서 불안과 한스러움을
토하고 있는 것으로 보아[108] 최충헌의 쿠데타로 인해 事勢가 부득
이 하여 일시 화를 피하기 위한 것이라 할 수 있다. 어쨌든 이러한
그의 입장은 자신과 주위를 한 번 돌아다볼 기회를 갖게 되었다.
그럼에도 불구하고 최충헌의 쿠데타로 인해 그의 재경·재지적 기

---

107) 그가 예부시에 합격하던 해 집권무신에 의해 省宰의 숫자의 일방적
  증대에 대한 隱語가 유행하였다는 사실(『高麗史』卷75, 選擧 3, 銓注
  凡選法 明宗 20년)에서도 당시 현실비판의 입장을 표명한 이들의 관
  심이 자신의 출세와 연관되어 있음을 알 수 있다. 이때를 전후해 장미
  를 보고 읊은 시에서 李奎報,「四月十一日與客行園中(略)作長短句以
  示全履之」『東國李相國集』卷5. "欲見明月珠 先灑泥沙溜 欲求后妃
  賢 無使寵嬖隨 欲擇人材秀 先去讒邪欺 此詩有深味 莫敎兒輩知"라
  고 하여 장미를 통해 寵妾과 讒臣을 제거할 것을 그려내지만 이 역시
  자신의 입신출세와 관련되어 있을 뿐이다.
108) 李奎報,「李進士大成邀飲席上走筆贈之」『東國李相國集』卷6.

반은 별다른 위협이 없었기 때문에 그의 농촌에 대한 시각은 여전히 제한적일 수밖에 없었다. 처음 黃驪에 들어가면서 지은 시 2 首에 그것이 잘 나타난다.

> 나귀 타고 겨우 고개를 넘으니
> 고을이 푸른 강 머리를 베고 있구나
> 수국은 봉도를 옮겨 놓은 듯
> 인가는 옥주에 살고 있네
> 지형은 달리는 범인 듯
> 산세는 나는 규룡인 듯
> 이미 왕성의 액을 벗어났으니
> 객로의 헤맴 쉬겠구나
> 고향의 친척은 판적에서 찾아내고
> 농토는 선세의 두둑을 묻노라
> 술을 장만하고 늙은 농부 불러다가
> 농사짓는 방법 부지런히 묻는다오
>
> 초조히 행장을 수습하여
> 멀리멀리 어려운 길 건너왔네
> 수염을 태워 가며 병든 누이 시중하고
> 베개에 부채질하며 어머니 얼굴 생각한다오
> (이때 어머니가 상주에 있었다)
> 상국에는 풍진이 아득한데
> 남쪽 고을에는 세월이 한가하구나
> 이 고장 오래 살 만하니
> 정히 오활한 이 내 몸에 알맞구나[109]

첫 수의 늙은 농부 불러다가 농사짓는 방법을 묻는다는 것을 농사, 농민에 대한 진정한 관심에서 우러난 것이기보다는 결국 지주로서의 관심에 불과한 것일 것이다. 둘째 수의 시에서 나오는 黃驪의 한가로움과 살만함 역시 上國, 즉 개경의 풍진과 대비되어 나타

---

109) 李奎報, 「初入黃驪 二首」『東國李相國集』卷6.

나는, 즉 최충헌의 쿠데타에 따른 곤액을 피하고자 하는데서 오는 어쩔 수 없는 허위의식에 지나지 않는다. 이는 進士 李大成의 초청을 받아 지은 시에 적나라하게 드러난다.

> 생각하니 옛날에는 서울의 봄 마음껏 즐기면서
> 백옥 술잔에 곤드라지게 취했었는데
> 지금은 江城에 유랑하여
> 푸른 산 만리에 초라하게 노는 신세라오
>   …
> 자리에 가득한 손들 각각 서로 돌아보며
> 나에게 무슨 일로 그렇게 슬퍼하느냐고 묻기에
> 나는 대답하길 근자에 王城 난리로
> 대낮 큰 거리에 검붉은 피가 흐르니
> 나도 겨우 崑岡의 태움을 면했으나
> 流離 艱厄 이루 다 말할 수 없소
> 불안한 심장 가는 곳마다 목메니
> 하물며 이 嶺外의 烟霞 새벽이겠소
> 흠뻑 마시면 이 내 恨 조금 누그러질 것이니
> 그대여 다시 서너 잔 따라주오[110]

다만 최충헌의 쿠데타 이후 자기에게 닥쳐올지도 모르는 위험을 걱정하고 다시 개경으로의 길, 宦路의 가능성이 사라질까의 두려움이 짙게 깔려 있는 것에 지나지 않는 모습이다. 이런 점에서 개경으로부터 黃驪를 향하면서 沙平津을 지나 雙嶺에서 숙박하며

---

110) 李奎報, 「李進士大成邀飲席上走筆贈之」 『東國李相國集』 卷6. "憶昔放意京華春 白玉樽前爛醉身 如今浪跡江城裡 碧山萬里薄遊人 斷雲落日不忍見 細雨斜風空慘神 多君邀我慰羈旅 玉杯激灩生金鱗 紅裙數隊時世粧 哀歌一曲動梁塵 主人起舞屬我彈 把琴欲弄先霑巾 四筵賓客各相顧 問我何事多酸辛 答云近者王城亂 白日九街殷血新 我亦僅免崑岡焚 離流艱厄難勝陳 危腸觸地卽嗚咽 況此嶺外烟霞晨 痛飲粗堪寬我恨 請君更酌三四巡"

지은 시에서 '이 몸이 강산의 주인이 되리니' 등의 언급은 한갓 허위의식에 지나지 않는다. 도리어 '외로운 마을에도 도적을 두려워 오히려 창을 비끼는' 모습에서 이번 여행에 대한 두려움을 더 갖고 있었는지 모른다.[111]

 黃驪에서 머물던 이규보는 6월에서 10월에 이르기까지 尙州를 다녀오게 된다.[112] 그 간의 시에는 농촌의 정경을 읊은 몇 편의 시가 남아 전한다. 8월 2일에 지은 시에서,

> 선방에서 밥을 먹고 잠깐 차를 마시었는데
> 산 중턱의 붉은 햇살이 벌써 서쪽으로 비끼었네
> 앉아서 뜰 가의 사람들에게 길든 학을 부르고
> 누워서 문 앞의 도적을 경계하는 거위 소리를 듣네
> 수많은 버들 그림자 속에는 남북으로 길이 갈라지고
> 한 시내 건너편엔 두세 집이로다 …[113]

라고 하여 쌍령에서 지은 시에서처럼 도적을 경계하고 있다. 이는 단순한 좀도둑이 아님을 8월 5일의 시에서 확인할 수 있다.

> 다) '팔월 오일에 도적떼가 점점 치성한다는 소식을 듣고'
> 도적 떼가 고슴도치 털처럼 모여

---

111) 李奎報, 「宿雙嶺」『東國李相國集』 卷6. "路入荒榛怯日斜 忽聞啼犬認人家 孤村畏盜猶橫戟 古院逢僧暫試茶 萬里歸雲閑送鶴 一溪高柳靜藏鴉 此身會作江山主 聞道黃曉似永嘉"

112) 그의 年譜에 의하면, 이 해 봄 어머니가 상주 원으로 나가 있는 둘째 사위에게 가 있었으므로 6월에 공이 황려에서 상주로 가 어머니에게 문안하고 한열병에 걸렸는데 몇 달 동안 낫지 않아 10월에야 돌아 왔다고 하였다.

113) 李奎報, 「八月二日」『東國李相國集』 卷6. "食罷禪房暫綴茶 半山紅日已西斜 坐呼階畔馴人鶴 臥聽門前警盜鵝 萬柳影中南北路 一溪聲外兩三家 …"

生民이 비린 피를 뿌리누나
군수는 한갓 융의만 입고서
적을 바라보곤 기가 먼저 꺽이네
벌의 독도 아직 소탕하지 못했는데
하물며 호랑이 굴을 더듬을 수 있으랴
슬프다 이런 때에 훌륭한 사람 없으니
누가 대신하여 와서 쇠를 씹을꼬
적의 팔은 원숭이보다 빨라
활쏘기를 별이 반짝이듯 하고
적의 정강이는 사슴보다 빨라
산 넘기를 번갯불 사라지듯 하는구려
사졸들이 추격하여도 미치지 못하여
머리를 모아 부질없이 입만 벌리고 탄식하네
어쩌다가 그 칼날에 부닥치면
열에 칠팔은 죽는구려
부녀자가 죽은 남편을 곡하며
머리에 삼베 두르고 마른 뼈를 조상하네
황량한 촌락에 일찍 문닫으니
대낮에도 길가는 나그네 전혀 없구나
금년에는 더군다나 다시 가물어서
비 기다리는 것이 목마른 것보다 심하구려
논밭은 모두 붉게 타서
곡식 싹이 무성한 것을 볼 수 없네
부잣집도 벌써 식량을 걱정하는데
가난한 사람이야 어떻게 살 수 있으랴
주문에서는 날마다 자리에 술을 토하고
백 잔을 마시니 귀가 저절로 더워지네
고당에는 옥비녀가 늘어서 있고
빽빽한 자리에는 비단 버선을 끼고 있네
문호의 융성한 것만 알고
나라가 불안한 것은 근심하지 않누나
썩은 선비 비록 아는 것은 없으나
눈물을 흘리며 매양 목매어 흐느끼네
슬프다 고기 먹는 무리 아니라
직언하는 혀 내두르지 못하였네

할 수 없다 어찌하면 진달하랴
천폐를 뵈올 길이 없구나114)

『高麗史』및 『高麗史節要』에는 이때의 농민항쟁에 관한 기록이 나오지 않는다. 다만 5월에 최충헌이 朝臣을 많이 죽여 인심이 흉흉하고 두려워하므로 使者를 여러 도에 보내어 위안시켰다고 한 것으로 보아115) 최충헌의 쿠데타를 전후한 정국의 불안정 속에 각지에서 농민항쟁의 불길이 치솟았음을 능히 짐작할 수가 있다. 더욱이 상주가 속한 경상도는 이의민정권 하에서도 경주를 중심으로 대규모 농민봉기가 일어났던 지역이었고, 최충헌이 쿠데타 직후에 知候 韓光衍을 경주에 보내어 이의민의 三族을 도륙하고, 여러 州에 사자를 보내어 그 노예와 黨附者를 베어 죽였다는 기사116)에서 이들의 반항을 충분히 예견할 수 있다. 최충헌의 쿠데타 직후에서부터 신종 3년 12월에 이르기까지 경주에서의 이의민세력의 제거를 둘러싸고 재향세력들의 갈등과 대립이 심각하였고, 그 여파는 일반 민에게까지 미쳤다. 이러한 정황은 이의민의 노예와 黨附者들이 퍼져 있었을 경상도 내의 尙州, 晉州 등의 관내에도 영향을 미쳤을 것이다. 바로 이러한 상황을 가까이 경험한 이규보의 시는 그만큼 사실적일 수밖에 없었다. 아마 당시의 어떤 史書에서도 농

---

114) 李奎報, 「八月五日聞群盜漸熾」『東國李相國集』卷6. "群盜如蝟毛 生民灑腥血 郡守徒戎衣 望敵氣先奪 尙未掃蜂毒 況堪探虎血 嗟哉時無人 誰繼來嚼鐵 賊臂捷於猿 放箭若星瞥 賊脛迅於鹿 越山如電滅 士卒追不及 聚首空呀咄 幸能觸其鋒 物故十七八 婦女哭夫壻 鬖首弔枯骨 荒村早關門 百日行旅絶 今年況復旱 望雨甚於渴 田野皆赤土 未見苗芽茁 富屋已憂飢 貧者何由活 朱門日吐茵 百爵耳自熱 高堂森玉簪 密席擁羅襪 但識門燻灼 不憂國械槤盦桎杌 腐儒雖無知 流涕每鳴咽 嗟非肉食徒 未掉直言舌 已矣若爲陳 天階無由謁"
115) 『高麗史節要』卷13, 明宗 26년 5월.
116) 『高麗史節要』卷13, 明宗 26년 4월.

민항쟁의 창궐의 구체적 모습을 이처럼 사실적으로 그려낸 것을
볼 수 없을 정도이다. 이 점 농민항쟁에 관한 나)의 시보다 훨씬 구
체적이고도 직접적인 묘사를 보여준다. 그러나 이 시 역시 빈부의
갈등과 권력자들의 사회모순 제거의 노력 부족을 꼬집으면서도 결
국은 '슬프다 고기 먹는 무리 아니라, 직언하는 혀 내두르지 못하
였네, 할 수 없다, 어찌하면 진달하랴, 천폐를 뵈올 길이 없구나'라
고 읊음으로서 지배계급의 타락성을 공격하기보다는 자신이 고기
먹는 무리에 속하지 못함을 슬퍼하고 있다. 결국 그는 농민항쟁 그
자체를 이해하기보다는 그를 통해 관직으로의 길을 모색하고자 하
는 자신을 정당화시켜 나가는 방편으로 삼고자 할 따름이다. 이는
아직 사회적 현상을 자신의 내적 경험에 형상화시켜 사회화하지
못한 채 개인에 그 관점이 머물러 있음을 말해 주는 것이다. 그렇
기 때문에 지배층의 타락성을 지적하는 외에 달리 농민의 어려움
을 당시의 가뭄에 의해 논밭이 타들어 가는 현상으로만 치부하는
데 그칠 수밖에 없었다.

그의 이러한 한계성은 상주관내의 영산부곡과 용궁군에 관한 시
에서도 확인할 수 있다. 먼저 8월 11일 영산부곡을 읊은 시를 살펴
보기로 한다.

> 영산은 가장 궁벽한 고을이라
> 오가는 길이 아직도 황무하구려
> 흉년이 드니 도망하는 家戶가 있고
> 백성은 순박하고 노인이 많구려
> 누른 닭은 꼬끼요 하고 울고
> 푸른 쥐는 찍찍 소리를 내누나
> 몇 명의 검은 옷 입은 아전이
> 놀라 달리기를 손 맞는 것처럼 하네[117]

---

117) 李奎報, 「十一日發元興到靈山部曲」『東國李相國集』卷6. "靈山最僻

이 시에서 영산부곡은 대단히 빈궁한 모습으로 묘사되고 있다. 또한 逋戶가 많고 노인들이 많다는 사실도 주목된다. 이것은 이 시기에 계속되는 농민·천민의 항쟁과 무신정권의 수탈 등에서 벗어나기 위해 役의 대상이 되는 장정들이 많이 도망을 한데서 비롯된 것일 것이다.[118] 바로 이들이 다)의 도적떼, 즉 농민항쟁세력을 이루는 최대의 인자였지만 이규보의 생각은 아직 그것에 미치지 못하고 있다. 다만 이 시에서는 逋戶 발생의 원인을 앞의 시에서처럼 흉년으로 인한 자연적 현상으로 돌리고 있을 뿐이다. 이 시와 용궁군을 읊은 다음의 시를 비교해 보기로 한다.

> 처음으로 용궁군에 들어서니
> 누각이 숲 속에 우뚝 솟았네
> 官妓의 웃음은 와수처럼 둥글고
> 縣吏의 허리는 경쇠처럼 꺾이었네
> 출렁대는 물은 차갑게 언덕을 흔들고
> 늘어진 버들은 푸른 그늘 다리에 비치네
> 주민은 모두 토착한 사람들
> 뱁새도 유유자적하게 노니누나[119]

용궁군의 모습은 앞의 逋戶가 많이 발생한 영산부곡의 모습과는 달리 높은 누각과 웃음 짓는 官妓, 그리고 토착한 주민들의 여유자적한 모습이다. 이는 바로 고려 군현제의 특징을 반영하는 것이다. 고려왕조는 수령이 파견된 소수의 州·府·郡·縣, 즉 '主邑'

邑 客路尙荒榛 歲儉有逋戶 民淳多老人 黃鷄啼呢喔 蒼鼠出嚵哺 數箇緇衣吏 驚馳似迦迓賓"
118) 박종기, 1988,『고려시대 부곡제 연구』, 서울대학교 박사학위논문, 56쪽.
119) 李奎報,「初入龍宮郡」『東國李相國集』卷6. "初入龍宮郡 林端出麗譙 渦圓官妓笑 磬折縣胥腰 激水寒搖岸 垂楊綠映橋 居民皆地着 斥鷃亦逍遙"

에 다수의 '屬邑'을 階序的 질서로 묶은 郡縣制 영역과 鄕·所·
部曲의 部曲制 영역을 기초로 하여 지방통치를 하고자 하였다. 또
한 이의 효과적 운영을 위해 주읍 가운데의 대읍에 유수사, 도호부
사, 목사 등을 파견하여 다수의 領邑, 즉 主-屬邑 및 부곡제영역
을 관할하도록 하는 계수관중심의 광역별 군현제를 창안하였다.
主-屬邑 관계를 근간으로 하는 계수관중심의 광역별 군현제는
외관의 극소화, 향리층의 수적 극대화 속에서 국가-재향세력을
축으로 하는 대농민 지배방식을 채택하였기 때문에 국가, 재향세
력의 民에 대한 불법적 수탈이 용이할 수 있는 구조적 모순을 안고
있었다. 또한 속읍 보다는 주읍, 주읍 가운데 계수관 파견이 된
목·도호부 등의 대읍에 권력집중을 초래하여 속읍 및 향소부곡
등에 부세수취의 부담이나 역역의 부담이 가중될 수밖에 없었다.
속읍의 주민들은 경제적으로 뿐만 아니라 신분적으로까지 불리한
처우를 받게 되어 주민의 이탈현상이 두드러지는 등 상대적으로
개발이 뒤떨어졌음에도 불구하고 속읍과 주읍과의 관계는 마치 신
하와 임금, 자식과 아버지, 비천하고 연소한 자와 지체높고 나이
많은 자, 아내와 남편에 비유되면서 당연한 것을 받아지도록 강요
되면서 흔히 주읍의 이름으로 불리워지기까지 하였다.[120] 바로 이
규보의 눈에 비친 영산부곡과 용궁군의 모습은 바로 그것을 반영
하는 것이다. 그러나 이규보의 눈에는 아직 그러한 것을 볼 수 있
는 눈을 갖고 있지 못하였다. 오직 그는 중앙을 향해, 관직을 향해
목을 길게 늘이고 있는 모습일 따름이었다. 그렇기 때문에

　　　부귀는 뜬구름과 같고

---

120) 김호동, 1995, 「군현제의 시각에서 바라본 12·13세기 농민항쟁의 역사
　　　적 배경」『역사연구』4, 역사학연구소.

　　세상은 내 소유가 아니라네
　　그대 다행히 몸을 온전히 하여
　　삼가 명예의 제물이 되지 말게나
　　내 이제 서울로 향하는 것은
　　公卿을 바라서가 아니니
　　혼가가 끝나기를 기다려서
　　다시 이 밭두둑을 갈리라
　　반드시 서로 만날 때가 있으리
　　어찌하여 이별을 슬퍼하랴[121]

고 하면서, 그 자신 서울의 길로, 명리의 길을 바라면서도 다른 사람에게 명리를 구하지 말 것을 말하며, 자신의 길이 공경을 바라서가 아니라고 변명하면서 다시 이 밭두둑을 갈리라고 말함으로써 자기 기만에 빠져들 수밖에 없었다. 馬巖에서 읊은 시 역시 시골의 풍속의 순박함을 읊으면서 파리한 선비 살기에 합당하다고 하였지만 정작 시의 초점은 그간 서울을 떠난 슬픔을 읊조리고 있을 뿐이다.[122] 이 점 다음의 시에 더욱 절실하게 드러난다.

　　집은 궁성 남북쪽 사이에 있는데
　　몸은 삼천리 밖 만령에서 놀았네
　　반년 동안 아지랑이와 장기에 얼굴빛이 변하여

121) 李奎報,「明日又作」『東國李相國集』卷6. "富貴如浮雲 身世非我有 子幸全其身 愼勿爲名累 我今向玉京 非爲靑紫取 待當婚家畢 復此耕一畝 相見必有時 胡爲恨分手"
122) 李奎報,「馬巖會賓友大醉夜歸記所見 贈鄕校諸君」『東國李相國集』卷6. "去國魂頻斷 還鄕歲半徂 拍天波蒼茫 繞郭路縈紆 縣脈依山盡 民風逐地殊 初疑遊鄠杜 漸訝入湘吳 沙戶魚爲稅 畋師鹿爲租 水荷歆競倚 松蔓倒相扶 野艇尊鱸興 仙裝竹鶴圖 遠村聞吠犬 古壁弔飢鼯 兀兀詩成癖 昏昏酒泥愚 村羹烹土卵 客俎厭山膚 細愛子腰荽 香貪兒臂菰 雪回看楚舞 珠碎聽巴歈 劇飮腸應腐 狂呼膽益麤 俗淳無毀譽 正合着癯儒"

얼굴 검고 귀밑 누래 남만의 자식 같구료
쇠잔한 몸이 더구나 병을 치른 뒤라서
푸른 살가죽 터지고 쭈그러져 더욱 부끄럽네
오직 여윈 뼈만 앙상하게 튀어나왔는데
시월에 홑적삼이 겨우 엉덩이만 가리누나
친구와 서로 만나니 알아보지 못하였고
처자도 처음 보고는 서로 피하였네
쇠미한 시골의 연화 보기 싫다
쓸쓸한 두어 집 거북 껍질처럼 헐었네
보기 좋다 날로 아름다와지는 서울의 풍경
수많은 집 연접하여 고기 비늘처럼 가지런하네
이 옹이 낙양에 들어오니 전과 다름이 없고
마경이 임공에서 놀던 것도 도리어 꿈이었네
이번 일이 우습기만 하고 자랑할 것 못되느니
친우에게 부탁컨대 비웃고 희롱하지 말라
우리 집 새로 빚은 술 지금 용수에 가득 찼으니
다시 불러 맞아서 한번 취하리라[123]

이 시에는 그나마 「望南家吟」에서 보여준 개경의 빈부의 대립으로 야기되는 사회적 모순을 바라보는 시각마저 잃어버리고, 대신 쇠미한 시골에 대한 강한 염증과 상대적으로 서울의 풍경에서 오는 깊은 감회를 읊고 있다. 이 시는 그야말로 중앙지향적인 이규보의 모습을 적나라하게 보여줄 뿐이다. 오직 그에게는 이번의 시골행을 돌이켜 볼 때 시골의 수령이나 향리들에게 홀대받은 일이 서러웠을 뿐이었다. 그리하여 관직에 올라 그곳을 다시 방문하여 아전들이랑 民이 옛 태도를 바꾸어 자신에게 굽신거리는 것을 보

---

123) 李奎報, 「十月二日 自江南入洛有作 示諸友生」 『東國李相國集』 卷6.
"家在鳳城南北傍 身遊蠻嶺三千里 半年嵐換顏華 面黑黃似蜑子 何況
殘軀是病餘 蒼皮皺皺尤可恥 唯存瘦骨高於山 十月單衫掩脾 親舊相
逢定未知 妻兒一見初相避 厭看村邑烟火微 數屋蕭條龜殼毁 喜見京
都風日佳 萬家邐魚鱗比 李邕入洛故依然 馬卿遊邛還夢耳 此行可笑
不可誇 寄語交遊勿嘲戲 我家新釀方厭糟 聊復招邀容一醉"

고 싶을 뿐이었다.[124]

이 점을 생각할 때 그의 南遊詩의 이중성을 다시 지적하지 않을 수 없다. 그의 황려행, 그리고 상주행은 이규보의 사고의 폭을 넓힐 수 있는 모처럼의 기회였지만 그의 南遊詩에서 우리가 받은 인상이란 그가 농촌과 농민의 삶과 고통을 이해하는 기회였다기보다는 도리어 그의 중앙지향적이고 권력지향적 속성이 더욱 굳어지는 한 계기로서 작용했음을 알 수가 있다. 농민의 존재를 마음 속으로 깊이 느끼고, 이를 자신의 현실적 체험으로 각성 심화시킨 모습은 보이지 않는다. 단지 개인의 영달에 대한 관심과 지주로서의 자족감만이 있을 뿐이다. 여기에서의 현실비판의 목소리 또한 시대적 자각에서 나온 것이기보다는 개인의 이해관계와 결부되어 나타날 뿐이다. 그의 시에는 농촌과 농민이 소재로 등장하지만 농민의 희망과 고통이 수반된 삶의 모습은 결코 아니었다.

개경으로의 귀환 이후의 이규보는 오직 求官을 위해 권력자에 위축된 채 권력에 대한 복종과 맹종을 맹서하게 된다.[125] 竹林七賢에 대해 날카롭게 비판하던 그는 이제 그 일원이었던 林椿에 대한 閔湜의 비판에 응하면서 자신은 그와는 달리 목이 땅에 닿도록 수그릴 것을 맹세하고 있다. 이런 입장의 그로서는 지금까지 더없이

---

124) 李奎報, 「十月二日憶舊遊」 『東國李相國集』 卷7.

"… 언제나 사신의 수레를 타고
네마리 말에 깃발도 삼엄하거든
아전이나 民들 옛 태도를 바꾸어
손 모아 화고를 댕댕 쳐 울릴까
이 말 또한 희롱으로 한 것이라
좁은 마음 굽히려 아니함이네
(전년에 시골에 있을 때에 그 고을 원이 너무나 홀대하였기로 한 말이다)"
125) 李奎報, 「上閔上侍湜書」 『東國李相國集』 卷26 ; 본서 제2장 제3절 참조.

존중하고 가치 있는 것으로 믿어 왔던 시문이란 것도 권력에 의해
인정받아야만 하는 하나의 기예 이상의 것이 못된다는 것을 실감
하게 되었고, 그의 진보적이거나 현실비판적 입장은 무디어져 버
렸다. 그는 「彈鋏歌」에서

> 식탁에 고기 없구나 식탁에 고기 없어
> 칼 두드리며 부르는 서글픈 노랫소리 격절도 하네
> 가을 배추와 나물로 겨우 뱃속 채우니
> 가시 많은 송사리도 얻을 수 없네
> 깊은 강물에 어찌 방어와 잉어가
> 옥척과 은도 같은 빛으로 무수히 뛰지 않을까
> 슬프도다 꼭 비린 음식을 좋아해서가 아니라
> 고기 먹는 귀인에 참여할 계제 없음이 한이로다
> 식탁에 고기 없다고 산에서 구할까
> 슬프고 슬프구려 낚시마저 곧다니
> 칼 두드리는 노래 그만 둘지어다
> 맹상군 없는 세상 그 누가 알아줄까[126]

라고 하여 고기 먹는 귀인에 참여하기만을 갈망하면서 자신을 알
아줄 인물을 고대하고 있다. 결국 학문적 이상도 내동댕이친 채 그
는 求官의 길에 나서 마침내 32세 되던 해 전주목 사록겸장서기에
부임함으로서 그가 고대하던 관직의 길에 들어서게 된다.

---

126) 李奎報, 「彈鋏歌」 『東國李相國集』 卷9.

2. 出仕 이후의 農村에 관한 認識

1) 出仕前期

이규보는 神宗 2년(1199, 32세) 6월의 頒政에서 全州牧 司錄兼掌
書記로 보임되었다. 그 해 9월 전주로 부임하여 이듬해 12월 파직
당할 때까지 약 1년 3개월의 지방관 생활을 하게 된다. 거기서 이규
보는 參軍의 임무, 즉 군사적으로 管內 46邑의 주현군의 지휘와, 이
들을 동원한 工役을 수행하고, 記官 등의 향리를 거느리고 각종 簿
書의 처리, 民訟의 해결 및 外獄囚 監檢 등의 刑獄, 監倉의 임무, 租
稅 부과의 임무, 각종 表文 및 祭神文의 작성, 기우제·城皇神에 대
한 제사 등의 임무를 수행하였다. 또 관내 바다의 배를 조사하고 水
村·沙戶·漁燈·鹽市를 遊閱하였다. 그 외 안찰사를 위시한 王使
의 명령을 받들어 일을 처리하고, 冬至賀狀과 正旦賀狀 등을 작성
하여 중앙의 要路 및 안찰사 등에게 바치기도 하였다. 이처럼 그는
관리직인 牧使와 通判 밑에서 戶長과 함께 향리들을 일선에서 거느
리면서 행정실무를 장악, 대민업무의 실질적 수행자로서 관리직의
對民 방패막이로서의 역할을 수행하였다. 이를 위해 전주의 직할
속읍과 관내 영군현 및 그 속읍을 순찰, 지휘 감독하였다.[127) 대민
업무의 실질적 종사자로서 이규보가 전주목의 통치에 임하는 자세
가 어떠하였는가는 다음의 자료를 통해서 알 수 있다.

　　무릇 고을을 다스리는 요점은 관대함(寬)과 엄함(猛)을 알맞게 하

---

127) 金晧東,「高麗 武臣政權時代 地方統治의 一斷面－李奎報의 全州牧
　　'司錄兼掌書記'의 活動을 중심으로－」.

는 데서 벗어나는 것이 아닙니다. 지난번에 제가 전주를 다스릴 때
에 자못 가혹하다는 소문이 들릴 때가 많았는데, 도리어 이렇게 말
씀드리니 진실로 내가 다스리던 대로의 상태가 아닙니다. 그러나 정
사는 한가지 법만으로 하는 것이 아니라, 반드시 먼저 백성의 성질
을 본 다음에 緩急을 참작해서 하는 것이니, 이보다 더 좋은 방법은
없는 것입니다. 전주는 옛날의 백제 땅으로, 그 성질이 아주 사나와
관대한 정사로는 다스릴 수 없기 때문에, 억지로 형벌을 쓰게 된 것
이요, 본심으로 한 것이 아닙니다. 그러나 속을 모르는 사람들이 오
히려 가혹하다는 이름을 붙였습니다. 만일 전주 같은 데가 아닌 지
방에서 한결같이 엄하면 백성이 부대끼어 떠나갈 것이요, 한결같이
관대하면 백성이 방자해져서 완만할 것입니다.[128]

　그는 고을을 다스리는 요점으로서 民性에 따라 寬과 猛을 알맞
게 하는데 있다고 하면서, 전주는 옛 백제 땅으로 그 성질이 아주
사나와 관대한 정사로는 다스릴 수 없기 때문에 가혹하다는 평을
들을 만큼 用刑하였다고 하였다. 이규보의 전주관은 아마도 태조
왕건의 訓要十條 이래의 중앙정부의 전주관의 연장선상이라고 할
수 있다. 이것은 현종 2년(1011) 契丹의 제3차 침략 때 羅州로 顯宗
이 몽진하던 중 全州 參禮驛에서 全州節度使 趙容謙의 영접을 받
을 무렵 朴暹이 "전주는 곧 옛 백제로서 聖祖(太祖)도 싫어한 곳이
다"라고 한데서 잘 알 수 있다.[129] 더욱이 명종 6년(1176)과 그 이
듬해에 걸쳐 전주목의 속읍인 金馬郡에서 미륵산을 중심으로 농민
항쟁이 창궐하였고,[130] 명종 12년(1182)에는 전주에서 司錄 陳大有
가 戶長 李澤民과 함께 官船 제조를 위해 州縣軍 소속의 精勇·
保勝軍에 대한 가혹한 역역 동원을 하자 旗頭 竹同 등이 官奴 및
不逞者와 더불어 봉기한 적이 있었기 때문에[131] 이규보는 '猛'에

128) 李奎報, 「與某書記書」 『東國李相國集』 卷27.
129) 『高麗史節要』 卷3, 顯宗 2年 正月 辛巳.
130) 『高麗史節要』 卷12, 明宗 7年 2月.
131) 『高麗史節要』 卷12, 明宗 12年 3月.

기준을 두어 전주목 통치에 임하였던 것이며, 이로 인해 결국 가혹하다는 평을 듣게 되었다. 이미 권력지향적이고 중앙지향적인 속성을 가진 채 대민통치에 있어서 '猛'을 구사하고자 하는 이규보로서는 향리랑 백성들은 생산력의 담당자로서, 혹은 지방사회를 지금껏 유지시켜 온 원동력으로서보다는 한갓 추한 늙은 원숭이나 놀란 노루와 같은 모습으로 비칠 뿐이었다.[132] 더욱이 토착세력들인 强豪들을 억제하는데 어려움을 겪는가 하면 상관인 通判과의 심한 알력을 겪음에 따라 외관으로서의 직무 수행에 깊은 회의에 빠져든 이규보는 「莫謂爲州樂」과 「自貽雜言」에서 격무와 박봉에 대한 불평을 토로하면서 방을 두드리며 부질없는 세월만을 보내는 나락 속으로 빠져들곤 하였다.[133] 비록 그가 여기서 '가난한 마을에 세금 차마 부과하겠나 감옥에 가득한 죄수들 안타깝구려'라고도 하였지만, 속읍인 낭산의 창고를 조사하고 난 후 지은 시에서 보다시피

> 백화 같은 駱馬 나는 용보다 빠르니
> 산밑으로 기나긴 길을 달려갔네
> 나와서 맞는 고을 아전 늙은 원숭이 같고
> 마을 백성 도망치니 놀란 노루 같구려
> 이미 많은 곳간에서 紅腐가 쌓인 것을 보았으니
> 한잔 술로 푸른 향기를 마신들 어떠리
> 부끄럽구나 옛날 한가히 놀던 사람이
> 참군과 장기를 지내고 또 감창도 하는구나[134]

---

132) 李奎報, 「十一月二十日出宿屬郡馬靈客舍(略)」 『東國李相國集』 卷9. "蕭條古縣枕山根 只對村胥貌似猿"; 「朗山縣監倉後有作」 『東國李相國集』 卷9. "郡吏來迎如老狖 村民走避似驚麏"; 「自古阜夜入金溝縣書壁上」 『東國李相國集』 卷9. "凌晨離古阜 侵夜入金溝 貪吏猶逃鼠 愚民似沐猴"; 「南行月日記」 『東國李相國集』 卷23.

133) 李奎報, 「莫謂爲州樂 四首」; 「自貽雜言 八首」 『東國李相國集』 卷9.

조세행정의 집행자로서의 곳간에 쌓인 紅腐를 볼 뿐, 무엇 때문에 촌민이 놀란 노루처럼 달아나고 郡吏가 늙은 원숭이처럼 찌들었는지에 대해서는 대민 지방관의 일원으로서의 관심을 전혀 보여주지 못한다. 이의 이해를 위해 그의「南行月日記」등을 통해 낭산과 같은 전주의 속읍들의 처지가 어떠했는가를 살펴본 후 다시이 시를 음미해 보고자 한다.

> 全州는 完山이라고도 일컫는데 옛날 百濟國이다. 인물이 번창하고 가옥이 즐비하여 故國風이 있었다. 그러므로 그 백성들은 질박하지 않고 아전들은 모두 士人과 같아, 행동거지의 신중함이 볼 만하였다. … 1월 기사일에 비로소 屬郡들을 두루 다녀 보았더니, 馬靈·鎭安은 산곡간의 옛 고을이라, 그 백성들이 질박하고 미개하여 얼굴은 원숭이와 같고, 杯盤이나 음식에는 오랑캐의 풍속이 있으며, 꾸짖거나 나무라면 형상이 마치 놀란 사슴과 같아서 달아날 것만 같았다. 산을 따라 감돌아 가서 雲梯에 이르렀다. 운제에서 高山에 이르기까지는 높은 봉우리와 고개가 만 길이나 솟고 길이 매우 좁으므로 말에서 내려 걸어갔다. 고산은 다른 군에 비하여 질이 낮지 않았다. 고산에서 禮陽으로, 예양에서 朗山으로 갔는데, 모두 하룻밤씩 자고 갔다. … 伊城에 들어가니, 民戶가 凋殘하고 籬落이 蕭條하여 客館도 草家요, 아전이라고 와 뵙는 자는 4~5인에 불과하였으니, 보기에 측은하고 서글펐다.[135]

고려 군현제도의 구조적 특징의 하나인 주읍과 속읍의 차이, 즉 입지조건의 우열, 人戶의 繁耗, 民度의 隆替, 향리의 대조적 양상을 이만큼 잘 묘사해 주는 자료는 흔하지 않다. 그러나 이규보가 전주에서 지은 그 어느 글에도 당시 군현조직의 구조적 모순과, 거

---

134) 李奎報,「朗山縣監倉後有作」『東國李相國集』卷9. "白花飛駱乘龍驤
    行盡山邊一路長 郡吏來迎如老狖 村民走避似驚獐 千囷已厭觀紅腐
    一斝何妨酌碧香 可愧昔年閑放客 參軍掌記又監倉"
135) 李奎報,「南行月日記」『東國李相國集』卷23.

기에 찌든 농촌과 농민의 실상을 직시해 주는 글귀는 보이지 않는
다. 무엇 때문에 속읍의 촌민이 놀란 노루처럼 달아나고 郡吏가 늙
은 원숭이처럼 찌들었는지에 대해서 언급이 없는 것이다. 지역권
을 바탕으로 상호연대책임을 지게 한 고려의 계수관중심의 광역단
위의 권역별 군현제도는 외관의 극소화, 향리층의 수적 극대화 속
에서 국가－재향세력을 축으로 하는 대농민 지배방식을 채택하였
기 때문에 국가, 재향세력의 민에 대한 불법적 수탈이 용이할 수
있는 구조적 모순을 안고 있었고, 자연 외관의 손이 미치지 못하는
속읍에 있어서의 그것은 더욱 심할 수밖에 없었다. 또한 속읍 보다
는 주읍, 주읍 가운데 계수관인 대읍에 권력집중을 초래하여 중앙
에서 주읍 단위로 획정되어 내려온 부세수취나 역역 등의 제 부담
의 경우 상대적으로 속읍 및 향소부곡 등에 가중될 수밖에 없었다.
속읍은 상대적으로 개발이 뒤떨어졌음에도 불구하고 그 주민들은
경제적으로 뿐만 아니라 신분적으로까지 불리한 처우를 받게 되어
주민의 이탈현상이 두드러지게 되었다. 그리하여 12세기 중엽이래
속읍을 중심으로 이촌유망 현상이 두드러지게 되었고, 상대적으로
중앙정부는 속읍에 현령·감무를 파견하여 유민의 안집을 꾀하려
고 하였다. 그러나 문벌귀족 사회의 모순이 격화되고, 나아가 무신
쿠데타 이후의 권력쟁탈과 반동적 체제의 구축으로 인해 가혹한
부세수탈과 세정문란이 확대됨으로써 계수관중심의 광역단위의
권역별 군현제도의 구조적 모순은 더욱 노정되었다. 바로 주읍에
의한 속읍에 대한 조세의 부과 및 역역동원의 가중한 부담으로 인
해 낭산의 촌민 및 향리들이 주읍의 관원을 보면 마치 놀란 사슴,
혹은 원숭이와 같은 몰골을 하면서 달아나듯 할 수밖에 없었던 것
이다. 그러나 계수관이 파견된 대읍, 그리고 주읍의 지방관으로서
의 직무를 맡고 있었던 이규보로서는 관내 영읍과 속읍으로부터

각종 조세와 역역 동원 등의 원활한 수취를 책임지고 있었기 때문
에 계수관중심의 광역단위의 권역별 군현제도의 구조적 모순에 대
한 인식은 커녕 거기에 매몰되어 있었을 뿐이다. 7품의 사록겸장서
기인 이규보가 領知事府郡縣들의 冤獄을 감찰하던 중 進禮縣에
이르렀을 때 마침 부재중인 같은 품계의 縣令과 8품의 縣尉가 밤
2경에도 불구하고 8,000여 보를 급히 달려와 지성으로 받들자 잠자
던 척 하던 그가 대접을 응한 것이나,136) 同年進士 黃敏仁을 保安
縣에 보내어 馬浦大王에게 제사지내면서,

> 내가 다스리는 完山은 한 지방의 중심이고, 대왕이 맡은 마포도
> 완산의 소속이라, 長官의 관리로서 下邑의 귀신에 대해 절을 하지
> 않고 읍하는 것이 예에 있어서 마땅하리137)

라고 한 것에서 전주의 속읍 및 영읍에 대한 상급관청의 관원으로
서 군림적 태도를 엿볼 수 있다. 이런 입장의 그로서는 대읍중심의
군현제도의 모순의 인식은커녕 농민의 처지에 대한 올바른 인식은
불가능한 것이다.

전주목 지방관들의 중요한 임무의 하나는 당시의 재목창인 변산
의 벌목이다.

> 12월에 朝勅을 받들어 邊山에서 伐木하는 일을 맡아보았다. 변산
> 이란 곳은 우리나라의 材木倉이다. 궁실을 수리 영건하느라 해마다
> 재목을 베어내지만 아름드리 나무와 치솟은 나무는 항상 떨어지지
> 않는다. 내가 벌목하는 일을 늘상 감독하므로 나를 '斫木使'라고 부
> 른다. 나는 노상에서 장난삼아 다음과 같은 시를 지었다.

---

136) 李奎報,「南行月日記」『東國李相國集』卷23.
137) 李奎報,「全州重祭保安縣馬浦大王文」『東國李相國集』卷37.

군사 거느리고 권세부리니 그 영화 자랑할 만한데
벼슬 이름 斫木使라 하니 수치스럽기 그지없네

이는 나의 맡은 일이 擔夫·樵者의 일과 같기 때문이다.

상기 자료에서 보다시피 이규보는 항상 벌목을 감독하기 때문에
'斫木使'라고 불리워질 정도였다. 그런데 변산의 벌목행위는 전주
관내의 46州의 농민을 동원하여 농한기에 이루어지고 있다.[138] 결
국 추위와 굶주림에 처한 농민들을 동원한 役事였지만 이규보의
벌목에 관련된 글 어느 곳에서도 이러한 지적은 없다. 도리어 앞의
자료에서 보다시피 '작목사'라 불리우는 데에 수치를 느낄 뿐이었
다. 앞에서도 이미 언급한 바 있듯이 1182년(명종 12)에는 전주에서
司錄 陳大有가 戶長 李澤民과 함께 官船 제조를 위해 州縣軍 소
속의 精勇·保勝軍에 대한 가혹한 역역동원을 하자 旗頭 竹同 등
이 官奴 및 不逞者와 더불어 봉기한 적이 있었다. 그런데 봉기의
원인으로 일컬어지는 관선제조에는 상당한 량의 목재가 필요하다.
전주의 속읍인 보안현의 변산은 당시의 재목창이었다. 여기에서의
벌목에서부터 목재의 운반 및 관선제조의 전 과정에는 전주관할하
의 총 46개 읍의 농민들의 동원이 농한기의 시작과 동시에 몇 달간
이나 동원되었을 것이다. 이 때의 역사가 3월에 이르도록 끝나지
않음으로써 農時마저 박탈당하는 상태 속에서 농민들의 불만이 결
집되어 무력항쟁으로 일어나게 되었던 것이다.[139] 이를 고려할 때
이규보가 벌목을 독려하면서 지은 「三月又到保安縣江上課木」의
시를 살펴보면

---

138) 金晧東, 1987, 「高麗 武臣政權時代 地方統治의 一斷面－李奎報의 全
　　州牧 '司錄兼掌書記'의 活動을 중심으로－」.
139) 金晧東, 1994, 「12·13세기 농민항쟁의 전개와 성격」『한국사』6, 한길사.

봄 한 철에 세 번이나 이 강머리 지나거니
나랏일인데 어찌 쉴 틈 없다 원망하랴
만리 거센 파도 백마가 달리는 듯
천년 묵은 늙은 나무 창룡이 누운 듯
바닷바람은 어촌의 젓대 소리 불어 보내고
물가 달빛은 포구의 나그네 배 맞아주네
뒤따르는 마부 아이 아마도 괴이타 여기리
좋은 경치 만날 적마다 멈춰서서 머뭇거리니[140]

그 어느 곳에도 3월에 이르도록 農時를 빼앗기고 力役에 동원되
어 있는 농민의 어려운 처지를 담지 못하고 있음을 알 수 있다. 그
는 그 보다는 자신의 쉴 틈 없음에 더 관심을 갖고 있고, 주변의 풍
치 구경에 여념 없는 모습을 보여줄 뿐이다.[141] 이런 점에서「莫謂
爲州樂」의 시에서 "가난한 마을에 세금 차마 부과하겠나 감옥에
가득한 죄수들 안타깝구려"라고 한 것, 그리고「自貽雜言 八首」에
서 "이 몸이 나찰도 염라대왕도 아닌데 날마다 죄수를 다루니 창
자가 끊어지는 듯 젓대와 피리 소리도 자주 들으면 싫은데 곤장 소
리 들으면 어찌 상심하지 않을까"한 것은 결코 농민의 가혹한 처
지에 대한 이해에서 비롯된 것이 아니다. 다만 고을살이의 적은 보
수와 격무에 대한 불평을 토로하는 과정에서 곁 가지쳐 나온 것,
즉 매맞는 농민의 참상을 볼 적에 비명이 나오는 것이고 그러한 참
상 현장에서부터 빠져나가고 싶은 것과 같은 것일 뿐이다.[142] 이런
입장의 그로서는 당시 南原에서 농민항쟁이 일어났을 때 결국 제

---

140) 李奎報,「三月又到保安縣江上課木」『東國李相國集』卷10.
141) 그 외『東國李相國集』卷9~10 등에 실려있는 시들, 즉「二月復指扶
    寧郡馬上讀小畜詩用茶園詩韻記所見」,「題浦口小村」,「萬頃縣路上」,
    「渡赤城江」등의 대부분의 시들은 바로 그러한 시들이다.
142) 朴菖熙, 1987,「이규보의 본질에 대한 연구-그의 30대에서의 관료지
    향성에 대하여-」『外大史學』창간호, 한국외대학교 사학연구소.

한적 시각을 보여줄 뿐이다. 남원을 안무한 尹威에 대한 頌을 통해
그것을 살펴보기로 한다.

라) 承安 5년(신종 3, 1200)에 나는 완산을 다스리고 사업 윤공은 나아
가 廉察使가 되었는데, 그 지방에서 존경하고 두려워하였다. 당
시 남원에 불순분자가 있어 작당하여 산을 의지해 굳게 둔을 치
고 반역을 도모하려 하는데, 그 고을 관원들이 나약하여 제압하
지 못하고 달려와 염찰사에게 보고하였다. 이날 공은 單騎로 府
中에 들어가서 禍福으로 설득시키니, 도적들은 감격하여 울면서
명령을 듣지 않는 자가 없었다. 그래서 괴수 2~3명만을 주참하고
나머지는 다 놓아주어 곧 안정을 이룩하니, 온 경내가 경하하였
다. 나는 이 소식을 듣고 嗟嘆하는 것만으로는 부족하여 삼가 短
頌 한 수를 지어 멀리 行軒에 바친다.

　　帶方이라 古郡은 남방의 오른 팔이네
　　한 팔이 만약 꺾이면 몸을 어떻게 사용하리
　　땅이 넓고 사람이 사나와서 逆詐의 무리가 봉기하였네
　　완악한 도적떼가 있어 반역을 도모하려고
　　평민들을 협박하여 개미떼처럼 집결하였네
　　산을 등져 스스로 굳히고 칼을 갈아 날을 세웠네
　　간간이 나와 약탈하여 그 식량을 충당하였네
　　뿌리 차츰 굳게 박히니 뽑아내기 쉽지 않네
　　父老들은 황급하여 토끼처럼 도망하고 사슴처럼 달아나고
　　그 고을 관원들은 얼굴에 땀이 물처럼 흐르네
　　달려와 염찰사에게 아뢰는데 말이 나오자 눈물이 떨어지네
　　공은 이르되 너희들은 어찌 일찍 방비하지 않았더냐
　　거북과 옥이 궤 속에서 훼상되면 이는 누구의 수치인가
　　너희들이 이미 제압하지 못했으니 내 어찌 그를 차마 보겠느냐
　　그 날로 길을 떠나 수레에 멍에 메울 겨를도 없었네
　　노기를 떨치고 府中에 앉아 급히 적의 괴수를 불러들였네
　　명령하여 앞으로 나오게 해서 생사를 가지고 설득시키니
　　도적이 울며 복종하고 칼과 창을 던져 버렸네
　　그 괴수만을 주참하고 나머지는 다스리지 않으니
　　많은 도적떼들이 마음을 고쳐 의를 사모하였네

모두 말하되 우리들은 처음 사리를 알지 못하고
미친 말을 탄 것처럼 치달리니 정지하기 어려웠네
그 힘을 이길 수 없어 남에게 고삐를 잡아 달라 하였네
만약에 이 사람이 없었던들 몸 상하고 목숨 잃었으리
아 우리들은 어쩔 수 없어 그랬었네
공이 만약 정지시키지 않았던들 우리가 어디로 갔을는지
부로들은 이제 살았다고 춤추고 기뻐하네
모두 말하되 우리 공이시여 우리를 범의 입에서 구했네
우리들의 목숨은 실로 우리 공이 주신 것이라오
칭송 소리 바람따라 천리에 우렁차네
큰 공과 높은 이름이 천지와 동등하구려
노래로 형용한 자는 완산의 미미한 관리로세[143]

　　전주목의 領邑인 南原府에 발생한 逆詐의 무리들은 평민들을
협박하여 개미떼처럼 집결하였다고 한 것으로 보아 실상 농민항쟁
의 성격을 띤 것으로 볼 수 있다. 남원의 농민항쟁군은 산을 등지
고 있었다는데서 부세수탈과 역역동원을 피해 산골짜기로 숨어든
유망농민층을 주축으로 하였음을 추측할 수 있다. 이들은 험준한

---

143) 李奎報,「尹司業威安撫南原頌幷序」『東國李相國集』卷19. "承安五
年 予理完山 司業尹公 出爲廉察 一方畏敬 時南原有群不逞 嘯聚黨
與 屯山自固 圖爲叛逆 守倅不得制 奔報廉察使 是日公以單騎入府
喩以禍福 賊徒無不感泣聽命 於是誅首謀者二三人 餘皆赦之 便致安
定 闔境慶抃 予聞之嗟嘆不足 謹成短頌一首 遙獻于行軒
　　帶方古郡 維南右臂 一臂若折 於身何使 地廣人悍 逆詐鋒起 有頑賊
類 圖爲不軌 驅脅平民 聚結如蟻 負山自固 兵犀利 間出慄奪 充其粮
糒 植根漸牢 拔之不易 父老驚惶 免奔鹿赿 曰守曰 面汗如水 奔告使
軒 言出涕隨 公曰爾曹 何不早脩 龜玉毀櫝 是誰之恥 爾旣不制 吾其
忍視 卽日命駕 其車不 奮瞽坐府 急召渠帥 命之使前 喩以生死 賊泣
聽命 捨兵擲鋤 但誅首謀 餘悉不理 林林賊徒 革心慕義 咸曰我曹 初
不自揆 如馭狂馬 奔突難止 其力莫勝 債人執 若無是人 身敗命棄 嗟
嗟我曹 無奈類是 公若不止 吾走何指 父老再生 抃躍以喜 咸曰我公
脫我虎齒 緊我首領 實公之賜 頌聲隨風 洋溢千里 功碩名大 齊天等地
歌以形容 完山未吏"

산악의 지형지세를 이용한 유격전술을 구사하면서, 그 주 공격목
표로서 수탈의 직접 가해자인 父老, 즉 土豪들과 지방관을 대상으
로 하고 있었음을 앞의 頌을 통해 알 수 있다. 이규보가 전주목 사
록겸장서기로서 활약할 당시의 농민항쟁은 주로 경상도를 중심으
로 격렬하게 전개된 것으로 이해되고 있다. 그러나 이 자료를 통해
당시의 농민항쟁이 경상도 일원에만 국한된 현상이 아님을 알 수
있다. 이러한 분위기 속에서 중앙의 집권층이나 지방관들은 농민
항쟁을 미연에 방지해야 한다는 절박감을 갖고 있었다. 바로 전주
목 관내의 남원부에서의 농민항쟁 발생은 이규보를 위시한 이곳
지방관들에게 커다란 위기감을 조성시켰고, 결국 염찰사 尹威에
의해 무력진압이 가해졌을 것이다. 그러나 남원의 농민항쟁세력의
주 공격목표가 地方官과 父老들에게 행해졌음을 고려할 때 지방
관들로서는 문책의 여지가 있을 수 있는 상황 하에서 농민항쟁의
원인을 다른 데서 구할 수밖에 없었고, 그 진압의 과정에서도 농민
항쟁군을 禍福으로 설득하매 자진 소멸된 것으로 결론지었을 것이
다. 이규보가 농민항쟁의 원인을 전주관의 연장선상에서 '地廣人
悍'을 듦으로서 마치 남원인들의 인성적 문제에 국한시키고 마는
것은 이와 연관이 있을 것이다. 그러나 이 시기의 여타의 농민항쟁
이 사회경제적 모순의 누증에서 비롯된 것임을 상기할 때 그의 농
민항쟁에 관한 시각이 그만큼 편향된 것임을 말해 주는 것이고, 그
것은 곧 당시 농민들의 삶에 대한 이해의 부족에서 나오는 것이기
도 하다. 결국 이런 입장으로서의 이규보로서는 농민항쟁의 진압
에 있어서도 염찰사 윤위가 '노기를 떨치고 府中에 앉아 급히 적의
괴수를 불러들여, 명령하여 앞으로 나오게 하여 생사를 가지고 설
득시키니 도적이 울며 복종하여 칼과 창을 던져버리게 되었다'고
할 수밖에 없었을 것이다.

이상을 통해서 볼 때 이규보의 전주목 사록겸장서기로서의 활동은 오직 지방관으로서의 임무 수행을 위한 노력으로 그칠 뿐이다. 농촌과 농민의 삶을 이해하고, 이들이 보다 나은 삶을 영위할 수 있도록 하기 위한 자신의 역할에 대한 자각이란 없었다고 볼 수 있다. 그는 오직 전주에서 지방관으로서의 淸白과 精勤에만 기준을 두고 봉사하고자 하였을 뿐이었다. 지방관으로서의 가치를 이에만 둔 이규보로서는 결국 통판과의 갈등 속에 면직 당하고 말았을 때 당혹과 失意를 깊이 느끼지 않을 수 없었다.

전주목 사록겸장서기로서 면직 당한 후 개경으로 돌아온 이규보는「自嘲」를 통해 자신의 청백 때문에 결국 무고를 입어 파직되었음을 애써 강조하면서 "농사꾼 되는 것이 제격에 맞으니 돌아가 호미 메고 농사나 지어라"라고 하여 '歸農'을 읊게 된다.[144] 그러나 그의 歸農은 실상 개경으로 상경, 즉 그의 別業이 있는 곳으로의 歸農, 地主로서의 삶을 의미하고, 또한 결코 권력지향적이고 관료지향적인 속성을 버린 것은 아니다. 어쨌든 이때부터 그가 다시 관직으로 나서기 이전까지 관인으로서가 아니라, 지주로서의 입장에서 농사, 농민들과 호흡을 같이하게 된다. 이 시기 몇 편의 농사와 농민을 소재로 한 시를 짓고 있다. 이는 그가 대민지방관으로서 전주에 있었을 당시보다 훨씬 더 풍부한 량이다. 우선 그를 열거해 보면 다음과 같다.

마) ① 손수 농원에 오이 심어 옛 동릉후 본받으니
　　연한 덩굴 고랑에 가득한데 푸른 수염이 길구나
　　너에게 만길 架子 놓아줄테니

---

144) 李奎報,「自嘲 入京後作」『東國李相國集』卷10. "冷肩高磊落 病髮短蕭疏 誰使爾孤直 不隨時卷舒 誣成市有虎 正坐水無魚 只合作農老 歸耕日何鋤"

하늘 끝까지 뻗어 올라가야 한다145)

② 게으르니 양도부 지을 생각이 없는데
하물며 왕 부를 본떠 논을 저술하겠는가
멀리 반 낭이 삼봉에 즐겨 놀던 일 생각하고
다시 진 번의 한 간 집 거칠어져도 그대로 둔다
작은 뜰에 옮겨 심은 꽃 손을 청해 완상하고
이웃집에 술 있으니 아이 보내 사온다
무엇 하러 세상일에 관심을 둘 것인가
출처와 비환이 모두 팔자인 것을

여강에 돌아가 물가의 마름이나 읊을까 하면서도
아직 서울에 머물러 귀밑의 봄만 잃었네
스스로 밭이랑에 물 대는 농첨지라 하지만
남들은 세상을 얕보는 고고한 사람이라 하네
담화하는 가운데선 공연히 손을 놀래주고
자면서 코고는 소리 몇 번이나 이웃을 들렸던가
술목이 마를 땐 수시로 무슨 물건이 필요한가
잘 익은 앵두 따서 싱그러움 맛본다146)

③ 문 닫았으니 손은 오지 않고
차를 끓여 먹자고 중과 약속한다
쟁기 메고 다시 농사 배우니
전원에 돌아갈 날 있으리라
가난하니 빨리 늙는 것이 좋고
한가하니 더디 지는 해가 싫구나
점차로 늙고 병들어 가니
등한하고 게으름 이것 뿐 아니다
　　　…
차라리 농사짓는 늙은이 될지언정
돈 주고 벼슬하기 부끄럽게 여긴다
녹을 타 먹는 것은 우리에 갇힌 원숭이요
세상 일 잊으니 나는 새의 경지이네
깊이 숨길수록 옥은 절로 돋보이고

---

145) 李奎報, 「城東草堂理瓜架」『東國李相國集』 卷10.
146) 李奎報, 「申酉五月草堂端居無事 略」『東國李相國集』 卷10.

캐 가지 않는다고 난초가 어찌 슬퍼하랴
기뻐하는 건 어린 아이들이
쫄랑쫄랑 내 평상에 둘러앉은 것이네[147]

④ 아름다운 벼 크지도 못한 채 반쯤 시들었으니
오는 구름에게 묻노라 비를 내릴 건가 안 내릴 건가
헐떡이며 물 퍼서 대는 것 참으로 우습기만 한게
천 이랑을 한 방울 물로 축이려는 것 같구나[148]

⑤ 노적가리 높이 쌓였으니 새들 모여들고
베다 빠뜨린 이삭은 牛羊에게 맡겼네
길에서 마을 노인 만나 풍년이란 말 들었으니
금년에 뉘 집인들 향기로운 술 없으랴[149]

위의 시들에서 손수 농원에 오이 심고, 밭 매고 마당 쓸고, 밭이랑에 물대는 농첨지를 자처하고, 쟁기 메고 다시 농사 배운다고 하지만 그것이 곧 농부들의 농사일과 같을 수 없다. 그것은 다만 가진 자로서의, 즉 지주로서의, 그리고 관직에서 물러난 상태 하에서의 한가로움과 무료함을 달래는 소일거리로서의 의미를 지닐 뿐이다. 여기에는 결코 농사꾼으로서의 진정한 체험과 노력의 땀이 배어 있지 않음은 물론이다. 그렇기 때문에 가뭄에 부질없는 짓인 줄 알면서도 논밭에 한 방울의 물이라도 대지 않을 수 없는 농부의 처절한 몸부림이 그에게는 한갓 우습게 보일 뿐이었다. 오히려 그는

---

147) 李奎報,「又次新任草屋詩韻 五首」『東國李相國集』卷10.
148) 李奎報,「旱天見灌田」『東國李相國集』卷10. "嘉禾未秀半焦枯 但問來雲作雨無 楊楊灌田眞可笑 千畦一滴若爲濡"
149) 李奎報,「過松林縣」『東國李相國集』卷11. "霜積崇困馴鳥雀 刈殘遺穗付牛羊 路逢村叟聞佳語 今歲誰家不酒香" 이 시의 바로 앞의 시「謝崔天院宗藩惠羊犯饋病母」는 최종번이 이규보의 병든 어머니를 위해 포를 보내준 것에 대한 감사의 마음을 나타낸 것이다. 그런데 그의 연보에 의하면 그의 어머니는 1202년 5월에 돌아가셨다. 따라서「過松林縣」은 1202년경에 지은 시임을 알 수 있다.

노적가리 높이 쌓인 것에서 향기로운 술을 떠올리기가 십상이었
다. 이런 점에서 위의 시들은 여전히 전원시의 성격을 벗어나지 못
하고 있는 것이다. 차라리 농사짓는 늙은이 될지언정 돈주고 벼슬
하기 부끄럽게 여긴다는 구절에서 그가 아직도 벼슬에 연연해 있
음을 엿볼 수 있을 뿐이다. 그렇기 때문에 그는 驪江, 즉 黃驪에 돌
아갈까도 생각하지만 결국 개경에 눌러붙어 있을 수밖에 없는 중
앙지향적 면모를 보여주고 있다. 따라서 위의 시에서 전원에 돌아
갈 날 있으리라 하는 것도 짐짓 해본 소리에 불과하다.

　전주의 속읍이었던 雲梯縣에 큰 물이 범람하여 죽은 吏民이 이
루 헤아릴 수 없었다는 말을 듣고 지은 시에서,

> 그 중에 교활한 아전들이야
> 비록 죽더라도 이치에 당연한 것이
> 평소에 그 얼마나 침탈하여
> 백성의 고혈로 제 몸 살찌웠던가
> 하지만 어리석은 백성이야 무슨 죄인가
> 하늘의 뜻 참으로 모르겠구나
> 우 임금 다시 나지 않으니
> 늙은이 부질없이 눈물만 흘리네[150]

라고 하여 향리의 백성침탈을 나무라는 시를 지을 수 있었던 것은
전주목 사록겸장서기의 활동의 경험에서 향리들의 대민수탈을 직
접 목도했기 때문에 가능한 것이었을 것이다.

　전주에서 파직당한 후 개경에서 마냥 復官을 고대하고 있었던
이규보에게 경상도 지역의 농민항쟁은 뜻하지 않은 기회의 장이었

---

150) 李奎報, 「七月三日聞雲梯縣爲大水所漂幷序」 『東國李相國集』 卷11.
　　"其間猾吏輩 雖斃固其理 平生幾侵漁 瘠民本何辜 未識皇天意 大禹
　　不復生 老眼空泫淚"

다. 그에 관해 『東國李相國集』의 「年譜」에서는 신종 5년(1202) 12
월에 다음과 같이 밝히고 있다.

> 12월에 동경의 叛徒가 雲門山賊黨과 군사를 일으키므로 조정에
> 서 三軍을 내어 정벌하게 되었다. 이때 軍幕에서 散官・及第 등을
> 핍박하여 修製員으로 충당시킬 때 세 사람을 거치도록 모두 꾀로 회
> 피하고 나아가지 않았다. 공에게 이르자 공은 慨然한 모습으로 말하
> 기를 "내가 나약하고 겁이 많은 자이기는 하나 역시 한 國民인데 國
> 難을 회피하면 대장부가 아니다"하고, 드디어 종군하였다. 따라서
> 막부에서는 매우 고맙게 생각하고 임금께 주달하여 공을 兵部錄事
> 兼修製員으로 삼았으니, 이는 대개 공의 마음을 펴준 것이다.[151]

이 年譜를 통해 우선 확인할 수 있는 것은 당시의 散官・及第의
지식인들이 '東京叛徒'의 진압군의 修製員에 참가하기를 꺼리고
있다는 사실이다. 이규보는 이에 반해 대장부로서 '國難'을 회피할
수 없다고 하여 征東軍에 가담하였다. 이를 통해서 볼 때 이때의
농민항쟁이 지배층에게 커다란 위기감을 가져다주었음을 알 수 있
다. 이러한 위기의식은 당시의 雲門山 草賊을 중심으로 한 농민항
쟁세력에 경주의 낙향문신들의 亡命者들의 후예와 同正職 소유자,
李義旼의 黨餘勢力을 포괄하는 일부 在鄉勢力, 즉 변혁을 지향하
는 지식층이 광범위하게 가담하면서 경상도 및 강원도의 동해안
전역을 세력권 속에 넣으면서 확대되고 있었기 때문이다. 더욱이
이들은 '正國兵馬使'를 자처하며 궁극적으로는 '新羅復興'을 표방
하였다. 이러한 사태로 인해 최충헌정권은 커다란 위기의식을 느
끼지 않을 수 없었다. 이에 신라부흥운동을 민족적인 것에 대한 반
민족인 것으로 몰아가면서 지역적, 분파적인 행동을 비판하기 시
작하였다. 이를 통해 항쟁에 가담하지 않은 재향세력 등과 항쟁군

---

151) 李奎報, 『東國李相國集』 年譜.

의 연결을 차단하면서 체제수호의 차원에서 강경토벌책을 구사하였다.152) 이 방책의 효과적 운영을 위해 征東軍의 일원에 민심의 수습과 회유를 위한 효유문 및 檄文의 작성에 능한 文士의 참여가 요구되었다. 이규보는 바로 이의 임무 수행을 위해 발탁되었다. 실제 정동막중에서 이규보는 바로 이러한 임무, 주로 檄書, 祭文, 醮禮文, 祝願文 등의 작성을 주 임무로 하였다.

남들이 꺼려하는 정동군의 일원으로서 굳이 참여하게 된 이유에 대해 이규보는 대장부로서 '國難'을 회피할 수 없다고 하였다. 재경 부재지주로서 경향간에 지주적 기반을 갖고 있었던 이규보는 농민항쟁에 지식인의 일부가 가담하고 이들이 고려왕조를 부정하는 '新羅復興'을 주장하게 되자 위기의식을 느끼고 이를 '國難'으로 여기지 않을 수 없었을 것이다. 특히 그는 명종 23년 김사미·효심의 봉기가 일어났을 때 강경진압에 나서지 않은 집권층에게 강한 불만을 표한 적이 있었고(자료 나)), 최충헌의 쿠데타 직후에 黃驪를 거쳐 경상도 상주지역까지 내려왔을 때 이 지역의 민들이 항쟁하는 모습을 사실적으로 그려내면서 그에 대한 위기감을 표한 적이 있었다(자료 다)). 더욱이 전주목 사록겸장서기로 재직할 당시 그 영읍인 남원에서 일어난 농민항쟁(자료 라))을 목도한 그로서는 당시의 농민항쟁을 사회변혁을 지향하는 움직임으로 보기보다는 사회의 질서를 어지럽히는 盜賊의 무리, 혹은 逆詐의 무리로 간주하고, 바로 이들에 의해 父老 및 生民들이 비린 피를 뿌리게 된다고 생각하였다. 그렇기 때문에 그는 국가의 강력한 공권력의 투입을 통해 이들을 강경 진압하여야 한다고 생각하고 있었다. 그가 기꺼이 征東軍

---

152) 金晧東, 1982,「高麗武臣政權下에서의 慶州民의 動態와 新羅復興運動」
『民族文化論叢』2·3합집, 영남대학교 민족문화연구소 및 1994,「12·13세기 농민항쟁의 전개와 성격」『한국사』6, 한길사 참조.

의 일원으로서 종군할 수 있었던 것은 바로 이러한 생각의 연장선
상에서 나온 행동이다. 그에게 있어서 이들은 사회의 혼란과 '國難'
을 야기시키는 존재임에 불과한 것이었기 때문에 토벌군의 일원에
참여하여 시종일관 강경진압의 태도를 보여주고 있다.

  이규보를 위시한 征東軍, 나아가서 최충헌정권은 그들의 토벌에
의해 신라부흥군이 쉬이 궤멸되리라고 생각한 듯 하다. 天壽寺에
서 征東軍을 전별하는 자리에서 이규보는 餞客들에게 지어 준 시
를 통해 이규보는 농민항쟁군을 '乳虎'로 표현하고, 적 평정 후의
御宴과 어사화를 그리고 있었고,[153] 현지에서의 토벌에 갓 임했을
때도 적들을 '小賊'으로 표현하고, 한갓 자신의 격서로서 항복 받
아내겠다는 자신감을 표현하면서, 명년 봄 개선가와 더불어 회군
할 것을 기대하고 있었다.[154] 그러나 이규보의 이러한 생각은 잘못
된 것이었다. 그의 예상과는 달리 신종 7년 3월까지 약 2년 2개월
간 정동군막에서 종군하지 않으면 안되었고, 그가 개경으로 돌아
온 후에도 항쟁은 여전히 계속되고 있었다.

  정동군은 시간만 허비할 뿐이었고, 이제 이규보는 초조감을 느
끼지 않을 수 없었다. 이는 이규보가 趙渭南의 일련의 시에 次韻하
여 읊은 「軍幕有感」에 잘 드러난다. 거기에 의하면 적굴이 언제
소탕될지 알 수 없는 상황 하에서 세월이 흘러감을 실감하면서 추
위가 다가옴에도 불구하고 겨울옷도 받지 못할 정도였고, 심지어
신라부흥군의 첩자가 숨어들 정도로 토벌군은 어려움을 겪었
다.[155] 그렇기 때문에 草書로서 군중의 암호로 삼을 정도였다.[156]

---

153) 李奎報, 「壬戌冬十二月從征東幕府行次天壽寺飮中贈餞客」『東國李
    相國集』卷12. "平生不折春盍股 今日將抽乳虎牙 破賊朝天參御宴 紫
    微宮裡揷宣畵 紅旗白刃討黃巾 膽怯書生忝幕賓「予以參謀兼書記」
    楯墨何曾乾一日 東江水盡必生塵"
154) 李奎報, 「幕中書懷示同營諸公」『東國李相國集』卷12.

이제 이규보는 자신의 격서로 적을 항복시켜 보겠다는 자신감을 잃어버리고, 붓끝의 檄書 짓는 자신의 아둔한 모습에 부끄러움을 토로하고 언제 개선가를 부를 것인가를 고대하면서[157] 세월의 흐름에 조갑증을 느끼고 있었다.[158]

정동막중에서 이규보는 주로 檄書, 祭文, 醮禮文, 祝願文 등의 작성을 주 임무로 하였지만, 참모로서 군략을 내기도 하였다. 이규보의 『東國李相國集』(卷38)에는 이규보가 정동군막에서 지은 「奉恩寺告太祖眞前文祭文」, 「天皇醮禮文」, 「黃池院法華會文」, 「黃池院龍王祭文」, 「浮石寺丈六前願文」, 「太一醮禮文」, 「基州太祖眞前祭文醮禮文」, 「天皇前別醮文」, 「祭公山大王文」, 「開泰寺太祖前願文」, 「正旦行天皇醮禮文」, 「山海神合屈祭文祝願文」, 「蔚州戒邊城天神祭文」, 「慶州東西兩岳祭文」, 「祭蘇挺方將軍文」, 「獻馬公山大王文」, 「疾疫祈禳般若法席文」, 「七鬼五溫神醮禮文」, 「太祖前別祭文」, 「天皇別醮文」, 「東京西岳祭文」, 「東岳祭文」, 「戒邊天神前復祭文」, 「東西兩岳合祭文」, 「正旦行天皇醮禮文」, 「公山大王謝祭文」 등이 전하는데, 이를 통해 이규보를 위시한 정동군막, 나아가 최충헌정권의 신라부흥운동에 관한 태도를 살펴볼 수 있을 것이다.

---

155) 李奎報, 「軍幕有感 用趙渭南長安秋晚詩韻」, 「又次渭南潯陽杜校理詩韻」, 「又次渭津東望詩韻」, 「又次漢江秋晚詩韻」 『東國李相國集』 卷12.

156) 李奎報, 「統軍尙書幕觀金上人草書」 『東國李相國集』 卷12.

157) 李奎報, 「軍幕書情 呈簽判朴侍郞仁碩(時屯雲門山)」 『東國李相國集』 卷12. "紅旆風颺半天 碧幢遮日卓高 震空雷吼三軍鼓 冠岀雲屯萬竈煙 筆下檄章慙我鈍 幕中籌策仗君賢 何時縛致渠魁首 一路垂楊奏凱旋"

158) 李奎報, 「復和」 『東國李相國集』 卷12. "已是芳菲二月天 如何猶寓碧山 感公芳酒深淳海 入我乾喉沃滅煙 戰士貪功爭自勇 幕寮邀賞各相賢 唯殘無賴狂癡客 心似方輪未解旋"

라) ① 성조께서 왕업을 일으켜 처음 하늘로부터 명을 받았는데, 지금 醜
邦이 하루살이처럼 결집하여 망령되이 國亂을 야기시키려는 마
음을 품고 있습니다(「奉恩寺告太祖眞前文」).

② 아, 저 陪邑 東京의 어리석고 완악한 俗性이 마치 날개돋친 범 같
아서 차츰 먹이를 고르는 탐심을 품고, 주머니에 피를 담아 점차
射天하려는 흉계까지 꾸몄습니다. 그러나 우리 너그러우신 임금
께서는 경솔히 형벌을 쓰려 하지 않으셔서 아직까지도 大辟을 늦
추시면서 부드러운 말로 타일러 왔으나 더욱 죄만 저지를 뿐, 조
금도 개전하려는 마음이 없으므로 장수를 명하여 징계하게 하시
니, 이 어찌 정벌을 좋아하는 소치이겠습니까?(「天皇醮禮文」)

③ 요즈음 동경의 逆徒들이 미친 듯 날뛰어 기반이 점점 굳어져 날
로 더욱 퍼져 나가고 있습니다. 그러나 국가에서는 아직까지 차마
誅伐을 가하지 않고, 재차 부드러운 말을 내려 禍福으로 타일러
왔으나 오히려 조금도 개전 하는 마음은 없고 더욱 침탈을 자행
하므로 끝내 오늘 죄를 묻는 군대를 내게 되었으니, 이것은 모두
저들 스스로가 불러들인 것이라 누구를 원망하겠습니까. 그러나
우리 임금의 본의는 인물을 많이 살상하려고 하지 않으므로 진실
로 그 백성들이 지난날의 과오를 뉘우치고 용서를 빌면서 모두
유신에 참여한다면, 다 사면하여 벌주지 않고 다시 평민으로 대우
해 줄 생각이시니, 그 살리기를 좋아하고 죽이기를 싫어하는 마음
이 이 같으십니다. 만일 부처님의 신통한 도움을 입어 칼날에 피
를 묻히지 않고서, 항복을 받고 승전을 거두어 개가를 올리면서
班師하게 된다면, 우리 임금의 본의일 뿐만 아니라, 또한 여래가
중생을 사랑하는 本願이기도 할 것입니다(「浮石寺丈六前願文」).

④ 왕명을 어기면 정벌하는 것은 본래 司馬의 九伐法이며, 所在의
군대를 주관하는 것은 太一의 十眞의 위엄입니다. 옛날 신라가
기울 무렵 백제의 횡포에 곤욕을 받았는데, 바야흐로 甄氏의 銳
卒에게 포위되었을 때에, 태조의 구원병이 아니었더라면 거의 살
아남은 백성이 없었을 것입니다. 신라가 항복해 속국이 된 뒤에도
은혜를 입은 것이 적지 않거늘, 아무리 흉악한 풍속이 무지하기로
서니, 우리 先王의 큰 공덕을 잊을 수가 있겠습니까. 남에게 밥을
한번 얻어먹어도 그 은혜를 저버리지 않는 것이거든, 국민이 되어
가지고서 이렇게 심할 수가 있겠습니까. 천벌을 피할 수 있다고
여겨 못된 길로 빠져 반성할 줄 모르니 그 죄를 용서하기 어려운

데, 신인들 어찌 용서하시겠습니까. 지금 軍律을 베풀 때를 당하여 威靈의 큰 도움을 바라, 삼가 제수를 올리고 우러러 沖靈에게 아룁니다. 삼가 바라건대, 흰 칼날을 한번 휘두르면 賊魁가 목을 늘어뜨리고, 긴 활을 쏘면 적괴가 감히 도망갈 수 없게 하여 주소서(「太一醮禮文」).

⑤ 신라가 의를 사모하여 정성을 바쳐 스스로 향응해 오자 來降을 가상히 여겨 경주라는 고을을 두었는데, 어째서 그 자손들이 우리 선조의 은혜를 잊고 횡행하면서 반역하여 禍門을 두드린단 말입니까? 죄를 용서할 수 없어 우리의 三軍을 출정시켰습니다만, 聖祖가 아니시면 누가 후원해 주겠습니까? 基州의 古縣에 遺像이 완연히 계시므로, 寮佐를 보내어 감히 제물을 올리게 하나이다. 바라건대, 沖靈께서는 우리의 애쓰는 마음을 살피셔서 元惡을 쳐 없애어 번성하지 못하게 하여, 우리의 社稷으로 하여금 만세에 더욱 드높게 하여 주시면, 다만 天祿이 후손에게 있을 뿐만 아니라, 先王의 血食도 길길이 끊이지 않을 것입니다(「基州太祖眞前祭文」).

⑥ 장차 下國을 정벌하려고 하매 擧義한 王師라고는 하나 만일 天時를 얻고자 한다면 감히 上帝에게 복을 구하지 않을 수 있겠습니까? 지난 역사의 남은 기록들을 징거하여 東京의 처음 일을 살펴보건대, 태조가 막 天命을 받아 발흥하시매 金傅가 땅을 바쳐 스스로 붙좇았으니 이것이 어찌 城을 공격하여 탈취한 것이겠습니까. 진실로 의를 사모했던 까닭에 그런 것입니다. 그 충성을 가상히 여긴 나머지 그 임금을 尙父의 지위에 책봉하였고, 그 舊國은 존속시켜 留守의 官司로 그 칭호를 높여 주었는데 어찌하여 후세의 백성이 지난날의 우의를 잊고 기강을 문란시키고 상도를 어김이 너무도 지나칠 뿐만 아니라, 또한 백성을 죽이고 物을 해치는 자도 많습니다. 저들이 우리 上都를 대항하는 것이 비록 사마귀가 제 팔 힘을 뽐내는 것과 다를 바 없으나, 그 사나운 자취를 더듬어 보면 豺虎가 군침을 흘리는 것과 같으므로, 그 죄를 성토하여 장차 정벌하려는 것이지, 사실 우리 임금의 본의는 아닙니다(「天皇前別醮文」).

⑦ 아, 저 頑民들이 이를 갈고 피를 빨아 人物을 마구 죽여 비린내를 풍기면서 평민을 동요시켜 놀란 사슴처럼 날뛰게 만들어, 지나는 곳마다 城邑을 모두 함락시키고 聚落에 들어가 불지르고 노략질하여, 모든 집이 잿더미로 변하니 죄악이 진실로 가득 찼으므로,

이치에 당연히 가서 정벌해야 합니다(「祭公山大王文」).

⑧ 臣等은 들으니, 옛날에 甄萱이 강경한 군졸을 거느리고 크게 신라를 치매, 그 예봉을 대적할 수 없자 우리 聖祖께서 일만의 병력을 이끌고 구원하여 그 군졸을 퇴각시켰습니다. 만일 그렇지 않았더라면 신라의 백성들은 종자도 남지 않았을 것입니다. 그렇다면 그 父兄·子弟·妻妾 등이 목숨을 보전하여 잎과 가지처럼 번져서 오늘에 이른 것은 참으로 우리 성조의 힘인 것입니다. 지금 그 자손들이 先王의 은덕을 저버리고 함부로 병란을 일으켜 官家에 반역하니, 이는 은혜를 배반하고 의를 저버리는 불충 불효한 사람들입니다. 先祖가 후손을 염려하는 뜻에 있어 上帝에게 아뢰어 뇌정 같은 노여움을 내리게 하지 않고 차마 이런 무리들이 감히 우리 聖祖께서 草創하신 邦業을 요동시키게 하십니까? 삼가 바라건대, 신의 힘을 빌어 신 등으로 하여금 반역의 무리를 섬멸하여, 곧 승첩을 거두고 다시 이 나라 태평의 기반을 구축하게 하여 주시면, 班師하는 날 아무 일로써 보답하겠습니다(「開泰寺太祖前願文」).

이상에서 보다시피 정동군막의 구성 직후 太祖의 진전이 있는 奉恩寺에서 태조의 眞影 前에 고하는 글을 필두로 하여 행군과 접전을 하면서 寺院을 찾아 기원함은 물론 一善津龍王·公山大王·智異山大王·黃池院龍王, 蔚州戒邊城天神·北兄山神·慶州東西岳神 등 여러 神格에게 제사를 지냈는데, 그 배경에는 군대의 사기 진작과 승리 기원도 있겠지만, 해당지역의 민심의 회유에도 목적이 있었을 것이다.[159] 그러나 무엇보다도 이규보를 위시한 정동군막, 나아가 최충헌정권은 이러한 제사행위를 통해 신라부흥운동을 민족적인 것에 대한 반민족인 것으로 몰아가면서 지역적, 분파적인 행동을 비판하기 시작하였음을 알 수 있다. 신라부흥운동을 고려왕조의 정통을 부정하는 국가전복세력으로 간주함과 동시에, 이들이 '백성을 죽이고 物을 해치는 자'로 간주하고, '이를 갈고 피를

---

159) 蔡雄錫, 1990, 「12·13세기의 향촌사회의 변동과 '민'의 대응」『역사와 현실』 3, 한국역사연구회, 역사비평사.

빨아 人物을 마구 죽여 비린내를 풍기면서 평민을 동요시켜 놀란 사슴처럼 날뛰게 만들어, 지나는 곳마다 城邑을 모두 함락시키고 聚落에 들어가 불지르고 노략질하여, 모든 집이 잿더미로 변하게 하였다'고 함으로써 신라부흥군의 反民的 행위를 대내외에 부각 선전하고 있다. 이를 통해 다른 지역에서의 체제도전 세력의 봉기의 방지와 상호 연결을 미연에 차단하고자 하였다. 신라부흥운동의 실패는 중앙에서의 최충헌정권의 입지를 강화시켜주고, 상대적으로 농민들의 최소한의 삶을 영위하기 위한 노력마저 무력으로 강경 진압하게 하는 빌미를 제공하게 됨으로써 한동안 농민항쟁은 움츠러들지 않을 수 없었다. 그러나 이것은 당시의 사회경제적 모순의 제거에 의한 것이 아니라 어디까지나 강화된 집권력을 바탕으로 한 물리적 통제정책에 의한 것이었다. 여기에는 필연적으로 농민에 대한 착취가 수반될 수밖에 없었다.

이규보는 정동군막에서 근 3년 간 활동하였음에도 불구하고 그간 결코 농민의 삶과 고통, 그리고 이들이 왜 항쟁하게 되었는가에 대해서는 전혀 관심을 보여주지 못하고 있다. 이는 오직 토벌군의 일원으로서 그의 권력지향적인 입장을 일시나마 충족시켜 준 집정자에 대한 國恩 갚기에만 골몰하면서[160] 스스로를 民과 거리를 둔 채 물리적 통제정책의 수행에만 급급하였기 때문일 것이다. 民의 삶과 고통을 보지 못한 그로서는 불국사를 유람하기도 하고, 妓女와 즐기기도 하고,[161] 東萊 浴湯池를 찾을 수[162] 있었던 것이다. 그가 개경에 돌아온 후 정동군막에서 함께 있었던 동료를 만나 지어 준 시에서,

---

160) 李奎報,「朴侍御見和復次韻奉答」『東國李相國集』卷12.
161) 李奎報,「同朴侍御將向梁州泛舟黃山江口占」『東國李相國集』卷12.
162) 李奎報,「同朴公將向東萊浴湯地口占 二首」『東國李相國集』卷12.

> 군막에서 참모로 있은 지 세 해인데
> 서울에서 놀고 지낸 지 또 한 해일세
> 사냥 끝나고 공을 논할 때 누가 으뜸일까
> 요즘은 지시해 준 사람 아예 생각지도 않네[163]

　군막에서의 생활을 사냥(獵)에 비유한 것은 결코 우연한 인식이
아니다. 그는 귀경 후 오직 논공행상에 오르지 못한 자신의 처지에
불만을 갖고 있었을 뿐이다.
　37세(1204) 3월 귀경 후 이규보는 그의 40세가 되던 해에 直翰林
의 權補 발령이 있기까지 최선 등에게 구관을 위한 상서를 하면서
까지 오직 관직 획득의 기회만을 기다리고 있었다. 이 시기에 그가
南田별장으로 떠나는 벗을 전송하면서 지은 시에서

> 구름 같은 부귀 꿈같이 허망한데
> 강남에 대뜸 그윽한 집 마련했구료
> 백옥 황금은 없어질 때 있지만
> 청산 녹수는 마음껏 누릴 수 있으며
> 해는 굴러 인생을 늙음으로 보내고
> 하늘은 넓어 취중에 노닐 곳 되었어라
> 나도 이다음 혼가만 마치면
> 이웃에 띠집 짓고 송추 심으려네[164]

라고 하여, 구름 같은 부귀 꿈같이 허망하다고 하면서 歸田을 읊고
있었지만 결코 개경을 떠날 수 없었다.

---

163) 李奎報,「復京後 略 遇征東軍幕舊寮贈之」『東國李相國集』卷12. "參謀
　　軍幕强三載 浪迹京華又一春 獵罷論功誰第一 至今不記指"
164) 李奎報,「送友人之南田居」『東國李相國集』卷12.

2) 出仕後期

이규보는 그 후 재경관료, 혹은 지방의 수령으로서의 관직을 역
임하면서 때로는 파직, 유배되기도 하지만 몽고의 침입 때 사명의
일을 도맡아 書‧表 등을 짓는 등 그 문명을 드날리게 된다. 그러
나 그가 관직에서 밀려난 때, 그리고 계양의 수령으로서 활약할 때
를 제외하고는 거의 농민들의 처지를 읊은 글을 보여주지 못한다.
다만 그의 재경관료로서의 재직 생활 중 한림관으로 재직하던 시
절, 그리고 諫官으로 있던 시절에 다음과 같은 이례적인 두 편의
시를 남길 뿐이다. 우선 한림관으로 재직하던 시절의 시를 살펴보
기로 한다.

우연히 孺茶詩를 지었는데
그대에게 전해짐을 어이 뜻했으리
시를 보자 花溪 놀이 홀연히 추억되구료
(화계는 차의 소산지인데, 그대가 晉陽에서 簿記를 맡아 볼 때 찾
아가 보았으므로 화답한 시에 언급하였다)
옛일 생각하니 서럽게 눈물이 나네
雲峰의 독특한 향취 맡아보니
남방에서 마시던 맛 완연하구나
따라서 花溪에서 차 따던 일 논하네
관에서 감독하여 老弱까지도 징발하였네
험준한 산중에서 간신히 따 모아
머나먼 서울에 등짐 져 날랐네
이는 蒼生의 애끓는 膏血이니
수많은 사람의 피땀으로 바야흐로 이르렀네
한 편 한 구절이 모두 뜻 있으니
시의 六義 이에 갖추었구나
농서의 거사는 참으로 미치광이라

한평생을 이미 술 나라에 붙였다오
술 얼근하매 낮잠이 달콤하니
어이 차 달여 부질없이 물 허비할 손가
일천 가지 망가뜨려 한 모금 차 마련했으니
이 이치 생각한다면 참으로 어이없구려
그대 다른 날 간원에 들어가거든
내 시의 은밀한 뜻 부디 기억하게나
산림과 들판 불살라 차의 공납 금지한다면
남녀 民들 편히 쉼이 이로부터 시작되리[165]

진주의 서기로 있었던 玉堂 孫得之에게 화계에서의 차 따던 때
의 백성들의 어려움을 말하면서 諫員으로서의 차의 공납 금지에
관한 간언을 할 것을 권한 시라고 할 수 있다. 진주가 최씨정권의
식읍이었고, 신종조 이곳에서 대규모 농민봉기가 있었다는 것을
감안할 때 이 시는 여러 가지의 복합적인 의미가 있다고 하겠다.
그러나 지난날의 얘기를 끄집어내어 짐짓 비판하고, 이를 스스로
탄원하지 않고 손득지에게 짐짓 은밀하게 당부하고 있는 것은 그
의 한계성이라 하겠다. 그러나 이러한 입장의 그였기에 간관으로
활동할 당시에 간관으로의 직무에 충실하고자 하는 노력을 보일
수 있었을 것이다.[166] 간관 시절에 그는 東門 밖에서 들판을 보고

---

165) 李奎報, 「孫翰長復和次韻寄之」『東國李相國集』卷13. "(古今作者雲紛
紛 調戲草木騁豪氣 磨草琢句自謂奇 到人牙頰甘苦異 壯元詩獨窮芳
美如態掌誰不嗜 玉皇召入蓬萊宮 揮毫吮黑銀臺裏 君材落落千丈松
攀附如吾類繁藥) 率然著出孺茶詩 豈意流傳到吾子 見之忽憶花溪遊
懷舊悽然爲酸鼻 品此雲峰未嗅香 宛如南國曾嘗味 因論花溪採茶時
官督家丁無老稚 瘴嶺千重眩手收 玉京萬里頳肩致 此是蒼生膏與肉
擾制萬人方得之 一篇一句皆寓意 詩之六義於此備 隴西居士眞狂客
此生已向糟丘寄 酒酣謀睡業已甘 安用煎茶空費水 破却千枝供一啜
細思此理眞害耳 知君異日到諫垣 記我詩中微有旨 焚山燎野禁稅茶
唱作南民息肩始"
166) 고종 2년(1215)에 右正言知制誥에 임명되어 고종 4년 右司諫知制誥,

다음과 같은 시를 지었다.

> 마른 흙덩이 푸른 들로 변했으니
> 저것이 모두 몇 마리 소의 힘이던가
> 바늘 같은 싹이 누런 이삭 될 때까지
> 수 없는 사람들 노고하여
> 만일 수재 한재 없으면
> 모든 곡식 제대로 수확하겠지
> 농사란 이렇게도 힘든 것인가봐
> 쌀 한 톨인들 어찌 차마 함부로 먹으랴
> 보라 농사 대신 녹 먹는 사람들아
> 마땅히 자신의 직무에 충실할지어다167)

푸른 들판을 보고 농사의 어려움과 쌀의 소중함을 느끼고, 거기서 녹먹는 관리들의 직무에 충실하여야 할 것을 연상할 수 있었던 것은 그의 젊은 시절의 진보적 학문관이 諫官의 직분을 맡음에 모처럼 발현된 것이라 할 수 있다. 그러나 그나마의 간관으로서의 본연의 직무에 충실하고자 하는 그의 노력은 고종 6년 봄에 간관으로의 직무수행의 결과로 인해 탄핵, 면직 당함으로써 무디어지고, 그는 더욱 몸을 사리게 되었다.

고종 6년 5월에서부터 이듬해 6월까지 남경유수관 양주 관할하의 계양의 수령으로 부임하였다. 이때를 전후해 지은 시가 『東國李相國集』 卷15에 43首 전한다. 그 대부분은 통판 혹은 서기 등의 寮友에게 증정한 시, 그리고 客舍나 驛, 사찰 등의 壁上韻에 차운한 시들이 대부분이다. 그것들은 주로 자신이 중앙정계에서 억울

이듬해 左司諫을 거치면서 諫官으로의 직무를 맡게 된다.
167) 李奎報, 「東門外觀稼」 『東國李相國集』 卷14. "乾塊化碧畦 費盡幾牛力 針芒到黃穗 勞却萬人役 幸免水旱災 萬一儻收得 見玆稼穡艱 一粒何忍食 凡以祿代耕 要當鋤乃職"

하게 참소 당하여 이곳으로 귀양온 죄인임을 강조하고, 목을 길게 서울로 내뽑은 채 하루빨리 이 쇠잔한 읍을 벗어나고자 하는 감정을 읊고 있을 뿐이다.

그 가운데서 "사람이 순박하고 일 적어 기쁘기는 하나 땅 박하고 백성 쇠잔하여 차마 볼 수 없네"168) 혹은 "이 고을이 비록 이름난 곳이나 쇠잔하고 파괴되어 옛날에 비하기 어렵네 백성이 주리다 菜色이니 하루인들 어찌 차마 보리요"169)라고 하여 비록 쇠잔한 농민의 모습을 차마 볼 수 없다고 하여 농민의 처지에 대한 관심을 보여주지만, 어디까지나 수령으로서의 일읍의 행정을 책임지고 있다는 관리자로서의 최소한의 관심에서 나온 것이지, 농민의 처지를 이해하고 농민의 삶을 개선해 보겠다는 의지에서 비롯된 것은 아니다. 그렇기 때문에 父老들에게 나를 늙은 농부로 여기고 억울하면 곧 와서 호소하라고 하였지만 한시바삐 계양을 벗어나고 싶은 심정을 토로할 따름이었다.170) 이에 父老들은 마음을 부치지 못하고 방황하는 태수가 마음를 부처 선정을 베풀어주기를 바랄 뿐이었다.171) 善政을 염원하는 桂陽民의 바람에도 불구하고 이규보는 薄俸과 무료함에 대한 불만을 늘어놓을 뿐이었다. 단지 세월의 흐름에 따라 뽕잎이 없어지면 누에고치 생기고 벼 풍년 들면 수많은 소가 고생했음을 연상할 뿐,172) 民의 생활을 개선하거나 그들

---

168) 李奎報,「示通判鄭君 二首」『東國李相國集』卷15. "淳事簡雖堪喜 地瘠民殘不忍看"
169) 李奎報,「管記李君以公事免官 略」『東國李相國集』卷15.
170) 李奎報,「太守示父老」『東國李相國集』卷15. "我是本書生 不自稱太守 寄語州中人 視我如野耇 有蘊卽來訴 如我索母乳 久旱天不雨 是亦予之咎 懇懇謝父老不如速解綬 何須此老醜"
171) 李奎報,「父老答太守」『東國李相國集』卷15. "太守厭吾儕 意欲解腰章 吾州雖瘠薄 地稅龍軒昂 於茲剖符者 不月被徵黃 願公忍須臾 乍復舍甘棠 當有九天使 邀入紫微堂"

과 공감을 나누고자 하는 의도는 전혀 없이, 아래와 같은 고식적인
대민관에 의지할 뿐이었다.

> 달게 먹고 잠 잘 자고요
> 백성의 송사는 까마귀 울음소리에 맡겼네
> 일찍 그 완악함을 벌하지 않았고
> 그 도둑도 꾸짖지 않았소
> 누각에 누워 한가히 노닐면서
> 술 있으면 곤드레 취하였네
> 인정이 각각 같지 않으니
> 늙어서 망령했다 말하지 마오
> 殘民을 급히 다스리기 어려우니
> 무애할 뿐 폭력을 써서는 안되리173)

그러면서도 "자신이 빈민 구제하자 연해 비오니 하늘이 民을 사
랑함을 비로소 알겠도다"174)고 하면서 雨中에서 농사짓는 사람을
보고,

> 나라가 잘되고 못되는 건 民力에 달렸고
> 만인의 생사는 벼 싹에 매였네
> 다른 날 옥 같은 곡식이 일천 창고에 쌓이리니
> 청컨대 땀 흘린 오늘의 공을 기록하소175)

---

172) 李奎報, 「皇甫書記見和壽量寺 略」『東國李相國集』 卷15.
173) 李奎報, 「偶吟示官寮」『東國李相國集』 卷15.
174) 李奎報, 「書衿州倉壁上」『東國李相國集』 卷15. "늙어서 고을 맡아
    책임 다하기 어려워 부끄러움이 심중에 쌓여 이마에 땀이 나네 창고
    의 곡식으로 빈민 구제하자 연해 비 오니 하늘이 民을 사랑함을 비로
    소 알겠도다"
175) 李奎報, 「雨中觀耕者贈書記」『東國李相國集』 卷15. "一國瘠肥民力
    內 萬人生死稻芽中 他時玉粒堆千廩 請記今朝汗滴功"

라고 하여 나라가 잘되고 못됨은 民力에 달렸고, 만인의 생사는 벼
싹에 매였음을 읊고 있다. 그러나 이것을 태수인 이규보 자신의
'오늘의 功'으로 돌려버리고 만다. 그리하여 衿州客舍에 써 놓은
孫舍人의 시에 차운하여

> 금주의 좋은 봄 경치 어이 그리 기이한가
> 작약은 애교 많아 아양 잘 떨고
> 해당은 졸음 많아 비스듬히 드리웠는데
> 술 잔 잡고 꽃다운 시절 감상하네
> 토지가 비옥함은 못 물이 적셔 줌이라
> 습속은 비록 제나라 사람같이 완만하나
> 居民이 다 태평 세대 늙은이 같아서
> 주리고 부른 것으로 안위를 삼네[176)]

라고 하여, 태평함을 읊을 뿐이었다. 결국 그의 나이 53세 때인 고
종 7년(1219) 7월 崔瑀로부터 起居注의 부름을 받자 자신을 배웅하
는 전송객에게 주어진 시에서 '너의 고을이 나를 괴롭게 하여 두
해가 백년과 같았다'고 하였다.[177)]
　재경관료로서의 이규보는 무신정권에 참여하여 권력에로의 길
에 들어선 문인들이 걷던 길, 즉 권력의 정당화·은닉화 작업을 위
한 이데올로기의 분식에 협력 동조하는 한 일원일 뿐이었다. 재경
관료로서 활약하던 이규보는 그의 나이 63세 때인 고종 17년(1230)
11월 팔관회의 侍宴의 차례가 舊例에 어긋난 일에 연루되어 11월
에 渭島로 귀양 되었다가 이듬해 고향인 黃驪縣으로 量移된 후 7
월에 경사로 돌아왔고, 9월에 몽고에 대비하기 위해 백의 종군하여

---

176) 李奎報,「衿州客舍次孫舍人 略」『東國李相國集』卷15. "…皐沃膏潤
　　賴潭池 俗習雖同齊土緩 居民多似老臺熙 肌飽卜安危"
177) 李奎報,「發州有作示餞客」『東國李相國集』卷15.

보정문을 지키다가 고종 19년 4월 귀양에서 풀려나게 되었다. 그가
위도로 流謫될 당시의 심경을 다음과 같이 토로하고 있다.

　마) ① 세 번이나 諫院에 들어갔어도 한마디 말도 없었지만
　　　　　말하려면 혀 있으니 누가 막으랴
　　　　　붓에 먹을 찍어 임금님의 글 초하기 십육년에
　　　　　생각이 말라 헛되이 스스로 괴롭구려
　　　　　청산에 길 있어 너를 막지 않는데
　　　　　어찌 돌아와서 일찍 자리잡지 않았는가
　　　　　사람들은 더러 망령되이 재상되리라 기대하지만
　　　　　이는 다만 속이는 말이니 취하지 말라[178]

　　　② 옛날에 離騷經을 읽고 楚臣을 슬퍼하였는데
　　　　　어찌 오늘 내가 이럴 줄 알았으랴
　　　　　선비(儒)되기 틀렸고 중 되기는 늦었으니
　　　　　아지 못하겠구나 종내 어떤 사람이 될 것인지[179]

　　장래의 현달에 대한 기대가 무너진 허탈감에 사로잡힌 이규보는
자신의 그간의 태도, 한마디 정책의 개진조차 못한데 대한 강한 후
회와 자책에 빠져들게 되었고 주변의 세계로 눈길을 돌리게 된다.
바로 이 시기 이규보는 농민의 처지에 대한 다음과 같은 시를 읊고
있다.

　바) ① 장안의 豪俠家에는 구슬과 패물이 산같이 쌓였는데
　　　　　절구로 찧어낸 구슬 같은 쌀밥을
　　　　　말이나 개에게도 먹이며
　　　　　기름처럼 맑은 청주를 종들도 마음껏 마시네
　　　　　이 모두 농부에게서 나온 것
　　　　　하늘로부터 받은 것이 아니로세
　　　　　남의 노고를 빌어서는

---

178) 李奎報,「自責 有所愼作」『東國李相國集』卷17.
179) 李奎報,「入島作」『東國李相國集』卷17.

　　　　망녕되이 스스로 부자가 되었노라 하네
　　　　힘들여 농사지어 군자를 봉양하니
　　　　그들을 일컬어 농부라 하네
　　　　알몸을 단갈로 가리고는
　　　　매일같이 얼마만큼 땅을 갈았던가
　　　　벼 싹이 겨우 파릇파릇 돋아나면
　　　　고생스럽게 호미로 김을 매지
　　　　풍년 들어 천종의 곡식을 거둔다 해도
　　　　한갓 관에 바치기 위한 것일 뿐
　　　　멀지않아 다 빼앗겨
　　　　가진 것이라고는 한 알도 없네
　　　　어쩔 도리 없이 땅을 파 부자를 캐 먹다가
　　　　굶주림에 지쳐 쓰러진다오
　　　　농사지을 때를 제외하고는
　　　　어느 누가 이들에게 좋은 음식 먹여줄까
　　　　그 노동력을 요구하는 것일 뿐
　　　　네 먹는 입을 위함은 아니리
　　　　희디흰 쌀밥이나 맑디맑은 청주는
　　　　모두가 이들의 힘으로 생산한 것이니
　　　　하늘도 이들이 먹고 마심을 허물하지 않으리
　　　　勸農使에게 말하노니 국령이 혹 잘못된 것이 아니요
　　　　높은 벼슬아치들은 술과 밥이 썩어서 나갈 테지만
　　　　농촌에 또한 사는 사람 있어
　　　　그들은 매양 막걸리를 마셔왔네
　　　　일 없어 노는 이도 안 마실 수 없는데
　　　　농사철의 술참을 어찌 없앤단 밀인가[180]

② 옛날에 어떤 사람이 산에 올라가
　　　가을 열매 따먹는 원숭이를 꾸짖었네
　　　산에 사니 산열매를 먹음은
　　　이치에 크게 어긋나지 않으나
　　　생각컨대 열매가 익는 것은
　　　본래 원숭이의 힘입음이 아니니
　　　나무라든 아니 나무라든

---

180) 李奎報,「聞國令禁農餉淸酒白飯」『東國李相國後集』卷1.

그럴 수도 있고 않을 수도 있는 것
곡식은 이와 달라서
농부가 지은 것이니
모두가 게으름과 부지런한 힘에 달려서
게을러서는 아무 것도 안된다
맑은 술과 흰밥은
그들이 부지런히 일하기 위한 것
입과 배는 그들의 임의인데
무슨 까닭으로 나라의 금령이 내린단 말인가
이 금령이 조정 의논에서 나왔지만
임금의 은혜로 의당 해제함이 옳으리
다시금 그 이치를 생각해 보니
앉아서 노는 사람보다 만 배나 더 절실한 것을[181]

　이규보는 농사철의 술참인 淸酒와 白飯을 금하는 國令[182]에 부쳐 長安豪俠家의 호사와 방종과 굶주림에 빠져든 농민의 실상을 대립적으로 그려내고 있다. 이를 통해 노동의 대가로 이루어진 곡식은 농부의 생산물로서 그들의 입과 배를 먼저 부르게 하는 것이 사리에 맞다고 하면서 부당한 법령은 고칠 수도 있다고 하였다. 아마도 그 연대를 알 수 없는 「代農夫吟」은 이때에 만들어진 것일 것이다.

　사) 비를 맞으며 밭이랑에 엎드려 김을 매니
　　검고 추악한 몰골 사람의 형용이 아니구려
　　왕손공자여, 나를 업신여기지 마라
　　부귀호사도 모두 나로부터 나오느니
　　새 곡식 아직도 퍼런 채 밭에 있는데
　　縣官胥吏는 벌써 조세를 조르네
　　힘껏 일하여 富國함이 우리에게 달렸는데

181) 李奎報,「後數日有作」『東國李相國後集』卷1.
182) 아마 이 禁令은 몽고의 침략에 따른 비상조치였을 것이다.

어찌 이다지도 괴롭히며 살을 베껴가는고[183]

이 시는 이규보가 직접 농부가 되어 서술하는 형식을 취하고 있다. 특히 농부의 몰골을 멸시하는 왕손공자의 호사, 힘껏 일하는 농부에게 수탈만을 일삼는 縣官胥吏의 횡포라는 대립적 사회구조의 모순을 지적하고 농민의 항변하는 모습을 보여주고 있다. 여기에 오면 농민시로서의 한 가능성을 볼 수 있다. 이는 그가 일찍이 배운 바의 진보적 학문관이 이때에 들어와 다시금 발현된 것이라 할 수 있다. 그러나 이것은 그가 관직에서 밀려난 시점에 나온 것이라는 점에서 그 한계성을 가질 수밖에 없다.

몽고의 고려 침략에 즈음하여 최이는 몽고와의 외교문서 작성의 일을 이규보에게 맡기기 위해 그를 복직시켰고, 이후 이규보는 재상으로의 길을 걷게 된다. 流謫의 무렵 그가 보여주었던 농민에 대한 관심은 한갓 기억 저 너머로 사라지고 말았다. 특히 최이정권의 강화천도는 실상 민족적 모순의 진정한 타개의 의지에서 나온 것이기보다는 최씨정권의 이해관계에 규정되어 나온 것이다. 무신정권은 강화천도 이후 자기정권의 유지와 강도의 방비에만 급급한 채 본토 민과 유리된 상태에서 항전을 전개하였을 뿐이다. 이후 고려 전토를 유린하는 몽고의 침략 세력에 의해 본토 민들은 미증유의 전란의 상처를 입지 않으면 안되었다. 고종 21년 이규보가 禮部試의 지공거로서 출제한 策問[184]에서 列郡의 殘民들이 떠돌아다니며 토착하지 못함과 토지가 황폐하여 묵은 땅이 많음을 지적하면서 流民安集의 방법과 興農의 술책, 그리고 水災와 旱災의 방비, 德化를 베푸는 방안을 묻고 있다. 자료 바)~사)에서 보다시피 굶주

---

183) 李奎報, 「代農夫吟」『東國李相國後集』卷1.
184) 李奎報, 「甲午年 禮部試策問」『東國李相國後集』卷11.

린 농촌과 농민의 처지를 볼 수 있었던 이규보이었기에 앞의 책문을 내놓을 수 있었을 것이다. 그러나 그 자신 대내외적 모순의 제거를 위한 그 어떠한 시무책도 공식적으로 개진하지 못하고 있다. 도리어 이규보는 강화천도에 대한 최씨정권의 결단을 慶賀하면서185) 미증유의 전란의 상처 속에서 유리도산하는 본토 민들과 거리를 둔 채186) 오직 江都의 안정된 생활 속에 향락에 젖어 든 모습을 보여줄 뿐이다.187)

그가 관직에서 물러난 후 지은 '新穀行'에서

> 아) 한알 한알을 어찌 가벼이 여길 것인가
>   생사와 빈부가 여기에 달렸는데
>   내 부처처럼 농부를 공경하노니
>   부처도 못 살리는 굶주린 사람 농부만은 살리네
>   기쁘다, 늙은 이 내 몸
>   또 다시 금년 햅쌀 보게 되니 죽더라도 부족할 것 없네
>   농사에서 오는 혜택 내게까지 미침에랴188)

농부의 고마움과 쌀의 귀중함을 읊고 있지만 그것은 그 자신의 개인적인 경제적 궁핍과 관련되어 나타날 뿐이다. 그것은 바로 다음의 시를 통해 확인할 수 있다.

> 저는 본시 송곳 하나 세울 만한 땅이 없어 녹봉만을 의존해 오다가 녹봉마저 뜸하여 끼니를 거르기가 일쑤이며, 老物이 쓸모가 없어

---

185) 李奎報, 「望海因追慶遷都」 『東國李相國集』 卷18.
186) 본서 제1장 제1절 참조.
187) 이규보의 「登家國遙聽樂卽作詞漁家傲」 『東國李相國後集』 卷4 ; 「次韻李侍郎上晋陽公女童詩呈令公幷序」·「復次韻李侍郎所著女童詩」·「復次韻李侍郎見和」 『東國李相國後集』 卷8 등은 江都의 향락스러운 연회에 빠져든 지배층의 모습을 읊고 있다.
188) 李奎報, 「新穀行」 『東國李相國後集』 卷1.

져 炭마저 구하지 못하고 추위에 떨기가 일쑤였습니다. 이같은 시기
에 갑자기 쌀과 탄을 내리고 신임하는 使令 近竪를 시켜 문 앞까지
수송해 주심으로 마을에서 구경하는 자들이 저마다 부러워하였으니,
이는 미증유의 영광입니다. 너무 감격하여 눈물을 흘리며 사례하는
시 한 수를 지어 올립니다.

    하늘이 그지없는 雨露의 은혜 내려
    뜻밖에 소중한 물건 가난한 집에 이르니
    마을 사람은 크게 씁으면서 길거리를 메웠고
    여러 말은 마구 울어대어 온 주위가 야단일세
    새카만 탄 무더기 볼수록 흐뭇하고
    하얀 쌀 섬 들어 올리기 어려우니
    기뻐하는 하인은 먹기도 전에 배부르다 하고
    둘러선 처자 표정 이미 활짝 펴졌네
    처음에는 흥분하여 실신한 사람 같다가
    나중에 생각하니 눈물이 마구 흘렸다오
    한평생 축수하는 맘 누가 알아주려나
    저 끝없는 허공에 부처님이 계시네[189]

이규보의 농민 및 농사에 관한 앞의 바)~아)의 시의 분석을 통해
"직접 생산자인 농민이 그들의 귀한 노동에 비하여 보수를 받지
못하고 있는데 대하여 깊은 동정을 쏟고 있는바, 이것 또한 청백주
의에 살려는 그의 양심의 표백이기도 하다"는 평[190]이 있지만 개
인의 청백이 사회와 유리된 채 존재할 때 그것은 별반 의미가 없는
것이다.

이규보는 그의 학문의 길의 출발부터 지배층의 일원으로서 중세
의 체제를 유지하기 위한 이데올로기로서의 유학을 익혔기 때문에
그에게 농사꾼으로서의 체험에 바탕을 둔 농민의 입장을 기대할

---

189) 李奎報,「上晉陽公 幷序」『東國李相國後集』卷8.
190) 박창희, 1990,「이규보의 본질에 대한 연구(3)-그의 만년에서의 감개-」
    『외대사학』3, 8~9쪽.

수는 없다. 그의 농촌과 농민에 관해 읊은 시가 관조적인 태도로
일관하는 것은 어쩌면 당연한 것일 것이다.

　　그의 농민과 농촌현실을 읊은 시는 지방관으로서의, 혹은 治者
로서의 입장이 견지되고 있다. 단지 농민의 입장에서 읊은 바)~
사)의 시들은 그가 관직에서 버림받은 불우한 시기에 자신의 처지
를 농민들에 가탁해 읊은 것에 불과하다. 그의 시에는 이 시기의
사회경제적 모순 관계, 즉 첨예화된 토지소유관계와 계급관계 등,
물적 현실에 존재하는 모순관계에 대해서는 전혀 언급 없이 지방
관과 향리로부터 수탈당하여 遊離逃散하는 農民의 형상만이 그려
질 뿐이다. 이들은 대개 헐벗고 굶주리고 가엾고 동정 받을 만한
존재로서 소극적으로 그려지고 있을 뿐이다. 최소한 治者로서의
책무, 즉 이들을 다시 토지로 안집시켜 사회를 안정시킬 수 있는
방책의 개진은 전혀 보이지 않는다. 도리어 그는 京鄕間에 地主로
서의 기반을 갖고 있었기 때문에 농민항쟁에 대해 위기의식을 갖
고 이를 강경 진압하고자 하는 입장을 보여주고 있을 뿐이다(자료
가)~라)). 이 시기의 농민항쟁이 최소한의 삶을 위한 농민들의 투
쟁이라는 점을 전혀 자각하지 못하고 있다. 이규보의 이러한 점을
간과하고 그의 몇 편의 농민시만을 뽑아 내어 外勢의 압박에 대한
민족적 저항의 힘의 원천이 농민이라는 점을 깨닫고 對內的인 관
심에서 현실의 문제점을 대변한 문학이라는 평가를 내리는 것은
지나친 평가라 하지 않을 수 없다.

　　그러나 그의 시에는 앞선 어느 누구의 글에서보다도 헐벗고 수
탈 당하는 농민의 모습이 진술하게 그려져 있다. 다음의 지식인들
이 그 시를 대할 때 농촌과 농민에 대한 관심을 불러일으킬 수 있
었을 것이다. 이런 점에서 그의 시는 농민시의 가능성을 지니고 있
다고 하겠다.

그의 농민시로서의 가능성은 金克己의 「田家四時」와 비교할 때 확연히 드러난다. 김극기는 農家의 四時를 사실적으로 그려내면서 농부들에게 다음과 같이 말하고 있다.

> 봄 농사일 괴롭다고 꺼리지 말라
> 노력하기는 오직 내 힘에 있네
> …
> 납세 독촉이 성화같거니
> 집안 식구 모아 미리 준비하네
> 진실로 貢納은 바쳐야 하겠거니
> 어찌 사삿집에 남겨 둘 것 있으랴
> 어느 때에나 卓茂 魯恭을 만나
> 도리어 맨 먼저 바쳐볼꼬[191]

농사일을 괴롭게 여기지 말라고 하면서 租稅의 납부를 독려하고 있는 김극기의 관점과 바)~아)의 시에서 나타나는 이규보의 관점을 비교할 때 이규보의 시는 농민시로서의 가능성을 보여주는 것이라 하겠다.

제3절 文士출신의 僧侶知識人
– 知訥 · 慧諶의 현실인식

고려시대의 유학은 치국제민의 정치학의 성격을 띠면서 관인의 교양으로서, 또는 학문의 기초로서 일반 관인 및 독서인은 물론 승

---

191) 金克己, 「田家四時」 『東文選』 卷4.

려에게까지 지녀야 할 기본적 소양으로서의 의미를 갖고 있었다. 그에 반해 전통적 신앙체계와 결합된 불교는 단순한 종교적 차원의 신앙의 대상으로서 뿐만이 아니라 고려인의 생활의식 전반을 규제하고 있었다. 고려인들은 불교적 세계관을 바탕으로 출생으로부터 사후의 제례에 이르기까지 불교식 예제와, 이에 기반 한 친족의식을 갖고 있었다.

고려인의 불교적 세계관은 輪廻的 還生說이 바탕이 된 운명예정설이었다. 동물과 인간을 넓은 의미의 윤회 속에 業報를 짓는 과정이라 보고, 결국 僧은 僧으로, 왕은 佛僧의 후원자로, 大臣은 불교가 수용되기 이전의 최상위 신분의 대상인 토템이나 星辰의 환생으로, 일반 지배층은 포유동물의 환생으로서, 庶人은 조류를 포함한 하등 등뼈동물로, 賤人은 무등뼈 동물의 환생이라고 보았다.

불교의 윤회설이 바탕이 된 위와 같은 예정설은 사회신분의 동요를 막는 안정판의 구실을 맡고 있었기 때문에 고려왕조의 통치이념으로서 국가에 의해 권장되었다. 국가는 불교를 통해 자신의 처지를 현세의 업보로 삼아 긍정적으로 받아들이게 함으로써 복종심을 높였으며, 업보의 굴레를 벗어나 내세에 향상된 應報를 받기 위해서 끊임없이 통치에 순종하고, 불교에 布施를 통하여 사회에 대한 善行을 행하도록 강조하고 있었다.[192] 불교는 고려사회에서 최고의 정신적 권위를 가지며, 당시 사회의 문화 및 이데올로기의 장악자였다. 고려의 경제생활, 사회생활, 정치생활, 정신생활의 일체는 불교적 세계관으로 감싸여져 있었기 때문에 고려인의 모든 사유 속에 불교는 본능처럼 작용하였다. 보다 강력한 왕권을 구현하기 위해 국왕은 불교의 教化에 힘입어 국가를 경영할 필요성을 느끼지 않을 수 없었다. 이를 위해 教·俗 兩界의 장악이 필요하

---

192) 許興植, 1986, 「佛教와 융합된 社會構造」『高麗佛教史研究』, 일조각.

였다. 왕자 중에 한쪽은 세속계로 나가고, 한쪽은 출가하여 국사·
왕사·대찰의 주지로서 불교계를 영도할 필요가 있었다.[193] 중앙
의 문벌귀족이나 在鄕勢力들도 왕실과 마찬가지로 여러 아들 중
한 쪽은 출사하여 俗權을 장악하고 다른 한 쪽은 승려로 진출하였
다. 왕실과 마찬가지로 역대 지배세력들도 자기들의 세력기반을
구축하기 위해서는 역시 敎·俗 兩界로 진출하는 것이 소망스러
웠다. 따라서 고려사회에 있어서 승려들은 자연히 상층사회에서
나왔다. 고려시대 중앙과 지방의 지배세력이 군현토성에서 공급되
었듯이 高僧大德들도 거의 토성출신이었다.[194] 결국 사원세력은
기본적으로 지배계급의 일원이었고, 대토지소유자인 지주계급의
일원으로서 지배계급과는 공동의 이해관계를 가질 수밖에 없었다.
　　고려시대의 불교를 영도하던 승려가 교양과 학식을 갖춘 상급지
배신분에서 나옴으로써 이들은 당대의 최고 지식인으로서 군림하
였고, 유학자들 역시 불교에 대한 일정한 지식을 갖추면서 이들과
교류하였다. 승려들이 당대의 최고의 지식인으로서의 교양과 학문
을 갖고 있었기 때문에 당시의 사원은 사설 교육기관으로서 조선
의 書院과 같은 역할을 하였다. 여기에서 선후배의 관계를 통해 학
문을 배우거나 교학승으로부터 기초과정을 익히기도 하였다. 사원
의 교육적 기능은 교육기관의 齋室이 곧바로 사원에 설치됨으로
써[195] 좀더 뚜렷해지며, 이는 점차 관학의 하부조직으로 흡수되었

---

193) 『宋史』卷487, 高麗傳. "崇尙釋敎 雖王子弟 亦常一人爲僧"；『高麗史』
　　卷26, 元宗 6年 4月 己未. "國制 宮人侍幸而有子 卽祝髮爲僧 稱爲小君"
　　이에 관해서는 李樹健, 1984, 『韓國中世社會史硏究』, 일조각, 241쪽,
　　주 310) 참조.
194) 李樹健, 1984, 『韓國中世社會史硏究』, 일조각, 239~243쪽.
195) 李仁老, 『破閑集』卷上. "皇統三年癸亥四月日 承宣金奉聖旨 令兩令
　　公受命到日月寺 樂聖齋學堂 與諸生講習"；『高麗史』卷30, 世家 忠
　　烈王 11年 6月 乙丑. "幸龜山寺 視九齋夏課 諸生進謁 賜果酒"

다.196) 따라서 귀족의 자제들은 과거를 위한 독서당을 사원에 정하기도 하는 등, 젊은 독서인들이 개경부근의 사원을 빌어 더운 여름과 추운 겨울을 무릅쓰고 수학에 열중하였다.

특히 무신쿠데타 이후 화를 피해 머리 깎고 중이 되는 문인들의 숫자가 늘어났다. 國子監試나 禮部試에 급제할 정도로 유학의 교양이 있는 자들, 즉 眞覺國師 慧諶·圓鑑國師 沖止·眞靜國師 天頙 등이 승려로 입산한 것은 그 단적인 예의 하나에 불과하다. 이 가운데 혜심은 최우의 끊임없는 계경초치에도 응하지 않았고, 충지는 개경에 다시 발을 들여놓지 않겠다고 결연한 태도를 보였다. 또한 급제하지 않더라도 유학을 닦으면서 승려가 된 인물이 많았다. 과거합격자 출신의 지식인이 세속에 대해서 실망하고 입산하게 됨으로써 유학은 보다 더 불교에 종속되었다. 이들은 "공자와 노자도 석가의 미숙한 단계이거나 제자에 불과하다"197)고 말할 정도로 유학에 대한 불교의 사상적 우위를 주장할 정도였다. 그리하여 무신집권 이후의 유학은 사원에 숨어든 문벌자제가 僧으로부터 章句를 외워 유학을 유지하는 풍토였다고 인식될 정도로198) 유학의 불교에 대한 종속화가 두드러졌다. 이와 같이 유학·도교 등이 불교를 중심으로 융합되거나 종속화되는 경향은 사회에서 지식인의 다양한 활동이 무신집권으로 위축되어 입산 출가함으로써 불교사원에 의탁하여 생긴 현상 때문이었지만, 한편 당시 중국도 혼란기를 만나 지식인의 교류가 불가능해졌던 현실도 고려할 수 있다.199)

---

196) 許興植, 앞의 책, 10쪽 참조.
197) 慧諶, 『眞覺國師語錄』.
198) 李齊賢, 『櫟翁稗說』 前集 1. "又問我國古稱文物侔於中華 今其學者 皆從釋子 以習章句 何也 … 不幸毅王季年 武人變起 玉石俱焚 其脫身虎口者 避遯山 蛻冠帶而蒙伽梨 以經餘年 若神駿悟生之類是也"
199) 許興植, 「佛敎界의 새로운 傾向」 앞의 책, 448~450쪽 참조. 그 구체적

기존의 불교사원 세력에 무신쿠데타 이후 권력에서 도태 내지
배제된 문벌 및 문인지식인들이 대거 들어가게 되면서 불교사원은
문인지식인의 도피·은둔처의 구실을 하기도 하였다. 일면 이들의
일부는 불교 사원세력의 일부, 특히 그간 문벌귀족과 연결되어 왔
던 교종사원의 일부가 반무신정권의 대열의 선봉에 서도록 하는데
일조를 하기도 하였다. 한편 이들은 기존의 불교에 대한 개혁운동,
즉 결사운동을 주도하면서 강렬한 대사회적 의식을 표방함으로써
불교계에 커다란 변모를 가져오게 하였다. 따라서 무신정권 시대
문인지식인의 존재양태를 구명하는데 있어서 이들의 검토는 필수
불가결한 것이다. 이의 검토를 위해 知訥과 慧諶에 주목하고자 한
다. 굳이 수선사의 지눌과 혜심을 택한 것은 지눌이 강조한 선법이
13세기 전후의 혼란상에 처해 있던 대다수의 농민이나 천민을 대
상으로 한 것이 아니라 적어도 지식대중 이상이라는 점,[200] 그리고
혜심이 과거 합격생이었다는 점[201]에 주목한 것이다. 이를 통해 修
禪社가 어떠한 정치사상·사회사상을 표방함으로써 당시 浮游하
고 있는 지식인 세계와 일반민중, 나아가 무신정권에 파고들었는
가를 살펴보고자 한다.

전거는 崔瀣, 「東人之文」序 『拙藁千百』.
200) 高翊晋, 1983, 「圓妙國師 了世의 白蓮結社」 『韓國天台思想硏究』 동국
대학교 불교문화연구소, 213~219쪽.
201) 李奎報, 「曹溪山第二世故眞覺國師碑銘」 『東國李相國集』 卷35.

1. 普照國師 知訥의 '定慧結社'의 社會的 意味

普照國師 知訥(1158~1210)은 黃海道 洞州에서 아버지 鄭光遇와 어머니 開興郡夫人 趙氏 사이에서 태어났다. 그의 아버지는 국자 감의 정9품직인 學正으로 동주, 즉 瑞興郡의 土姓인 듯하고, 어머 니 조씨도 백천지방의 토성인 듯하다. 따라서 지눌은 동주의 향리 층, 또는 독서층 출신이었음을 짐작할 수 있다.[202]

지눌은 8세 때 宗暉禪師를 찾아 입산한 후 1182년(명종 12) 정월 에 개경의 보제사에서 개최한 담선법회에 참석한 것을 계기로 하 여 결사운동에 나서게 되었다. 지눌이 참여한 담선법회[203]는 태조 왕건 당시부터 정치적 집권화 및 사원세력의 정비를 추진하는 과 정에서 제도화된 禪師들의 모임이었다. 즉 태조가 전국 각지의 비 보사찰인 '五百禪宇'의 창·중건을 통한 사원세력의 재정비를 추 진할 때, 담선법회는 각지의 선사들을 중앙으로 유도하여, 그를 통 한 중앙집권적 사원 통제의 효과를 얻기 위한 장치였다. 담선법회 의 이러한 성격은 자연 국가적 이익과 고려왕조 체제의 내적 결속 을 기하려는 것이었다.[204] 무신정권이 담선법회 등의 개최를 통해

---

202) 蔡尙植, 1991,「修禪結社 성립의 사회적 기반」『高麗後期佛敎史硏究』, 일조각, 41쪽.
203) 국가적 담선법회는 원래 3년마다 보제사에서 개최하는 것이었지만 최 씨정권 대에 접어들어 빈번하게 여러 사원으로 확대되었고, 이와는 별도로 무신쿠데타 전후의 중앙정권에 대한 반발과 함께 불교계의 모 순에 대한 새로운 방향의 모색 차원에서 별개의 자생적 법회가 개최되 기도 하였다(金光植, 1991,『高麗崔氏政權의 佛敎界運用에 관한 硏究』, 건국대학교 박사학위논문 ; 1995,『高麗武人政權과 佛敎界』, 민족사.
204) 安啓賢, 1973,「曹溪宗과 五敎兩宗」『한국사』7, 국사편찬위원회 ; 李

당시의 불교교단에게 요구하고자 한 것도 바로 이것이었음을 다음
의 자료를 통해 알 수 있다.

> 아, 세상이 저하되어 풍속이 야박하자, 公卿·宰輔가 된 이들은
> 순수한 仁義禮樂만으로는 민속을 교화시킬 수가 없어서, 반드시 불
> 법을 참용하여 사심을 끊게 되므로, 그 膏澤이 나라를 鎭定하고 성
> 벽을 튼튼하게 한데에서 나게 되니, 이것은 또한 집정자가 사용하는
> 하나의 奇策인 것이다.[205]

지눌이 이러한 국가적 의도를 가진 담선법회에서 동학들과 결사
를 결의했다는 그 자체는 곧 담선법회의 참여가 결사의 계기가 되
었음을 뜻하는 것이다. 이의 이해를 위해 「勸修定慧結社文」[206]을
살펴보기로 한다.

> 지눌이 젊어서부터 祖師의 境域에 몸을 던져 禪房을 두루 돌아다
> 니면서 부처님네와 중생을 위해 慈悲를 내리신 法門을 자세히 살펴
> 보았으나, 결국은 우리들로 하여금 모든 攀緣을 쉬고 마음을 비워
> 가만히 합하고 밖에서 찾지 말게 한 것이었으니, 경전에서 말씀하신
> 바 '부처의 경지를 알려 하거든 그 뜻을 허공처럼 맑게 하라'는 말들
> 과 같은 것이었다. … 그러나 우리들의 소행을 아침저녁으로 돌이켜
> 보면 어떤가? 불법에 핑계하여 '나'다, '남'이다를 구별하여 利養의
> 길에서 허덕이고 風塵의 가운데에 골몰하여 도덕은 닦지 않고 衣食
> 만 허비하니, 비록 출가하였다고 하나 무슨 덕이 있겠는가? 아아, 三
> 界를 떠나려 하면서도 속세를 벗어난 수행이 없고, 한갓 사내의 몸
> 이 되었을 뿐, 장부의 뜻이 없어 위로는 도를 닦는데 어긋나고 밑으
> 로는 중생을 이롭게 하지 못하며 중간으로는 네 가지 은혜를 저버렸

萬,「談禪法會에 관한 硏究」『韓國佛敎學』10 ; 金光植, 1991,『高麗
崔氏政權의 佛敎界 運用에 관한 硏究』, 건국대학교 박사학위논문,
112쪽 참조.

205) 李奎報,「大安寺同前」『東國李相國集』卷25.
206) 知訥,「定慧結社文」『韓國佛敎全書』4.

으니 진실로 부끄럽다. 나는 오래 전부터 이런 일을 한심스럽게 여겼었다. 마침 임인(명종 12, 1182) 정월에 서울 普濟寺의 담선법회에 참석하였다가, 하루는 同學 10 여인과 더불어 다음과 같이 약속하였다. "이 모임을 파하거든 마땅히 명예와 이익을 버리고 산림에 은둔하여 同社를 만들어, 항상 禪定을 익혀서 지혜를 고루하기에 힘쓰며, 예불하고 經 읽기와 나아가서는 노동하기에 힘쓴다. 각기 소임에 따라 경영하고 인연에 따라 심성을 수양하여 한 평생을 자유롭게 호쾌하게 지내어 達士와 眞人의 높은 수행을 따르면 어찌 쾌하지 않겠는가?"라고 하였다.

지눌의 눈에 비친 보제사의 담선법회는 三界를 떠나려 하면서도 속세의 명리에 연연한 무리들이 불법에 핑계하여 '나'다, '남'이다를 구별하여 利養의 길에서 허덕이고 風塵의 가운데에 골몰하여 도덕은 닦지 않고 衣食만 허비하는 행위로서, 위로는 도를 닦는데 어긋나고 밑으로는 중생을 이롭게 하지 못하며 중간으로는 네 가지 은혜를 저버리는 행위, 바로 그것의 확인이었다.

　　　명예와 利養의 마음을 잊지 못하면서, 법을 설하여 사람을 제도하려는 이는 더러운 달팽이가 스스로도 더럽히고 남도 더럽히는 것과 같다. 그러므로 그는 세간의 文字法師이니, 어찌 선정과 지혜를 오로지 닦고 명예를 구하지 않는 이라 할 수 있겠는가?

라고 한데서도 그것은 확인된다. 이에 지눌이 결사를 제안하면서 '名利'의 입장을 버리고, '마음을 비워 가만히 합하고 밖에서 찾지 말라'고 한 것은 당시의 불교계가 담선법회를 행하는 집권자의 의도에 영합하여 명예와 이익을 추구하여 종권다툼과 정권쟁탈을 둘러싼 이권싸움에 휩싸여 있는데 대한 비판운동의 성격을 띠고 있었음을 말해 주는 것이다. 더욱이 '이 모임을 파하거든 마땅히 명예와 이익을 버리고 산림에 은둔하여 同社를 만들자'고 한 것에서 결사의 동기가 기존의 개경 중심의 불교계의 타락상과 모순에 대한 비판에서 비롯되었음을 알 수 있다.[207] 이는 당시 문인지식인들의 일부가 권력에의 굴종을 마다하고 개경을 떠나 지방으로 낙향하고 있음과 궤를 같이하는 것이기도 하다. 그러나 지눌로부터 결사의 제의를 받은 다른 승려들이,

> 지금은 末法의 시대라 바른 道가 가리워졌는데 어떻게 定慧에만 힘쓸 수 있겠는가? 부지런히 아미타불을 불러서 淨土에 갈 業을 닦는 것만 같지 못하다.

고 하여 반론을 제기하고 있다. 이를 통해 무신정권의 성립으로 인해 불교계가 극심한 혼란을 겪게 되면서 말법의식과, 그에 입각한 정토신앙이 보편화되어 있었음을 알 수 있다. 이에 지눌은 相에 집착하여 마음 밖에서 부처를 구하는 정토신앙을 비판하면서 모든 佛祖가 설하는 淨土求生의 뜻은 自心을 떠나지 않은 것이라고 하면서 구체적인 수선방법을 제시하고 있다. 그 과정에서 지눌은 다음과 같은 이야기를 하고 있다.

> "시대는 비록 변천하나 심성은 변하지 않는 것이다. 법이 흥하고 쇠한다고 보는 이는 바로 三乘權學하는 견해이니 지혜 있는 사람은 그렇게 생각하여서는 안되는 것이다. … 우리 사문들이 비록 말법시대에 태어나 성품이 미련하고 어리석지마는, 그렇다고 스스로 비겁

---

207) 역사상의 신앙결사는 사회변혁운동의 성격을 지니며, 그 조직화 과정에서 중앙집중적인 교단체제에 대해 개별·독자적인 지방불교의 형태를 지향했다는 점, 또 주도세력 및 구성원은 주도세력 및 구성원은 주로 신앙상의 목적을 추구하기 위해 자발·개인적 차원에서 참여했으며, 대체로 지방의 일반 민과 이해관계를 함께 하는 중간신분층과 독서층의 참여와 후원으로 결성·유지되었다는 점 등이 지적되고 있다(蔡尙植, 1991,『高麗後期佛教史研究』, 일조각, 22쪽 참조).

하여 상에 집착하여 도를 구한다면, 이전 사람이 배워 얻은 선정과 지혜의 묘한 법은 어떤 사람이 행할 것인가? 행하기 어렵다고 하여 그것을 버려 두고 닦지 않으면, 금생에 닦지 않았기 때문에 아무리 많은 겁을 지나더라도 더욱 어려울 것이다. … 末法·正法시대의 다름을 말할 것이 없고, 제 마음의 어둡고 밝음을 걱정할 것이 아니며, 다만 믿는 마음으로 분수를 따라 수행하여 바른 법의 인연을 맺을 뿐이요, 비겁하거나 나약하지 말아야 할 것이다. 세상의 쾌락이란 오래지 않고 바른 법은 듣기 어렵거니, 어찌 어물거리면서 인생을 헛되이 보내서야 되겠는가? 이렇게 미루어 생각하면 오랜 과거로부터 몸과 마음의 고뇌를 헛되이 받아 아무 이익이 없었고, 현재는 한량 없는 핍박이 있으며 미래에 받을 고뇌도 한정이 없어 버리기도 어렵 건마는 그것을 깨닫지 못한다. 그런데 더구나 이 몸과 목숨의 나고 죽음이 무상하여 잠깐 동안도 보장하기 어려움이랴? … 그런데도 마음을 방자히 하여 탐욕과 분노와 질투와 교만과 방종으로 명예와 이익을 구하면서 헛되이 세월을 보내고, 쓸데없는 말로서 천하의 일을 의논한다. 혹은 계율을 지킨 덕도 없으면서 함부로 신도의 보시를 받아들이고 남의 공양을 받으면서 부끄러워할 줄을 모른다. 이렇게 그 허물이 한량없거늘 어찌 덮어두고 슬퍼하지 않겠는가? 그러므로 지혜있는 사람이라면 모름지기 삼가고 조심하여 몸과 마음을 채찍질하고, 스스로의 허물을 알아 뉘우쳐 바르게 고치고, 밤낮으로 부지런히 수행하여 온갖 고뇌에서 속히 떠나야 할 것이다.

지눌의 이 말은 동학에게 한 것이지만, 공산 거조사에서 정혜결사를 행할 때, 그 대상으로서

　　원하노니 禪敎·儒道에 몸담았거나 세상을 싫어하는 高人으로서 티끌세상을 벗어나 物外에 높이 노닐면서 마음 닦는 道를 오로지 하고자 하여 이 뜻에 부합하는 이는, 비록 지난날 서로 모였던 인연이 없더라도 結社의 끝에 그 이름을 허락한다.

고 한 것을 감안할 때, 이것은 승려는 물론 당시 개경에 눌러붙어 명리에 골몰하는 문인지식인에게도 보낸 비판이라고 할 수 있다. 무신정권의 성립 후 빈삭한 무신 내부의 권력교체와 짝하여 지식인

집단에 가해지는 끊임없는 견제에 대해 말법으로 인식하면서도 명리를 위해 관직을 바라면서 비굴해지는 문인지식인들에 대해 시대는 비록 변천하나 심성은 변하지 않는 것이라고 하면서 현재의 한량없는 핍박에서도, 믿는 마음으로 분수를 따라 수행하여 바른 법의 인연을 맺을 뿐이요, 비겁하거나 나약하지 말아야 할 것이라고 하였다. 이러한 그의 입장은 후일 거조사에서의 결사에 지방에서 부유하고 있던 재야문인들의 대거 참여의 바탕이 되었을 것이다.

지눌의 결사제의로 말미암아 "다음날 이 언약을 능히 이루어 숲 아래에 은거하여 同社를 결성하게 된다면, 의당히 그 이름을 定慧라 부르자"고 한 뒤 맹세하는 글을 지어 결의하였지만, "그 뒤 우연히 選佛場의 이해가 서로 엇갈림으로 인하여, (諸公이) 사방으로 뿔뿔이 흩어져서 아름다운 기약이 이루어지지 못하였다"고 하였다.

보제사 담선법회 직후 지눌의 선불장 합격은 일면 정혜결사의 결실의 무산 계기가 되었다고 볼 수 있다. 아마 이후의 지눌의 행각, 昌平(현 潭陽郡 昌平面) 淸源寺에서 下柯山 普門寺(현 경북 醴泉郡 普門面 首溪洞)를 거쳐 마침내 八公山 居祖寺(현 永川郡 淸通面 銀海寺 居祖庵)에 다다라 정혜결사를 결성하기까지의 8년 간은 명리에 매달린 자신에 대한 자기반성의 차원에서 이해하여야 할 것이다. 청원사에 머무르면서 『六祖壇經』208)의 "眞如自性起念 六根雖見聞覺知 不染萬境 而眞性常自在(眞如自性이 생각을 일으

---

208) 『六祖壇經』의 요지는 無相戒와 摩詞般若波羅密法에 있다고 한다. 無相戒는 肉身은 眞我가 아니며 현상계는 실존하는 것이 아니고 마음의 바탕이 佛이라는 뜻이고, 반야바라밀은 生死의 상대경계를 초월하여 피차의 번뇌가 끊어진 절대의 경지에 들어가면 바로 부처의 지위에 나간다는 뜻이다(秦星圭, 1984, 「高麗後期 修禪社의 結社運動」 『韓國學報』 36 ; 1986, 『高麗後期佛敎展開史硏究』, 불교사학회편, 민족사, 87쪽).

키므로 六根이 보고 듣고 깨달아 앎이 있다 해도 모든 경계에 물들
지 않는 것이며 참된 성품이 自在한다)"의 대목에 크게 느껴 명리
를 버리고 은둔하여 道를 구하는데 혼신의 정력을 쏟았다[209]는 것
은 선불장에 집착한 자신에 대한 반성의 계기였을 것이다. 그 뒤
1185년 보문사로 옮겨 머물던 중, 1190년(명종 20) 공산 거조사에
있던 得材의 청을 받아 정혜결사를 결성하게 된다. 이에 대해 「勸
修定慧結社文」에서는 다음과 같이 적고 있다.

> 지난 무신년(1188) 이른 봄에 契內 林公禪伯이 公山의 居祖寺에
> 住錫하게 되었다. 이전의 誓願을 잊지 않은 그는 장차 定慧社를 결
> 성하고자 하여, 글을 보내어 下柯山의 普門寺로 나를 초청하기를 재
> 삼 간절히 하였다. 내가 비록 林壑에 살면서 스스로 어리석고 둔함
> 을 지켜 아무 일에도 마음을 쓰지 않았지만 옛날의 약속을 생각하고
> 그 간절한 정성에 감동되어 그 해 봄에 나와 동행하겠다는 禪者와
> 함께 이 절에 옮겨와, 옛날에 誓願을 같이한 이들을 불러모았다. 그
> 러나 혹은 죽기도 하고, 혹은 병들기도 하고, 혹은 명리를 구하여 모
> 이지 않으므로, 나머지 승려 3~4인과 함께 비로소 法席을 열어 옛날
> 의 소원을 이루려 한다. 원하노니 禪敎·儒道에 몸담았거나 세상을
> 싫어하는 高人으로서 티끌세상을 벗어나 物外에 높이 노닐면서 마
> 음 닦는 道를 오로지 하고자 하여 이 뜻에 부합하는 이는, 비록 지난
> 날 서로 모였던 인연이 없더라도 結社의 끝에 그 이름을 허락한다. …
> 때는 명창 원년 경술년(1190) 늦봄에 公山에 은거한 牧牛子 知訥이
> 삼가 쓴다.
> 승안 5년 경신년(신종 3, 1200)에 이르러 公山으로부터 결사를 江
> 南의 曹溪山에 옮겼다. 그런데 이곳의 이웃에 定慧寺가 있어 명칭이
> 서로 혼동되기 때문에 朝旨를 받들어 定慧社를 고쳐 修禪社라 했다.
> 그러나 勸修文은 이미 유포되었기 때문에 이미 그 옛 이름대로 조판
> 인쇄하여 널리 반포한다.

정혜결사의 대상이 '禪敎·儒道에 몸담았거나 세상을 싫어하는

---

209) 金君綏, 「普照國師碑銘」 『朝鮮佛敎通史』 下, 338쪽.

高人으로서 티끌세상을 벗어나 物外에 높이 노닐면서 마음 닦는
道를 오로지 하고자 하여 이 뜻에 부합하는 이는, 비록 지난날 서
로 모였던 인연이 없더라도 結社의 끝에 그 이름을 허락한다'고 한
것과 결사의 목적인 '명리'를 버리고자 한 것을 결부해 볼 때 거조
사에서의 결사에는 무신정권 이후 중앙정계를 훌훌 박차고 지방으
로 낙향한 문인지식인들이 주 대상이었음을 알 수 있다.

거조사에서 정혜결사를 결성하였던 지눌은 1198년(신종 1) 그 거
처를 지리산 上無住庵(현 경남 咸陽郡 馬川面)으로 거처를 옮긴
후, 결국은 1200년(신종 3)에는 정혜결사마저 공산서 松廣山 吉祥
寺로 그 근거지를 옮기게 된다. 이에 관해 金君綏가 찬한 비문에
다음과 같이 언급되어 있다.

承安 2년 무오년 봄에 친구 중 몇 사람과 함께 바릿대 하나 만으
로 명승지를 찾기로 하고, 지리산에 올라 上無住庵에 숨어 있었다.
그 경치의 그윽하고 조용하기가 천하에 제일로, 참말 참선하기 좋은
곳이었다. 대사가 여기에서 속세의 인연을 털어 버리고 마음을 도에
만 오로지 하였다. … 대사가 항상 말하기를, "내가 보문사에서부터
벌써 10여 년 사이에 비록 뜻을 얻어 정하게 닦아서 헛되이 공부를
폐한 때가 없었으나, 情見을 잊지 못하고 무엇이 마음에 걸리어 원
수가 오는 것 같더니, 지리산에 있으면서 大慧普覺禪師의 語錄을 얻
어 보았는데, 거기에 '禪이란 것은 조용한 곳에 있지 않으며, 분주한
곳에도 있지 않고, 날마다 인연을 따라 酬應하는 곳에도 있지 않으
며, 생각하고 분별하는 곳에도 있지 않다. 그러나 제일 조용한 곳, 분
주한 곳, 날마다 수응하는 곳, 생각하여 분별하는 곳을 버리고 참선
하지 않아야만 홀연히 눈이 열리어서 이것이 다 집안의 일임을 알
수 있느니라'고 쓰여 있었다. 내가 여기에서 마음에 깨달으니, 자연
히 무엇이 가슴에 걸리지 않고 원수가 함께 있지 않아 당장에 안락
해졌다"고 했다. 이로 말미암아 지혜가 더 높아서 모두가 스승으로
높인 바 되었다. 5년 경신년에는 松廣山 吉祥寺에 옮겨서 제자들을
거느리고 수도하기를 11년이나 했다.210)

개경의 보제사 담선법회에서의 결사 제의로부터 상무주암에 이르기까지 지눌의 뇌리를 지배하고 있었던 것은 '명리를 벗어나고자 함'이었다. 당초 정혜결사를 제안한 당사자는 지눌이었지만 1188년의 정혜결사의 결성 계기는 그의 노력에 의해 이루어진 것이기보다는 거조사의 주지로 있던 득재가 보문사에 있었던 지눌에게 재삼 간절히 권한 데서 비롯되었다. 처음으로 결사를 제의했던 그가 득재의 권고로 결사를 실천하게 된 것은 그간 명리를 버리고자 한 그의 뜻이 달성되지 못하였기 때문일 것이다. 이것은 '내가 보문사에서부터 벌써 10여 년 동안에 비록 뜻을 얻어 정하게 닦아서 헛되이 공부를 폐한 때가 없었으나, 情見을 잊지 못하고 무엇이 마음에 걸리어 원수가 오는 것 같더니'라고 한 귀절을 통해서도 짐작할 수 있다. 이런 단계의 그로서는 정혜결사의 참여대상자를 '禪敎・儒道에 몸담았거나 세상을 싫어하는 高人으로서 티끌세상을 벗어나 物外에 높이 노닐면서 마음 닦는 道를 오로지 하고자 하는' 자들로 규정하게 된 것은 아마 우연이 아닐 것이다. 여기에서 거조사에서의 정혜결사가 갖는 한계성을 엿볼 수 있다. 무신정권 이전에 유행하였던 禪이 문인귀족의 취향과 밀접히 연결되어 다분히 귀족적이며, 고답적인 성격을 가진데 반해 지눌의 정혜결사는 명리를 버리고 산림에 은둔하여 대중과 함께 집단적으로 선을 수행하고자 하였으므로 그 이전의 선과 크게 달라진 것이라 한 지적은[211] 이런 점에서 음미해 볼 필요가 있다. 이것은 무신정권 성립 이후의 문인지식인들의 은둔적 성향과 연결될 수 있는 것이다. 그러나 명리를 벗어나고자 하는 그의 노력이 당시의 문인지식인 일

---

210) 金君綏,「曹溪山修禪社佛日普照國師碑銘」『東文選』卷117.
211) 崔柄憲, 1992,「定慧結社의 趣旨와 創立過程」『普照思想』5・6합집, 보조사상연구원.

반이 그러했던 것처럼 도피적인 것은 결코 아니다. 그는 비겁하거
나 나약하지 말며, 믿는 마음으로 분수를 따라 수행하여 바른 법의
인연을 맺을 뿐이라고 하여 당당함을 지닐 것을 강조하고 있다. 이
것은 '利祿을 달갑게 여겨 옆길로 구하여 체면을 보지 않거나'[212]
'눈치만 살피며 스스로를 보전할 뿐인'[213] 대부분의 문인지식인의
현실대응 태도와는 완전히 다른 것이다. 그렇다고 이 단계의 그를
강렬한 대사회적 의식을 표방한 것으로 평가하고자 하는 것도 지
나친 해석이다. 단순한 하나의 수행자, 또는 철학자로서의 위치를
넘어 그 시대의 문제를 대변하고 개혁하려 한 사상·개혁가로서
평가하려는 입장은 거조사 정혜결사의 단계를 지나치게 미화하는
것이라 하지 않을 수 없다.

거조사에서 정혜결사를 수행해나가던 지눌이 무엇 때문에 갑자
기 상무주암으로 들어가 속세의 인연을 털어 버리고 마음을 도에
만 오로지 하려고 하였는가? 그 이유에 대해서 지눌은 '情見을 잊
지 못하고 무엇이 마음에 걸리어 원수가 오는 것 같아서'라고 밝히
고 있다. 그러나 그 내면의 구체적 이유는 아마도 당시 경상도 전
역을 휩쓸고 있었던 농민항쟁과 관련시켜 설명할 수 있지 않을까
한다.[214]

정혜결사가 이루어진 2년 후인 무렵인 명종 20년 정월에 들어서
면서 경주에서 부세수탈과 역역동원을 피해 산간으로 유망한 농민
들과 혹한기의 굶주림 속에 떠는 농민들이 무력항쟁에 나선 이래
동경관내는 농민항쟁의 진원지로서 떠오르게 된다. 더욱이 여기에
일부 재향세력이 가담하면서, 1193년(명종 23)의 무렵에 金沙彌에

---

212) 林椿, 「寄山人悟生書」『西河集』卷4.
213) 『高麗史』卷96, 列傳 尹瓘 附 鱗瞻.
214) 이하의 내용에 관해서는 제3장 제1절 참조.

인도되어 雲門山으로 들어가 웅거하면서 孝心이 이끄는 草田의 항쟁군과 연합하여 공동전선을 구축하면서 경주부근의 여러 고을을 공격하기에 이르렀다. 이들은 비록 이의민정권의 토벌책에 의해 진압되었지만, 그 일부는 청도의 운문산을 중심으로 항쟁의 역량을 키워가고 있었다. 최충헌의 쿠데타를 전후해 운문산의 초적 등을 중심으로 산발적으로 항쟁하였던 농민항쟁군은 점차 세력결집을 꾀하기 시작하였다. 최충헌이 권력을 장악하는 과정에서 이의민의 '의종시해'를 쿠데타의 명분으로 삼아 정국을 장악해가면서 경주를 비롯한 경상도 지역의 이의민 일족과 黨附者를 제거해 나가자 이곳의 재향세력들의 분열과 갈등이 더욱 첨예해졌다. 권력교체의 과정은 필연적으로 그들의 경제적 제관계의 변동을 가져와 구세력과 신세력의 토지쟁탈전의 과정에서 농민에서 탈취된 토지는 환본되지 못하고 새로운 세력에게 넘어가기 마련이었고, 또한 지주-전호관계의 잦은 변동이 수반되면서 농민들의 어려움이 한층 가중되어 농민항쟁이 계속 일어날 수밖에 없었다. 이규보의 『東國李相國集』에는 신종 1년을 전후한 시기의 경상도 지역의 농민항쟁의 모습을 사실적으로 그려내고 있다.

> 도적 떼가 고슴도치 털처럼 모여
> 생민이 비린 피를 뿌리누나
> 군수는 한갓 융의만 입고서
> 적을 바라보곤 기가 먼저 꺽이네
> 벌의 독도 아직 소탕하지 못했는데
> 하물며 호랑이 굴을 더듬을 수 있으랴
> 슬프다 이런 때에 훌륭한 사람 없으니
> 누가 대신하여 와서 쇠를 씹을꼬
> 적의 팔은 원숭이보다 빨라
> 활쏘기를 별이 반짝이듯 하고
> 적의 정강이는 사슴보다 빨라

산 넘기를 번갯불 사라지듯 하는구려
사졸들이 추격하여도 미치지 못하여
머리를 모아 부질없이 입만 벌리고 탄식하네
어쩌다가 그 칼날에 부닥치면
열에 칠팔이 죽는구려
부녀자가 죽은 남편을 곡하며
머리에 삼베 두르고 마른 뼈를 조상하네
황량한 촌락에 일찍 문닫으니
대낮에도 길가는 나그네 전혀 없구나
금년에는 더군다나 다시 가물어서
비 기다리는 것이 목마른 것보다 심하구려
논밭은 모두 붉게 타서
곡식 싹이 무성한 것을 볼 수 없네
부잣집도 벌써 식량을 걱정하는데
가난한 사람이야 어떻게 살 수 있으랴
주문에서는 날마다 자리에 술을 토하고
백 잔을 마시니 귀가 저절로 더워지네
고당에는 옥비녀가 늘어서 있고
빽빽한 자리에는 비단 버선을 끼고 있네
문호의 융성한 것만 알고
나라가 불안한 것은 근심하지 않는구려
　　…215)

이 시는 이규보가 최충헌정권의 성립(1196년 4월) 직후인 명종
26년 6월에서 10월까지 황려를 거쳐 상주를 다녀오는 과정에서 지
은 것이다.『高麗史』및『高麗史節要』의 사서에는 이 시기의 농민

---

215) 李奎報,「八月五日聞群盜漸熾」『東國李相國集』卷6. "群盜如蝟毛
　　生民灑腥血 郡守徒戎衣 望敵氣先奪 尙未掃蜂毒 況堪探虎血 嗟哉時
　　無人 誰繼來嚼鐵 賊臂捷於猿 放箭若星瞥 賊脛迅於鹿 越山如電滅
　　士卒追不及 聚首空呀咄 幸能觸其鋒 物故十七八 婦女哭夫堝 擘首弔
　　枯骨 荒村早關門 百日行旅絶 今年況復旱 望雨甚於渴 田野皆赤土
　　未見苗芽苗 富屋已憂飢 貧者何由活 朱門日吐茵 百爵耳自熱 高堂森
　　玉簪 密席擁羅襪 但識門燻灼 不憂國桯杌 …"

항쟁에 관한 기록은 보이지 않는다. 다만 5월에 최충헌이 朝臣을 많이 죽여 인심이 흉흉하고 두려워하므로 사자를 여러 도에 보내어 위안시켰다는 기록이 나온다.[216] 이를 고려할 때 최충헌의 쿠데타를 전후한 시기의 정국의 불안정 속에서 각지에서 농민항쟁의 불길이 치솟았음을 알 수 있다 더욱이 상주가 속한 경상도는 명종 23년 운문산을 중심으로 남적이 횡행하였고, 그 여진이 계속되고 있었음을 위 이규보의 글을 통해 알 수 있다. 그러한 여진은 최충헌정권의 성립에 따른 이의민 세력의 제거과정에서 이의민의 의종 시해에 협조하였던 경주민들에게 심각한 위기의식을 가져다주어 농민항쟁군을 규합하여 1199년(신종 2) 2월 무력 항쟁에 나서도록 하기에 이르렀다. 이들이 이 때를 택하여 항쟁한 것은 마침 명주에서 농민항쟁이 일어나 삼척·울진의 두 현을 함락시키는 등 큰 기세를 올리고 있었기 때문에 이들과 연합하기 위한 것이었다. 그러나 최씨정권의 토벌군 파견에 따른 회유책에 의해 3월에 울진의 수草 및 경주의 金順 등이 항복함으로써 이들의 항쟁은 일단 수그러들었다. 그러나 이때 방환 된 이의민 일족과 최충헌정권의 후원을 받고 있는 최무 일족 등의 州吏들 사이에 서로 죽이는 등 심각한 재향세력의 분열이 일어났고, 그 여파는 일반 경주민들에게까지 미쳤다. 계수관중심의 군현제 하에서 5개의 영읍과 37개의 속읍 및 다수의 부곡제영역을 포괄하는 지역권의 계수관이 파견된 대읍인 경주의 재향세력의 분열은 동경관내의 지방행정체계의 파국을 가져와 안찰사와 경주부유수 등이 이를 제어하지 못하였다. 이로인해 부세수취 및 역역동원이 원활하게 이루어지지 못하고, 영역간의 갈등이 표출되어 유망농민층이 격증하여 인근의 운문산 등의 초적세력에게 나아갔다. 운문산 초적세력의 숫자가 격증하자 밀성

---

216)『高麗史節要』卷13, 明宗 26년 5월.

의 官奴 50 여명이 관청의 은그릇을 훔쳐 운문적에 투항하였을 정
도였으나 동경관내의 지방관들은 행정체계의 파탄 속에 이들을 효
과적으로 제어하지 못하였다. 이러한 사태에 직면한 최충헌정권은
1200년(신종 3) 12월 경주부유수를 대체시키는 등의 조처를 취하였
지만 별 효과를 거두지 못하였다.

이 시기 동경관내의 광범위한 농민항쟁에 직면하고 있었던 최충
헌정권에게 큰 타격을 준 것은 1200년 4월을 전후한 시기에 발생
한 진주지역권의 광범위한 농민항쟁이었다. 바로 최충헌의 세력기
반인 진주지역의 광범위한 항쟁은 동경관내의 반체제성향의 세력
에게는 절호의 기회를 제공해 줌으로써 이들은 본격적 무력항쟁의
기운을 띠게 되었다. 이에 1202년(신종 5) 8월에 최충헌정권은 경주
사태를 논의한 끝에 宣諭使를 파견하였다. 그럼에도 불구하고 10
월에 경주 別抄軍이 운문적 및 符仁·桐華寺의 승려들을 이끌고
永州를 공격하는 사태로까지 발전하였다. 우선 이 사건은 영주지
역이 원래 경주의 속읍으로 존재하다가 명종조 監務가 새로이 파
견된 지역이라는 점에서 종래의 주－속읍관계의 변질에 따른 영역
간의 갈등이 표출된 것이 아닌가 한다. 특히 이 사건에서는 농민을
중심으로 새로이 편성한 別抄軍이라는 군대조직이 전면에 부상하
였고, 일부 재향세력 및 일반 주민들까지 여기에 가세하였다. 또한
유망농민층으로 결집된 운문산의 농민군, 또 동경관내를 넘어선
상주목 경산부의 속읍인 대구현에 위치한 부인사·동화사의 승려
들까지 포함되었다는데서 사태의 심각성이 있었다. 이들은 결국
雲門·蔚珍·草田의 농민항쟁군과 공동 연합전선을 구축, 삼군을
편성하여 '正國兵馬使'를 자칭하면서, 궁극적으로는 '신라부흥'을
표방하였다. 이들은 모주를 세우고, 거사가 성공한 후 사평도를 경
계로 국토를 양분할 것 등의 구체적 방안까지 세운 뒤 상주·청

주·충주·원주도에까지 격문을 돌리는 등 치밀하고도 일관된 계
획하에 조직적인 항쟁을 꾀하였다. 이것은 이들의 '신라부흥'의 기
치가 한순간 돌출한 것이 아님을 말해 주는 것이다. 신라의 멸망으
로 인한 한국사의 주도권이 경상도지역에서 중부지역으로 옮겨감
에 따라 경주를 비롯한 경상도 지역의 사회경제적 조건이 그만큼
불리하게 적용되어 왔기 때문에 신라부흥의 표방은 그들을 결속하
는 구심체로 작용하였다. 물론 여기에는 무신정권 성립 이후, 특히
이의민의 몰락에 따른 이 지역의 재향세력들, 즉 신라이래 지녀왔
던 권력지향적, 중앙지향적 속성을 지닌 낙향문신 및 동정직 등의
지식인계층들이 중앙 및 권력으로의 진출의 길이 어려워진 입장을
만회해보고자 하는 의도가 크게 작용하였을 것이다.217)

경상도지역의 급박하게 돌아가는 상황 하에서 비록 '명리를 벗
어나기 위해' 정혜결사에 가담하였던 지눌과 지식인들 역시 나름
대로 이에 대한 입장을 개진하지 않을 수 없었다. 농민항쟁의 거점
인 청도의 운문산은 바로 영천의 명주지역을 끼고 있었기 때문에
단숨에 거조사까지 내달을 수 있는 거리였다. 더욱이 신종 5년 10
월에 경주 別抄軍이 雲門賊 및 거조사가 위치한 공산의 符仁·桐
華寺의 승려들을 이끌고 永州를 공격하는 사태가 발생하였다. 이
때는 이미 정혜결사의 중심이 거조사에서 송광산으로 옮겨간 후이
지만 이미 그전부터 경주와 영주의 알력, 팔공산의 부인·동화사
의 사원세력의 경주민과의 결합 등의 조짐은 그 전부터 내재하고
있었고, 이것이 이때 폭발한 것에 불과하다. 특히 명종조에서 신종
조에 이르는 경주의 농민항쟁은 재향세력의 분열과 갈등, 영역간
의 갈등 속에 변혁을 지향하는 일부 지식인, 그리고 일부 사원세력
의 가담 등이 있었기 때문에 이제 지눌 역시 이에 대한 입장을 정

217) 金晧東, 1994, 「12·13세기 농민항쟁의 전개와 성격」『한국사』6, 한길사.

리하지 않으면 안되었다. 그러나 명리를 벗어나고자 하는 그의 입장은 결국 1198년 봄에 지리산 상무주암로의 길을 택하게 하였다. 그런데 崔詵이 찬술한 修禪社 重創記에 의하면, 지눌이 '명리를 버리고 입산하여 처음 公山 淸涼嵋에 들어가 禪觀을 전수하자 좇아서 배우는 사람이 成市를 이루게 되어 사람은 많고 자리는 좁아 거처할 수 없었다. 이에 門弟 守愚로 하여금 강남을 편력하여 結社 安禪의 땅을 찾게 하여 길상사를 발견, 1197년(명종 27)부터 공사를 시작하였다고 하였다'고 기록되어 있다.[218] 이를 통해서 볼 때 지눌이 상무주암으로의 길을 나서기 이전에 이미 결사를 길상사로 옮기기로 작정하였음을 알 수 있다. 명리를 떠나고자 하였던 지눌, 그리고 이에 호응하여 결사에 가담하였던 사람들은 더 이상 농민항쟁의 진원지에 머물 수 없었던 것이다. 어쩌면 이의민정권에서 최충헌정권으로의 정권 교체가 지눌이 상무주암으로 가게 한 요인이었을는지 모른다.

지눌이 당시 사회와 불교계의 모순을 극복하기 위한 방편으로 정토관을 배제하지는 않았지만 계층적으로는 기층사회의 농민·천민층을 적극적으로 포용하고 계몽하기보다는, 적어도 지식대중을 대상으로 하고 있었다는 점[219]에서 지눌의 상무주행은 어쩌면 당연한 귀결이었는지 모른다. 따라서 결코 崔詵의 말대로 사람이 많고 자리가 좁아 거처할 수 없었기 때문에 결사를 옮기게 된 것은 그 근본원인이라고 할 수 없을 것이다. 물론 변혁지향의 일부 지식인과 농민층이 주축이 된 농민항쟁이 계속 경상도 지역에서 거듭되자 일부 명리를 벗어나고자 하는 인물들이 지눌의 정혜결사에

---

218) 崔詵, 1979,「大乘禪宗曹溪山修禪社重創記」『曹溪山松廣寺史庫』.
219) 高翊晋, 1983,「圓妙國師 了世의 白蓮結社」『韓國天台思想硏究』, 213~219쪽.

모여듦으로써 표면적으로는 정혜결사가 융성하였을런지는 모른다. 그러나 지역사회의 움직임과 유리된 정혜결사는 결코 성공할 수 없었고, 이에 지눌은 정혜결사를 유지해 나가기 위해 다른 지역을 찾지 않으면 안되었을 것이다.

결국 정혜결사가 경상도 지역에서 농민항쟁으로 인해 위기에 봉착하자 지리산 상무주암에서의 지눌은 깊은 번민의 나날을 보낼 수밖에 없었다. 그가 마침내 大慧普覺禪師의 語錄에서 '제일 조용한 곳, 분주한 곳, 날마다 수응하는 곳, 생각하여 분별하는 곳을 버리고 참선하지 않아야만 홀연히 눈이 열리어서 이것이 다 집안의 일임을 알 수 있느니라' 한 것을 발견했을 때 그간 그가 추구해 온 결사의 방향이 잘못되었음을 자각하지 않을 수 없었다. 이제 그는 명리를 버리려는 생각에서 벗어나 현실과 직면하여 현실사회에 대한 적극적 대응자세를 갖고 사람들이 사는 곳으로 파고들게 되었다.[220] 그의 「勸修定慧結社文」의 첫머리에서,

내 들으니 '땅으로 인하여 넘어진 사람은 땅으로 인하여 일어난다'하였다. 그러므로 땅을 떠나 일어나려는 것은 될 수 없는 일이다.

---

220) 韓基斗 氏는 1987, 「定慧結社의 本質과 그 變遷」 『普照思想』 1, 보조사상연구원, 32쪽에서 '지눌은 상무주암에서의 체험을 계기로 하여 좁은 곳에서 더 넓은 방향으로, 현실을 떠나지 않는 방향으로 결사가 지향하는 문이 열리게 되었다'고 하면서, 그 이전의 결사를 求道結社, 그 이후의 것을 行道結社로 구분하였다. 그리고 崔柄憲 氏는 1992, 「定慧結社의 趣旨와 創立過程」 『普照思想』 5·6합집, 87~88쪽에서 '상무주암에서 은거하던 중 『大慧語錄』을 통하여 禪의 현실에 대한 적극적인 면을 발견하고 현실사회와 새로운 관계를 정립하게 되었던 것이 아닌가 한다. 다시 말하면 속세를 떠나는 방향에서 추진되었던 정혜결사가 속세의 방향으로 돌아오면서 그 속세에 영향 받거나 물들지 않는 단계로 발전한 것으로 보고자 한다'라고 하였다.

라고 한 것은 바로 이를 말해 주는 것이다.[221]

이미 경상도 지역의 급박한 정세의 변화는 그의 능력 밖의 문제로 확대되었고, 결사의 구성원들은 뿔뿔이 흩어진 상태에서, 그 일부가 길상사로 옮겨간 상황이었다. 이제 지눌은 경상도 지역을 등지지 않을 수 없었다. 정혜사를 공산서 松廣山 吉祥寺로 옮기지 않을 수 없었던 이유는 바로 여기에 있었다. 거조사에서의 결사 실패 경험은 지눌의 수선사에서의 정혜결사조직에 귀중한 경험으로 작용하였다.

폐사 된 길상사의 터에 정혜사를 건립하는 데에는 인근 장성현에 소재한 백암사의 승려로서 梓匠이었던 性富, 錦城(현 전남 나주)의 호장인 陳直升과 그의 妻, 또 인근 州府의 '富者施財 貧者盡力'으로 이루어지게 되었다.[222] 이와 같이 토호층과 지방민을 단결하여 수선사가 이루어졌다는 것은 거조사에서의 경험, 즉 현실을 벗어나 '세상을 싫어하는 高人으로서 티끌세상을 벗어나 物外에 높이 노닐면서 마음 닦는 道를 오로지 하고자 하는 자'들과의 결합만으로는 결사가 성공할 수 없다는 자각에서 나온 대처방안이었을 것이다. 수선결사가 부분적으로 정토공덕신앙을 수용한 흔적이 보이는 것은[223] 바로 이 때문이었고, 그로 인해 토호층과 일반 민들

---

221) 「勸修定慧結社文」의 끝에서 '때는 명창 원년 경술(1190)년 늦봄에 公山에 은거한 牧牛子 知訥이 삼가 쓴다'라고 하였고, 이어서 추기하여 '승안 5년 경신년(신종 3, 1200)에 이르러 公山으로부터 결사를 江南의 曹溪山에 옮겼다. 그런데 이곳의 이웃에 定慧寺가 있어 명칭이 서로 혼동되기 때문에 朝旨를 받들어 定慧社를 고쳐 修禪社라 했다. 그러나 勸修文은 이미 유포되었기 때문에 이미 그 옛 이름대로 조판 인쇄하여 널리 반포한다'고 하였지만 여기에는 얼마간의 가필한 흔적이 보인다.

222) 崔詵, 1979, 「大乘禪宗曹溪山修禪社重創記」『曹溪山松廣寺史庫』.

223) 蔡尙植, 1991,『高麗後期佛敎史硏究』, 일조각, 26쪽.

의 지지를 획득할 수 있었던 것이다.

이러한 과정에서 확립된 지눌의 불교사상은 정혜쌍수와 돈오점
수를 일관된 선법을 펼치면서 세계는 오직 하나의 '眞心'에 지나지
않는다고 하였다. 그리하여 "眞心의 본체는 인과를 초월하고 고금
을 통하여 평범하고 신성한 차별을 둘 것도 못되며 서로 대치하는
것도 없어 마치 큰 허공과도 같이 모든 곳에 펼쳐져 있다. 진심의
본체는 고요하여 모든 것을 초월한다. 그것은 발생하지도 않고 소
멸되지도 않으며 있지도 않고 또 없지도 않으며 움직이지도 않고
흔들리지도 않으며 순수하게 영원히 존재한다. 그것은 평범한 것
으로서 자그마한 티와 그늘도 없다. 모든 산과 강, 땅과 물, 나무와
수풀 등 삼라만상과 더럽거나 깨끗한 여러 현상들이 다 이 가운데
서 나온다"[224]고 하였다. 결국 이를 통해 禪敎 대립을 지양하고, 나
아가 계층간의 갈등을 없애고자 하였다. 이는 결국 불교교단의 갈
등을 해소하여 이들을 우익세력으로 구축하고자 하는 최씨정권의
목적과 부합하는 것이었다. 특히 진주지역에 그 세력을 부식하는
과정에서 재향세력의 조직적 반발과 대규모의 농민항쟁을 경험하
였던 최충헌으로서는 전라도지역의 경제적 기반의 부식과정에서
재지土호층에서부터 일반 민에 이르기까지 단월들을 확보해 공고
한 기반을 구축해 가고 있었던 수선사를 주목하지 않을 수 없었을
것이다. 바로 여기에 지눌의 수선사와 최충헌과의 결합이 이루어
질 수 있었을 것이다. 이는 결국 수선사 및 지눌의 변화를 말해 주
는 것이다. 지눌이 강조한 선법이 13세기 전후의 혼란상에 처해 있
던 대다수의 농민이나 천민을 대상으로 한 것이 아니라 적어도 지
식대중 이상이었다는 지적은 이후의 수선사가 지배계층과 공동의
이익관계를 추구하면서 정권에 예속될 가능성을 말해 주는 것이

---

224) 知訥, 「眞心直說 眞心妙體」 『普照法語』.

다. 바로 국자감시에 합격한 혜심이 지눌을 이어 수선사의 2대 법
주가 되었다는 것은 바로 이를 예고해 주는 것이다.

여기서 정혜결사에 참여하였던 了世(1163~1245)가 백련결사를
결성하게 되는 과정을 통해 지눌과 요세의 차이점을 살펴보기로
한다. 료세는 俗姓이 徐氏로서, 毅宗 17년 10월에 新繁縣(陜川郡)
에서 戶長인 必中과 同姓인 母에게서 출생하였다. 1174년(12세)에
출신지인 天樂寺에서 均定을 스승으로 하여 출가하고 天台敎觀을
수학하였다. 1185년(23세)에는 僧選에 합격하고, 1198년(신종 원년)
봄에 천태종 사찰인 개경의 高峰寺에서 법회를 열었을 때 "以天性
好山水 雖跡名敎 非其志也"라고 한 최자의 료세비명으로 보아 당
시 개경를 중심으로 한 불교계에 대해 크게 실망을 한 것 같다. 그
해 가을에 동지 10여 명과 더불어 명산을 遊歷하다가 靈洞山 長淵
寺에서 開堂하고 法席을 열었다. 이때에 지눌이 公山의 염불암에
있으면서 了世에게 시를 보내어 修禪하기를 권하므로 法友가 되
어 지눌의 道의 교화를 돕게 되었다고 한다.225) 지눌이 료세에게

---

225) 崔滋 撰,「萬德山白蓮社圓妙國師碑銘幷序」『東文選』卷117. 최자의
    료세비명에는 承安 3년 무오년(1198) 봄에 개경의 고봉사 법회에 참가
    한 후 이 해 가을에 명산을 유력하다가 장연사에 머물렀을 때 공산 회
    불갑에서 지눌의 偈를 받았다고 하였다. 그러나 閔泳珪 氏는 1975,
    「高麗雲默和尙無寄輯佚」『崇山朴吉眞博士華甲紀念 韓國佛敎思想史』
    에서 1198년 봄에 지눌이 공산의 회불갑에 거주한 것이 아니라 지리
    산 무주암에 주석한 것으로 밝히면서 료세와 지눌이 함께 주석한 곳
    은 상무주암으로 고증하고 있다. 이에 대해 蔡尙植 氏는 1979,「高麗
    後期 天台宗의 白蓮社 結社」『韓國史論』5, 서울대학교 국사학회 ;
    1986,『高麗後期佛敎展開史硏究』, 불교사학회편, 민족사에서 최자의
    료세비명 뿐만이 아니라 閔仁鈞 撰의「官誥」에도 '卽投身於靈洞 冬
    安夏安 當息影於公山 晝懺夜懺'이라 하여 공산에 거주한 기록으로
    미루어 공산에서 지눌과 함께 주석한 것으로 추측되는데 아마 최자
    찬의 비명에 보이는 1198년이라는 연대가 잘못된 것 같다고 하였다.

偈를 보낸 것은 료세의 "以天性好山水 雖跡名敎 非其志也"에 주
목하였기 때문일 것이다. 이때 지눌이 료세에게 보낸 시에서,

> 물결이 어지러우니 달 드러나기 어렵고
> 밤이 깊으니 등불 더욱 빛나네
> 권하노니 그대는 마음 그릇을 바로 놓아
> 甘露漿이 쏟아지게 하지 마라226)

라고 한 것 중 '물결이 어지러우니 달 드러나기 어렵고'라고 한 귀
절은 무신란 이후의 혼란한 사회상황과 개경을 중심으로 한 불교
계에 대한 실망227)임과 동시에 지눌의 당시의 심정, 즉 농민항쟁의
와중에서 명리를 벗어나지 못하여 '情見을 잊지 못하고 무엇이 마
음에 걸리어 원수가 오는 것'같은 심정을 토로한 것이라고 볼 수
있다. 그러나 료세는 지눌이 길상사로 향할 때 그를 따라가다가 南
原 歸正寺의 주지 玄恪을 만나면서 그와 길을 달리하게 된다. 그
후 료세는 修禪 이전의 天台敎觀으로 방향을 전환했으며, 천태교
관을 이루기 위한 실천방향을 修懺(懺悔法)과 彌陀淨土로 인식하
고 그 이론적 근거를 『法華經』에 바탕한 天台智者의 『天台止觀』,
『法華三昧懺儀』와 知禮의 『觀無量壽經妙宗鈔』에서 찾았던 것이
다.228) 지눌이 당시 사회와 불교계의 모순을 극복하기 위한 방편으
로 정토관을 배제하지는 않았지만 계층적으로는 기층사회의 농
민·천민층을 적극적으로 포용하고 계몽하기 보다 적어도 '有智
者'·'大心衆生'의 지식대중을 대상으로 '頓悟'와 '定慧'를 강조하
고 있는 것과는 달리 참회행과 미타정토신앙을 실천방향으로 강조

---

226) 崔詵, 「大乘禪宗曹溪山修禪社重創記」 『曹溪山松廣寺史庫』.
227) 蔡尙植, 앞의 백련사에 관한 글 참조.
228) 高翊晋, 1983, 「圓妙國師 了世의 白蓮結社」 『韓國天台思想硏究』, 213~219쪽.

한 료세의 불교사상은 13세기 전후의 혼란상에 처해 있던 피지배
층, 즉 대다수의 농·천민층을 대상으로 한 것이었으며, 정토신앙
이 민중에 정착할 수 있는 계기를 마련한 것이었다. 이러한 사상적
전환을 계기로 하여 료세는 1216년(고종 3) 전남 강진의 토호세력
인 崔彪, 崔弘, 李仁闡 등의 지원에 의해 강진 만덕산에서 본격적
白蓮結社를 결성하게 되었다.[229] 료세의 사상적 전환의 계기는 지
눌이 있었던 공산에 가서 수선을 하는 과정에서 지눌과 다른 농민
항쟁에 대한 시각, 즉 지눌이 지식인의 입장, 지주적인 시각에서
농민항쟁을 본데 반해, 료세는 농민의 입장에서 농민항쟁을 보게
됨으로써 나온 결과이다. 이러한 입장의 차이로 말미암아 지눌이
농민항쟁을 피해 길상사로 결사를 옮기고자 할 무렵에 지눌과의
결별의 조짐이 예견되었을 것이다.

지금까지 '결사운동이 남기고 있는 역사적인 의미는, 첫째 사회
계층적인 측면에서 볼 때 보수적인 소수의 문벌귀족체제에 의해
장악되고 있던 불교계의 제반 모순을 지방의 토호층과 독서층들이
대두하여 자각, 비판하고 이에 대한 개혁을 주도했다는 사실이다.
둘째, 사상사적 측면에서 볼 때 결사운동을 주도한 지도자들이 표
방하고 있는 이념은 내용상 차이는 있을지라도 수행과 교화라는
두 방향으로 점철되어 있었다는 사실이다. 수행은 선사상이든 천
태사상이든 간에 출가인들의 본분이기 때문에 더 말할 나위도 없
지만, 특히 실천적인 교화는 자기가 몸담고 있는 사회의 모순과 갈
등을 풀어나갈 수 있는 실마리를 제공한 것이었다'[230]고 하였지만
앞에서 본 바와 같이 공산 거조사에서의 지눌의 정혜결사가 추구

---

229) 蔡尙植, 1991,『高麗後期佛敎史硏究』, 일조각, 26~27쪽 참조.
230) 蔡尙植, 1999,「고려·조선시기 불교사 연구현황과 과제」『韓國史論』
    28, 국사편찬위원회.

했던 것은 '명리를 벗어나고자 함'이었다. 여기에는 경상도 지역의 토호층과 독서층들이 참가하여 불교계의 제반 모순을 자각, 비판하여 개혁을 주도한 모습이 보이지 않으며, 결사를 주도한 지눌이나 득재의 수행은 있을지언정 자기가 몸담고 있는 사회의 모순과 갈등을 풀어 나갈 수 있는 실천적인 교화 역시 보이지 않는다. 경상도 지역에서의 정혜결사 실패의 경험에 따른 자기반성이 수선결사와 백련결사로의 전환을 가능하게 하였다는 인식을 우리는 할 필요가 있다.

여기서 지눌이 거조사에서 정혜결사를 결성하였던 시점이 1188년(명종 18)이었다는 점과, 1198년(신종 1)에 그 거처를 지리산 上無住庵(현 경남 咸陽郡 馬川面)으로 옮긴 시점이 경상도 출신의 이의민정권이 최충헌에 의해 붕괴된 다음 해인 1197년 9월이라는 것을 주목해 보기로 한다. 이와 관련시켜 볼 때 정혜결사마저 공산서 松廣山 吉祥寺로 그 근거지를 옮긴 시점(신종 3, 1200년)이 경주지역에서 이의민 족인과 州吏의 갈등이 일어나 안찰사가 제어하지 못할 정도로 경주를 둘러싼 경상도지역 민심이 심상치 않았던 시기라는 점231)은 결코 간단히 넘어갈 문제가 아니라고 본다. 이를 감안하면 공산 거조사 정혜결사의 성립에 이의민정권의 지원은 없었을까 하는 의문을 한번쯤 가져 볼 만 하다. 정혜결사가 처음으로 결성된 그 해(1188년) 3월은 당시 대권을 장악하고 있었던 경상도 출신의 이의민이 문신 문극겸을 전면에 내세워 국왕의 교서를 통해 사회경제적 모순의 척결을 위한 대대적 개혁조처를 선포한 시기이다.232) 그 일환의 하나로서 이의민은 자신의 복심인 경상도 지역의 불교계에 대한 일련의 조처가 필요하였을 것이다. 경상도 지

---

231) 金晧東, 1994,「李義旼政權의 再照明」『慶大史論』, 40~41쪽 참조.
232) 上同.

역 주민의 대민통제책의 하나로서 결사불교의 결성을 꾀하고자 하
였고, 그 선봉에 선 자가 공산 거조사의 득재가 아닐까? 결사불교
를 결성하기 위해서는 결사를 지탱하기 위한 인적, 물적 동원능력
을 지녀야 한다. 그러한 자금력은 단월인 국왕이나 지방관 및 지방
토호들의 뒷받침에 의해 마련되기 마련인데, 공산 거조사에서의
정혜결사의 결성에 관한 지눌의 결사문에는 단월에 관한 언급이
없다. 그 자금은 이의민 정권, 그리고 그와 관련된 재향세력의 지
원에 의해 이루어진 것이기 때문에 기록에 남기지 않았던 것이 아
닐까? 우리는 최충헌이 이의민을 제거하고 정권을 장악한 직후 불
교계에 대한 일련의 조처를 취하고 있음을 주목하지 않을 수 없다.
최충헌이 행한 일련의 불교관련 조처를 살펴보면, 1197년 이의민
을 제거하고 올린 봉사문 가운데 원당의 폐단을 열거하고 비보사
찰 외의 사찰을 모두 제거할 것을 청하고, 또 왕자로 중이 된 洪機
등의 소군들을 축출하였고,[233] 이듬해 9월에 "홍왕사의 중 寥一이
두경승과 더불어 충헌을 해치려 한다"는 익명서를 빌미로 하여 두
경승 등 조신 12명과 淵·湛 등 10여 명의 중을 영남으로, 소군 洪
機 등 10 여명을 섬으로 귀양보내고 새로이 신종을 왕으로 옹립하
였다[234]는 사실과 결부시켜 볼 때 중앙정계의 불교계에 대한 재편
뿐 아니라 경상도 지역의 불교계에 대한 재편도 기도하였을 것이
다. 그것은 이 시기 이 지역의 이의민의 족당에 대한 광범위한 숙
청이 행해졌으므로 이들과 연결된 불교계에 대해서도 같은 시책이
행해졌을 것이다.

　최충헌에 의해 영남으로 유배된 홍왕사의 중 寥一은 13세기 초
엽경에 고령에서 盤龍社를 창건하고 있다. 명종으로부터 두터운

---

233)『高麗史節要』卷13, 명종 26년 5월.
234)『高麗史節要』卷13, 명종 27년 9월.

신임을 얻어 조정에 자유로이 출입할 수 있었던[235] 寥一이 화엄결사인 반룡사를 개창한 것이 '佛學者들이 自暴自棄하는데 그치는 것을 민망히 여겨 策礪를 가하기 위하여 마련된 것'[236]이라고 한 것으로 보아 이의민정권에서 최충헌정권으로 교체되면서 경상도지역의 승려들이 자포자기에 빠질 정도로 동요하고 있었음을 알 수 있다. 그런 점에서 지눌이 결사의 중심을 공산에서 송광산으로 옮긴 것 역시 이와 무관하지 않음을 알 수 있다. 최충헌정권의 불교계에 대한 대대적 개편은 특히 그가 정치적으로 제거한 이의민정권과 연결되었던 불교계의 숙청작업의 일환이었고, 그 여파는 이의민의 복심인 경상도지역의 불교계를 크게 동요시켰고, 이러한 상황 하에서 명리를 벗어나고자 하였던 지눌의 입장은 흔들리면서 그 대응의 하나로서 정혜결사의 중심을 공산에서 송광산으로 옮겨가게 되었고, 또 한 측에서는 반룡사를 중심으로 한 결사의 조직으로 나타나게 되었을 것이다. 결사의 중심을 송광산으로 옮긴 지눌이 「勸修定慧結社文」에서 '승안 5년 경신년(신종 3, 1200)에 이르러 公山으로부터 결사를 江南의 曹溪山에 옮겼다. 그런데 이곳의 이웃에 定慧寺가 있어 명칭이 서로 혼동되기 때문에 朝旨를 받들어 定慧社를 고쳐 修禪社라 했다'고 하였지만 명칭의 변경 이면에는 정혜결사가 이의민정권과 연루되어 있다는 그림자를 지우고자 하는 의도가 반영된 것이라고 볼 수 있으며, 한 걸음 더 나아가 '조지'를 받들었다는데에서 표현되다시피 중앙정부, 최씨정권과의 결탁이 도사리고 있음을 알 수 있다.[237]

---

235) 李仁老,『破閑集』卷中. "明皇時 大叔僧統 寥一 出入禁于閤 不問左右二十餘年"

236) 崔滋,「送盤龍如大師序」『拙稿千百』卷1 ;『東文選』卷84.

237) 金晧東, 2000,「고려중기 결사불교에 대한 재음미」『荷谷金南奎敎授停年紀念史學論叢』, 경남대학교 사학논총간행위원회.

2. 眞覺國師 慧諶의 현실대응 태도

　　修禪社의 2세 主法인 慧諶(1178~1234)은 전남 和順 출신으로 속
성은 崔氏이며, 그의 아버지는 鄕貢進士였다. 그는 1201년(희종 4)
에 司馬試에 합격하여 太學에 들어갔으나 어머니 裵氏의 죽음을
계기로 하여 1202년 지눌의 제자로 입문하였다. 慧諶을 위시한 天
因, 天頙 등의 향리 내지 독서층의 과시합격자들이 수선사와 백련
사 등의 신앙결사에 입문한 경우를 문벌체제 하에서 귀족적·보
수적인, 또 무신체제 하에서 부용적인 성격을 지닌 유학에 대한
회의와 반발에서 나타난 현상, 즉 이러한 기존의 유학을 극복하기
위한 돌파구로서 13세기 전후에 있어서 불교계 내부의 비판운동
으로 전개된 새로운 사조에 깊은 관심을 가지게 된 것으로 볼 수
있다.238) 이 시기의 과거가 등용고시의 성격보다는 관료후보자의
자격고시의 성격을 갖고 있었던 것을 감안할 때 향리층 내지 독서
층의 자제들이 과거에 합격하였다 할지라도 실제 좌주 등의 천거
를 통해 관직에 진출한다는 것은 쉽지 않았을 것이다. 이들이 승
려로의 길을 택한 것은 이것이 하나의 요인으로 작용할 수 있을
것이다. 천책이 '業儒者'에서 '佛僧'으로 전환하게 된 이유가 당시
문인들의 학풍에 대한 불만과 급제 후 3년 동안 등용되지 못한 불
만 때문인 것을 감안할 때239) 혜심의 입산동기도 여기에서 찾을

---

238) 蔡尙植, 1991, 『高麗後期佛敎史硏究』, 일조각, 28~29쪽.
239) 그는 급제 후에 중점적으로 수련한 사륙병려체의 문집인 崔致遠의 문
　　집 57권, 金克己의 문집 135권을 열거하면서, 이들이 '騈四六儷'로서
　　세상에 헛된 이름을 빛냈다고 잘라 말한 것으로 보아, 이러한 학풍에
　　염증을 내고 있었음을 알 수 있다. 내용보다 문장의 형식에 구애된 장
　　구문학의 학풍은 인종 때부터 유행하였으나 무신집권시에도 문신들

수 있을 것이다. 지눌이 대상으로 한 중생이 최소한의 知解 정도
는 갖춘 사람이었다는 것을 감안할 때 과시 합격생인 혜심을 그의
법통으로 계승시킨 것은 어쩌면 당연한 조치였을 것이다. 수선사
는 최충헌 집정 말기부터 시작하여 최우 집정기에 이르러 최씨정
권의 적극적인 지원에 힘입어 대규모의 경제력을 가진 대사원으
로 변모하게 된다. 이 당시 수선사를 주도한 인물은 바로 혜심이
었다. 거기에는 과시합격의 경력, 태학 수학의 경력이 크게 작용하
였을 것이다. 관직에서 활동하였던 그의 좌주와 同年들은 그 인연
으로 인해 혜심과 국왕인 강종 및 최씨정권을 연결하는 하나의 가
교 역할을 하였을 것이다.

　혜심과 국왕 및 최씨정권과의 깊은 유착은 다음의 자료에 잘 나
타나 있다.

　　　大安 경오년에 (보조)국사가 입적하여 제자들이 임금에게 보고하
　　여 칙명을 받들어 師에게 주지를 계승하게 하니, 사가 부득이 사원
　　에 들어가 법당을 열었다. 이에 사방에서 학자와 도인, 속인 중에 높
　　은 사람과 숨어 있는 늙은이들이 구름처럼 달리고, 그림자처럼 따라
　　서 모여들지 않은 자가 없었다. 강당이 매우 좁게 되니, 강종이 듣고
　　주무 관원에게 명하여 증축하게 하고, 여러 번 中使를 보내어 공사
　　를 독려하였다. 드디어 넓혀서 크게 만들고 또 사자를 보내어 滿繡
　　架裟와 磨衲 각 한 벌과 아울러, 차·향·보병 등을 내리었다. 인하
　　여 法要를 찾으므로 사가 心要라는 것을 찬술하여 올렸다. … 지금
　　의 임금(고종)께서 즉위하여 制書를 내려 사에게 선사를 제수하고,
　　또 대선사를 加資하였다. 選試의 시험장을 거치지 않고 바로 승관직
　　에 오른 것은 사로부터 시작되었다.[240]

　　은 그들의 정치적 포부를 나타내는 經綸보다 文翰을 맡은 기능인으
　　로서만 활동할 수 있었고, 이에 따라 문인들도 미사려구에만 골몰하
　　고 있었다(허흥식, 「진정국사의 생애와 시대인식」『高麗佛敎史硏究』,
　　859~865쪽).
240) 李奎報, 「曹溪山第二世故斷俗寺住持修禪社主贈諡眞覺國師碑銘 幷

고종 6년(1219) 최충헌을 이어 집권한 최우는 먼저 동생 珦과 그 추종세력 등 반대파를 제거하여 자신의 지위를 굳히는 동시에 아버지가 축적한 金銀 珍玩을 왕께 바치고 점탈한 公私田民을 주인에게 되돌려 주며, 부패한 관리를 내쫓는 대신 寒士를 많이 등용하여 인망을 얻기에 노력하였다. 아마 최우는 이러한 의도에서 국왕 및 관인들의 신망을 받고 있었던 혜심에 대한 각별한 예우를 하였을 것이다. 이러한 최우의 태도에 대해 혜심 또한 호감을 갖고, 최우에게 보낸 편지에서

> 각하는 몸이 부귀에 처해 있으면서도 부귀에 빠진 바가 없었고, 일찍 머리를 돌려 일단의 大事가 인연이 있음을 아셨으니 진실로 생사의 바다의 舟가 되고 교량이 될 수 있었습니다. 허다한 公冗의 번거로움을 떨쳐 버리고 자주 道人 衲子輩와 이 일을 생각하나 싫증을 내지 않았으니 전생에 심은 信根이 아니면 어찌 이와 같겠습니까. 지난 편지에 적어드린 몇 가지 부질없는 말을 시시로 參詳하시는지요? … 요즈음 들으니 좌우가 보통 때와 다르게 모든 시설을 아주 고쳐 此事를 위해 힘을 쓰며, 정치의 교화는 날로 공평하고 온갖 시설은 갖추어져 모두 외관을 버리고 내실을 취하므로, 촌야의 무지한 부인이나 소자들도 칭찬해 마지않습니다. 오호 아름다와라. 이것은 學佛한 증거입니다. 공은 힘쓰십시오.241)

최우의 정치가 공평과 내실을 갖추게 되어 시골의 무지한 부인과 소자들도 칭찬해 마지않는다고 하였다. 그 결과 최우정권의 전폭적인 지지에 힘입어 수선사는 무신정권시대 불교계를 영도하는 입장에 놓이게 되었을 것이다. 그러나 최우와 혜심 양자의 관계는 표면적인 밀착의 정도와는 달리 그 내면은 상당히 복잡한 것 같다.

序 奉宣述」『東文選』卷118.
241) 慧諶, 「答崔尙書 瑀」『曹溪眞覺國師語錄』『韓國佛教全書』6.

　　지금 문하시중 진양 최공이 師의 風韻을 듣고 정성을 기울여 간
절히 사모함을 마지못하여 여러 번 서울로 모셔 오고자 하였으나 사
가 마침내 오지 않았다. 그러나 천리의 먼 곳에서 서로 마음의 사귐
이 마치 面對한 것 같았다. 다시 두 아들을 보내어 참례해 모시게 하
고, 모든 사의 일상의 생활하는 자재와 기구를 힘을 다하여 마련하
여 주지 않는 것이 없었고, 차와 향, 약과 맛 좋은 음식과, 이름난 과
일과 도구와 법복에 이르기까지 항상 때를 맞춰 제공하기를 계속하
여 끊지 않았다. … 貞祐 기묘년(고종 6, 1219)에 조서를 내려 斷俗寺
에 머물라고 하였다. 사가 여러번 사양하였으나 윤허하지 않아 다음
해에 院에 들어갔다. 그러나 本寺를 常住의 처소로 하였다. 계사년
(고종지, 1234) 仲冬에 본사에서 병이 드니 진양공이 듣고 크게 놀라,
임금에게 알려 어의 아무를 보내어 진찰하게 하였다.[242]

　최우는 혜심을 누차 개경으로 불러 올리려고 하였고, 그의 두 아
들인 萬宗과 萬全을 수선사에 보내어 삭발케 하는 한편, 혜심의 일
상생활의 불편이 없도록 성심 성의껏 받드는 모습을 위의 기록은
보여주고 있다. 그러나 혜심은 개경으로의 초치에 응하지 않았고,
단속사의 주지로의 발령도 응하지 않다가 마지못해 이에 응하고
있다. 이를 두고 전자의 경우, 최우는 혜심과 밀착하려고 한 반면
혜심은 최우를 비판하며 일정한 거리를 두려고 하였다고 하면서,
수선사 산문이 정치적으로는 최씨정권에 협력하면서도 사원의 독
립성을 유지하려던 양면성으로 해석하고 있다.[243] 한편 후자의 경
우에 있어서 혜심의 단속사주지 임명은 최우의 진주식읍의 원활한
관리를 위한 의도에서 비롯된 것으로 이해하고 있다.[244]

---

242) 李奎報,「曹溪山第二世故斷俗寺住持修禪社主贈諡眞覺國師碑銘 幷
　　　序 奉宣述」『東文選』卷118.
243) 秦星圭,「眞覺國師 慧諶의 修禪社 活動」『中央史論』5, 24~28쪽 및
　　　金光植, 1991,『高麗 崔氏武人政權의 佛敎界 運用에 關한 硏究』,
　　　건국대학교 박사학위논문, 149~150쪽 ; 1995,『高麗武人政權과 佛敎界』,
　　　민족사 참조.
244) 金光植, 1989,「高麗崔氏武人政權과 斷俗寺」『建大史學』7.

이의 이해를 위해 다음의 자료를 검토해 보기로 한다. 다음의 시
들은 혜심이 비록 당시 집정자였던 최우와 특별한 유대를 갖고 있
었지만 현실비판적 입장에 있었음을 보여주는 시들이다.

　① 옷과 음식에 교만하고 사치하면 덕을 쌓지 못하고
　　농사와 양잠하는 사람에게 죄수가 되며
　　이것을 좇으면 온 세상이 추위와 주림을 받나니
　　사람에게 알리어라 믿든지 말든지

　　농사와 양잠이 잘 안된지 여러 해
　　기근이 서로 잇고 역질도 연이었네
　　화의 근본은 문이 없으니 사람이 불러들일 뿐
　　스스로 짓는 줄 모르고 하늘만 원망하네[245]

　② 한 층 보고 또 한 층 보면서
　　걸음걸음 높은 곳에 올라 점점 넓은 곳을 바라보니
　　지면은 평탄하여 깎은 것 같으나
　　쇠잔한 民들의 파괴된 집은 차마 볼 수 없네[246]

　③ 나라 걱정 집 걱정 바로 이 때
　　어진 신하 나라 일은 사양치 못하리
　　피서는 참된 도를 구하려는 것 아니니
　　公理가 淸平한 곳에 道는 존재하리[247]

이처럼 집권층에 대한 비판과 농민층의 처지에 대한 깊은 관심
을 가질 수 있었던 그였기에 유구역 공관에 그려진 그림, 즉 '諫臣

---

245) 慧諶,「憫世」『無衣子詩集』卷下 ;『韓國佛教全書』6册, 63쪽 下. "服
　　飾驕奢德不修 農公蠶毋見幽囚 從茲擧世受寒餓 爲報時人信也不 田
　　蠶不熟已多年 飢饉相仍疾疫連 禍本無門人所召 不知自作怨諸天"
246) 慧諶,「登黃龍塔」『無衣子詩集』卷下 ;『韓國佛教全書』6册, 63쪽 下.
　　"一層看了一層看 步步登高望漸寬 地面坦然平似削 殘民破戶不堪觀"
247) 慧諶,「贈金郎中」『無衣子詩集』卷下 ;『韓國佛教全書』6册, 63쪽 下.
　　"憂國憂家正是時 賢臣主事不須辭 避署未必眞求道 公理淸平道在茲"

去國圖'를 주목할 수 있는 혜안을 지닐 수 있었을 것이다.

毅王은 풍악과 여색을 가까이 하고 놀이를 좋아하였다. 忠肅公 文克謙이 그때에 正言이었는데 소를 올려서 간절하게 간하였으나 좇지 않았다. 경인년 가을이 되자 무신이 난을 꾸며서 乘輿는 남쪽으로 옮겼다. 계사년 겨울에 定山縣 維鳩驛에 공관을 새로 수리하여 마치고 화공을 청해서 벽에 채색을 시공하였다. 화공은 당시의 妙手로서 성은 朴이고 이름은 모른다. '지금 그 驛吏가 사실을 갖추어서 말하였다.' 寢房 서쪽 벽 사이에는 흰 옷에다 삿갓을 쓰고 말을 탄 사람 하나가 산길을 따라서 고삐를 그대로 두고 천천히 몰아가는 것을 그렸는데 그 모습이 쓸쓸하였다. 아이 종들이 서로 붙들고 차츰 차츰 가는데 사람들이 보아도 무슨 그림인지 모두 몰랐다.
임오년(고종 9) 가을에 송광사 無衣子가 청을 받아 道侶 천여 명을 거느리고 西原으로 가면서 이 역에 유숙하게 되었다. 그 그림을 보고 한참동안 탄식하다가 "이것은 諫臣去國圖이다"라고 하고 이에 시를 지었다.

어떤 사람이 벽에다 이 그림을 그렸나
諫臣이 나라를 떠났으니 일이 되겠나
중도 한 번 보고 오히려 슬퍼지는데
하물며 요로에 있던 사대부이겠나

아아, 화공이 지난 일에 느낌이 있어 이 그림을 그린 것과 선사가 옛 그림의 뜻을 알고 이 시를 남겼음은 옛날 風雅君子와 다름이 없다.[248]

최우의 집권 초반기에 최우를 극찬하던 혜심이 권력에 대한 비판자로 돌아선 계기는 어디서 찾을 수 있을까? 그것은 아마도 최우의 아들인 萬宗·萬全이 고종 6년 수선사의 혜심에게 가서 머리 깎은 것과 연관될 성싶다.[249] 이에 관해『高麗史』에서는 다음과

---

248) 崔滋,『補閑集』卷下.
249) 이때의 시기를 고종 6년 경으로 보는 근거에 대해서는 閔賢九,「月南寺址 眞覺國師碑의 陰記에 대한 一考察」『震檀學報』36, 18쪽 참조.

같이 기록하고 있다.

> 怡는 嫡者가 없고 嬖妓 瑞蓮房에게서 두 아들 萬宗과 萬全을 낳
> 았다. 처음에 怡가 兵柄을 若先에게 전하고자 하였으나 두 아들이
> 난을 일으킬까 두려워하여 모두 송광사에 보내어 체발시키고 함께
> 선사를 주었다.250)

만종·만전을 수선사에 보내어 머리를 깎게 한 것은 김약선을
후계자로 정하려는 최우의 의도 때문에 이들이 난을 일으키지 않
을까 두려워하여 그 해소책으로 이루어진 조처였다고 밝히고 있
다.251) 이에 대해 후계자에 대한 후환 방지와 진주 지방의 경제력
의 관리, 그리고 수선사 산문에 대한 호의적인 의사표시로서의 사
원정책 등이 어우러진 결과로 이해되기도 하였다. 즉 누차의 개경
의 초치를 거절한 혜심에게 아들을 그의 문하로 보냄으로써 혜심
의 신뢰와 함께 수선사 산문에 대한 지원을 약속하는 의미로서, 그
리고 최우 자신의 신앙의 돈독성을 불교계에 과시하고자 하는 의
도로서 파악되기도 하였다.252)
만종·만전의 수선사행은 최우정권의 안정화를 위한 敎俗兩界
의 장악의 필요에서, 세속적 지배권을 김약선에게, 불교계의 지배
권을 만종·만전에게 맡기기 위해 나온 조처였을 것이다. 불교계
의 지배권을 공고히 하기 위해 최우는 혜심을 개경으로 초치하고
자 하였지만 혜심은 다음의 시에서 보다시피,

---

250) 『高麗史』卷129, 列傳 崔怡.
251) 金塘澤, 1987, 『高麗武人政權研究』, 새문사, 203쪽.
252) 金光植, 1991, 『高麗 崔氏武人政權의 佛敎界 運用에 關한 研究』,
　　건국대학교 박사학위논문, 241~242쪽 ; 1995, 『高麗武人政權과 佛
　　敎界』, 민족사.

> 사신의 그림자 曹溪水에 떨어지니
> 찬란한 빛 천지를 비추네
> 寒僧을 위협하니 어쩔 수 없어
> 禪僧을 잡을 곳이 없음을 알았네
> (조칙으로 불렀으나 응하지 않으므로 말한 것이다)[253]

한사코 응하지 않았음을 알 수 있다. 혜심이 과거합격자 출신의 지식인으로서 세속에 대해서 실망하고 입산하게 되었음을 감안할 때 그의 개경행은 그리 간단한 문제가 아니었을 것이다.

개경으로 혜심을 초치하고자 하였던 최우는 완강한 저항에 부딪히자 그의 아들인 만종·만전을 아예 승려로 만듦으로써 불교계에 대한 직접 지배를 꾀하게 되었을 것이다. 그리고 최우의 의도를 거절한 혜심을 단속사로 보냄으로써 수선사와의 연결고리를 차단하고자 하였을 것이다. 이에 양자의 갈등이 표출되었을 것이다.

> 貞祐 己卯(고종 6)의 詔에 의하여 斷俗寺에 住하라고 명하여, 누차 사양하였으나 윤허치 않아 명년에 入院하였다. 그러나 本寺를 常栖之所로 하였다.[254]

혜심은 단속사 주지 임명에 대해 고종 7년에 가서 마지못해 갔으나 수선사를 '常栖之所'로 여겼다고 하는데서 양자의 알력관계를 엿볼 수 있다. 이를 좀더 구체화하기 위해 1221~1223년(고종 8~고종 10) 사이에 작성된 것으로 추정되는 송광사의「國師當時大衆及維持費」의 문서를 살펴보기로 한다.

---

253) 慧諶,「次黃中使韻」『無衣子詩集』卷下 ;『韓國佛敎全書』4册, 57쪽 中.
254) 李奎報,「曹溪山第二世故斷俗寺住持修禪社主贈諡眞覺國師碑銘 幷序 奉宣述」『東文選』卷118.

國師當時大衆及維持費

제1단 福田數 法席時在道衆四十七 三寶堂衆九十六 常行法席齋前誦金
剛般若齋後中夜禪堂別法席 本定法席并只無
제2단 本傳諸忌日寶及雜寶納租四千石 社主法答私財條及諸檀那施納祝
聖鎭兵長年寶租六百石 丙子年(고종 3, 1216)分入內侍文正奉宣鎭
兵條以施納油香寶一百石 例食布施并只無
제3단 田畓柴 參知政事崔祝聖油香寶以施納宣給文付昇平郡葦長伊村鐵
谷村新谷村木叱庫并十結五十 國大夫人宋氏忌日寶以納同郡任
內加音部曲四十結三十卜進禮部曲一結赤良部曲二結富有縣地田
畓并二結四十九卜 同生妹氏忌日寶以同郡地田畓并八十結三十卜
上將軍盧仁綏祝聖條以施納宣給公文付光州田畓并十五結陵城郡
田畓并二十八結五十卜和順縣田并七結十卜鐵冶縣田一結三十卜
上將軍金仲龜父母忌晨寶以納富有縣田畓并十七結 檢校軍器監徐
敦敬父母忌晨寶以施納利川郡田并二十五結乙用良遠近廻換以將
軍宋緖長興府任內拂音部曲并五結二荳原縣田畓并三十結六十三
卜 柴地段山谷是乑良結卜數不知審檢不得 參政事崔祝聖油香寶
以施納寶城郡任內南陽縣地鹽田七庫山田三庫并三結七十卜昇平
地吐叱村鹽田六庫節席肆座
제4단 奴婢 檢校軍器監徐敦敬納奴婢并載十口利川郡在京前唐柱下典申
公俊敎買奴三口同人亦髮削爲道者玄海名以納奴婢四口
제5단 唱權知司辰尹 手決
　　　 准司歷承仕郞沈 手決

　이 자료는 그간 혜심이 주도하는 수선사에 대해 최이를 비롯한
당대 집권무신들이 광대한 토지를 시납한 것으로 해석되고 있
다.[255] 그런데 「國師當時大衆及維持費」의 문서 2단에 수선사의
社主로서 法答이 보인다.[256] 이로 보아 혜심을 단속사로 옮긴 직후

---

255) 任昌淳, 1971, 「松廣寺의 高麗文書」 『白山學報』 11 ; 朴宗基, 1981,
　　「13세기 초엽의 村落과 部曲」 『韓國史硏究』 33.
256) 김광식 씨는 1993년 필자에게 보낸 서신을 통해 '社主法答私財條'의
　　해석에 관해서 "사주의 法에 보답한 계기로 생긴(형성의 의미) 私財,
　　즉 혜심의 재산으로 이해하면 어떨까"하였다. 이러한 가능성에 관해

최우정권은 社主 法膺을 통해 수선사를 장악하고자 하였던 듯하다. 이를 위해 祝聖·忌日 등의 표면적 명분을 내세워 崔怡를 비롯한 당대 집권무신들이 광대한 토지를 시납하여 수선사의 경제적 기반을 확충시켜 주었을 것이다. 이로 인해 수선사는 최우-만종·만전-법담의 추종세력과 혜심세력 사이에 종권다툼이 일어나게 되었을 것이다. 혜심의 현실비판적 시들은 아마도 양자 사이의 알력이 전개되고 있었던 시기에 이루어졌을 것이다. 따라서 양세력의 알력은 혜심이 고종 9년 가을 유구역 공관의 벽화를 보고 '諫臣去國圖'라 하고 이에 대한 시를 남길 때까지 계속되었을 것이다. 혜심은 '간신거국도'에 대한 시를 남긴 시기를 전후한 시기인 8월 2일에 단속사에서 龍華會를 주관하고 있다.257) 그런데 용화회는 불교의 이상국토관인 미륵정토를 구현하는데 있어서 龍華 三會의 설법에 值遇하여 왕생을 얻고자 하는 미륵신앙 체계에서 나온 것이다. 특히 고려 중기의 사회적 혼란의 와중에 당대를 말법시대로 인식하면서 미륵하생에 의한 미륵불의 출현을 기대하는 신앙의 형태로 나타나고 있음258)을 생각할 때 혜심의 최우정권에 대한 비판의 정도를 엿볼 수 있다.

전라 및 서부경남 일대의 田莊에 대한 효과적 관리를 위해 이지역의 민중들의 정신적 귀의처 역할을 하였던 불교사원, 특히 수선사의 대민교화의 힘을 빌리기 위해 만종·만전 형제를 수선사에서 머리를 깎게 하고, 법담을 사주로 하여 수선사를 장악하고자 하

서는 본고의 작성과정에서 한기문 씨에 의해서도 지적 받은 바 있었다. 그러나 본고에서는 法膺을 인명으로 해석하고자 한다. 만일 '사주의 法에 보답한 계기로 생긴'것으로 해석한다면 그것이 私財로 별도로 처리될 수 있을까 하는 의문이 남게 되기 때문이었다.
257) 慧諶,「上堂」『眞覺國師語錄』;『韓國佛敎全書』6.
258) 金三龍, 1987,『韓國彌勒信仰의 硏究』, 동화출판공사.

였던 최씨정권의 의도는 혜심세력의 완강한 저항에 부딪혔고, 결
국 두 세력의 타협이 모색되었을 것이다. 그리하여 만종은 단속사
로, 만전은 쌍봉사로 옮기게 되었고, 수선사는 다시 혜심이 주석하
게 되었을 것이다. 그렇게 추정하는 근거는 1224년(고종 10)에 작성
된 것으로 보이는 「常住寶記」에 나오는 '常住寶'의 운용을 혜심이
주도하고 있는 것이다. 특히 혜심은 社主 法答의 私財와 신도들이
낸 시주로 확보한 白金 86근을 문인 天忍에게 지시하여 곡식으로
바꾸어 이자를 늘리도록 하고, 앞서 국가가 내린 油香寶와 忌晨寶
등 雜寶로 적립된 4,000石과 지금 상주보로 내린 6,000石 등 正租
10,000石을 本數로 하고, 본수를 대여한 이자로 供佛과 養僧의 비
용으로 삼고, 국가를 위한 鎭兵과 祝聖으로 사용하도록 하였다. 상
주보의 存本取殖을 통해 늘어난 재산을 보관 관리할 장소가 부족
하자 혜심은 1223년(고종 10) 8월 최우에게 글을 올려 小刹의 폐단
을 알리어 정리토록 하였다. 이에 최우는 전라도 안찰사 田甫龜에
게 명하여 소찰 가운데 殘廢한 곳을 찾도록 하여 승평군 安住寺
등 11寺를 찾아 이곳에서 상주보를 운영하는 장소를 삼도록 하였
다.259) 이제 수선사는 만종·만전이 단속사와 쌍봉사에서 無賴惡
僧을 모아 食貨에 전념하는 것을 방기한 채, 그 자신도 권력과 유
착하여 상주보의 운영을 통해 대토지겸병과 고리대를 행하는 존재
로 전락되었던 것이다. 권력과 유착한 혜심의 상주보 운영의 결과
지역민들의 어려운 보시로 인해 근근히 유지되어 온 小刹, 즉 집권
세력과 연결되지 못한 사원 및 승려계층이 그 자신의 위치를 유지

---

259) 慧諶, 「常住寶記」『無衣子詩集』卷下 ;『韓國佛敎全書』6. 상주보기
    의 분석은 兪瑩淑, 1986, 「崔氏武臣政權과 曹溪宗」『白山學報』33
    및 韓基汶, 1990, 「高麗時代 寺院寶의 設置와 運營」『歷史敎育論集』
    13·14합집, 경북대학교 역사교육과 참조.

하지 못하고 수선사 등의 末寺로 편입되어 종속적 차원으로 전락
되고 만 것은 그 단적인 예라 하겠다.

혜심의 일생을 통해 무신체제 하에서 부용적인 성격을 지닌 유
학에 대한 회의와 반발에서, 향리층 내지 독서층들이 과시에 합격
하더라도 관직에 나아가기 어려운 현실에 대한 돌파구로서 불교계
에 투신한 비판적 성향의 지식인이 결국 권력의 힘에 타협해 가는
모습을 발견할 수 있다.

앞에서 본 바와 같이 만종, 만전 형제를 통해 수선사를 장악하고
자 하였던 최씨정권의 의도는 혜심세력의 완강한 저항에 부딪혀,
결국 두 세력의 타협이 모색되었다. 그리하여 만종은 단속사로, 만
전은 쌍봉사로 옮기게 되었고, 수선사는 다시 혜심이 주석하게 되
었다. 이러한 시련을 겪었던 혜심은 지눌에서 자신으로 이어지는
조계종의 법통을 공고히 하고 여타의 다른 방계에 대한 숙정을 시
도하였을 것이고, 그러한 과정을 겪었던 혜심이『禪門拈頌』을 간
행하면서 법통을 분명히 하고자 함은 당연할 결과였을 것이다.『景
德傳燈錄』이 여러 방계를 수록한데 반해 혜심이 엮은『禪門拈頌』
은 상대적으로 경직성을 보이면서 남종선 일변도의 법맥을 분명하
게 정리하고 있음은 혜심이 처한 당시의 입장이 반영된 것이라고
볼 수 있을 것이다.[260] 혜심이 즐겨 사용했던 공안 중에 '三喚'에
관한 고칙이 있는데, 그 내용은 다음과 같다.

> 충국사가 어느 날 시자를 세 차례 부르자 시자가 세 차례 대답을
> 하자 '내가 너를 배반한다고 여겼더니 네가 도리어 나를 배반하는구
> 나'라고 하였다.[261]

260) 金晧東, 1998,「『禪門拈頌』과 眞覺國師 慧諶」『民族文化論叢』18·19합집,
    영남대학교 민족문화연구소.
261) 慧諶,『眞覺國師語錄補遺』.

아마 이 고칙을 혜심이 즐겨 사용했다는 것은 결코 우연이 아닐 것이다. 이러한 상황 하에서 혜심은 『禪門拈頌』의 간행을 통해 자신의 법맥을 유지하고자 하였을 것이다.

혜심이 『禪門拈頌』을 간행한 것은 고종 13년(1226)이다. 이 시기는 혜심이 최씨정권과 일정한 거리를 둔채 현실에 대한 날카로운 비판의식을 갖고 있었던 때를 지나 최씨정권과 타협하여 유착한 시기에 해당한다. 이 책이 완성되기 바로 한 해 전에 혜심은 당시 무신집정이었던 최우로부터 金縷袈裟를 받기까지 하였다. 따라서 이 당시 혜심이 지은 글 속에는 사회현실을 비판하거나 사회의 교화에 관심을 보여주는 내용의 보이지 않는다. 그러나 당시 사회현실은 대내외적 모순이 중첩된 상황 하에서 어려운 지경이었다. 동진이 고려를 침범해 오고, 고종 12년에는 몽고의 사신 저고여가 고려에 무리한 요구를 하다가 귀국 도중에 압록강 북쪽에서 피살되어, 몽고가 이를 구실로 국교를 단절해 옴으로써 일촉즉발의 분위기였다. 대내적으로는 농민들의 유리도산으로 인해 곳곳에서 농민항쟁이 촉발되어 가는 분위기였고, 고종 11년에는 대장군 이극인의 최우 암살음모가 발각되어 많은 무신들이 화를 입기까지 하였다. 이러한 시기에 혜심은 조계산 수선사에서 문인 眞訓과 더불어 『禪門拈頌』의 편찬에 정성을 기울임으로써 佛者의 세계에 침잠한 채 한 걸음 비켜서서 佛者들에 대한 求道의 길만을 제시하고자 하였을 뿐이다. 오직 그는 이 책의 간행을 통해 중국과 같이 선종의 법맥이 이어져 내려감으로써 '禪道로서 국가의 복을 늘리고 지혜로운 논리로서 이웃 군사를 물리치리라는 생각'262)을 가졌다. 이를 통해 최씨정권하에서 그 자신과 수선사의 법맥이 공고해지리라는 생각을 혜심은 가졌을는지 모른다.

---

262) 慧諶, 『禪門拈頌集』 序文.

제3장

對內外的 矛盾에 대한
文人知識層의 對應

제1절 農民抗爭에 대한 在鄕勢力의 對應

민에 대한 토지탈점과 과중한 수탈에서 비롯된 12·13세기의 농민항쟁은 다음과 같은 요인에 의해 증폭된 것으로 파악되고 있다. 즉 생산력의 발달과 그것에서 파생된 향촌사회 내부의 농민층 분화라는 생산관계의 변동과 같은 계급대립의 요소(富豪層과 農民層, 地主와 佃戶)와 국가권력을 배경으로 한 權勢家·守令·在地吏屬層을 한편으로 하는 국가와 농민의 대립관계가 당시 항쟁을 유발시킨 주요한 원인이었다는 것이다.[1]

그러나 이 시기의 농민항쟁에는 국가 대 재향세력의 모순관계와 재향세력 내부의 갈등관계가 지적되기도 한다.[2] 이것은 향촌사회 안의 제계층 사이의 갈등이나 재경세력과 재향세력 사이, 재향세력 상호간의, 그리고 영역사이의 갈등으로 표출되어 국가 대 재향

---

1) 朴宗基, 1990, 「12·13세기 農民抗爭의 原因에 대한 考察」『東方學志』 69, 연세대학교 동방학연구소 ; 1991, 「무인정권하의 농민항쟁」『韓國史市民講座』 8, 일조각.

2) 金晧東, 1982, 「高麗武臣政權下에서의 慶州民의 動態와 新羅復興運動」『民族文化論叢』 2·3합집, 영남대학교 민족문화연구소 및 1994, 「12·13세기 농민항쟁의 전개와 성격」『한국사』 6, 한길사 그리고 1995, 「군현제의 시각에서 바라본 12·13세기 농민항쟁의 역사적 배경」『역사연구』 4, 역사학연구소 ; 金光植, 1989, 「雲門寺와 金沙彌亂」『韓國學報』 55, 일지사 ; 채웅석, 「12·13세기 향촌사회의 변동과 '민'의 대응」『역사와 현실』 3, 한국역사연구회, 역사비평사 ; 申安湜, 2002, 『高麗武人政權과 地方社會』, 경인문화사.

세력・민의 대립관계로 나타나면서 농민항쟁을 더욱 격화시키기
도 한다. 이러한 항쟁은 어디까지나 부차적인 것으로서, 기존의 국
가적 향촌지배질서가 허구화되면서 농민항쟁의 역량이 왜곡되어
표출되었던 것으로 평가되기도 하고, 일반 농민항쟁과는 구별되기
까지 하였다.[3] 그러나 이들의 항쟁이 부세수취와 역역동원의 모순
이 가장 첨예해진 시기, 그리고 춘궁기로 이어지는 시기인 9월에서
이듬해 3~4월을 택하여 토지로부터 이탈되어 나온 광범위한 유망
농민을 단결하여 발생한 것을 고려할 때 농민항쟁의 범주에 포괄
될 수밖에 없을 것이다. 더욱이 이 시기의 농민항쟁이 강한 정치적
지향성을 가지면서, '正國兵馬使', 혹은 '改國兵馬使'를 자처하고
자신을 '義兵'이라고 부르기까지 하면서, 심지어 삼국부흥운동을
전개하기까지 할 수 있었던 것은 농민항쟁의 주도층에 재향세력의
일부 지식층이 포함되었기 때문에 가능한 것일 것이다.

　여기에서 무신정권하의 농민항쟁에 일부 저항적인 지식층의 재
향세력이 가담하고, 이로 인해 강한 정치적 지향성을 지닐 수밖에
없었던 배경을 살펴보고자 한다.

1. 農民抗爭의 전개와 在鄕勢力의 동향

　중앙집권적 사회구조 속에서 상주 외관의 극소화와 향리층의 수
적 극대화를 바탕으로 한 대읍중심의 광역단위의 권역별 군현제는
國家－在鄕勢力(鄕吏層)을 축으로 하는 대농민지배방식을 채택하

---

　3) 박종기, 1989, 「武人執權期 農民抗爭硏究論」『韓國學論叢』 12, 국민
　　대학교 한국학연구소 및 앞의 주 1) 논문 참조. 채웅석의 앞의 논문 역
　　시 그 논지는 이를 벗어나는 것은 아니다.

였기 때문에 국가 및 재향세력의 민에 대한 불법적 수탈이 용이할 수 있는 구조적 모순을 안고 있었다. 그 결과 농민항쟁의 타도의 대상은 일차적으로 지방관과, 그에 기생하는 향리층을 위시한 재지토호일 수밖에 없었다. 1182년(명종 12) 2월 富城縣의 농민들이 봉기하면서 '遂殺尉衙宰僕', 즉 縣尉와 그 관아의 행정기구에 참여한 外官貝僚와 吏屬層을 살해하였다는 것이나,[4] 같은 해 3월 全州 州縣軍의 保勝・精勇과 官奴, 중들이 司錄 陳大有가 上戶長과 더불어 官船製造의 일을 가혹하게 감독하자 旗頭 竹同 등과 함께 봉기하여 진대유를 내쫓고 향리들의 집을 불태우고 나서 判官을 위협하여 향리들을 바꿔 임명하였다는 사실,[5] 그리고 1200년(신종 3) 晉州의 公私奴隷들이 봉기하여 州吏를 죽이고 그들의 집 50여 호를 불태웠다[6]는 사실에서 그간 지방관과 향리들이 원성의 대상이었음을 잘 알 수 있다.

농민항쟁의 주공격목표였던 지방관 및 재지토호들이 농민항쟁의 와중에 얼마나 두려움을 느끼고 있었던가는 南原의 농민항쟁을 진압한 안찰사 尹威에 대한 이규보의 頌에 잘 나타나 있다.

承安 5년(신종 3, 1200)에 나는 완산을 다스리고 사업 윤공은 나아가 廉察使가 되었었는데, 그 지방에서 존경하고 두려워하였다.
당시 남원에 群不逞이 있어 黨與를 불러모아 산을 의지해 굳게 둔을 치고 반역을 도모하려 하였다. 그 고을 관원들이 나약하여 제압하지 못하고 달려와 염찰사에게 보고하였다. 이날 공은 單騎로 府中에 들어가서 禍福으로 설득시키니, 賊徒들은 감격하여 울면서 명령을 듣지 않는 자가 없었다. 그래서 首謀者 2~3명만을 주참하고 나머지는 다 놓아주어 곧 안정을 이룩하니, 온 경내가 경하하였다. 나는 이 소식을 듣고 嗟嘆하는 것만으로는 부족하여 삼가 短頌 한

---

4) 『高麗史節要』 卷12, 明宗 12年 2月.
5) 앞의 책 卷12, 明宗 12年 3月.
6) 앞의 책 卷14, 神宗 3年 3月.

수를 지어 멀리 行軒에 바친다.

帶方이라 古郡은 남방의 오른 팔이네
한 팔이 만약 꺾이면 몸을 어떻게 사용하리
땅이 넓고 사람이 사나와서 逆詐가 봉기하였네
頑賊의 무리가 있어 반역을 도모하려고
平民들을 협박하여 개미떼처럼 집결하였네
산을 등져 스스로 굳히고 칼을 갈아 날을 세웠네
간간이 나와 약탈하여 그 식량을 충당하였네
뿌리 차츰 굳게 박히니 뽑아내기 쉽지 않네
父老들은 황급하여 토끼처럼 도망하고 사슴처럼 달아나고
그 고을 관원들은 얼굴에 땀이 물처럼 흐르네
달려와 염찰사에게 아뢰는데 말이 나오자 눈물이 떨어지네
공은 이르되 너희들은 어찌 일찍 방비하지 않았더냐
거북과 옥이 궤 속에서 훼상되면 이는 누구의 수치인가
너희들이 이미 제압하지 못했으니 내 어찌 그를 차마 보겠느냐
그 날로 길을 떠나 수레에 멍에 메울 겨를도 없었네
노기를 떨치고 府中에 앉아 급히 渠首를 불러들였네
명령하여 앞으로 나오게 해서 생사를 가지고 설득시키니
賊이 울며 복종하고 칼과 창을 던져 버렸네
그 괴수만을 주참하고 나머지는 다스리지 않으니
많은 도적떼들이 마음을 고쳐 의를 사모하였네
모두 말하되 우리들은 처음 사리를 알지 못하고
미친 말을 탄 것처럼 치달리니 정지하기 어려웠네
그 힘을 이길 수 없어 남에게 고삐를 잡아달라 하였네
만약에 이 사람이 없었던들 몸 상하고 목숨 잃었으리
아 우리들은 어쩔 수 없어 그랬었네
공이 만약 정지시키지 않았던들 우리가 어디로 갔는지
父老들은 이제 살았다고 춤추고 기뻐하네
모두 말하되 우리 공이시여 우리를 범의 입에서 구출하였네
우리들의 목숨은 실로 우리 공이 주신 것이라오
칭송 소리 바람 따라 천리에 우렁차네
큰 공과 높은 이름이 천지와 동등하구려
노래로 형용한 자는 완산의 미미한 관리로세[7]

---

7) 李奎報, 「尹司業威安撫南原頌幷序」『東國李相國集』 卷19. "承安五

농민항쟁의 주 공격목표의 하나가 재지토호였기 때문에 이들은 창 등으로 무장한 채 자위수단을 강구하기도 하였다.[8]

중앙집권적 사회구조 하에서 재향세력이란 결국 중앙정부의 통제 대상일 수밖에 없으므로 중앙정부와, 그의 대행자인 지방관과는 대립적인 위치에 왕왕 놓일 수밖에 없었다. 따라서 이 시기 농민항쟁의 발생에는 국가—재향세력 대 농민간의 대립관계와 더불어 국가 대 재향세력의 모순관계가 관철되면서 향촌사회 안의 제계층 사이의 갈등이나 재경세력과 재향세력 사이, 재향세력 상호간의, 그리고 영역사이의 갈등으로 표출되어 나타나기도 한다.

우선 국가권력 대 재향세력—민의 대항관계로 비롯된 농민항쟁을 살펴보기로 한다. 그 대표적인 예로서 양계지역의 농민봉기를 들 수 있다. 특히 서북면지역에서 재지토착세력인 都令層이 항쟁의 주체로서 많이 나타나고 있다.[9] 그런데 이 지역의 항쟁에는 영

年 予理完山 司業尹公 出爲廉察 一方畏敬 時南原有群不逞 嘯聚黨與 屯山自固 圖爲叛逆 守倅不得制 奔報廉察使 是日 公以單騎入府 喩以 禍福 賊徒無不感泣聽命 於是誅首謀者二三人 餘皆赦之 便致安定 闔 境慶抃 予聞之嗟嘆不足 謹成短頌一首 遙獻于行軒

　　帶方古郡 維南右臂 一臂若折 於身何使 地廣人悍 逆詐鋒起 有頑 賊類 圖爲不軌 驅脅平民 聚結如蟻 負山自固 厲兵犀利 間出慓奪 充 其粮糒 植根漸牢 拔之不易 父老驚惶 免奔鹿趂 曰守曰倅 面汗如水 奔告使軒 言出涕隨 公曰爾曹 何不早脩 龜玉毀櫝 是誰之恥 爾旣不制 吾其忍視 卽日命駕 其車不軏 奮臂坐府 急召渠帥 命之使前 喩以生死 賊泣聽命 捨兵擲鏃 但誅首謀 餘悉不理 林林賊徒 革心慕義 咸曰我曹 初不自揆 如馭狂馬 奔突難止 其力莫勝 債人執轡 若無是人 身敗命棄 嗟嗟我曹 無奈類是 公若不止 吾走何指 父老再生 抃躍以喜 咸曰我公 脫我虎齒 繫我首領 實公之賜 頌聲隨風 洋溢千里 功碩名大 齊天等地 歌以形容 完山未吏"

8) 李奎報,「宿雙嶺」『東國李相國集』卷6. "路入荒榛怯日斜 忽聞啼犬 認人家 孤村畏盜猶橫戟 古院逢僧暫試茶 萬里歸雲閑送鶴 一溪高柳 靜藏鴉 此身會作江山主 聞道黃曉似永嘉"

역간의 갈등과 재향세력의 분열에 따른 갈등이 개재되어 있다. 이
지역은 이미 문신귀족정치 하에서 묘청의 정변이 일어난 지역이
었다. 妙淸의 정변은 지배층 내부의 개경문벌과 서경출신의 신진
관료 사이의 대립이었지만 그 이면에는 재향세력과 일반 농민층
들이 항쟁군에 광범위하게 가담한 바 있다. 특히 묘청의 정변 진
압 후 중앙정부는 반란을 미연에 방지하기 위해 인위적 군현개편
을 단행하였기 때문에 이로 인한 이해 당사자들의 불만이 또한 크
게 고양되어 있는 상태였다. 즉 묘청의 정변을 진압한 중앙정부는
서경을 6현으로 나눔과 동시에 金堂·呼山·漆井의 3 部曲을 합
하여 三和縣으로 함과 동시에, 성주를 防禦使 지역에서 知郡事 지
역으로 강등함과 동시에 그 관할하의 新城·蘿坪·狗牙 등의 3 부
곡을 합하여 三登縣으로 승격시킨 바가 있었다.[10] 1172년 昌州, 成
州, 鐵州人들의 봉기 때 성주인들이 삼등현을 토멸할 것을 의논하
였다는데서[11] 묘청의 정변으로 인위적 군현개편을 당한 이 지역
민들의 불만을 엿볼 수 있다. 군현개편의 이해당사자는 곧 재향세
력인 이속층일 수밖에 없기 때문에 이들의 항쟁에는 재향세력의
광범한 참여가 있었을 것이다.[12] 특히 무신쿠데타의 모주로 추대
되었던 鄭仲夫는 서해도 군현을 자기 출신지인 海州에 소속시키
는 등 자기 본관에 대한 배려를 함과 동시에 서북면 병마사에 자
기의 사위인 宋有仁을 파견하였다.[13] 이것은 결국 여타의 서북면

---

9) 邊泰燮, 1978,「武臣政權期의 反武臣亂의 性格」『韓國史硏究』19, 58쪽
   및 金南奎, 1990,『高麗時代 兩界地方史 硏究』, 새문사 참고.
10)『高麗史』卷58, 地理 3, 安北大都護府.
11)『高麗史節要』卷12, 明宗 2年 6月.
12) 李樹健, 1989,『朝鮮時代 地方行政史』, 민음사 참조.
13)『高麗史節要』卷11, 毅宗 24年 10月條 및 같은 책 卷12, 명종 2年 3月條
   참조.

지역에 대한 가혹한 수탈과 영역간의 갈등을 불러일으키게 되었
을 것이다. 1172년 창주, 성주, 철주인들의 봉기 때 송유인이 이들
의 봉기를 제압하지 못하고 병을 칭탁하여 于學儒와 교체되었다
는 것은 바로 이를 말해 줌이다.14) 이러한 지역적 분위기를 파악
한 西京留守 趙位寵이 부세수취와 지주-전호관계를 둘러싸고 국
가와 민, 토지소유자와 경작자와의 모순과 대립이 격화되는 시기
인 명종 4년 9월을 택하여 정변을 꾀하게 되었을 때 서북계의 40
여 성의 주민들이 토착세력인 都令에 의해 결속되어 조위총에 호
응할 수 있었을 것이다. 항쟁의 진행과정에서 농민들이 조위총은
물론 도령들의 의도와는 상관없이 수령과 향리를 공격대상으로
삼기도 하였지만 재지토호였던 도령층이 줄곧 항쟁의 중심세력에
위치하고 있다. 이는 명종이 조위총의 봉기 이후에도 이 지역에
도적이 자주 일어나 도령들이 동요할 것을 염려하여 물품을 내려
이들을 무마하였다는데서도 알 수 있다.15) 조위총의 난의 진압과
정에서 중앙정부는 도령 등이 항전의 주체로 떠오르자 이의 진압
을 위해 재향세력의 일부를 이용하게 되자 재향세력 상호간의 분
열과 갈등은 증폭되었고, 결국 조위총의 餘衆의 봉기에는 이것이
한 요인으로 작용하였다.16)

　　서북지역, 특히 양계지역의 농민항쟁을 제외하고서 개경이남의
남부지역에서 일어난 항쟁의 대부분은 오히려 在地吏屬層이 중앙
에서 파견된 外官員僚들과 상호 결합하여 외관원료들의 민에 대한
수탈을 보다 용이하게 함으로써 당시 항쟁의 원인을 제공하는 주
체로서 등장하고 있다는 것으로 이해되고 있다. 박종기씨는 최근

14) 『高麗史節要』 卷12, 明宗 2年 6月.
15) 『高麗史節要』 卷12, 明宗 8年 11月.
16) 金南奎, 앞의 책 참조.

富城縣과 全州, 그리고 晉州의 농민항쟁을 언급하면서 "이 시기 항쟁의 일반적인 전개양상은 재지이속층이 중앙에서 파견된 外官員僚들과 상호 결합하여 외관원료들의 민에 대한 수탈을 보다 용이하게 함으로써 당시 항쟁의 원인을 제공하는 주체로서 등장하고 있다"고 하면서 "특히 개경이남의 남부지역에서 일어난 항쟁의 경우 대부분 그러하였다"고 하였다. 이에 의거해 그는 "재지이속층은 고려 중기 이후 토호적인 성격에서 행정기구의 말단에 위치하여 민에 대한 수취를 전담하는 국가권력의 대행자로의 성격이 보다 두드러지게 나타났으며, 그러한 변화가 농민항쟁의 과정에서 재지이속층이 민과 대립관계에 놓일 수밖에 없는 구조적인 요인이 되었던 것이다"라고 하였다.[17] 본고에서도 기본적으로 이러한 모순의 관계를 부인할 생각은 없다. 그러나 이러한 기본적 모순 위에, 이 시기 심화된 중앙에 대한 지방의 종속화에 따른 국가 대 재향세력－민의 대립관계에 의해 중앙정부 내지 재경세력과 재향세력간의 갈등, 그리고 재향세력 상호간의 갈등이 12·13세기의 농민항쟁을 크게 증폭시켰다고 본다. 이러한 입각점에 서면 박종기씨가 앞에서 언급한 '농민항쟁의 과정에서 재향이속층이 민과 대립관계에 놓일 수밖에 없는 구조적인 요인' 바로 그것이 국가의 통치대상일 수밖에 없었던 백성의 일원으로서의 재향세력과 국가와의 갈등을 낳게 되고, 재향세력과 민이 결합할 수밖에 없었던 요인으로도 작용할 수 있을 것이다. 국가 대 재향세력·민의 대립관계로 지적할 수 있는 예를 살펴보기로 하자.

1182년 管城縣의 농민봉기에서 縣令 洪彦이 탐학하여 吏民들이 그의 愛妓를 죽이고 그를 유폐시켰다는데서 국가권력의 대행자인

---

17) 朴宗基, 1990, 「12·13세기 農民抗爭의 原因에 대한 考察」 『東方學志』 69, 153～154쪽.

수령들의 민에 대한 과중한 수탈이 곧 吏民의 봉기를 가져왔음을
알 수 있다.[18] 이런 예로 주목되는 것은 전주와 진주지역의 농민봉
기이다. 이 두 봉기는 앞에서 보다시피 흔히 재지이속층과 민의 대
립구조를 기본 축으로 하여 항쟁이 전개되었던 것으로 파악되고
있다. 그러나 이 항쟁은 다음의 자료를 통해서 볼 때 꽤 복합적인
요인이 중첩되어 있음을 알 수 있다.

> (명종 12년 3월) 전주의 旗頭 竹同 등이 난을 일으켰다. 애초에 司
> 錄 陳大有가 자못 淸介한 것을 자부하여 형벌을 쓰는 것이 지극히
> 혹독하니, 民 가운데에 괴롭게 여기는 자가 많았다. 국가에서 精
> 勇·保勝軍을 보내어 官船을 제작하게 하였는데 大有가 上戶長 李
> 澤民과 더불어 督役함이 심히 혹독하였다. 竹同 등 6명이 官奴와 不
> 逞者를 불러모아서 大有를 山寺로 쫓아 버리고 澤民 등의 10여 집
> 을 불태우니 吏가 모두 달아나 숨었다. 이에 判官 高孝升을 협박하
> 여 州吏를 바꾸게 하였다. 안찰사 朴維甫가 州에 들어가니 賊이 크
> 게 군사의 隊伍를 정렬하여 大有의 불법행위를 열거하여 호소하였
> 다. 안찰사가 부득이하여 大有를 구속해서 서울로 압송하고, 禍福으
> 로서 타일렀으나 좇지 않았다. 이에 道內의 군병을 동원하여 토벌하
> 였으나 적들이 성문을 닫고 굳게 지키었다.
> 여름 4월에 합문지후 裴公淑·郎將 劉永 등을 보내어 반역의 상
> 태를 묻게 하였다. 공숙 등이 성에 들어가 한 隊正을 달래어 賊魁를
> 제거할 것을 모의하여 계획이 막 이루어지려고 하는데 참소를 입어
> 郎中 任龍臀와 郎將 金臣穎으로 대체되었다. 안찰이 보낸 군병들이
> 성을 공격하였으나 함락시키지 못한 채 40여 일이 되었는데 대정이
> 僧徒와 더불어 죽동 등 10여 명을 타살하니 적이 평정되었다. 이윽
> 고 용비 등이 도착해서 餘黨 30여 인을 색출하여 죽이고 城塹을 무
> 너뜨리고 돌아갔다(『高麗史節要』 卷12, 明宗 12年 3月).

이 사건은 알려진 바와 같이 표면적으로는 官船 제조과정에서
外官員僚인 司錄 陳大有와 吏屬인 上戶長 李澤民의 用刑과 督役

---

18) 『高麗史節要』 卷12, 明宗 12年 2月.

이 가혹하였기 때문에 일어난 것이다. 그러나 봉기한 죽동 등이 上
戶長을 쫓아내고 '判官 高孝升을 협박하여 州吏를 바꾸게 하였다'
는 대목을 음미할 필요가 있다. 여기서 상호장 이택민과 도망친 州
吏와 죽동 등에 의해 새로이 州吏가 된 자들과의 대립관계를 그려
낼 수 있을 것이다. 더욱이 이 봉기에는 一品軍 隊正이 참가하고
있다. 대정은 副戶正이나 副兵正 副倉正級의 지방향리로서,[19] 이
들은 과거시험에도 응시할 수 있는 지방토호층이다.[20] 따라서 상
호장 이택민으로 대표되는 이속층과 일품군 대정 某[21]로 대표되는
이속층의 분열상이 항쟁의 배후에 드리워져 있음을 볼 수 있다. 앞
의 사료에 의거할 때 죽동 등이 봉기의 처음에서부터 전면에 나선
데 반해 일품군 대정은 항쟁에서 한 걸음 물러나 있는 존재로 비친
다. 이는 바뀐 주리의 일족이 일품군 대정과 관련된 것이 아닐까
하는 추측을 가져다 준다. 이렇게 볼 때 재향세력의 일원인 일품군
대정의 黨인 바뀐 州吏들은 당시 관선제조의 가혹한 역역동원이 3
월의 農時를 넘김에도 끝나지 않음에 따른 병농일치의 주현군에
속한 농민들의 불만을 부추겨 항쟁을 일으키게 하였고, 그 과정에
서 전주의 읍사조직의 주도권을 이택민 등으로부터 빼앗고자 한
것이 아닌가 한다. 결국 이 항쟁은 항쟁에 가담한 일품군 대정이
승려들과 함께 죽동 등 10여 명을 죽임으로써 종식되었다. 이렇게
두고 볼 때 사록 진대유는 결국 하나의 희생자임에 불과한 것이다.
우선 진대유의 관선제조의 감독에 따른 가혹함은 곧 중앙정부의

---

19) 『高麗史』卷75, 選擧 3, 鄕職, 文宗 23年 3月 判. "別將卽副戶長以上
　　校尉卽兵倉正戶正食祿正　隊正卽副兵倉正副戶正諸壇正　幷弓科試選
　　兼差"
20) 『高麗史』卷73, 選擧 1, 科目 1, 文宗 2年 10月.
21) 『高麗史』卷20, 世家 明宗 12年 3月 庚寅에서는 일품군 대정을 '史失
　　其名'이라고 하였다.

명을 받은 그의 상관들인 외관원료들인 목사 및 판관의 지시에 의한 것일 뿐이다. 그럼에도 불구하고 사록인 진대유만 제거되고 판관은 그나마 목숨을 부지하였다는 것은 사록이란 직임이 목사 및 판관 등의 관리직의 대민방패막이라는 점에서 우선 찾을 수 있을 것이다.[22] 그러나 상기 자료에서 진대유를 설명한 글 즉, 그가 '자못 淸介한 것을 자부하였다'는 대목에서 그가 가렴주구로 인해 山寺로 쫓겨나게 된 것은 아니었음을 알 수 있다. 이런 의미에서 그가 '淸介한 것을 자부하여 형벌을 쓰는 것이 지극히 혹독하니, 民 가운데에 괴롭게 여기는 자가 많았다'는 대목의 民은 단순한 일반민에 그치는 것이 아니라 향리들을 위시한 재향세력들이 포함될 수 있는 것이다.[23] 결국 외관원료의 일원으로서 진대유는 재지토

---

22) 金晧東, 1987,「高麗武臣政權時代 地方統治의 一斷面－李奎報의 全州牧 '司錄兼學書記'의 活動을 중심으로－」『嶠南史學』3.

23) 이규보가 고을을 다스리는 요점은 民性에 따라 寬과 猛을 알맞게 하는데 있다고 하면서 전주는 옛 백제 땅으로 그 성질이 아주 사나와 관대한 정사로는 다스릴 수 없어 자신이 가혹할 정도로 用刑하였다(李奎報,「與某書記書」『東國李相國集』卷27)고 하였었다. 그런데 그의 시 중에 李奎報,「詠懷」『東國李相國集』卷9. "不待任棠來置蒩 奮髥直欲拔强豪" 혹은 李奎報,「次韻高先生抗中獻廉察尹司業威 幷序」『東國李相國集』卷37. "恤獄情頻惻 최强力不任" 등을 두고 볼 때 猛의 구사대상이 바로 强豪들인 재지토호들이었음을 알 수 있다. 따라서 用刑의 대상인 民에는 향리를 포함한 재향세력들이 포함될 수 있다. 또 이렇게 추정하는 근거는 이규보가 읊은 시에서,

  고을살이 즐겁다 마오
  고을살이 걱정만 점차 새로워
  성낸 얼굴로 고을 아전 꾸중하고
  무릎 꿇고 왕사에게 인사드리네
  속군을 봄마다 순찰하고
  영사에 기우제도 자주 지냈네
  잠시도 한가할 때 없으니

호의 일각과 대립관계에 있었던 것이며, 이것이 그가 쫓겨나는 한 이유였을 것이다.

1200년(신종 3) 4월을 전후한 시기에 발생한 진주지역권의 광범위한 농민봉기 역시 지금까지 대체로 公私奴隸와 在地吏屬層, 진주민과 재지이속층이라는 대립구조를 기본적인 축으로 하여 항쟁이 전개되었던 것으로 이해되고 있지만 실제 최충헌 정권의 진주지역에 대한 경제적 기반의 구축과정에서 불거진 재향세력들의 불만이 그 속에 개재되어 있다.[24] 진주지역은 최충헌·우 부자의 처·외향, 그리고 식읍으로서 최씨정권의 중요한 경제기반을 이루고 있다. 특히 중부지역 출신이었던 최충헌은 아마도 경상도지역의 동경관내가 체제도전적 자세를 보이자 그와 병렬관계에 있었던 진주지역을 우익세력으로 구축하여 경주와 대립시키고자 하였을 것이다. 이를 통해 경상도 지역에 대한 영향력을 행사하고, 나아가 이 지역의 풍부한 물산을 장악함으로써 정권유지의 경제적 기반을 구축하고자 하였을 것이다. 이러한 최충헌의 의도에 따라 지방관과 그의 처·외족을 중심으로 진주관내의 영·속읍 및 부곡지역에 이르기까지 농장을 확대해나가게 되었고, 그 과정에서 지방관과 재향세력, 재향세력내에서 최충헌의 비호를 받은 세력과 그렇지 못한 세력 사이의 갈등이 증폭되어가면서 유망농민층이 격증하였을 것이다. 마침내 진주로부터 수탈의 대상이었던 진주의 영읍

어떻게 몸 빼낼 생각하리요
(李奎報,「莫導爲州樂 四首」『東國李相國集』卷9. "莫導爲州樂 爲州憂轉新 怒顔訶郡吏 曲膝拜王人 屬郡春行慣 靈祠乞雨頻 片時閑未得 何計暫抽身")

라고 한데서도 用刑의 주된 대상이 향리였다는 사실을 짐작할 수 있다.
24) 朴宗基, 앞의「12·13세기 農民抗爭의 原因에 대한 考察」, 153~154쪽 참조.

인 陝州에 속한 奴兀部曲에서 光明計肋이 부곡민과 인근의 유망 농민층을 규합하여 농민항쟁을 일으키게 되었다. 이것은 곧 진주로 파급되어 官과 주인의 가혹한 수탈의 대상이었던 진주의 公私奴隷들이 봉기하여 그들에 대한 직접 수탈을 가하는 州吏를 죽이고, 그들의 집 50여 채를 불태워 버렸다. 결국 봉기의 진압과정에서 최충헌정권의 비호를 받고 있었던 지방관과 토호들의 대립이 불거지면서 중앙에서 파견된 지방관들은 부세수취의 임무를 띠었던 창정 鄭方義에게 그 책임을 돌리며 그를 하옥함으로써 사태를 축소, 무마시키고자 하였다. 그러나 그의 동생 昌大가 봉기하여 형을 탈옥시키고 不逞의 무리들을 동원하여 평소에 원수진 자 6,400여 명을 사살하는 등 진주를 완전 장악하였다. 그럼에도 불구하고 최충헌정권은 자신의 세력권을 유지, 확대하기 위한 방편으로서 정방의와 타협하여 그를 지지함으로써 反民的 성향을 노출하였다. 이에 진주민들의 일부가 협주의 농민항쟁세력에 가담하여 이들과 합세하여 정방의를 공격하였다. 중앙정부의 후원아래 정방의는 지방군을 이끌고 이들을 격퇴하고, 그들의 주 근거지인 노올부곡까지 추격하여 전멸시켰다. 그러나 정방의는 결국 이듬해 3월 진주민들에게 결국 살해당하고 말았다.25) 이와 같이 진주권의 농민항쟁에는 최씨정권과 그와 연결된 지방관 및 재향세력의 영향력 증대로 인한 지방관과 재지이속층의 알력, 재향세력 내부의 세력관계의 변화에 따른 갈등과 대립이 불거짐으로써 농민항쟁의 증폭을 가져왔음을 알 수 있다. 이는 결국 진주지역이 중앙 집권자에 종속화되어가는 과정에서 불거진 것이기 때문에 향권을 유지하고자 하는 재향세력의 저항이 이면에 개재될 수밖에 없는 것이었고, 그만큼 봉기의 전개과정은 복잡한 양상이 될 수밖에 없었다.

---

25) 金晧東, 앞의 「12·13세기 농민항쟁의 전개와 성격」 참조.

무신정권 시대의 농민항쟁은 무신정권의 성립의 과정에서 발생한 문무의 교체, 무신정권 전개과정에서의 빈삭한 권력의 교체과정에서 권력의 핵에서 떨어져 나온 세력들의 지방으로의 낙향 및 귀향으로 인해 더욱 복잡하게 전개되어 간다. 그 한 예가 1175년(명종 5)에 일어난 石令史의 봉기이다.

> 算業及第 彭之緒는 承宣 宋智仁과 進士 秦公緒가 몰래 南賊 石令史와 더불어 반란을 일으킬 음모를 꾸민다고 참소하였다. 왕이 內侍 李存章과 郎將 車若松에게 명하여 국문케 했는데, 체포·구금된 자가 많았다. 다시 尹民瞻과 上將軍 崔世輔에게 명하여 按驗케 하여 진위를 물론하고 모두 海島에 유배보냈다. 또 성문을 닫고 대대적으로 음모자를 색출하였다. 大府少卿 李商老가 참소를 당해 섬에 유배되었는데, 모든 관리들이 그의 억울함을 알았으나 두려워하여 감히 말하지 못했고, 수일 동안 일을 보지 못할 정도였다(『高麗史節要』 卷12, 明宗 5年 8月).

당시의 농민항쟁 세력을 일컫는 南賊을 이끌고 있는 石令史의 '令史'는 이름 아닌, 관직일 가능성이 있다.26) 『高麗史』(卷76) 百官志에 따르면 令史는 중앙의 관청에 소속된 胥吏職이다. 아마도 석령사는 향리가문 출신으로서 '鄕吏三丁一子入仕'의 규정에 의거해 중앙의 서리직으로 입사했거나 문무관 5품 이상의 자제로서 문음을 통해 서리직에 입사하였다가 庚癸의 亂을 전후한 시기에 지방으로 낙향한 자일 것이다.27) 이 경우의 향리는 대개 호장층의 자

---

26) 金塘澤, 1990, 「高麗 武人執權 初期 民亂의 性格」『國史館論叢』20, 125쪽.

27) 金塘澤 氏는 앞의 논문에서 "중앙관청의 서리가 지방에서 난을 일으킬 수 있었다고는 생각되지 않는다. 따라서 지방 관청에 소속된 품관 이하의 관직이 아니었나 추측되는데, 이는 고종 19년 정월 충주에서 노예가 반란을 일으켰을 때 이들을 지휘한 인물이 令史 지광수와 승우본이었음을 고려하면 그러하다"고 하였다(125~126쪽 참조).

제로서 향교 등을 통해 일정한 학문적 수업을 쌓은 위에 과거를 통해서 품관으로 진출할 수 있을 정도의 학문적 실력을 소유한 재지지식층이었다. 그러나 자신의 학문적 능력의 정도에 따라, 혹은 보다 손쉬운 '鄕吏三丁一子入仕' 규정을 택해 서리로 입사하였던 것이다. 이들은 대개 서리로서의 일정한 연한을 마치면 과거 없이 품관으로의 길이 열리기 마련이었다.[28] 그러나 12세기를 전후한 문벌귀족의 폐쇄성과 뒤이은 무신들의 대거 진출로 인한 外官 文武交差制의 실시에 따른 관인후보자의 양적 팽창은 과거합격자 마저도 20~30년이 되도록 임관되지 못하는 결과를 낳고 말았다.[29] 경계의 난으로 인해 문인은 물론 서리들도 화를 입는 상황 하에서, 그리고 명종 3년 文武交差制의 실시로 인해 품관으로의 진출이 무망한 상황 하에서 석령사는 지방에 낙향하여 마침내 농민항쟁을 이끌게 되었을 것이다. 나아가 중앙에서 서리로 활약하면서 행정업무의 수행, 학문을 통해 연결되어 왔던 재경문신과의 연결 하에 대규모 정치적 변혁을 꾀하다가 사전에 누설되어 그 뜻을 이루지 못한 것으로 파악할 수 있다.

농민항쟁에 낙향문신, 동정직 소유자, 재지이속층 등의 재향세력이 참여한 그 대표적인 예는 동경관내에서 간단없이 지속된 농민항쟁이다. 명종 20년을 전후해 東京, 즉 慶州에서 처음 농민항쟁이 일어날 당시는 경주출신의 李義旼이 정국을 장악한 시기였다. 당시 이의민정권은 그의 복심이었던 경주, 나아가 경상도지역에 대해 그의 一族 및 黨附者들을 동원하여 대규모 토지침탈과 가혹한 수탈을 하고 있었다. 따라서 이의민정권의 수탈자적 성격이 드

---

28) 金晧東, 1984, 「朝鮮前期 京衙前 '胥吏'에 관한 研究」 『慶南史學』 創刊號, 47~54쪽 참조.

29) 金晧東, 1987, 「高麗 武臣政權時代 地方統治의 一斷面－李奎報의 全州牧 '司錄及掌書記'의 活動을 중심으로－」 『嶠南史學』 3.

러나면 드러날수록 이 지역민들의 상대적 빈곤감과 박탈감은 더욱
증폭 확산되어 다른 어느 지역보다도 유망민의 수가 격증하였다.
마침내 명종 20년 정월에 부세수탈과 역역동원을 피해 산간으로
유망한 농민들과 혹한기의 굶주림 속에 떠는 농민들이 무력항쟁에
나서게 되었다.[30] 여기에 명종 23년을 전후한 시기에 낙향문신 및
재향세력의 일부가 가담함에 따라 항쟁은 새로운 국면으로 접어들
게 되었다.

> (明宗) 23년에 南賊이 봉기하였는데 그 심한 자로서 金沙彌는 雲
> 門에 자리잡았고, 孝心은 草田에 자리잡고 있어 亡命者를 불러모아
> 주현을 약탈하니 왕이 듣고 근심하여 대장군 全存傑을 보내어 장군
> 李至純·李公靖·金陟侯·金慶夫·盧植 등을 거느리고 토벌하도
> 록 하였다(『高麗史』卷128, 列傳 李義旼).

이 자료에서 명종 23년에 남적이 봉기하였다고 하였지만 명종
20년 12월 姜純義를 南路捉賊使로 삼았다고 한 것이나,[31] 명종 23
년 2월 東南路按察副使 全光濟가 도적을 토벌하였으나 이기지 못
하여 京兵을 보내주기를 청하였다는 기사[32]로 보아 명종 20년에
발발한 동경관내의 농민항쟁은 계속되어 김사미·효심의 난으로
연결된 것으로 볼 수 있다. 『高麗史』, 『高麗史節要』등에서 일반
民들의 離村流亡 현상을 주로 '流亡', '流民', '逋民' 등으로 표현
한데 반해 여기에서 굳이 '亡命者'로 지칭한 것은 이들이 일반 民

---

30) "(명종 20년 정월) 도적이 동경에서 일어났다. … (2월) 사자를 동경에
   보내어 농상을 권과하였다(『高麗史節要』卷13, 明宗 20年 正月條 및
   2月條)"고 한 기록 그 자체는 이것이 농민항쟁의 성격을 분명히 하였
   음을 말해 주는 것이다.
31) 『高麗史節要』卷13, 明宗 20年 12月.
32) 앞의 책 卷13, 明宗 23年 2月.

이 아니었음을 말해 주는 것이다. 아마 이들은 낙향문신 및 그와 연결된 재향세력일 것이다. 이곳 경주 및 경상도 일대에는 무신쿠데타 이후 낙향문신 및 그들의 음덕을 입었던 재향세력들이 많이 있었다. 이들은 무신쿠데타 이후 이의민이 그의 일족과 당부자로 하여금 경주향직을 맡기게 됨에 따라 크게 영락하였다. 이로 인해 이들은 의종복위운동에 가담하였지만 결국 실패로 돌아감에 미처 그 처지는 일반 농민들보다 더 비참한 지경에 빠져 亡命의 길을 걷지 않을 수 없었을 것이다. 이렇게 볼 때 雲門賊의 괴수인 김사미 역시 무신쿠데타 이후 경주로 낙향한 문신세력, 혹은 이와 연결된 재향세력으로서 의종복위운동에 가담했다가 운문사로 망명하여 이름을 숨겼던 자가 아닐까 한다.[33] 명종 23년의 무렵에는 김사미

---

33) 金晧東, 1982,「高麗武臣政權下에서의 慶州民의 動態와 新羅復興運動」『民族文化論叢』2·3합집, 영남대학교 민족문화연구소 및 1994,「12·13세기 농민항쟁의 전개와 성격」『한국사』6, 한길사. 그런데 김광식 씨는 김사미의 봉기를 운문사 및 청도지방의 지방세력과의 상호 연관성에서 찾으면서 김사미를 운문사의 재가승이며 청도지방의 향호적 성격으로 보고 있다(1989,『韓國學報』54, 일지사). 그러나 이 견해는 이때의 농민봉기를 청도일원에만 국한시킴으로써 당시 농민항쟁의 실체를 과소 평가하는 결과를 초래하였다. 운문산이 비록 청도에 속해 있지만 경주와 청도, 밀양, 영천, 울산, 언양 등은 운문산을 끼고 있다. 옛날부터 慶州-西之-買田-淸道-密陽-黃山(梁山)-金海를 연결하는 교통로가 운문산을 끼고 돌면서 지나가고 있었다. 또한 蔚山-彦陽-楮田-密陽을 연결하는 間道 역시 운문산을 경유하고 있다. 따라서 이때의 농민항쟁은 동경관내의 상기지역의 유망농민층이 이런 지형적 특색을 지닌 운문산에 모여 웅거한 것일 뿐이다. 특히 운문산과 경주를 연결하는 도로는 운문산을 끼고 동창천을 따라 이루어져 있기 때문에 지금도 小路로서 험준하다. 그리고 운문산의 꼭대기에 올라서서 경주를 내려다보면 경주시가가 한 눈에 내려다보이는 천험의 요새이다. 따라서 김사미가 의종복위운동의 실패 후 운문사로 몸을 피해 이름을 숨겼다가 명종 23년을 전후해 유망농민층 및 망명자를 이끌고 운문산에 웅거해 경주로 파견된 토벌군과 대치하였다고

가 이끄는 운문산의 봉기군과 효심이 이끄는 초전의 봉기군이 연
합하여 공동전선을 구축하면서 경주부근의 여러 고을을 공격하기
에 이르렀다. 그러나 항쟁군의 일족이 결국 이의민 정권의 복심인
동경관내의 민이라는 점에서 토벌에 대한 어려움이 있었기 때문에
회유와 토벌을 두고 지휘부의 분열을 가져오기까지 하였다.

이의민정권의 복심에서 농민항쟁이 가열차게 전개되는 것은 이
의민정권의 체제유지에 심각한 타격을 가하는 것이었기 때문에 마
침내 11월 지휘부를 일신하여 강경토벌에 임하게 되었다. 그 결과
겨울의 혹한과 이듬해 봄의 춘궁기에까지 이어지는 시기에 추위와
굶주림에 처한 농민군은 이탈자가 속출하면서 패배를 거듭하다가 4
월에 密城 楮田村에서 7,000여 명이 참획 당하고 기계 및 우마를 많
이 빼앗김으로써 심각한 타격을 입게 되었다. 그 후 농민군은 극도
로 위축되어 녹음기의 산 속을 전전하면서 겨우 명맥을 유지하다가
12월에 효심이 결국 사로잡힘으로써 표면상 종식되었던 것이다.

이들의 항쟁이 결국 실패로 돌아갈 수밖에 없었던 것은 항쟁의
구성원이었던 유망농민층과 낙향문신 및 이와 연결된 재향세력으
로 구성된 망명자들은 본질적으로 대립적 위치에 있었던 자들이라
는 것이 크게 작용하였을 것이다. 실제 김사미 등의 지도부는 항쟁
을 이끌어 가면서도 이의민정권의 회유·무마책에 말려들어 타
협·항복하는 등의 태도를 보임으로써 결국 항쟁의 실패를 가져오
게 하였다. 그럼에도 불구하고 유망농민들로 구성된 초적세력들은
이들과는 달리 지휘부가 붕괴된 후에도 운문산 등지에 웅거하면서
항쟁을 계속하였다. 이들은 도리어 항쟁의 실패를 통해 무신정권
의 회유·무마책이 그 얼마나 기만적이었던가를 철저히 인식하고,

_____

볼 수 있다. 현재 경주산내에서 청도로 넘어가는 동창천에는 운문댐
이 건설되어 옛길이 물에 잠기었다.

이를 계기로 그만큼 더 조직성과 투쟁성을 확보하는 귀중한 경험을 쌓게 되었을 것이다.

이의민정권은 결국 최충헌에 의해 무너지고 말았다. 최충헌이 권력을 장악하는 과정에서 이의민의 '毅宗弑害'를 쿠데타의 명분으로 삼아 정국을 장악해 가면서 경주를 비롯한 경상도 지역의 이의민의 일족과 당부자를 제거해 나가자 이곳의 재향세력들의 분열과 갈등이 더욱 첨예해졌음을 다음의 자료는 보여준다.

가) ① 崔忠獻 등이 왕에게 청하여 祗候 韓光衍을 경주에 보내어 의민의 三族을 도륙하고, 여러 주에 사자를 나누어 보내어 그 노예와 黨附者를 베어 죽이고, 그 사위 李賢弼을 原州로 귀양보내었다 (『高麗史節要』卷13, 明宗 26年 4月).

② (神宗 3年) 8월 계사에 경주 李義旼 族人으로 방환된 자들이 州吏와 틈이 생겨 싸우며 서로 죽이는데, 이의민의 족인이 배기지 못하였다. 이때 안찰사 田元均이 주에 들어왔으나 이를 제지시키지 못하였다. 이에 房守·別將·通引들이 모두 죽임을 당하게 되었는데, 이를 본 전원균은 두려워하여 다른 읍으로 피하여 가버렸다(『高麗史』卷21, 神宗 3年 8月).

③ (神宗 3年 12月 丁未) 이때 慶州副留守 房應喬를 파면시킨 다음 郎中 魏敦謙을 이에 대체시켰다. 처음에 최충헌이 이의민의 족인을 죽일 때 慶州別將 崔茂는 州官의 명을 받아 이의민의 족인인 李思敬 등 수 명을 잡아 죄를 받게 하였다. 이사경의 족인인 李伯瑜·李直才 등은 이를 원망하고 방응교에게 최무가 난을 만들려 한다고 참소하였다. 방응교는 그 말을 믿고 이를 가두니 이백유·이직재는 밤에 옥으로 침입하여 최무를 살해하였다. 방응교는 擅殺의 죄를 묻지 않고 도리어 최무의 족인인 崔用雄·崔大義 등을 잡아 죽이려 하였다. 이에 州人들은 분노 원망하고, 최용웅·최대의는 이백유·이직재를 죽였는데 최용웅도 또한 사람에게 살해되었다. 이에 이르자 최대의 등은 州中의 무뢰한들을 모아 심한 폭행을 자행하므로, 방응교는 이를 제지하지 못하므로 조정에서는 이 말을 듣고 그를 대체하라는 명령을 내렸다(위의 책, 同王 同年 12月 丁未).

④ (神宗 2年 2月 甲子) 이때 溟州에서 도적이 일어나서 삼척·울진
의 2 현을 함락시키고, 또 동경에서 도적이 일어나 명주의 적과
어울려서 주군을 침략하므로 郞將 吳應夫와 借閣門祗候 宋公綽을
溟州道로 파견하여 이를 초무하게 하였다(위의 책, 同王 2年 2月
甲子).

⑤ (神宗 2年 3月 戊午) 이때 송공작은 東京賊魁 金順과 울진적괴 수
草 등을 초유하여 그들을 내항하게 하였으므로 왕은 주식과 의복
을 주어 돌려보냈다(위의 책, 同王 同年 3月 戊午).

최충헌이 한광연을 경주에 보내어 이의민의 삼족을 없애고 여러
주에 있는 이의민의 노예 및 당부자를 죽일 때의 상황(가) ①)을 좀
더 구체적으로 표현한 것이 가) ②, ③의 기록이다. 이 때 경주에
파견된 한광연 및 州官은 경주의 향직을 이의민의 당여세력에서
최무 등으로 교체시킴과 동시에, 그들로 하여금 이의민의 족인인
이사경 등을 포살하게 하였다. 최충헌이 의종시해문제를 쿠데타의
명분으로 내세우고, 또 이의민의 당여세력에 대한 대대적 숙청을
가하자 이의민의 의종시해에 협조한 경주민으로서는 심각한 위기
의식을 느끼지 않을 수 없었다. 마침내 신종 2년 2월 무력 항쟁을
일으켰다. 이들이 이 때를 택하여 항쟁한 것은 마침 명주에서 농민
항쟁이 일어나 삼척·울진의 두 현을 함락시키는 등 큰 기세를 올
리고 있었기 때문에 이들과 연합하기 위한 것이었다(④). 더욱이
권력교체의 과정은 필연적으로 그들의 경제적 제관계의 변동을 가
져와 구세력과 신세력의 토지쟁탈전의 과정에서 농민에서 탈취된
토지는 환본되지 못하고 새로운 세력에게 넘어가기 마련이었고,
또한 지주−전호관계의 잦은 변동이 수반되면서 농민들의 어려움
이 한층 가중되었기 때문에 농민들의 적극 참여가 있었을 것이다.
최씨정권의 토벌군 파견에 따른 회유책에 의해 3월에 울진의 금
초 및 경주의 김순 등이 항복함으로써 이들의 봉기는 일단 수그러

들었다.[34] 그러나 이때 방환된 이의민 일족과 최충헌정권의 후원을 받고있는 최무 일족 등의 州吏들 사이에 서로 죽이는 등 심각한 재향세력의 분열이 일어났고, 그 여파는 일반 경주민들에게까지 미쳤다. 더욱이 계수관중심의 광역단위의 권역별 군현제하에서 5개의 영읍과 37개의 속읍 및 다수의 부곡제영역을 포괄하는 지역권의 계수관인 경주의 재향세력 분열은 동경관내의 지방행정체계의 파국을 가져와 부세수취 및 역역동원이 원활하게 이루어지지 못하고, 영역간의 갈등이 표출되었다. 그 결과 신종 5년(1202) 10월 경주별초군이 운문적 및 부인·동화사의 중들을 이끌고 영주를 공격하기까지 하는 사태에 이르렀다.[35] 특히 이 사건은 유망농민층으로 결집된 운문산의 농민군, 또 동경관내를 넘어선 상주목 경산부의 속읍인 대구현에 위치한 부인사·동화사의 승려들까지 포함되었다는데서 사태의 심각성이 있었다. 이런 사태에 위기감을 느낀 최충헌정권은 강경토벌책을 취하지 않을 수 없었다.

중앙정부의 강경토벌 소식을 접한 경주민들은 도리어 '新羅復興'을 표방하는 항쟁을 일으켰다.

> 경주사람이 반역을 도모하여 비밀히 郞將同正 裴元祐 전장군 석성주가 귀양간 곳인 고부군으로 보내어 그를 달래기를, "고려의 왕업이 거의 다 되었으니, 신라가 반드시 다시 일어날 것입니다. 공을 왕으로 삼아 사평도로서 경계를 삼으려 하는데 어떻겠습니까?" 하니 성주가 거짓으로 기뻐하면서 원우를 집에 머물게 하고, 몰래 군수

---

34) 金順은 1204년 신라부흥운동군의 도적괴수의 하나로서 표현되고 있는 것으로 보아(李奎報, 「答朴郞中仁碩手書」『東國李相國集』卷27) 그 뒤 다시 신라부흥운동에 적극 가담하였음을 알 수가 있다.

35) 이 사건은 영주지역이 원래 경주의 속읍으로 존재하다가 명종조 감무가 새로이 파견된 지역이라는 점에서 종래의 주-속읍관계의 변질에 따른 영역간의 갈등이 표출된 것이 아닌가 한다.

유정에게 가서 이 사실을 알렸으므로 유정이 원우를 잡아 안찰사에
게 보내어 위에 아뢰어서 원우를 목베었다(『高麗史節要』卷14, 神宗
11年 戊午).

신라부흥운동의 움직임은 모주로 추대하려던 석성주의 밀고로
사전에 발각됨으로써 전열이 한때 흐트러지는 등 주춤거렸다. 그
럼에도 불구하고 11월에 접어들어 최충헌의 토벌군 파견 소식이
전해지자 다시 세력을 결집하여 본격적인 무력항쟁에 나서게 되었
다. 이들은 이 시기 부세수탈과 역역동원에 저항하여 크게 늘어난
운문·울진·초전의 농민항쟁군과 공동 연합전선을 구축하였다.
그리하여 삼군을 편성하여 '正國兵馬使'를 자칭하면서, 궁극적으
로는 '신라부흥'을 표방하였다. 이들은 상주·청주·충주·원주도
에까지 격문을 돌리는 등 치밀하고도 일관된 계획 하에 조직적인
항쟁을 꾀하였다. 이들은 모주로서 왕을 세우고, 거사가 성공한 후
사평도를 경계로 국토를 양분할 것 등의 구체적 방안까지 세우고
있었다. 이것은 이들의 '新羅復興'의 기치가 한순간 돌출한 것이
아님을 말해 주는 것이다. 신라의 멸망으로 인한 한국사의 주도권
이 경상도지역에서 중부지역으로 옮겨감에 따라 경주를 비롯한 경
상도 지역의 사회경제적 조건이 그만큼 불리하게 적용되어 왔기
때문에 신라부흥의 표방은 그들을 결속하는 구심체로 작용하였다.
물론 여기에는 무신정권 성립 이후, 특히 이의민의 몰락에 따른 이
지역의 재향세력들, 즉 신라이래 지녀왔던 권력지향적, 중앙지향적
속성을 지닌 낙향문신 및 동정직 등의 지식인계층들이 중앙 및 권
력으로의 진출의 길이 어려워진 입장을 만회해 보고자 하는 의도
가 크게 작용하였을 것이다. 이러한 이 지역의 특수성으로 인해 비
록 항쟁의 구성원들의 이질성, 즉 낙향문신들의 망명자들의 후예
와 동정직 소유자, 이의민의 당여세력, 재향세력과 일반 농민, 나아

가 유망농민층으로 구성된 '雲門山 草賊' 등의 농민군 사이에 내재하는 계급간의 갈등까지 포함하는 제 갈등이 충돌하지 않고 '新羅復興'이라는 공동의 목표에 의해 하나로 용해되어 결집될 수 있었던 것이다. 특히 무신정권 초기에 있어서 주로 개경의 하급관료, 혹은 동정직 소유자들이 농민항쟁 세력을 끌어들이려고 하였던데 반해36) 이제 이들이 지방에 낙향하여 농민항쟁군과 연합전선을 구축하면서 강한 정치적 의지를 표방하고 있었다는 점에서 농민항쟁의 질적 전환을 보여준다.

신라부흥운동에는 낙향문신들의 망명자들의 후예와 동정직 소유자, 이의민의 당여세력을 포괄하는 일부 재향세력, 즉 변혁을 지향하는 지식층이 광범위하게 가담하면서 경상도 및 강원도의 동해안 전역을 세력권 속에 넣으면서 확대일로에 놓이자 최충헌정권은 신라부흥운동을 민족적인 것에 대한 반민족인 것으로 몰아가면서 지역적, 분파적인 행동을 비판하기 시작하였다. 이를 통해 항쟁에 가담하지 않은 재향세력 등과 항쟁군의 연결을 차단하면서 체제수호의 차원에서 강경토벌책을 구사하였다. 그것은 정동군의 일원으로 참여한 이규보가 지은 一善津龍王・公山大王・智異山大王・黃池院龍王, 蔚州戒邊城天神・北兄山神・慶州東西岳神 등 여러 신격에게 제사를 지낸 제문에 잘 나타나 있다. 이것은 군대의 사기 진작과 승리 기원, 해당지역의 민심의 회유에도 목적이 있었겠지만37) 무엇

36) 명종 5년 8월에 承宣 宋智仁, 進士 秦公緖 등이 南賊 石令史와 더불어 반란을 일으키고자 한 것이나(『高麗史節要』 卷12, 明宗 5年 8月條), 같은 해 11월 어떤 사람이 重房에 "문신들이 남적들과 반란을 일으킬 것을 몰래 모의하고 있다"고 고변한 사건(같은 책, 같은 왕 같은 해 11月條), 그리고 良醞同正 盧若純, 主事同正 韓受圖가 亡伊 등의 농민항쟁을 끌어들이려고 한 예(같은 책, 같은 왕 6年 9月條) 등이다.

37) 蔡雄錫, 1990, 「12・13세기의 향촌사회의 변동과 '민'의 대응」『역사와 현실』 3, 한국역사연구회, 역사비평사.

보다도 신라부흥운동을 고려왕조의 정통을 부정하는 국가전복세력
으로 간주함과 동시에 신라부흥군의 反民的 행위를 대내외에 부각
선전함으로써 동경관내의 재향세력들의 농민항쟁에의 참가를 차단
하고, 다른 지역에서의 체제도전 세력의 대두와 상호 연결을 미연
에 차단하고자 하는 의도에서 나온 것이었을 것이다.[38]

신라부흥운동은 결국 실패할 수밖에 없었다. 그 원인은 여러 가
지이지만 여기서는 재향세력과 관련된 부분만을 지적해보기로 한
다. 그것은 농민항쟁의 중요한 투쟁대상의 하나가 바로 이들 재지
유력층이었기 때문이었다. 이를 이곳 출신의 재야지식인인 안치민
의 경우를 통해 살펴보기로 한다.

위정자에게 거리낌 없이 비판을 가하면서 비록 꼴 베는 농부나
천한 종이라 할지라도 진실로 그 말이 도에 맞으면 버리지 않는다
는 입장을 견지하고 있었던 이곳의 재향문인인 안치민이 신라부흥
운동에 대해서 어떤 시각을 갖고 있었던가는 다음의 자료를 통해
유추해 볼 수 있다.

　　　다만 이 도회에 들어오자 시급히 만나 뵙고 싶었는데, 軍門의 자
　물쇠를 굳게 잠그고 수비가 매우 엄중했으며, 또한 처사께서 이 도
　회에 사시는 분이므로 만일 서로 만나보게 되면 군중에서 의심 갖는
　사람이 있게 될까 싶기 때문에 감히 어떻게 하지 못했습니다. … 깨
　우쳐주신 도둑 잡는 일은 그때 이미 마음 속에 간직하였습니다. 내
　가 어찌 경솔하게 누설하겠습니까. 처사께서 부인과 아이가 있으시
　니 나날을 지탱하기가 근심되지 않으시겠습니까? 다행히 제게 가진
　것이 있기에 長腰 약간 말을 보냅니다.[39]

38) 金晧東, 1993,「高麗 武臣政權時代 文人知識人 李奎報의 農村現實觀」
　　『國史館論叢』42 및 본서 제2장 제2절 참조.
39) 李奎報,「軍中答安處士置民手書」『東國李相國集』卷27. "及入都 急
　　欲邀見 緣軍門壯鑰 謹誰何甚厲 且處士亦此都人 若與相見 恐軍中有
　　疑者 故未敢爾 … 兼所曉捕賊事 尋已藏心 予豈輕洩哉 處士有婦與

안치민이 정동군의 일원인 박인석, 이규보 등과 교류하고, 이규보로부터 長腰까지 도움을 받는가 하면, 도둑 잡는 일까지 이규보에게까지 일러주었다는 것은 그가 신라부흥운동에 전혀 동조하지 않았음을 말해 주는 것이다. 그는 경주의 속읍인 안강의 토성이족 출신으로서, 그의 가까운 선대가 읍사조직에 참여하면서 안강을 실질적으로 지배한 재지유력층에 속하는 가문적 배경을 가지고 군현조직체계 상 민에 대한 일정한 지배자적 위치에 있었다. 당시 농민봉기의 중요한 투쟁대상이 바로 이들 재지유력층이었기 때문에 이에 속한 안치민으로서는 커다란 위기의식을 느끼지 않을 수 없었다. 이 지역민들의 오랜 저항으로 인한 토성이족들의 재지적 기반의 급속한 와해 속에서 안치민은 이규보로부터 장요까지 도움받지 않을 수 없었고, 이에 농민봉기 세력을 사회변혁의 주체세력으로 간주하기는커녕 사회질서를 어지럽히는 존재로 간주하여 이규보에게 '도적 잡는' 계책까지 일러주기에 이르렀던 것이다. 강력한 왕권의 강화를 통한 백성들의 태평성대를 희구하였던 안치민으로서는 왕권, 나아가 고려왕조 자체를 부정하는 신라부흥운동이 결코 도에 합치하는 것으로 간주할 수 없었다. 그가 배워 익힌 치자의 지배이데올로기로서의 유학의 틀 위에서 말해지는 시대와 사회의 교화 및 道의 실현, 혹은 天命은 위로부터 아래로 퍼져 내려가는 것으로서 결코 아래로부터 무력에 의해 쟁취될 수 있는 것은 아니었다. 안치민은 어디까지나 치자의 입장에서 전국적 농민항쟁의 사태에 직면하여 유리도산하고 저항하는 '民'을 다시 토지로 안집시켜 사회를 안정화함으로써 만 백성의 희희낙락을 어떻게 이룰 것인가 하는 데에 관심을 갖고 있었다. 그는 이를 위해 강력한 왕을 정점으로 하여 치자층이 일방적 수탈자로서의 탈을 벗고 누아

兒 得無虞日支否 幸有私蓄 以長腰若干斗餉之"

래 내려가 民苦를 보살피기를 바라마지 않았던 것이다. 이 점에 있어서 당시 농민항쟁을 주도하고 있었던 제세력과는 확연히 구별되는 안치민의 모습이 나타난다. 여기에는 또한 안치민의 지배자적 계급성의 속성이 적나라하게 드러난다.[40] 재야문인지식인인 안치민마저 농민항쟁에 대해 위기감을 느끼고서 그 수습책의 하나로서 강경진압론을 천명하였다는 것은 당시 신라부흥운동을 비롯한 농민항쟁이 대다수의 재향세력들로부터 외면당하고 있었음을 보여주는 것이라고 할 수 있다.

신라부흥운동의 실패는 중앙에서의 최충헌정권의 입지를 강화시켜주고, 상대적으로 농민들의 최소한의 삶을 영위하기 위한 노력마저 무력으로 강경진압하게 하는 빌미를 제공하게 됨으로써 한동안 농민항쟁은 움츠러들지 않을 수 없었다. 그러나 이것은 당시의 사회경제적 모순의 제거에 의한 것이 아니라 어디까지나 강화된 집권력을 바탕으로 한 물리적 통제정책에 의한 것이었다. 여기에는 필연적으로 농민에 대한 착취가 수반될 수밖에 없었다.

최충헌정권은 신라부흥운동을 진압한 직후인 6월에 대대적인 경상도 개편작업을 단행하였다. 동경유수를 지경주사로 강등시키고 그 관내의 주·부·군·현과 향·부곡을 안동과 상주에 나누어 예속시켰다. 또한 경상도의 명칭을 경상주도에서 상진안동도로 개칭하였다. 이는 계수관중심의 광역단위의 권역별 군현제하에서 당시의 중앙정부가 영역간의 갈등을 최대한 이용하여 지방세력의 발호 및 체제도전적인 항쟁을 막고자 한 의도를 여실히 보여주는 것이다.

그럼에도 불구하고 변혁을 추구하는 지식인들의 농민항쟁에의 가담이 계속되면서 농민항쟁은 강한 정치적 지향성을 가지면서,

---

40) 金晧東, 1990, 「高麗 武臣政權時代 文人知識人 安置民의 현실인식」 『嶠南史學』 5, 영남대학교 국사학회 및 본서 제2장 제2절 참조.

질적 성장을 거듭하였다. 그들은 스스로를 '正國兵馬使', 혹은 '義兵'으로 칭하기까지 하였다. 바로 앞의 신라부흥운동은 그 한 예이지만 진위현의 농민항쟁, 그리고 삼별초에 호응한 밀성인의 봉기는 그 대표적인 예이다.

> 振威縣 사람 令同正 李將太와 直長同正 李唐必이 국가의 사단이 있는 틈을 타서, 같은 縣 사람 別將同正 金禮 등과 더불어 반란을 꾀하여, 徒衆을 모아 縣令의 兵符와 印을 겁탈하고, 창고를 열어 賑貸하니 村落飢民이 많이 붙좇았다. 그리하여 이웃 고을에 통지하되 자칭 靖國兵馬使라하고, 그 군사를 義兵이라 하였다. 행군하여서 宗德·河陽 두 倉에 이르러 곡식을 풀어서 군사를 먹이고, 제멋대로 꾸려가지고 장차 廣州를 침범하려 하였다. 왕이 郎將 權得材와 散員 金光啓 등을 보내어, 按察使 崔博과 함께 廣州·水州 두 고을의 군사를 발하여 쳤으나 이기지 못하고, 다시 忠淸·楊州道의 군사를 징발하여 쳐서 당필과 김예를 잡으니, 도적의 무리가 흩어져 달아나고 장대는 尙州로 달아났는데, 안찰사가 그를 사로잡아 착고를 채워 서울로 보내어 모두 죽였다(『高麗史節要』 卷15, 高宗 4年 正月).

진위현의 항쟁은 동정직의 소유자들이 군대로 징발된 장정들을 주축으로 하여 이 시기 부세수탈과 가혹한 역역동원에 의해 유리하는 농민들을 끌어 모아 일으킨 것이다. 이들은 '靖國兵馬使'를 자칭하고, 스스로를 '義兵'이라고 하였다는 점에서 그 의식의 성장의 한 단면을 엿볼 수 있다.

삼별초의 항전은 몽고와의 강화 이후 고려정부의 태도－외세에 의존한 왕권의 확립과 일본원정준비로 인한 막대한 피해와 희생－와 이전 시기 항쟁의 경험에서 오는 민의 사회의식이 배경이 되어 일어난 것으로서 민족적 모순의 제거와 정치체제의 개혁을 통한 변혁의 의지를 뚜렷이 한 13세기 후반의 가장 방대한 항쟁으로서 고려정부와 원에 큰 타격을 가한 것이었다. 이러한 삼별초의 항전

이 일어나자 미구에 닥칠 개경정부와 몽고의 이중적 수탈을 인식
한 변혁의 의지를 지닌 재향세력의 일부 지식인들이 대거 이에 가
담하였다. 원종 12년 1월 密城의 同正 朴慶純·及第 趙弘基·縣
令 趙阡·進士 박정서 등의 200여인이 수천명의 '群不逞'의 무리
인 유망농민층과 郡民들을 불러모아 무력항쟁을 일으켰다.[41] 이들
이 밀성·청도·금주의 수령을 살해하고 '改國兵馬使'를 자처하
면서 진도의 삼별초에 호응하자는 격문을 진주·상주 등지의 군현
에 격문을 보내었을 때 모두 바람 따라 스러지는 것 같았다고 한
것에서 이들의 봉기에도 대거 재향세력출신 지식인들의 참가현상
을 충분히 엿볼 수 있다. 그러나 밀성인으로서 당시 一善 縣令이었
던 趙阡이 함께 모반을 약속하였음에도 불구하고 태도를 바꾸어
항쟁의 진압에 선 것으로 보아[42] 지식인들의 항쟁참가의 한계성을
충분히 엿볼 수 있다. 바로 이들의 이러한 태도는 결국 항쟁의 실
패를 가져오게 하였을 것이다.

2. 在鄕勢力의 農民抗爭 참가 배경

중앙집권적 사회구조 속에서 군현제를 통한 國家─在鄕勢力을
축으로 하는 대농민지배방식의 한 축을 구성한 재향세력의 주축은
고려건국과 후삼국 통일의 주역이었던 호족의 후예인 土姓吏民으
로서의 향리층이었다. 이들은 읍치지역에 살면서 읍사를 구성하여

---

41)『高麗史』卷25, 世家 元宗 12년 1月 丙戌條 및『濯纓集』卷5,「代人
上巡察使書」참조. 이에 관한 분석은 金潤坤, 1981,「三別抄의 對蒙
抗爭과 地方郡縣民」『東洋文化』20·21합집 참조.
42)『高麗史』卷25, 世家 元宗 12年 1月 丙戌條 참조.

일읍의 군현행정을 장악하면서 상호 혼인을 통해 일족으로서의 강인한 족적 유대와 공고한 경제적 기반을 갖고 있었기 때문에 흔히 土豪, 鄕豪,[43] 豪右,[44] 豪家,[45] 豪强,[46] 豪富,[47] 大姓[48]으로 불리워지기도 하였다. 이들은 읍사조직을 통해 일읍을 영도할 뿐만 아니라 군현통치의 행정적 경험과 관인이 될 수 있는 학문적 소양을 바탕으로 역대 문벌귀족의 공급원으로서의 역할을 담당하는[49] 문벌귀족의 아류로서의 지식인들이기도 하였다. 유학을 익힌 지식인으로서의 향리층은 과거를 통한 입신출세를 꿈꾸면서 강한 정치적 지향성과, 그로 인한 중앙지향적이고도 권력지향적인 성향을 갖고 있었다. 그러나 성종조 이후 문벌귀족사회가 성립된 이후 문종조를 전후한 시기부터 개경을 중심으로 한 사회계층상의 폐쇄성과 대립성이 서서히 나타나면서 이들의 중앙으로의 진출은 상대적으로 어려워지게 되었다.

현종 후반부터 문종 때까지는 개경중심으로 문벌제도가 완비되고 문치를 표방한 문반위주의 문벌이 형성되기 시작하였다. 私學 12徒와 이에 기반한 과거제도 및 座主와 門生制, 음서제도는 당시 개경중심의 중앙집권적 사회구조의 단면을 보여주는 것이다. 그러나 당시까지는 아직 문벌사회의 폐단은 노출되지 않았고 개경중심의 급격한 발전을 보게 된 듯 하다. 그러나 이후 의종 때까지는 문벌사회의 전형적인 폐쇄성을 보이며, 당시에는 문반과 무반이 같은 품관이면서도 상호 통혼조차 이루어지지 않는다. 따라서 무반은 문

---

43)『高麗史』卷93, 列傳 崔承老.
44) 上同.
45)「龍頭寺鐵幢記」『朝鮮金石總覽』上.
46)『高麗史』卷75, 選擧3, 銓注 凡選用守令 恭愍王 8年.
47)『高麗史』卷85, 刑法2, 禁令.
48) 崔瀣,「忠順閔公墓誌」『拙藁千百』卷1.
49) 李樹健, 1989,「高麗時代 '邑司' 研究」『國史館論叢』3.

벌에 끼지 못하였고, 문반과 계층상의 구분을 가능하게 할 정도였
다. 이러한 문벌사회에서 鄕貢進士와 같은 새로운 계층의 士類가
등장할 수 없었고, 주요관직이란 문벌들의 독점물이 되고 말았다.
개경문벌은 그들 조상의 출신지역을 본관으로 삼고 있으면서도 중
기의 폐쇄된 사회에서 在鄕鄕吏와 계층상 완전히 구별되었고, 이들
서로의 긴밀한 유대란 이상할 만치 보이지 않는다.50) 歸鄕이란 고
려전기의 형벌은 후에 徒流를 의미하였고, 死刑이 적었던 고려사회
에서 사형 다음으로 중형이었던 것도 이 때문인 듯하다. 이러한 형
벌은 지역적 신분 편제에 의한 연대적 통치원리에서 비롯된 것인
듯하며, 그들의 본관지역과의 긴밀한 유대가 있었다면 귀향이 중형
이 될 리는 없었을 것이다.51) 고려 초에 확립된 토성이 고려왕조의
진전에 따라 在京官人과 在地吏族으로 분화되어 갔는데, 전자는 중
앙정계의 와중에 휩쓸려 득세하기도 하고 실세하기도 하였으나 한
번 상경 종사한 다음에는 歸鄕의 경우를 제하면 다시 본관지에 복
귀하지 않는 것이 고려전기 재경세력의 한 특징이었다.52) 그러면서
도 일면 재경관인이 외방에 방출되는 경우 본향에 귀향시키는 것은
아직 본관에는 재지적 기반(족적 유대와 경제적 기반 등)이 있어 생
활하기에 무연고지보다 유리했기 때문일 것이다.53) 이는 결국 중앙
집권적 사회구조 아래서 중앙의 문벌귀족이 지방사회에 그 영향력
을 갖고 있음을 말하는 것이기도 하다.

거란의 침입에 뒤이은 금과의 외교관계의 긴장, 그리고 개경과
경기지역의 개발의 완료에 따른 외방에의 관심은 12세기 중엽 이

---

50) 許興植, 1981, 『高麗社會史硏究』, 아세아문화사.
51) 文炯萬, 1964, 「麗代歸鄕考」『歷史學報』23 ; 許興植, 1981, 『高麗社
   會史硏究』, 아세아문화사, 366쪽.
52) 李樹健, 앞의 책, 93쪽 참조.
53) 李樹健, 1984, 『韓國中世社會史硏究』, 일조각, 248쪽 참조.

후 생산력의 발전과 짝하여 재경세력들의 본관지역 및 妻·外鄕 등에 대한 관심을 다시 불러일으키게 되었을 것이다. 인종조 事審官 및 同正職에 관한 일련의 조처는 그런 의미에서 중요한 의미를 갖는다.

나) ① 鄕吏子孫雖免鄕 其親黨猶爲鄕役者 勿差事審官(『高麗史』 卷75, 選擧3, 銓注 事審官, 仁宗 2年判)

② 宰樞內外鄕妻鄕祖曾祖妻鄕等五鄕內三鄕兼差 上將軍以下三品以上 內外鄕祖曾祖妻鄕等四鄕內二鄕兼差 四品以下參上以上內外鄕 祖妻鄕三鄕內一鄕差 參外員內外鄕內一鄕差 各以文武平均交差 (위의 책 같은 권, 같은 조, 동왕 12年 判)

③ 致仕見任宰臣直子軍器注簿同正 收養子及內外孫令史同正 前代 宰臣直子良醞令同正內外孫令史同正 樞密院直子良醞令同正 正 收養子及內外孫甥姪主事同正 從三品直子良醞令同正 正收養子 及內外孫甥姪令史同正 正從四品直子良醞丞同正 正從五品直子 主事同正(앞의 책 같은 권, 凡蔭敍 동왕 12年 6月 判)

④ 前代宰臣直子良醞丞同 內孫令史同正 外孫史同正(위의 책 같은 권, 같은조 동왕 13年 閏2月)

자료 나) ①∼④에서 보다시피 누대의 문벌귀족들은 그들의 독점적 지위를 유지하기 위해서 향리 및 그 일족에서 갓 중앙정계로 진출한 신진관료들을 배제한 채 致仕現任은 물론 前代宰臣의 내외자손에 대한 同正職 제수의 확대조처를 통해 그들만의 폐쇄성을 더욱 강화할 뿐만 아니라 자신들의 內外鄕 및 妻鄕 등에 대한 영향력을 증대시키기 위한 제도적 장치로서의 사심관제도를 개편하였다. 그 결과 고려 전기까지만 하더라도 '鄕吏三丁一子入仕'[54]의 규정이나 其人役을 통한 동정직으로의 진출[55]은 향리들에 대한 우

54) 金晧東, 1984,「朝鮮前期 京衙典 '胥吏'에 관한 硏究」『慶南史學』 창간호, 경남사학회.

대의 조처였지만 문벌귀족의 폐쇄성 속에 더 이상 宦路로의 별다른 의미를 갖지 못하게 되었다. 무신정권 성립을 전후한 시기부터 동정직의 변란에의 가담이 늘어나고, 특히 지방의 농민봉기에 이들이 적극 가담한데는 권력층 자손들의 동정직 임명에 따른 동정직의 수적 증가와 동시에, 이로 인한 여타의 동정직자의 관직 진출의 어려움이 개재된 것이다. 특히 향리의 자손으로서 기인역을 마친 후 동정직을 받은 자들은 더 이상 실직으로의 진출이 무망해진 상황 하에서 개경에 머물러 있기보다는 지방으로 낙향하여 반체제적인 인물로 전화될 가능성이 그만큼 농후하였다.

사심관과 관련된 나) ②의 조치 이면에는 재경세력들의 內外鄕 및 妻鄕 등에 대한 대토지겸병을 용이하게 하고자 하는 의도가 개재되었음을 부인할 수 없을 것이다. 이러한 조처로 인해 재경세력들은 내외향 및 처향에 부재지주로서의 대토지 소유의 길을 확보할 수 있었다.56)

---

55) 『高麗史』卷75, 選擧3, 銓注 其人. "判 凡其人 … 許同正職 役滿加職"이라 한데서 향리들은 기인역을 마친 후 동정직에 나아갈 수 있었다.
56) 우선 다음의 자료를 통해 재경관인들의 재지적 기반의 구축의 대강의 추세를 엿볼 수 있다.

① 『高麗史』卷99, 列傳 廉信若. "廉信若字公可 仁宗時登第 … 信若 有田在峯城"
② 앞의 책, 卷127, 列傳 金致陽. "金致陽 洞州人 … 又役農民 入祠 洞州 額曰星宿寺"

특히 최승로의 손자인 최제안이 숙종조를 전후한 시기에 라말려초에 잔파된 천룡사를 중수하여 토지를 기진하고 신서원문을 남겨 주지임명권을 장악함과 동시에 죽어서 호가람신이 되었다고 한 것으로 보아 천룡사는 이후 최제안 가문의 원당이었다고 할 수 있다. 신라의 항복과 더불어 경순왕을 따라 개경으로 솔권하여 옮아간이래 문벌귀족의 일원인 재경관료로서 기반을 확고히 한 그의 가문이 굳이 개경이 이러한 사회계층상 폐쇄성과 대립, 중앙에 대한 지방의 종속성을 지양하려는 노력이 전혀 없었던 것은 아니었지만 고도의 계층화와 사회이동의 제한은 지배계급 내부의 대립, 갈등을 가져오게 되어 李資謙의 난과 妙淸의 난, 나아가서는 무신쿠데타를 가져오는 등 지배층 내부의 공공연한 충돌을 불러일으켰을 뿐이었다.

지배층 내부의 공공연한 충돌은 결국 통치권력의 누수 현상을

아닌 경주에 원당을 건립한다는 것은 그의 본관지역에 대한 재지적 기반의 확충, 곧 경제적 기반 부식의 일환으로 간주할 수 있다(金晧東, 1986, 「崔殷含－承老 家門에 관한 硏究－新羅六頭品家門의 高麗門閥貴族化過程의 一例－」). 실상 인종조 대토지 소유자로서의 인주이씨의 경제적 기반이 직접 경영 수취하기 쉬운 개경은 물론 그의 본관인 동시에 食邑인 仁州, 즉 인천에도 소재한 것은 그가 본관지역에 부재지주로 군림하고 있었음을 말해 주는 것이다(金潤坤, 1976, 「李資謙의 勢力基盤에 對하여」『大丘史學』 10). 이는 무신정권기의 인물인 이규보의 경우에도 확인된다. 이규보가 최충헌의 쿠데타 직후 1196년 4월 자기 누님을 모시고 黃驪에 갔을 때 지은 시에서 "고향의 친척은 판적에서 찾아내고 농토는 선세의 두둑을 묻노라(鄕親尋版籍 農畝問先疇)"(李奎報, 「初入黃驪 二首」『東國李相國集』 卷6)라고 한 귀절이나 "入山蒙密初迷路 村人過嶺相迎去 畦丁羅拜似獼猴 嘍囉頗帶南蠻語 田家主人瘴髮黃 邀我欣然具鷄黍 髫奴昇甕走汲泉 癭嫗洗臼力擧杵 三尺山樽腰腹皤 松明吹火酌芳醑 堂下曲腰爭磬折 堂上脫幘自箕踞 酒酣徑臥再鼾鼻 僕夫秣馬天已曙(李奎報, 「六月十一日發黃驪將向尙州出宿根谷村(予田所在)」『東國李相國集』 卷6)"라고 한데서 그가 본관인 황려에 조상전래의 재지적 기반을 구축해 왔음을 알 수 있다. 특히 후자의 시에 나오는 田家의 主人, 그리고 종과 노파 등은 바로 근곡촌의 이규보의 토지를 경영하는 인력으로서, 이규보와 이들과의 관계는 실상 地主와 佃戶관계 그것일 것이다. 바로 이 시는 이규보가 不在地主로서 군림하는 여유자적함을 보여주는 것이다. 이처럼 중앙권귀들의 부재지주화 현상이 가속화되자 이들은 전시과체제하에서의 군현조직을 통한 收租를 부정하고 직접 收租에 나서게 되었다(金潤坤, 1988, 「羅麗郡縣民 收取體系와 結負制度」『民族文化論叢』 9, 영남대학교 민족문화연구소, 183~184쪽 참조). 이로 인한 地主와 佃戶 관계의 모순이 극대화되어 대규모 농민항쟁이 일어나게 되었을 것이다.

가져와 사적 권력의 확대에 따른 피지배층에 대한 착취의 가중으로 나타날 수밖에 없었다. 농업의 생산력의 발전에도 불구하고 착취와 억압의 강화로 인해 몰락의 길을 걷던 농민층들의 상대적 박탈감은 더욱 심화될 수밖에 없었다. 이들은 본관제적 질서가 해체되어 가는 과정에서 집단적으로 만불향도를 구성하여 염불독경하며 병장기를 들고 날뛰고 유희하면서 가혹한 현실의 조건에서 탈출하기 위해 집단적 종교행위를 통해 새로운 공동체적 질서를 모색하는 움직임을 보이기도 하고, 집단적으로 민원을 제기하는 呈訴투쟁을 전개하기도 하였다. 그리고 개별적으로는 유망의 확대를 가져옴으로써 부세수취와 역역동원에 커다란 문제점을 야기시키기에 이르렀다.[57] 이들은 마침내 묘청의 정변에 가담하여 무력항쟁을 통한 사회변혁까지 희구하게 되었다.

12세기 전반의 민의 동요는 지배층에게 위기의식을 가져다주어 그 대응책으로서 숙종, 예종, 인종, 의종년 간에 각기 新法, 新敎, 維新之敎, 新令으로 불리우는 일종의 대민시책을 낳게 하였다.[58] 그러나 이미 중앙집권화의 토대 위에서 풍부한 경제적 여력을 가진 문벌귀족들은 詞章을 중시하는 비현실적 문학에 탐닉하여 사회 부조리를 비판 제거하는 時務策을 경시하는 학풍에 빠져든 상태에서[59] 사회모순에 대한 근원적 해결의 방책을 모색할 수 없었다. 단

---

57) 채웅석, 1990, 「12·13세기 향촌사회의 변동과 '민'의 대응」 『역사와 현실』 3, 한국역사연구회, 역사비평사 ; 2000, 『高麗時期의 國家와 地方社會-本貫制의 施行과 地方支配秩序-』, 서울대학교 출판부.

58) 박종기, 1992, 「고려시대 민의 존재양태와 사회의식의 성장」 『역사비평』 가을호, 역사문제연구소, 역사비평사.

59) 이것은 인종조에 宋使를 따라왔던 徐兢이 고려의 학풍을 말하면서 "詩·賦·論의 세가지를 출제하지만 策問을 써서 時局을 묻지 않는다. 이것은 조소할 일이다. 대저 聲律을 숭상하고 經學에는 힘들이지 않으므로 그 문장을 보건대 唐의 餘弊와 방불하다고 하겠다(徐兢,

지 감무파견과 같은 내외의 통치질서의 강화, 太祖遺訓의 계승과 같은 고려초기 통치질서로의 회귀와 같은 고식적 대책을 내놓을 수밖에 없었다. 그 결과 민의 유망과 동요에 따른 지배층의 위기의식은 도리어 당시의 정치지배세력으로 하여금 黨與, 혹은 族黨 형태의 현실적 이해에 집착하는 파당화, 보수화에 빠져들게 하였다.[60] 이러한 정점에서 일어난 무신쿠데타는 개경문벌이 독점했던 통치구성원의 변화뿐만 아니라 중앙을 벗어나 지방사회에까지 변동을 가져올 수밖에 없었다. 무신쿠데타는 이런 점에서 새로운 사회변혁의 가능성을 보여준 것이었지만 권력의 계급적 본성을 척결하지 못한 채 도리어 그들 내부의 권력쟁탈전에 휩싸임으로써 더욱 모순 속에 빠져들고 말았다. 따라서 중앙의 폐쇄성과 그에 따른 지방의 종속화는 근원적으로 해결될 수 없었다. 이러한 총체적 모순을 다음의 자료들은 잘 보여주고 있다.

다) ① 判 居京大小人員子弟 謀避徭役 各於本貫親戚戶籍類付 以致名實混淆 自今京人付外籍者痛禁(『高麗史』卷79, 食貨2, 戶口, 仁宗 13年 2月)

② 淸州人 與州人係京籍而退去者 構隙 捕殺幾盡 其黨之在京者聞之 欲爲報仇 矯旨募死士 向淸州 遣將軍韓慶賴 追止之不及 與州人戰不勝 死者百餘人 以不能禁制 罷牧副使趙溫舒 事審官大將軍朴純弼將軍慶大升(『高麗史節要』卷12, 明宗 8年 3月)

③ 制曰 京人於鄕邑 盛排農場作弊者 破取農場 以法還京 道門僧人諸處農舍 冒認貢戶 良人以使之 又以麤惡紙布 强與貧民 以取其利 悉皆禁止 凡供御物膳 各因土宜 隨卽進獻 其餘玩好熊虎豹皮 無以勞民徵取密進 又無以驛路贈送私門(『高麗史』卷85, 刑法2, 禁令, 明宗 18年 3月)

④ 下制 凡州縣 各有京外兩班軍人家田永業田 乃有姦黠吏民 欲託權要 妄稱閑地 記付其家 有權勢者 又稱爲我家田 要取公牒 卽遣

「同文儒學」『高麗圖經』卷40)"고 한 것에서도 잘 드러난다.
60) 朴宗基, 앞의 논문 참조.

使喚 通書囑託 其州員僚 不避干請 差人徵取 一田之徵 乃至二三
民不堪苦 赴訴無處 冤忿衝天 灾沴閒作 禍源在此 捕此使喚 枷械
申京 記付吏民 窮極推罪(위의 책 卷78, 食貨1, 田制 田柴科, 明宗
18年 3月)

자료 다) ①은 개경에 있는 자가 요역을 피하기 위해 본관의 친
척 호적에 올라 있음으로써 나타난 폐단이고, ②는 호적은 개경에
올라 있으면서도 본관에 내려가 본향의 사람들과 문제를 일으켜
서로 攻殺하는 사태에까지 이르렀음을 말해 주는 것이다. ①, ②의
자료를 ③, ④의 자료와 관련시켜 볼 때 재경세력의 본향에의 대
토지겸병에 따른 재경세력과 재향세력의 갈등 대립으로 볼 수 있
을 것이다. ①의 경우 재경관료 일부가 내외향, 처향 등에 농장을
구축하게 되면서 그 일족과 관련을 맺게 됨에 따라 자연스러이 거
경자가 외적을 지닐 수 있게 되었을 것이고, 나아가 이들의 낙향
에까지 이르게 되어 ②에서 보다시피 '係京籍而退去者'의 존재까
지 나타나게 되었을 것이다. 고려전기 재경세력의 한 특징이 한번
상경 종사한 다음에는 歸鄕의 경우를 제하면 다시 본관지에 복귀
하지 않은 것과는 달리 이제 재경세력의 낙향이 이루어져 이들이
재향세력의 한 축을 형성하기 시작하였다.[61] 특히 무신쿠데타는
그것을 더욱 가속화시켰다. 물론 ②의 '係京籍而退去者'는 무신쿠
데타, 혹은 김보당의 난으로 인해 화를 피해 청주로 퇴거한 자일
것이다.[62] 이들과 청주인 사이에 틈이 벌어져 포살하기에 이르렀
다는 것은 '係京籍而退去者'와 청주인들 사이의 향촌사회 주도권

---

61) 이러한 모습은 최은함 · 최승로 가문을 통해 잘 알 수 있다(金晧東,
「崔殷含 - 承老 家門에 관한 硏究 - 新羅六頭品家門의 高麗門閥貴族
化過程의 一例 - 」).

62) 金塘澤, 1986,「高麗崔氏武人政權과 國王」『韓國學報』42 봄호, 일지사,
229~230쪽 ; 1987,『高麗武人政權研究』在收, 새문사.

쟁탈전에서 비롯된 것일 것이다. 전자는 당시 이곳의 사심관으로
있었던 박순필과 경대승 같은 무신들과 개경에 있을 당시 일정한
유대를 갖고 있었을 것이므로, '其黨之在京者'와 공동의 이해관계
를 갖고 있었을 것이다.[63] 박순필과 경대승 등이 이 사건 직후 파
면되었다는 것은 그것을 시사해주는 것이다. 문무의 대립 갈등이
무신쿠데타를 불러일으켰지만 문벌귀족 사회에서 배태되어 온 중
앙에 대한 지방의 종속화 현상은 문무의 교체에도 불구하고 여전
히 심화되어 왔고, 문무 가릴 것 없이 재경세력은 이에 관한한 공
동의 이해관계에 놓여 있었음을 알 수 있다. 이는 결국 무신쿠데
타가 지배층 내부의 권력교체의 의미 이상을 뜻하는 것이 아님을
다시 확인시켜 주는 것이기도 하다. 어쨌든 ①~④는 결국 在京者
에 의해 야기된 사태로서 재경세력과 재향세력간의 대립 갈등이
그간 누적되어 왔음을 말해 주는 것이다. 이는 아마도 재경세력의
재지적 기반의 확충, 즉 대토지겸병의 확대에 따른 부재지주화 현
상으로 인한 지방의 종속성의 심화와 중앙의 폐쇄성에 따른 재향
세력의 상경종사의 가능성이 어려워지는 상황 하에서, 재경세력의
일부가 그간 재지적 기반이 구축된 지역으로 내려옴으로써 향촌
사회의 주도권을 둘러싸고 나올 수밖에 없었던 상황 속에 불거진
사태일 것이다. 더욱이 중앙의 권력에서 밀려나 지방으로 낙향한
재경세력은 그들의 권력지향적·중앙지향적 속성상 기회가 있으
면 다시 還京하고자 하였고, 일단 그 계기가 주어지면 그간 구축

---

63) 경대승은 무신쿠데타에 참여하여 출세의 계기를 마련한 무인들과는
다른 매우 이질적인 존재로서, 상당한 무반가문의 출신이고, 무인들의
불법에 復古의 뜻을 갖고 있으면서 문신들과 긴밀한 관계를 유지한
것으로 보아(金塘澤, 1973, 「李義旼政權의 性格」『歷史學報』83 ;
『高麗武人政權研究』35~36쪽 참조) 이른바 '係京籍而退去者'와 일
정한 유대 및 공동의 이해관계를 갖고 있었을 것이다.

하였던 재지적 기반의 성과물을 송두리째 중앙으로 옮겨감으로써 중앙에 대한 지방의 종속화를 더욱 심화시키게 마련이었다. 문신귀족정치의 말기, 그리고 무신쿠데타 이후 중앙에서 지방으로 낙향 은거하였던 인사들은 대개가 이러한 경로를 밟고 있었음을 알 수 있다. 자료 ②의 '係京籍而退去者', 즉 지방에 거주하면서도 京籍을 소유하고 있는 그 자체는 바로 이들의 성향을 단적으로 보여주는 예라 할 수 있다. 그 결과 재경세력과 재향세력, 재향세력 내부의 대립과 갈등은 더욱 증폭되었고, 그 과정에서 향촌사회의 주도권에서 밀려난 재향세력의 일부가 쉽게 농민항쟁세력과 결합하는 현상이 나타날 수밖에 없었다.

자료 다) ③, ④에서 보다시피 중앙권귀들의 대토지겸병에 따른 지방의 중앙에 대한 예속은 무신정권 이후 더욱 심화되었다. 이것은 재경세력과 재향세력의 대립이라는 측면 외에 재향세력 내부의 대립 갈등도 가져오게 되었을 것이다. 즉 일부 향직 담당자들이 중앙의 권귀들과 연결되어 토지겸병에 나서게 됨으로써 재향세력 내부의 갈등과 대립이 나타나게 되었을 것이다. 향촌사회의 중앙에 대한 종속의 심화와는 반대로 재경세력과 연결되지 못한 일부 재향세력은 상대적 박탈감 속에 농민항쟁과 결합하게 되었을 것이고, 그 결과 농민항쟁은 그만큼 강한 정치적 지향성을 지닐 수밖에 없을 것이다. 최충헌정권 하의 진주지역의 농민항쟁은 그 한 예로 볼 수 있다.

중앙집권제를 지향하는 고려사회에서 향리층은 어디까지나 중앙정부의 농민지배를 위한 도구로서의 기능을 가질 뿐, 이들의 지방세력화를 중앙정부에서는 결코 용납할 수 없는 것이었다. 계수관 중심의 광역단위의 권역별 군현제하에서의 향리층은 전대에 비해 그 인적 기반과 재량권이 보다 확대되었음에도 불구하고 이들

의 지방세력화를 막기 위한 제도적 장치가 계속 마련되고, 중기 이
후 縣令, 監務 등의 외관 파견으로 인한 군현영속관계의 변천으로
말미암아 향리들은 그 활동공간이 크게 위축되었기 때문에 불만이
적지 않았다.[64] 더욱이 문벌귀족정권의 모순과 지방에 대한 지나
친 수탈은 군현행정을 장악하고 있던 향리층과 조부공역을 부담하
던 농민층을 다같이 못살게 핍박하였다. 따라서 김보당의 거병에
남방의 수령들이 의종복위운동에 대거 가담한 것과는 달리 "列郡
皆殲令長 以償宿寃"[65]이라 한데서 보다시피 지방의 재향세력과
민중들은 이들과는 달리 무신쿠데타를 무언으로 협조하였다. 그
결과 경·계 양년에 걸쳐 무인이 문신들을 학살하고 있을 때도 조
직적인 저항이 많지 않았고, 의종이 경주에서 피시 될 때도 주민들
은 거의 방관하고 있었다. 무신정권의 성립은 이들의 지지와 협조
로 인해 성립되었지만 이러한 모순을 해결해 주기는커녕 더욱 수
탈자로서의 모습만을 보여주었을 뿐이었다.

12세기 이후의 농업생산력의 발전은 일면 재지토호층들의 경제
적 기반의 확대에 기여하였지만 결과적으로 전시과체제의 붕괴와
농장제의 확대를 가져옴으로써 전시과체제 하에서 보장받았던 향
리들의 기득권은 축소되지 않을 수 없었다. 고려전기 계수관중심
의 광역단위의 권역별 군현제는 국가-재향세력을 매개로 한 군현
민 지배방식을 취하고 있었기 때문에 公私田을 막론하고 군현조직
을 통하여 지방관과 향리들에 의해 收租가 이루어지고 있었다. 이
에 반해 고려후기 계수관중심의 광역단위의 권역별 군현제의 구조
적 모순에 따른 조세행정의 난맥현상과 더불어 대규모 사적 토지

---

64) 金晧東, 1995, 「군현제의 시각에서 바라본 12·13세기 농민항쟁의 역
     사적 배경」『역사연구』 4.
65) 「李勝章墓誌」『朝鮮金石總覽』上.

소유인 농장제사회가 형성됨에 따라 농장주의 직접 收租 현상이
일반화됨으로써 상대적으로 향리들의 활동공간은 위축될 수밖에
없었다.66) 또한 중앙권귀들의 권력을 등에 업은 대토지겸병의 추
세 속에 향리들의 중소지주로서의 경제적 기반 역시 흔들리지 않
을 수 없었다. 그리고 무신정권의 성립 후 각종 반란세력의 도전에
직면한 무신정권이 이들을 진압하기 위하여 현지의 토착세력을 회
유 내지 등용함으로써 향리자제가 크게 진출하였지만, 이는 향리
의 대립과 분열을 조장하고 계층분화를 더욱 촉진시키는 결과를
가져오기도 하였다.67) 이로 인한 일읍의 주도권을 둘러싼 이들의
갈등관계가 표출되기 시작하여 표면적으로는 향리층이 여전히 읍
사조직을 통해 국가지배체제의 말단에 위치하여 재지지배력을 유
지하더라도 현령·감무의 지속적 파견에 따른 군현영속관계의 변
천에 따라 향촌사회를 주도하지 못하고 향역부담층으로 서서히 전
락해 가기 시작하였다. 결국 향역부담층으로서의 향리들은 국가와
민의 관계를 조절하는 완충제로서의 역할보다는 권귀들의 농장확
대에 편승하거나(다) ④), 고리대 행위를 통해 사리를 도모하고 소
농민들의 토지를 침탈하는 등 공을 해치고 사적 이익을 도모하는

---

66) 金潤坤, 1988,「羅麗郡縣民 收取體系와 結負制度」『民族文化論叢』9,
   영남대학교 민족문화연구소, 183~184쪽 참조.
67) 조위총의 난 때 서북면지역의 재향세력들의 분열과 갈등은 상당하였
   다. 일례로 宣州의 경우 토벌군의 편에 선 鄕貢進士인 房瑞鸞 및 그
   의 형제인 孝諗·得齡과 조위총의 편에 선 都領郎將 義儒와 景綽 등
   의 사이에 상당한 대립과 갈등이 있었고, 난의 진압 후 국가로부터 효
   진은 散員의 벼슬을 받고, 서란은 同正을 받아 內侍에 속하게 되었으
   며, 득령은 그 고을에 머물러 戶長이 되었다. 그러나 이로 인해 고을
   사람들이 효진만이 홀로 벼슬과 상을 받은 것을 질투하여, 드디어 득
   령과 그의 어머니를 죽였다고 한 것으로 보아(『高麗史節要』卷12,
   明宗 8年 3月) 재향세력들의 대립 갈등이 심화되었음을 알 수 있다.

수탈자로서의 모습을 보이게 되었다. 향리들이 이 시기 농민항쟁 세력의 일차적 타도의 대상이 될 수밖에 없었던 것은 바로 이러한 이유 때문이었다. 한편으로는 일읍의 주도권 쟁탈전에서 탈락한 향리층은 도리어 체제에 대한 비판의식을 지니고 은근히 변혁을 희망하기까지 하였던 것이다. 특히 무신쿠데타 이후 몰락한 문벌 귀족들의 낙향 및 관인층의 비대화로 인하여 중앙권력과 연줄을 맺지 못하고 귀향한 관인들과 동정직 소유자들의 반체제적인 움직임은 이들에게 큰 영향을 주었을 것이다. 무신쿠데타 이후 지방으로 낙향한 문인들의 경우 다음과 같은 행동을 보여준다.

權敦禮는 御史를 지낸 관인으로서 무신쿠데타 직후에 原州로 은거하여 처사생활을 하였고, 神駿과 悟生은 아예 머리 깎고 중이 되어 세상이 다소 달라진 후에도 끝내 '遁世無悶'으로 일관하였는가 하면,[68] 李仁老와 같은 사람은 한때 사원에 피신하였지만 이들과는 달리 환속하여 재경관료로의 길로 나서기도 하였다.[69] 한편 경주로 낙향하여 의종의 초상화를 그려 두고 아침저녁으로 예불을 드린 李琪는 적극적으로 의종복위운동에 참가하였다.[70] 김보당의 난을 전후해 자신의 본관에 은거한 인물로서는 尙州로 간 李勝章,[71] 昇平郡(昇州)으로 간 金平[72] 등의 관인을 위시하여, 비록 관직에 진출하지 않았지만 한때 尙州 등의 江南一帶로 도피한 林椿을 들 수 있다. 한편 권돈례가 있었던 원주에는 朴仁碩이 그 후에 왔었

68) 李佑成, 1977,「高麗武臣執權下의 文人知識層의 動向」『嶺南大學校 開校 30周年紀念國際學術會議發表論文集』; 1982,『韓國의 歷史像』 창작과 비평사.
69) 李仁老,『破閑集』.
70) 崔滋,『補閑集』卷中.
71)「李勝章墓誌」『韓國金石全文』中世 下.
72)『高麗史』卷100, 列傳 奇卓誠.

고,73) 경주에는 그곳을 외향으로 한 오세재가 내려와 일생을 마쳤
다. 이규보 역시 최충헌정권의 성립을 전후한 시기에 화를 피해 한
때 黃驪에 내려와 있었고, 그의『東國李相國集』에 보이는 金瑗74)
이나 南田으로 떠나는 벗75)들은 중앙정계의 풍진을 마다하고 지방
으로 낙향한 자들이다. 그 외 韓惟漢은 대대로 서울에 살았으나 최
충헌이 정권을 독재하고 벼슬을 파는 것을 보고 "재난이 장차 있
을 것이다"라고 한 후 처자를 데리고 智異山에 들어가 절개를 지
키면서 外人과의 교제를 끊었었다.76)

　지방으로 낙향한 문신들 및 동정직 소유자, 과거합격자 등은 지방
에 일정한 경제적 기반의 확보,77) 후진 교육 등을 통해 지방의 문인
으로서의 기반을 다져 나가게 됨으로써 지방의 학문발흥의 계기를
마련하게 되었다. 다음의 자료들을 통해 그것을 살펴보기로 한다.

---

73) 류창규, 1989,「高麗 武人政權 時代의 文人 朴仁碩－고문 존중・계
　　승과 관련하여－」『東亞研究』17, 서강대학교 동아연구소, 173～178쪽.
74) 李奎報,「醉贈金君瑗 幷序」『東國李相國集』卷5. "鷄林先生謫仙人
　　羅綺叢中富貴身 蓬萊殿上醉脫靴 誤將飛燕臂太眞 一朝謫向江南天
　　醉臥烟花二十春 玉籠那致九苞鳳 金鎖難馴五色麟 快揮張旭筆 狂着
　　陶潛巾 熙熙太平日 自號陶唐民 金鷄放赦向京洛 京洛多風塵 又欲掉
　　臂涉千里 相逢拊手空揮淚 見君飄然雲外心 一餉功名眞弊屣 行矣善
　　保千金軀 南北東西亦是一天地"
75) 李奎報,「送友人之南田居」『東國李相國集』卷12.
76)『高麗史』卷99, 列傳 韓惟漢. "韓惟漢 史失其系 世居京都 不樂仕進
　　見崔忠獻擅政賣官曰 難將至矣 挈妻子 入智異山 淸修苦節 不與外人
　　交 世高其風致 徵爲西大悲院錄事 終不就 乃移居深谷 終身不返 未幾
　　果有契丹之難 蒙古兵繼至"
77) 이 경우 중앙에 있을 당시부터 본향 및 처・외향에 갖고 있었던 경제
　　적 기반을 바탕으로 하기도 하고, 임춘의 경우처럼 官租와 私契의 누
　　적으로 인해 갖고 있던 토지를 放賣하지 않을 수 없었던 郡氓의 토지
　　를 인수하는 경우도 있었을 것이다(林椿,「奇山人悟生書」『西河集』
　　卷4. "其東有一遺墟 訪之 乃郡氓之田也 以官租私契之委積屢欲財貨以
　　緩禍 而不售"). 임춘의 경우는 이 때 이 땅을 결국 구입하지 못하였다.

라) ① 근래에 들으니 선생(權敦禮)은 항상 문을 닫고 가르치니, 제자들은 날로 성하며, 외우고 익히는 소리가 洙泗(공자의 문하)에 비유할만 합니다(林椿, 「答同前書」 『西河集』 卷4).

② 白雲子 神駿이 神虎門에 掛冠하고 公州山莊에 은거하였는다. 郡守가 그의 아들을 보내어 수업케 한지 여러 해였다. 서울에 과거 보러 갈 적에 신준이 絶句 한 수를 지어 전송하였다(李仁老, 『破閑集』 下).

③ 불행하게도 의종 말년에 무인의 변란이 일어나 香草와 惡草가 냄새를 같이하고 옥과 돌이 모두 불타는 것과 같이 구별이 없었습니다. 그 중에서 몸을 범의 입으로부터 벗어난 자는 깊은 산으로 도망가서 冠帶를 벗고 伽梨를 입고 남은 생애를 보냈사오니, 神駿・悟生과 같은 무리가 그것입니다. 그 후에 국가에서 차츰 文敎를 쓰는 정치로 회복되었지만, 선비들이 비록 배우기를 원하는 뜻은 있어도 좇아서 배울 곳이 없었습니다. 그리하여 배우고자 하는 자들이 가리를 입고 깊은 산으로 도망간 자를 발로 싸매고 멀리 찾아가 강습할 수밖에 없었습니다. 그런 까닭에 신준이 자기에게 배우던 자를 서울로 보내어 과거에 응시하는 시에 이르기를 "信陵公子가 정예군을 거느리고 멀리 한단에 가서 큰 명성을 떨치니 천하의 영웅이 다 그를 따랐거늘, 가련하구나, 눈물짓는 候嬴이여"라고 하였으니, 이것이 그 증거입니다. 그러므로 신이 생각하기에는 학자들이 釋子를 좇아가서 章句를 익히는 풍습은 그 근원이 대개 여기에서 시작된 것이라 하겠습니다(李承休, 『樂翁稗說』 前集).

④ 왕(명종)이 (박인석의) 충성됨을 알고 크게 쓰려 하였으나 국가가 곤경에 처하고 衣冠이 거의 없어지자 (박인석은) 관직을 버리고 남으로 갔다. 北原(原州)의 민속이 옛스럽고 거주하기 마땅하다 함을 듣고 그곳에 거주하면서 前御史 權不華(敦禮)와 함께 경치를 즐겼다. 문득 소문이 떠돌아 언제 해가 미칠까 예측하지 못하였다. 중앙정계에 公을 애석히 여기는 사람이 있어 延昌郡(竹山)으로 옮기도록 하였다(「朴仁碩墓誌」 『韓國金石全文』 中世 下).

⑤ 白雲子가 儒學을 버리고 불교를 배워 두루 명산에 놀러 다니더니 도중에서 꾀꼬리 우는 소리를 듣고 느낌이 있어 絶句 한 수를 지었다.

붉은 부리 노란 옷 고음을 스스로 자랑하니
마땅히 붉은 담 푸른 나무에 가서 울 것이다
무슨 일로 거치른 마을 쓸쓸한 곳에서
수풀을 격하여 때때로 두세 소리를 보내나

내 친구 耆之가 실의하여 강남에 노니다가 꾀꼬리 소리를 듣고
또한 시를 지었는데

田家에 오디 익고 보리는 곁붙어 빽빽한데
푸른 나무에 꾀꼬리 우는 소리를 처음으로 듣는다
서울에서 꽃 아래 놀던 손을 아는 것처럼
은근히 백 번이나 울어 쉬지 않네

하였다. 고금의 시인이 物에 의탁하여 心思를 표현한 것이 흔히
이와 같다. 二 公의 작품은 처음부터 서로 기약한 것이 아니면서
悽愴한 그 표현이 마치 한사람 입에서 나온 것과 같다. 그들이 재
주가 있으되 쓰이지 못하고 天涯에 流落하여 나그네로 떠돌아다
니던 모양이 몇 자 사이에 분명히 나타났으니 시는 마음에서 우러
난다고 한 것이 과연이다(李仁老,『破閑集』下).

⑥ 毅王이 남쪽 먼 지방으로 달아났다. 李琪라는 사람이 있어서 그
림을 잘 그렸다. 그가 의왕의 초상을 그려서 제목을 쓰지 않은 채
동도초당에 봉안하고 아침저녁으로 예로서 모신다고 하였다. 기
암거사가 우연히 보고 찬을 지었다. '제왕의 상이라고 하려 하니
幅巾을 쓰고 鶴氅衣를 입은 차림은 呂翁과 같다. 隱逸의 모습이
라고 하려 하니 큰 콧대에 용의 낯을 한 것이 漢 沛公과 같다. 문
득 붉은 계단·옥좌 위에 모시려고 하니 天命이 다시 통하지 않
고 늙은 소나무와 이상한 돌들이 있는 곳으로 인도하려고 하니
임금다운 氣가 오히려 다 사라지지 않았다. 처음에는 孔衰鳳인가
의심하고 혹은 李猶龍인가 두려워하였다. 그렇지 않으면 하늘의
신령이 제왕으로 화신해 내려와서 자주 河淸을 만나 民의 春臺에
오른 것처럼 나의 태평성대를 누리게 하다가 치닫기만 하는 용처
럼 너무 높이 오르기만 하는 기세에 후회함이 일어나 한바탕의
꿈은 바야흐로 놀라 깨고 드디어 다시 어둠과 아득한 세상으로
돌아간 것일 것이다'하였다(崔滋,『補閑集』卷中).

위 라) ①~⑥의 자료는 무신정권 성립 이후 지방으로 낙향한 문
인들을 보여주고 있다. 그들 중에는 라) ①~③을 통해서 보다시피
군수의 자제를 비롯한 지방 향리층의 자제를 모아 교육에 종사함으
로써 지방향리층의 讀書人化를 가져왔음을 알 수 있다. 지방에서의
독서층의 증가에는 외관들의 역할 또한 못지 않은 것이었다.[78] 특
히 12세기 중엽 이후의 현령·감무의 파견은 지방 교육의 활성화의
한 계기로 작용하였을 것이다. 李奎報가 최충헌정권의 성립 직후
그의 향리인 황려에 갔을 때 進士 李大成 및 鄕校의 諸生들이 이규
보를 위해 연회를 베풀고,[79] 또 그가 간관으로 활약하던 중 猬島로
귀양갈 때 保安縣의 향교 제생들이 깍듯이 대하는 것으로 보아[80]
무신정권시대 내외의 교육이 부진한 속에서도 지방의 진사 및 향교
생들의 향학열은 상당하였음을 알 수 있다.[81] 이러한 사회적 분위
기는 서책 수요층의 증대를 가져옴으로써 인쇄술의 발달에 따른 서
적의 보급확대를 가져오게 하였다. 일례를 들면 전주에서는 이규보
가 사록겸장서기로 있을 당시 『十二國史』가 간행되었고,[82] 몽고와
의 전란의 와중에서도 『東坡集』이 중각 될 정도였다.[83]

향촌사회로의 낙향·寓居한 재경관인 및 文士, 지방관들에 의해
양성된 在地讀書層들은 최씨집권기부터 과거 등을 통해 서서히
중앙으로 진출하였다. 특히 최우가 집정하면서 '多拔寒士 以收人

---

78) 李樹健, 1984, 『韓國中世社會史硏究』, 일조각, 257쪽 및 金晧東, 1994,
  「李義旼政權의 재조명」 『慶大史論』 7 참조.
79) 李奎報, 「李進士大成邀飮席上走筆贈之」·「黃驪鄕校諸生 … 昨日遊
  賞之樂以謝鄕黨二三子云」 『東國李相國集』 卷6.
80) 李奎報, 「十二月移寓保安縣李進士翰材家謝鄕校諸生携酒來慰坐上作」
  『東國李相國集』 卷17.
81) 宋春永, 1987, 「高麗時代 鄕校의 變遷史的 考察」 『歷史敎育』 41.
82) 李奎報, 「夢驗記」 『東國李相國集』 卷25.
83) 李奎報, 「全州牧新雕東坡文集跋尾」 『東國李相國集』 卷23.

望'84)한데서 종전의 관인과는 체질을 달리하는 지방출신의 신진관료가 배출되기 시작하였다. 그것은 무신쿠데타를 계기로 기성 관인과 文士들의 낙향생활, 전시과체제의 붕괴로 인한 사회·경제적 변화 및 신유학의 수용에 따라 더욱 촉진되어 신흥사대부로 나타나게 되었지만 그 계기는 무신정권을 전후로 나타나기 시작한 것이다. 그 결과 재지품관층, 혹은 在地士族의 존재가 비로소 가능하게 되었다.85) 그러나 중앙정부의 차원에서 보면 전대에 비해 재지 중소지주계층의 향리층의 자제들의 상경종사가 늘어났겠지만 막상 지방에 늘어난 독서층, 즉 지식인의 입장에서 보면 이들의 진출은 별반 큰 의미를 갖지 못한다.86) 더욱이 무신정권기에 들어오면서 外官 文武交差制 등의 실시를 통해 그간 문사들의 진출로였던 '州縣外補'를 무인들이 독점해 가는 상황 하에서 과거합격이 관직으로의 길을 보장해 주지 못함으로써 이들의 불만이 팽배해져 있었다.87) 사회불만세력으로서의 재지지식인들은 농민봉기 등이 일

---

84)『高麗史』卷129, 叛逆 3, 崔忠獻 附 崔怡.

85) 李樹健, 1984,『韓國中世社會史研究』, 일조각, 338~341쪽.

86) 한국사의 경우 고대국가 성립 이후 현재에 이르기까지 중앙집권적 사회구조를 갖고 왔기 때문에 흔히 한국사의 분석은 중앙정부의 시각에서만 그 분석의 틀을 짜기 마련이다. 따라서 중앙정계에 관인층을 얼마나 배출하였는가 하는 그것이 바로 지방을 평가하는 척도로서 이해되는 경향이 그간 있어 왔다.

87)『高麗史』卷75, 選擧3, 銓注 凡選法, 明宗 11年 正月. "中西門下郎舍議奏 舊制 文吏散官外補者 皆有年限 非有功不得超遷 今有一二年而超受者 有三十餘年而不調者 政濫人怨 請限及第登科者閑五年 自胥吏爲員者閑八年以上 許得施行 餘皆追寢之 詔可 時政出權門 奔競賄賂 無復廉恥 自重房上將及宿衛之臣 有氣勢者 各擧一人 占官請調 如不得詣執政家 張拳極口爭詰 執政畏縮許之 銓注猥濫 故有是議 然其追寢者 亦行賂遺 故崔忠烈韓文俊之徒 力排其議 曰 前朝文臣 各執其意 臧否人物 以至於敗 何復踵往轍耶 命吏疾速施行 諸員無復詰之" 이러한 분위기 속에서 동정직이나 과거급제자 등의 지식인들이 새로

어나자 이를 지지하고 동조함으로써 농민항쟁의 증폭 현상이 일어
나게 되었을 것이다.

이런 의미에서 자료 라) ④～⑥을 살펴보면 낙향문사의 활동이
단지 학문적 활동을 통한 제자의 양성에만 국한되지 않았음을 능
히 짐작할 수 있다. ④에서 보다시피 원주에서 박인석이 권돈례와
있을 때 '문득 소문이 떠돌아 언제 해가 미칠까 예측하지 못하였
다. 중앙정계에 公을 애석히 여기는 사람이 있어 延昌郡(竹山)으로
옮기도록 하였다'고 한 것은 당시 이곳의 분위기가 반체제적인 흐
름으로 흘렀기 때문에 중앙정부에서도 이를 감지하고 예의 주시하
고 있었음을 말해 주는 것이다. 天涯에 流落하여 나그네로 떠돌아
다니던 신준이 物(꾀꼬리)에 의탁하여 悽惋한 心思를 읊은 ⑤의
시 역시 체제비판적 내용을 담고 있었다고 볼 수 있다. 실제 ⑥의
경우를 살펴보면 이기는 경주에서 의종의 초상을 그려 두고 아침
저녁으로 예불을 올리면서 반체제적 활동, 즉 의종복위운동을 위
한 세력을 규합하고 있었다. 경주의 속읍 출신의 재지지식인인 안
치민이 이를 보고 우연히 찬을 지었다고 하지만 실상 이기 등의 재
향세력의 규합과정을 말해 주는 것이라 볼 수 있다. 결국 이곳 경
주에서는 김보당의 난과 연결되어 의종복위운동이 일어났었고, 그
과정에서 재향세력의 분열이 노정되었던 것이다.

무신정권 시대의 농민항쟁은 무신정권 성립의 과정에서 발생한
문무의 교체, 무신정권 전개과정에서의 빈삭한 권력의 교체과정에
서 권력의 핵에서 떨어져 나온 세력들의 지방으로의 낙향 및 귀향
으로 인해 더욱 복잡하게 전개되어 갔다. 무신쿠데타 이후 몰락한
문벌귀족, 중앙권력과 연줄을 맺지 못한 관인들과 동정직 소유자들
의 낙향은 때로는 해당지역의 주도권을 둘러싸고 기존의 재향세력

운 질서를 희구하는 움직임을 보였을 것이다.

과 갈등관계를 낳기도 하였지만,[88] 현 체제에 대한 불만세력으로서
당시 농민항쟁의 한 일각을 이루는 재향세력과의 교감을 가지기도
하였다. 특히 이들의 반체제적인 움직임이 학문을 매개로 재향세력
들에게까지 확산되면서 향촌사회에서는 변혁의 의지를 지닌 지식
인들이 상당수 나타나기 시작하였다. 지역에 따라서는 이러한 변혁
의 의지를 지닌 지식인들의 일부가 농민층들과 이해관계를 같이 하
면서 농민항쟁에 적극 참여하게 되자 자연발생적인 군도형태는 보
다 조직적이고 무장된 형태의 농민항쟁으로 탈바꿈하게 되었고, 그
것은 곧 강한 정치적 지향성을 내포할 수밖에 없었다.

李奎報가 文大禪師와 주고받은 편지를 살펴보면,

> 제가 일찍이 듣건대, 丈下께서 本寺가 적의 소굴이 되었기 때문에
> 그곳으로 가실 수가 없어서, 수제자인 覺禪師가 머무는 雲門寺로 가
> 시다가 中路에서 적을 만나 事勢가 매우 급박하였는데, 적 가운데
> 兩班子가 있어서, 그가 부득이해서 붙잡힌 자들을 여러 모로 구제하
> 여 놓아준 뒤에야 화를 면하고 그 절로 돌아오시게 되었다고 하오니,
> 매우 기쁩니다(李奎報, 「寄文大禪師手簡」『東國李相國後集』卷12).

賊 가운데의 兩班子의 행동은 기존의 농민항쟁과는 다른 모습
을 보여준다. 바로 이러한 바탕 위에 이들은 일반 민들의 지지를
획득하고 '正國兵馬使'·'改國兵馬使' 혹은 '義兵'을 자처할 수 있
었던 것이다.

민에 대한 토지탈점과 과중한 수탈에서 비롯된 12·13세기의 농
민항쟁은 생산력의 발달과 그것에서 파생된 향촌사회 내부의 계급
대립의 요소(富豪層과 農民層, 地主와 佃戶)와 국가권력을 배경으
로 한 權勢家·守令·在地吏屬層을 한편으로 하는 국가와 농민

---

88) 청주지방의 '係京籍而退居者'와 '州人'과의 대립은 그 한 예이다(자료
다) ② 참조).

의 대립관계가 당시 항쟁을 유발시킨 주요한 원인이었다.

그러나 이 시기의 농민항쟁의 한 특징은 국가 대 재향세력의 모순관계와 재향세력 내부의 갈등관계가 나타난다. 이러한 항쟁은 어디까지나 부차적인 것으로서, 기존의 국가적 향촌지배질서가 허구화되면서 농민항쟁의 역량이 왜곡되어 표출되었던 것으로 평가되기도 하고, 일반 농민항쟁과는 구별되기까지 하였다. 그러나 이들의 항쟁이 부세수취와 역역동원의 모순이 가장 첨예해진 시기, 그리고 춘궁기로 이어지는 시기인 9월에서 이듬해 3~4월을 택하여 토지로부터 이탈되어 나온 광범위한 유망농민을 단결하여 발생한 것을 고려할 때 농민항쟁의 범주에 포괄될 수밖에 없다. 서북지역, 관성현, 전주, 진주, 진위현의 농민항쟁을 비롯하여 김사미·효심의 봉기에서부터 신라부흥운동으로 이어지는 동경관내의 농민항쟁, 그리고 삼별초와 연결된 밀성민의 봉기에는 낙향문신 및 품관층과 진사, 동정직 소유자, 재지이속층을 비롯한 재향세력들이 항쟁에 깊이 참여하고 있다. 이들의 농민항쟁 참가의 배경은 다음과 같다.

12세기 이래 재경세력의 폐쇄성과 배타성, 재지적 기반의 확충, 즉 대토지겸병의 확대에 따른 부재지주화 현상으로 인한 향촌사회의 중앙에 대한 종속성의 심화, 재경세력의 內外鄕 및 妻鄕 등으로의 낙향 등은 재향세력의 상경종사의 가능성을 어렵게 함과 동시에 상대적 박탈감을 느끼게 하였다. 더욱이 중앙의 권력에서 밀려나 지방으로 낙향한 재경세력은 그들의 권력지향적·중앙지향적 속성상 기회가 있으면 다시 還京하고자 하였고, 일단 그 계기가 주어지면 그간 구축하였던 재지적 기반의 성과물을 송두리째 중앙으로 옮겨감으로써 중앙에 대한 지방의 종속화를 더욱 심화시키게 마련이었다. 문신귀족정치의 말기, 그리고 무신쿠데타 이후 중앙에서 지방으로 낙향 은거하였던 인사들은 대개가 이러한 경로를 밟

고 있었음을 알 수 있다. 그 결과 재경세력과 재향세력, 재향세력
내부의 대립과 갈등이 생겨나게 되었고 그 과정에서 쉽게 농민항
쟁과의 결합현상이 나타나게 되었던 것이다.

또한 12세기 이래 현령, 감무의 계속적인 증파 속에서 활동공간
이 축소된 향리의 계층분화가 활발하게 일어나게 되었다. 특히 읍
사조직에서 밀려난 재향세력은 중앙권귀들의 농장의 확대 발달과
수취체제의 중첩화로 인한 농촌사회의 파탄 속에서 자신들의 재지
적 기반마저 위협받기에 이르렀다. 이들의 일부는 무신정권 성립
이후 중앙권력에서 탈락하여 대거 향촌사회로 낙향한 官人 및 同
正職 소유자들과의 교감 하에 체제에 대한 비판의식을 갖고 사회
변혁을 희구하기까지 하였다. 그 결과 낙향관인 및 동정직자를 위
시한 재향세력의 일부 지식인이 변혁의 의지를 갖고 농민적 기반
을 가지면서 농민항쟁세력을 이끌게 됨으로써 보다 조직적이고 무
장된 형태의 농민항쟁이 가능하였다. 이제 그들은 스스로를 '義兵'
이라 칭하고 '正國兵馬使' 혹은 '改國兵馬使' 등을 자칭하면서 정
치적 변혁의 의지를 뚜렷이 하였다. 심지어 삼국부흥운동을 주장
하면서 고려 자체를 부정하기까지 하였다. 그 과정은 일면 중앙으
로부터의 종속화에 대한 지방 향촌사회의 상대적 자립성의 확보의
노력의 일환이기도 하였다. 그러나 일면 이들은 국가와 민, 지배층
과 민의 계급적 갈등에 대한 인식이 부족하였기 때문에 기회주의
적 속성을 가지면서 쉽사리 중앙정부의 회유와 무마에 타협해 버
림으로써 농민항쟁의 본질을 왜곡 변형시켜 세력의 약화를 가져오
게 하는 역기능마저 지녔던 것이다. 이들은 결코 사회의 기본체제
를 철저하게 거부하는 혁명적 지식인상의 모습, 즉 지배체제의 사
상에 반하는 대안적 이념을 농민항쟁군에 심어줄 수 있을 정도의
의식의 변용을 갖지 못한 존재였을 뿐이었다.

　일부 지식인들의 반체제적 움직임이 구체화되자 최우정권이 몽고의 침입 때 팔만대장경의 조판작업을 추진하면서 이 업무를 同正職 소유자 등을 대거 동원하여 맡긴 것은[89] 그들의 반체제적 활동을 무마하고자 하는 의도에서 비롯된 것이라고 볼 수 있다.

　전국적인 농민항쟁을 경험하면서 재향세력들은 심각한 자기분열을 겪으면서 일부는 자신의 재지적 기반을 유지하기 위해 중앙정부와 결탁하여 항쟁군의 진압에 앞장서는가 하면, 일부는 정치적 변혁의 의지를 뚜렷이 하면서 농민항쟁에 적극 가담하였지만 중앙정부의 강력한 토벌에 의해 결국 스러지고 말았다. 결국 이러한 역사적 경험과 외침의 과정에서 외세의 간섭을 경험한 재향세력들은 의식의 혼돈을 한동안 겪지 않으면 안되었다. 바로 이러한 경험을 갖고 있었던 그들이 마침내 지주전호에 바탕을 두고 재지지주와 향신의 입장에서 북송 말 이래 전개되어 오던 신유학사상을 집대성한 성리학을 접합에 따라 여기에 깊이 빠져들어 가지 않을 수 없었을 것이다.

제2절 對外關係의 변화에 대한
文人知識層의 대응

　7세기 무렵부터 동아시아 세계는 세계제국을 건설한 당나라를 중심으로 공통의 문자인 漢字와 유교, 불교를 끈으로 하여 중국을

---

89) 金潤坤, 1990, 「高麗大藏經의 造成機構와 刻手의 成分」『民族史의 展開와 그 文化』上, 벽사 이우성 교수 정년퇴직 기념논총.

천하의 중심에 놓고, 중국 이외의 민족을 오랑캐로 보는 華夷論에
입각한 독특한 문명권을 형성하였다. 그러나 당이 무너지면서 동
아시아 사회는 대분열의 시대를 맞이하게 되었다. 비록 송이 한때
중국천하를 재통일하였지만, 이때 이미 북방계의 제민족인 契丹·
여진 등이 강성해져 漢民族에게 크나큰 위협을 가하기 시작하였
다. 송은 10세기 이래 거란과 금과의 거듭된 전쟁으로 인해 점차
쇠미의 길에 접어들었다. 12세기 동아시아 국제질서는 외형상 고
려·金·宋의 정립태세였지만 금의 정력적인 신장으로 요의 멸망
과 송의 남천을 가져오게 됨으로써 송나라는 동아시아 국제질서의
주변국으로 전락하였다. 뒤이은 蒙古가 중국대륙을 유린하게 됨으
로써 漢民族 왕조를 중심으로 한 지배체제가 완전히 붕괴되고, 동
아시아 역사의 주동은 북방계 여러 민족에게 속해 버린 것이다. 이
러한 정세의 변화가 中華는 文明의 고장이요, 夷族은 야만의 족속
이며, 華夏는 이 문명을 가지고 이족의 야만적 습속을 계도시켜 나
가야 한다는 종래의 세계관, 역사관, 가치관에 심각한 동요를 일으
키게 되었다. 이러한 위기상황에 처한 중국의 학자 및 지식인들은
春秋의 大義를 내세워 '尊華黜夷'의 정신을 고조시키고 있었거니
와 朱子의 『資治通鑑綱目』은 바로 이러한 시대적 변화를 반영하
고 있다.

　대륙에 있어서의 이러한 정세의 변화에 대하여 고려는 송에 대
한 전통적 우호관계를 지속하면서, 한편으로는 요와 금과도 화친
관계를 맺고 있었다. 요·금, 특히 요의 부단한 침략과 위협을 받
아 오면서도 끝내 송과의 우호관계를 지속한 것은 송과 요·금은
동일 차원에서 다루어져서는 안된다는 기본적 이해가 있었기 때문
이다. 즉 송은 문명의 고장이요, 요·금은 야만의 족속이라는 것이
다. 현실적인 力關係에 의해 요·금과 화친관계를 맺는 것은 불가

피한 것이라 하더라도 송과의 우호를 통하여 선진적 문물을 섭취함으로써 고려 자신도 문명의 나라로 더욱 발전시키는데 이바지해야 하는 것이었다.[90] 이러한 문명의식은 거란과의 전쟁이 마무리된 현종대(1010~1031)의 활발한 대외무역의 확대 속에 송과의 지속적인 교류가 이루어짐으로써 가능한 것이었다.

그러나 금의 신장과 송의 남천에 따른 중국의 혼란과 고려의 무신쿠데타로 인한 문인들에 대한 대대적인 숙청의 분위기 속에 중국과의 지식인의 교류는 사실상 불가능하였다. 이 시기 문사들이 예·인종대의 시대를 회고적으로 바라보면서 그 시대를 황금기로 보고 있는 상황 하에서 그 시대의 송과의 활발한 교류는 중국 지식인과의 교류가 실질적으로 단절된 무신정권 상황 하의 지식인들에게는 중국문화에 대한 상대적 갈증을 불러 일으켜 주었다. 더욱이 생활의 방편상 어쩔 수 없이 무신정권에 참여하여 영합하지 않을 수 없었던 문인지식층들로서는 내면 속의 깊은 응어리였던 현실에 대한 고민의 해결을 위해 漢文化를 적극 받아들여 중국과 버금가는 고려의 문화를 창달하는데 이바지함으로써, 거기에서 성취감을 획득하여 자기존재의 가치를 찾고자 하였다. 중국대륙의 세력교체에 따른 혼란상에 처했을 때 金永夫가 「有感」이란 시에서

> 근래에 이웃나라 형세가 장차 위태로울 것 들으니
> 강토의 개척은 이때에 있을 것이로다
>   …
> 묵묵히 이 회포를 하소연 할데 없어
> 매양 술만 만나면 크게 취하네

---

90) 李佑成, 1982, 「高麗詩人에 있어서의 文明意識의 형성」 『韓國의 歷史像』 創批新書 41, 169~172쪽.

라고 하여 강토 개척의 호기로까지 인식하기도 하였지만 대부분의
지식층들의 의식 깊숙하게 자리 잡고 있었던 것은 국제관계의 변
화와는 상관없이 중국문화에 대한 일방적 심취였다. 명종의 옹립
을 두고 금과의 외교관계를 고려할 정도로 신경을 쓰지 않을 수 없
었던 시기, 그리고 뒤이어 금을 대신해 몽고가 확장해 옴에 따라
송이 더욱 쇠미해지고, 고려 역시 위협을 받게 되는 상황 하에서도
문인지식인들의 전통적인 中華觀은 그대로 유지되고 있었다. 이규
보의 「華夷圖」에 대한 제화시문에서 그것을 확인할 수 있다.

> 만국의 삼라만상이 두어 폭 종이 위에 펼쳐져
> 三韓은 모퉁이의 한 작은 덩어리 같구나
> 보는 이 작다고 말하지 마라
> 내 눈에는 조금 큰 편이로다
> 고금에 어진 인재 끊임없이 태어나
> 중국에 견주어도 크게 부끄러울 것이 없네
> 인재 없으면 나라가 아니니
> 오랑캐는 땅만 컸지 초개같을 뿐
> 그대는 보지 못하는가
> 中華人이 우리를 小中華라 말한 것을
> 이 말은 진실로 채택할 만 하네[91]

이규보는 여기에서 고려는 중국과 같은 인재의 나라로서 오랑캐
와는 비교할 수 없는 文明의 나라인 小中華라고 하였다. 그는 당시
문학에 있어서 古文의 발달이라든지 회화에 있어서 문인화의 성
행, 불교(禪宗)의 융성 등에서 이제 고려의 문화도 중국과 버금간
다는 생각을 가지지 않을 수 없었다. 이는 현실적으로 금과의 외교
관계가 굴종적으로 전개됨에 미쳐 더욱 그러하였을 것이다. 그렇
기 때문에 달마대사의 상에 대한 찬에서

---

91) 李奎報, 「華夷圖」『東國李相國集』 卷17.

소림사에서 면벽 참선한 것은
마음을 전하라는 것이었네
마음이 이미 東邦에 전해졌으니
몸과 형체는 西國으로 갈 걸세
현재에 있어서도 전할 것은 마음이요[92]

라고 하여 달마대사의 마음, 즉 佛法이 고려에 전해졌다고 하면서 문명국으로서의 고려에 대한 자부심을 드러내고 있다. 이러한 그가 이웃 몽고 등을 돌아다 볼 때 그들은 이른바 "천하에 공경하는 바도 모르며 불법도 모르는 자들"[93]에 불과하였다. 문명국으로서의 고려에 대한 자부심을 갖고 있었던 문인지식인들은 송문화의 수입에 적극적이었으며, 그를 통해 '小中華'로서의 고려문화의 융성을 기대하였다. 이것은 곧 참여문신으로의 변신에 대한 자기 위안인 동시에 그들의 내면세계의 갈등을 해소하는 분출구이기도 하였다. 그러나 그들이 갖고 있었던 소중화적 관념과, 일종의 자존의식도 중화에 가탁한 것에 지나지 않았다. 결국 중국문화에 대한 일방적 심취에 대하여 일각에서 비판이 일어날 수밖에 없었다.

詩僧 元湛이 나에게 말하기를 "지금의 사대부는 시를 지을 때에 멀리 타국의 인물이나 지명에 의탁하여 우리나라 일처럼 하고 있으니 우스운 일이다" … 내가 대답하기를 "대체로 시인이 사물을 인용하는 것은 반드시 그 근본에 구애될 것이 없다. 다만 뜻을 거기에 부쳐서 말할 뿐이다. 더군다나 천하는 한 집안이며 문필은 글이 같다. 어찌 저 나라 땅이니 이 나라 땅이니 하는 간격이 있겠는가"라고 하니 중이 그 말을 듣고 승복하였다.[94]

---

92) 李奎報,「達摩大士像贊」『東國李相國集』卷19. "面壁小林 欲傳心耳 心已前於震旦 將身與形而西矣 當其現在 可傳者心兮"
93) 李奎報,「大藏刻板君臣祈告文」『東國李相國集』卷25.
94) 崔滋,『補閑集』卷中. "詩僧元湛謂予云 今之士大夫作詩 遠託異域人 物地名 以爲本朝事實 可笑 … 予答曰 凡詩人用事不必泥其本 但萬

중국을 다녀오지 못한 자들이 중국의 인물이나 지명에 의탁하여
시를 짓는 것은 그만큼 현실과 유리된 채 관념화되었음을 뜻하는
것이지만 도리어 최자는 천하는 한 집안이며 문필은 글이 같다고
하면서 어찌 저 나라 땅이니 이 나라 땅이니 하는 간격이 있겠는가
하였다. 결국 한자문화권 속에서 중국문화의 음영이 깊게 드리워
져 있는 상황 하에서 이에 대한 비판은 올바로 수용되지 못하고 중
국문학의 흐름에만 일방적으로 동화되어감으로써 문인지식인들은
겉으로 드러난 문명국으로서의 고려를 볼 뿐이었다. 그 가운데 송
의 쇠미가 더욱 깊어지자 陳澕는「奉使入金」이라는 詩에서,

> 西의 中華는 이미 시들고
> 北의 蠻地는 아직도 캄캄하구나
> 밤새워 문명의 아침을 기다리노니
> 하늘 동쪽에 불그레 오르는 새로운 해여[95]

라고 하여 문명의 빛 내지 보루로서의 고려의 문명을 노래하기까
지 하였다.

고려에 몽고의 침략세력이 들이닥치게 되자 이규보는 그들을
'達旦頑種'[96]으로 부르면서 천하에 유학과 불법도 모르는 문명의
파괴자로 간주하고, 상대적으로 고려는 그들과 다른 문명의 수호
자로 보았다.[97] 고려의 문화를 중국과 동일시하고 소중화로 자처
하였던 이규보를 위시한 문인지식인들은 문명의 야만국인 동시에
문명의 파괴자인 침략세력에 대한 최씨정권의 항전에 대해 현실적

意而已 況復天下一家 翰墨同文 胡彼此之有間 僧服之"
95) 崔滋,『補閑集』卷上. "陳補闕華 以書狀官入大金云 西華已蕭索 北寨
　　尙昏蒙 坐待文明旦 天東日欲紅"
96) 李奎報,「君臣盟告文」『東國李相國集』卷25.
97) 李奎報,「大藏刻板君臣祈告文」『東國李相國集』卷25.

인 힘의 우열의 고려와는 상관없이 적극 호응할 수밖에 없었다. 그리하여 이규보는 「達摩大師像」의 찬에서 "현재에 있어서도 전할 것은 마음이요"[98]라고 하여, 이제 다시 달마대사의 마음이 고려에 전해져 불법으로 대표되는 고려의 문명이 크게 융성하여 문명의 야만국을 계도해주리라는 염원을 나타내고 있다. 이러한 염원은 곧 불력을 통해 문명의 야만국을 격퇴하고자 하는 대장경 조판사업으로 이어졌던 것이다.

이처럼 당시의 문인지식층들은 소중화를 자처하면서 중국의 문학이니 회화니 하는 것들을 받아들이고, 불법을 숭상하여 중국에 못지 않은 문화를 건설하여 고려의 문화가 당시의 침략세력인 契丹·蒙古族의 문화보다 앞선다고 표현함으로써 그들에 대한 저항정신을 불러일으키고, 그를 통해 침략세력을 격퇴하고자 하였던 것이며,[99] 아울러 최씨정권의 대몽항전에 적극 가담하여 이를 이념적으로 뒷받침하는 한편 일면 대몽항전에 대한 對民 독려에 앞장섰던 것이다. 崔怡가 대다수의 민들을 침략세력에 그대로 놓아둔 채 강화천도를 단행하고자 하였을 때조차 오직 兪升旦 만이 현실적인 힘의 관계에 따른 현실을 인정하는 것이 민을 위하는 것이라 하였을 뿐,[100] 대다수의 문인들은 종래의 華夷觀에 바탕을 둔 소중화의식에 의해 문명의 야만국에 항복할 수 없다는 생각에 사로잡혀 본토민들을 남겨 둔 채 崔怡의 정권유지책의 일환이었던

---

98) 주 3) 참조.
99) 李佑成, 1982, 「高麗詩人에 있어서의 文明意識의 형성」『韓國의 歷史像』 創批新書 41.
100) 李齊賢, 『櫟翁稗說』 前集. "(崔怡欲遷都江華 請群公議) 公(=兪升旦) 獨曰 以小事大理也 事之以禮 交之以信 彼亦何名而每困我哉 棄城廓 損宗社 竄伏海島 苟延歲月 使邊陲之氓 丁壯盡於鋒鏑 老弱係爲奴虜 非爲國之長計也"

강화천도에 그대로 추종하였던 것이다. 그러한 속에서의 그들의
항몽을 위한 對民독려는 한갓 공허한 메아리만 남긴 채, 民과의 괴
리관계는 더욱 깊어만 갈 뿐이었다.

　당시의 문명국으로서의 고려에 대한 자부심이 현실적인 무력의
뒷받침 위에서 민과의 공감대를 형성하여 내적 충실을 기하면서
이루어진 것이기보다는 참여문신들의 현실에 대한 고민의 돌파구
의 한 방편으로서 나온 것이고, 또한 자생적 문화의 기반 위에서
나온 자존의식이 아니라 漢文化에 대한 일방적인 심취에 따른 경
직성을 띠고 있었다. 결국 앞 시대의 전통적인 화이관에 사로잡혀
국제역학관계상의 고려의 위치를 점검하지 못한 채 관념적으로 문
명국으로서의 고려가 침략세력인 야만국을 계도시켜 주리라는 비
현실적인 생각에 사로잡힐 수밖에 없었다.

　몽고의 침략세력이 이 땅을 휩쓸게 되자 이규보, 최자 등의 재조
관료들은 일면 몽고침략군에 대한 격한 증오와 적개심을 담은 전쟁
수행을 위한 대민독려의 글을 짓고, 일면 몽고와의 타협적인 화친
의 글을 짓는 이중적인 모습을 보여준다. 이러한 글절 속에서 그나
마 애써 구축해 왔던 문명국으로의 자부심이 일시에 무너지게 되자
李奎報는 허공을 우러러 현실적 폭력의 발현을 원하였고, 崔滋는

> 四海는 모두 여우와 토끼의 굴이 되었는데
> 모든 나라들 그래도 개와 염소의 하늘을 우러르네
> 인간의 즐거운 나라가 어디 있는가
> 내 생이 나중도 먼저도 아님을 깊이 탄식하네[101]

라고 하여 자기 심정을 興中府의 어느 절에 있는 시에 가탁하여

---

101) 崔滋,『補閑集』卷上. "四海盡爲孤兎窟 萬邦猶仰犬羊天 人間樂國是
　　 何處 深歎吾生不後先"

표현하였다. 이들에게 남은 것은 종교에 의지하는 길뿐이었고, 이러한 상황이 불력을 통한 몽고의 격퇴를 위한 대장경 각성사업으로 발현되었다.

전란의 와중에 수도 개경을 버리고 바다의 한 귀퉁이인 강화도로 천도한 최씨정권은 그들의 세속적 권력만으로는 더 이상 항전을 독려하기 어려운 상황이었다. 치국제민의 정치학인 유학은 지배층에게 국가의식을 심어 줄 수는 있었지만 戰禍 속에서 몽고군에게 짓밟히고 있었던 민중들에겐 아무런 역할을 할 수 없었다. 여기에 바로 왕실과 귀족에서부터 일반 민에 이르기까지 정신적 지주로서 군림하고 있었던 불교의 힘을 빌어 항전의 에너르기를 얻어내고자 하기 위한 기제로서 대장경 판각이 필요하였다. 당시 전장에서 삶과 죽음을 넘나드는 순간 순간을 겪고 있었던 병사들이나 몽고군의 침입으로 인해 자신과 가족들의 목숨과 삶의 터전 와해의 위기에 직면한 민중들은 消災의 염원을 불교에 찾고 있었다. 그러한 자료를 검토해 보기로 한다.

'江華京板 高麗大藏經'의 각성이 시작될 무렵에 해당하는 1235년(고종 22)~1236년 사이에 제작된 것으로 추정되는 '五百羅漢圖'102)의 畵記를 보면 "國土大平"을 염원하고 있는데, 그 가운데 '三百七十九圓上周尊者'의 畵記를 살펴보면,

伏惟 隣兵速滅 中外咸□ 聖壽等□ 令壽齊北□ 巳身延壽□ 室內

---

102) 이 불화들에 대한 해설은 松本榮一,「高麗時代の五百羅漢圖」『美術資料』175 ; 吉田宏志・菊竹淳一編,「高麗佛畵の紀年作品」『高麗佛畵』; 文明大,「羅漢圖」『高麗佛畵』; 柳麻理, 1987,「高麗時代 五百羅漢圖의 硏究」『韓國佛敎美術史論』黃壽永編, 민족사 등이 있다. 아울러 畵記는 李基白, 1987,『韓國上代古文書資料集成』, 일지사, 67~71쪽(「五百羅漢圖」)에 실려있다.

得椿齡之願 都兵馬錄事李奕膽 乙未十月日 棟梁 隊正 金義(仁)

을미년(1235) 10월에 도병마녹사인 李奕膽이 隣兵, 즉 몽골군을
속히 물리쳐 中外가 모두 편안하고 국왕이 만수무강하기를 北에
제사지내며 아울러 자신과 家內가 번창하기를 기원하는 것을 대정
金義仁이 주관하고 있다. 1236년 鄭晏이 판각한『妙法蓮華經』의
발원문에서도 "隣兵瓦解"를 기원하고 있는 것에서[103] 외적의 침략
에 직면한 고려민들이 消災의 염원을 불교에서 구하고자 하였음을
알 수 있다. 1245년, 仁福寺에서 주조한 金鼓의 주조 동기가 "전쟁
이 일어나지 않고, 조야가 태평하고, 불법이 넓게 펼쳐지기를"[104]
염원한 것에서도 그것은 확인된다. 또 1245년(고종 32)에 사신으로
몽고에 가서 4년 동안 억류되었다가 1249년 2월에 귀국한 新安公
이 바로 그 해 12월 法華塔圖를 발원하여 무사귀환의 섭리에 대한
감사의 심정을 표하면서 그 願記에 "國戚康寧 隣兵永寢 國泰民安
時和歲稔"이라고 하여 전쟁의 종식과 평화를 갈구하는 심정을 佛
力에 바라고 있었던 것[105]도 마찬가지일 것이다.

경상도의 안찰사 全光宰에 의한『南明泉和尙頌證道歌事實』의
조성과정에 관한 '後序'를 살펴보면 실제 전장터로 출진하기에 앞
서 불법의 가호를 통한 몽고의 격퇴를 위한 의식을 거행하고 있다.

나는 평소에 內典(불전)을 믿어, 특히『南明泉和尙頌證道歌』1부
에 마음을 두고 있었다. … 지난 丁未歲에 金城에 출진하여 禪侶들
을 모아 瑞龍(寺)의 禪老 連公을 청하여 主法默示로 蒙寇가 물러가
도록 하게 하였다. 초본을 얻어 … 상자 속에 간직하여 珍寶로 여기

103) 藤田亮策, 1991,「海印寺雜板攷」『朝鮮學報』138, 43쪽 참조.
104) 黃壽永, 1976,『韓國金石遺文』, 일지사, 399~400쪽.
105) 權熹耕, 1985,「高麗寫經의 發願文에 관한 硏究(Ⅱ)」『考古美術』168,
    24쪽 및 李基白, 1987,『韓國上代古文書資料集成』, 75~79쪽 참조.

고 새겨서 學人들에게 나눠주고자 하였으나, 머뭇거리다가 여태 수행하지 못하였다. 戊申歲에 (전광재는) 按行卞韓道 兼 分司大藏都監의 직임을 띠니 개인적으로 기뻐하고 다행으로 생각한다. 그러나 草本이 잘못되고 소략하여 즉시 판각을 시작하지 못하였다. 때문에 幹事 比丘 天旦에게 촉탁하고, 禪伯인 擧上人으로 하여금 讎校를 맡도록 하였으며, 훌륭한 필사자를 모집하여 淨書케하고 능숙한 각수를 선발하여 새기게 하였다. … (戊申歲) 9월 상순 慶尙晉安東道 按察副使 都官郎中 全光宰 誌[106]

위의 내용에서 주목되는 것은 全光宰가 정미세(고종 34, 1247)에 金城에 출진하여 禪侶들을 모아 瑞龍(寺)[107]의 禪老 連公(禪伯 擧上人)을 청하여 主法默示로 蒙寇가 물러가도록 하였다는 사실이다. 이것은 전광재 개인의 불법에의 심취의 탓만이 아니라 몽고군과의 생사를 건 일전에 동원된 병사 및 일반 민들의 불법의 가호를 통한 勝戰에 대한 기대감을 반영한 것이다.

이러한 불력을 통한 消災의 염원을 최씨정권은 수렴하여 대장경의 판각에 나섬으로써 抗蒙의 에너르기를 이끌어 내고, 나아가 '江華京板 高麗大藏經'의 각성을 통해 흩어진 민심을 추스리고자 하였을 것이다.[108] 이러한 최씨정권의 대장경 각성사업 정책에 이규

---

106) 『高麗大藏經』 45冊, 『南明泉和尙頌證道歌事實』 卷3 跋尾文. "予素信內典 而南明泉和尙頌證道歌一部 尤所留心 然涉事有根帶 不能無疑 越精米歲 出鎭金城 袞集禪侶 請瑞龍禪老連公 注法默示 以禳蒙寇 因得草本 指南於連公 藏篋寶之 庶慾鏤板 施於學者 因循未遂 歲戊申 按行卞韓道 兼任大藏分司 私心喜幸 然草本訛略 未卽下刀 因囑幹事比丘天旦 俾禪伯擧上人讎校 募工筆而書之 簡善手而鑴之 所冀 我晉陽公 壽增岳峙 福畜淵深 塞消狼火(大) 天掃攙槍 時和歲稔 使祖燈永耀於無窮耳 九月上旬 慶尙晉安東道按擦副使都官郎中全光宰誌"
107) 瑞龍寺는 강원도의 瑞龍庵으로 비정하고 있으나(高翊晋, 1975, 「高麗大藏經 補遺板所在 '證道家事實'의 著者에 대하여」, 『韓國佛敎學』 1, 83~84쪽), 金城은 경주를 가리키는 것으로 해석된다(尹龍赫, 1991, 『高麗對蒙抗爭史硏究』, 一志社, 95쪽).

보 등의 참여 지식인들은 앞장서서 그 각성을 위한 대민홍보의 글을 지었다. 이규보가 쓴 '대장경을 판각하면서 군신이 기고하는 글'에 그 일단의 모습이 잘 드러나고 있다.

> 심하도다 達旦(蒙兵)이 환란을 일으킴이여! 그 잔인하고 흉포한 성품은 이미 말로 다할 수 없고, 심지어 어리석고 昏暗함도 또한 금수보다 심하니, 어찌 천하에서 공격하는 바 佛法이란 것을 알겠습니까? … 가만히 생각하건대, 弟子 등이 지혜가 어둡고 식견이 얕아서 일찌기 오랑캐를 방어할 계책을 못하고, 힘이 능히 佛乘을 보호하지 못했기 때문에 이런 큰 보배가 상실되는 재화를 보게 되었으니 실은 제자 등이 무상한 소치입니다. … 이 일로 인하여 맨 처음 (대장경을) 草創한 동기를 살폈더니 옛적 顯宗 2년에 契丹主가 크게 군사를 일으켜 쳐오자, 현종은 남쪽으로 피난하였는데, 契丹 군사는 오히려 松岳城에 주둔하고 물러가지 않았습니다. 그러나 현종은 이에 여러 신하들과 함께 서원을 발하여 大藏經板本을 板刻해 이루었는데, 그 뒤에 契丹 군사는 스스로 물러갔습니다. 그렇다면 大藏經도 한가지이고 誓願한 것도 또한 한가지인데 어찌 그때에만 契丹 군사가 스스로 물러가고 지금의 달단은 그렇지 않겠습니까. 다만 諸佛多天이 어느 정도 보살펴 주시느냐에 달려 있습니다.[109]

---

108) 이런 점에서 "八萬大藏經의 조판은 崔氏政權의 政治的 目的에 의해 기도되고, 實踐에 옮겨질 수 있었다. 武臣執權期라는 특정한 여건 아래에서 前에 없던 강력한 權力을 장악한 崔氏政權은 蒙古의 침입을 받자 그에 대한 對應을 政權維持의 차원에서 해 나갔고, 그 대신 大藏經의 彫板을 내세워 佛敎라는 共通의 基盤을 통한 일반 백성들의 團合을 꾀하여 그들 中心의 抗爭을 지속시키면서 現實을 기만하려 했던 것이다. 崔氏政權의 필요성에 의해 그 막중한 政治的 權力과 經濟的 富力이 행사되지 않았다면, 이 亂中의 大事業은 계획될 수도, 착수될 수도 없었으리라 말할 수 있다(閔賢九, 1979, 「高麗의 對蒙抗爭과 大藏經」『韓國學論叢』 1, 국민대학교 한국학연구소, 51쪽 ;『高麗中後期佛敎史論』, 불교사학회편, 민족사)"라고 한 견해는 재고되어야 할 것이다. 대장경 藏板들이 崔氏政權의 私財를 바탕으로 이루어졌다는데에 대한 비판은 金潤坤, 「高麗國 分司大藏都監과 布施階層」(1996,『民族文化論叢』 16, 영남대학교 민족문화연구소) 참조 바람.

이것은 재조관료인 金坵의 시를 통해 더욱 확실하게 드러난다.

> 한 藏이 전혀 백만 군사보다 나으니
> 魔軍·外道가 제 감히 못 엿보네
> 龍象들을 골라 왔으니 두려움 없어
> 의심 마소 豺狼을 휩쓸어 낼 줄을
> 낮 講設은 공이머리로 옥가루를 찧고
> 밤 經論은 북 속에서 근심을 토하듯
> 願王이 천가지 祥瑞를 몰고 오니
> 어버이 나라 태평을 스스로 알리로다
>
> 장엄한 이 모임이 바로 취봉이 아닌가
> 일백 화로에 향 오르고 瑞煙이 무르녹네
> 설법은 옥 굴리듯 三藏을 꿰고
> 講舌은 구슬 날리듯 五宗을 연설하네
> 부처님의 내리시는 힘을 믿으면
> 兵騎가 저절로 자취를 감추리
> 우리 임금 정성을 龍과 하늘이 느끼어서
> 서늘한 비를 뿌려서 나라의 얼굴 씻어주네[110]

대장경의 한 경판이 백만 군사보다 나아 豺狼, 즉 몽고군을 휩쓸어 내주리라고 믿었던 귀족·관료층, 그리고 지식인 및 서민대중들은 서슴없이 대장경의 각성에 보시하지 않을 수 없었다.

이처럼 위로 국왕과 왕실 및 귀족·관료층으로부터 아래로 서민대중들에 이르기까지 전 계층이 갖고 있었던 '불력을 통한 消災의 염원'을 대장경 각성으로 이끌어 내고자 하였던 최씨정권은 대장경판의 조성을 위한 문필활동과 경판의 판각행위의 몸(身)布施, 혹은 경판조성의 경비조달의 財布施를 포함한 일체의 활동을 두드러지게 한 자들이 그 활동의 대가로 경전에 이름을 남길 수 있는 특

---

109) 李奎報,「大藏刻板君臣祈告文」『東國李相國集』卷25.
110) 金坵,「宣慶殿行大藏經道場音讚詩」『東文選』卷14.

혜를 부여함으로써 이들의 자발적 참여를 유도하였고, 이를 위해
그 자신이 솔선 수범하여 거금의 '金一封'을 내놓았을 것이다. 이
에 호응하여 귀족·관료층 및 서민대중들은 대장경의 판각에 그
이름을 남겨 자신의 誓願을 기구하고, 이를 매개로 불력을 통한 이
민족의 격퇴를 믿어 의심하지 않고 항전의 의지를 불태울 수 있었
던 것이다. 대장경판의 마구리에는 재조관료 및 호장 등의 향리,
유향품관, 진사, 동정직 소유자 등의 재향세력들이 각성활동에 참
여하고 있음을 확인할 수 있다.[111]

고려사회에서 지방사회를 이끌어 나가던 전직관료를 위시한 품
관층과 진사, 동정직 소유자, 그리고 향리 등의 재향세력들은 집권
세력이 강화도로 떠나간 상황 하에서 이제 자신의 생명과 가족, 삶
의 터전을 지키기 위해 자체방위에 나서지 않으면 안되었다. 이들
은 多岐한 자연조건을 이룬 山城에 의지하여 몽고 기병의 예봉을
피하면서 소규모의 병력으로 그들을 기습하는 유격전을 전개하면
서 참혹한 전쟁의 참화 속에서 전란에 대한 消災의 염원을 불교에
찾고 있었다. 전란에 대한 소재의 염원을 간직하고 있던 이들은 대
장경의 각성이 이루어지자 여기에 대거 참여를 아끼지 않았다.

그러나 결국 몽고와의 강화가 이루어지고 출륙환도가 이루어짐
으로써 대몽전선은 와해될 수밖에 없었다. 전쟁의 참화 속에서 불
교에 의탁하여 염불과 대장경을 각성함으로써 정토와 소재의 염원
을 빌면서 항몽전선에 참여하였던 재조관료와 재향세력들의 지식
인들은 허탈감에 빠져들었을 것이고, 결국 불교에 대한 깊은 회의
를 하게 되었을 것이다. 그런 점에서 팔만대장경 각성은 고려 불교
발전의 한 정점인 동시에 쇠퇴의 나락으로 빠져드는 직접적인 계

---

111) 金潤坤·金晧東, 1995, 「『江華京板 高麗大藏經』 刻成活動의 參與階層」
    『한국중세사연구』 3.

기로 작용하였다고 볼 수 있다. 대장경 각성을 통해 항몽전선의 한 축의 선봉에 섰던 불교계는 상대적으로 원간섭기를 맞아 원지배라는 정치적 현실 속에서 타협하고 온존하려는 보수적 성향을 지님과 동시에 사상적으로 신비적인 영험과 공덕을 앞세우면서 기복신앙과 타력신앙에 빠져들고 있었다.[112] 이에 불교를 대신할 사상적 대안을 모색하고 있었던 지식인들이 주자학을 접함에 따라 이에 깊이 빠져들게 됨은 어쩌면 당연한 결과이기도 한 것이다.

---

112) 金晧東, 2000, 「원간섭기 유불계의 동향과 영남지역」『民族文化論叢』 21, 영남대학교 민족문화연구소.

結 論

　무신정권 약 100년 간은 정권주체의 파행적 교체에 따른 지배체제의 변화, 경제구조의 개편과 농민항쟁으로 인한 기층사회의 동요와 신분해방의 욕구 표출, 그리고 외세의 침입으로 인한 대내외적 모순의 중첩화 현상 때문에 깊은 관심의 대상이었다. 이 논문은 이 시대의 보다 깊은 이해를 위해 文臣, 文士, 文人, 혹은 士大夫, 士人, 讀書層으로 불리우는 文人知識層의 현실대응태도를 다룬 것이다.

　지금까지의 文人知識層에 대한 연구는 대개가 권력에의 길, 권력의 언저리에 맴돌고 있었던 부류들에 관한 연구이고, 이들의 존재에서 려말선초의 신흥사대부의 모습을 찾고자 하였다. 이 논문은 이러한 기존의 시각에 대한 반성에서 출발하여 첫째, 당시의 문인지식인들 가운데서 현실비판적이고 실천적 지식인상이 없었던가 하는 문제와, 둘째, 이 시기의 대다수의 문인지식층들이 대내외적 모순의 개혁을 위한 움직임을 보여주지 못한 이유는 무엇때문이었던가 하는 문제를 해명하고자 한 것이다. 이러한 시각에 입각한 본 논문의 연구성과는 다음과 같다.

　무신정권시대의 문인지식층들은 유학이념에 바탕을 둔 文治主義와 王道政治를 열망하면서, 문신의 역할을 經史를 공부하여 군왕이 올바른 정치를 하도록 하는데 있다고 여기고 있었다. 그러나 이들의 이러한 열망은 당시의 무신정권이 체제순응적 인물을 요구함에 따라 다양한 현실대응태도를 낳게 하였다. 그 구체적 모습을 당대의 문집인『破閑集』과『補閑集』을 통해 확인할 수 있다.

무신정권의 성립으로 인해 화를 입었던 적이 있었던 李仁老는『破閑集』을 통해 무신정권 성립 이전의 예·인종대를 문인들의 황금시대로 간주하면서, 문벌귀족의 翰墨風流의 고려중기 유학의 분위기에 매몰되어 있었다.

이에 반해 崔滋는『補閑集』을 통해 이러한 예종조를 전후한 시기의 형식위주의 문장에 대한 비판을 가하면서, 문신의 역할을 經史를 공부하여 군왕이 올바른 정치를 하도록 하는데 있다고 여겼다. 따라서 文이란 것은 道를 밟아가는 門으로서, 시를 읽는 사람으로 하여금 '感悟人心'하여 '歸於正'하게 해야 한다고 하면서『補閑集』을 통해 강한 鑑戒의 뜻을 전하고자 하였다. 그렇기 때문에 최자의 문집에는 당시의 시대적 과제를 자신의 고민으로 안고 살아가면서 현실 속의 자신의 위상과 역할, 또 역사에 대한 자신의 태도·자세를 돌아보고자 하였던 문인들의 현실인식이 투영된 작품들이 대거 수록되어 있다. 이는 이인로가『破閑集』에 수록한 문인들의 거개가 현실에 대해 소극적인 입장을 견지하였던 것과 대조를 이룬다.

무신정권시대의 회화는 詩畵一致論에 근거를 둔 形似를 초월한 정신표현을 강조하는 문인화론과 題畵文學이 널리 성행하였다. 그러나 이 시대의 회화가 무신정권에 참여한 문인들에 의해 주도될 수밖에 없는 상황하에서 감상위주의 회화관이 그 주조를 이루고 있었다. 그 가운데서도 蘇軾 등의 文人畵의 기법을 받아들였지만 그 작품의 形似에만 치중하는 계열과 蘇軾의 정신표현을 강조하는 시화일치사상에 보다 충실하여 단순히 그림에만 탐닉하지 않고 작가의 정신세계를 화폭에 담고자 하는 계열이 존재하였다. 전자는 회화의 기교적인 측면을 중시하고 그때 그때의 감흥을 표현하여 그림을 단순한 감상과 흥취의 대상으로 여긴데 반해 후자는 비록 감상 위주의 회화관을 바탕으로 하고 있지만 시대와 사회의 교화를 목적으로 하는 그림을 그리고자 하였다. 무신정권에 타협하기를 거부하는 재야문인들이나 내용위주의 문학론을 펼치고자 하는 문인들의 그림에 후자의 성향을 띤 것이 많다. 이들의 작품에는 무신정권의 성립을 전후한 시기의 문인지식인들의 현실인식, 혹은 무신정권하의 문인들의 어용화에 대한 비판, 그러한 비판에 대한 참여문신들의 고뇌가 어우러져 있다. 어떤 점에서는 도리어 문자로 표현되어 그 뜻이 직접 드러난 시 등의 작품보다는 현실에 대한 착잡한 감정을 추상화시켜 화폭 속에 담아 숨길 수 있는 회화가 당시의 시대적 상황 속에서 자기 심정을 표현하기에 나았을런지 모른다.

李琪의 毅宗肖像畵에 대한 安置民의 贊, 定山縣 維鳩驛 公館의 벽화인 '諫臣去國圖' 등은 단순한 감상의 대상으로 그려진 것이 아니라 강한 경계의 뜻을 담아 교훈을 전파하고자 하는 비판적이고 啓導的인 회화관이 두드러지게 반영된 작품이었다. 정책의 담당자 및 추종자들에 대한 따가운 비판의 뜻이 담긴 그림은 安置民에 의해 주로 그려졌다. 생활의 방편상 어쩔 수 없이 환로에 나서서 무신정권에 참여하였지만 동료 재야문인들의 따가운 비판에 갈등과 고뇌를 느끼지 않을 수 없었다. 바로 丁鴻眞은 그러한 자신의 고뇌를 그림을 통해 표현하고자 하였다.

당시의 지식인은 개개의 낱알로 존재할 수밖에 없었다. 따라서 비판적 지식인인 安置民, 참여문신인 李奎報, 그리고 문사출신의 僧侶知識人인 知訥・慧諶의 존재를 통해 당시의 지식인들이 구체적으로 어떠한 삶의 자세를 추구하였던가를 살펴본 것을 정리하면 다음과 같다.

뛰어난 문장가인 동시에 글씨와 그림에도 남다른 조예를 갖고 있었던 安置民은 경주의 속읍인 安康의 土姓吏族 출신으로서, 주로 경주를 무대로 處士로 일관하였다. 안치민은 현실과 거리를 둔, 나아가 정치적 도구로 전락한, 그리고 古文의 형식적 모방에 급급한 기교위주의 문풍을 비판하면서 쉬우며 실용적인 문장을 강조하였다. 아울러 문학이 시대와 사회의 교화에 도움이 되고 인륜을 밝히고, 道를 실현할 수 있는 것이어야 한다고 하였다. 그는 "道가 있어도 행하지 않으면 취하니만 못하고, 입이 있어도 말하지 않으면 잠자는 것만 못하다"고 하면서 당시 무신정권에 참여한 문신들이 권력에 예속되어 잘 잘못에 한마디 諫言조차 못하는 행동에 대해 비판하면서, 나아가 참여문신들을 그러한 상태로 몰고 가는 무신정권 그 자체에 대한 비판으로까지 확대하였다. 현실모순의 자각에 따른 위정자에 대한 따가운 비판과 질책은 그의 정치적 역량이 전무한 상태에서 별반 반향을 불러일으키지 못하고, 도리어 그들로부터 기피의 대상이 되기까지 하였다. 그럼에도 불구하고 안치민의 끊임없는 비판은 참여문신의 일각, 이규보와 같은 내용위주의 문학론자들로 하여금 제한적이나마 시대와 사회의 교화, 道의 실현을 위한 노력을 나름대로 가져오게 할 수 있었던 것이다.

위정자에게 거리낌 없이 비판하면서, 비록 꼴 베는 농부나 천한 종이라 할지라도 그 말이 道에 맞으면 버리지 않는다는 입장을 견지하였던 안치민이지만 당시 창궐하였던 신라부흥운동에 대해서는 진압군의 일원으로 내려온 李奎報에게 '도적잡는 일'을 일러줄 정도로 비판적 태도를 보이고 있다. 그가 배워 익힌 지배자의 이데올로기로서의 儒學의 틀 위에서 말해지는 시대와 사회의 敎化, 道

의 실현, 혹은 天命은 위로부터 아래로 퍼져 내려가는 것으로서 결
코 아래로부터 무력에 의해서 쟁취될 수 있는 것은 아니었다. 또한
당시 농민봉기 세력들의 주 공격목표가 土姓吏族 등의 在鄉勢力
이었다는 점에서도 그 일원인 안치민의 위기감이 작용하였기 때문
일 것이다. 이런 점에서 신라부흥운동을 주도했던 제세력과는 확
연히 구분되는 안치민의 모습을 엿볼 수 있다. 결국 안치민은 지배
자적 입장에서 유리도산하여 저항하는 民을 어떻게 다시 농토로
되돌아가게 하여 사회의 질서를 회복시킬 것인가 하는 측면에서
관심을 갖고, 이를 위해 위정자에게 비판하면서 樓 아래로 내려가
民苦를 살피는 정사를 베풀 것을 끊임없이 요구하였던 것이다.

이규보는 京鄉에 일정한 경제적 기반을 가진 在京不在地主였다.
이러한 그는 儒學을 통한 입사의 길을 지향함으로써 중앙지향적이
고도 권력지향적인 속성을 가진 귀족들과 본질적으로 대립적인 위
치에 있지 않았다. 그러나 그가 배워 익힌 바의 학문은 經史百家에
바탕을 두면서 모두 王覇를 말하고, 도덕을 논하며, 그 政教와 풍
속, 興亡과 治亂의 근원을 말하는 것이었다. 여기에는 사회생활과
사회적 모순에 대한 비판과 진보적 사고를 수반할 수밖에 없었다.
그리하여 형식에만 관심을 보이는 李仁老, 林椿과 같은 당대의 문
인들과는 달리 호매한 기상과 뜻을 추구하는 문학정신을 터득하여
創意爲主의 문장론을 펼치기에 이르렀던 것이다. 이러한 학문적
입장에 있었던 이규보는「望南家吟」과 같은 현실비판적 詩文과
王道政治를 희구하는「東明王篇」과 같은 작품을 남길 수 있었다.

그러나 그의 이러한 학문적 입장은 당시의 정치적 상황과 그가
갖고 있었던 권력지향적이고 중앙지향적인 속성 때문에 때로는 굴
절되고, 때로는 그에게 혼돈과 갈등을 가져다 줄 수밖에 없었다.
결국 그는 학문적 이상과 현실 속에 방황하다가 현실세계로 뛰어

들 수밖에 없었다. 이제 그의 출세지향적 입장은 그의 진보적 학문관을 서서히 제약하게 되었다. 그 결과 이규보는 어용적 문신의 모습을 보여주면서도 자신의 현실적 처지에 따라 때로는 진보적 입장의 사고를 보여주는 이중적인 성향을 보여주고 있다. 따라서 그의 농촌과 농민에 관해 읊은 시 역시 그의 의식 내부에서 일관성을 갖지 못한 채 극히 이중적인 모습을 띠게 된다.

그의 농민과 농촌현실을 읊은 시는 지방관으로서의, 혹은 治者로서의 입장이 견지되면서 그가 관직에서 버림받은 시기에 자신의 처지를 다만 農民들에 가탁해 읊은 것에 불과하다. 그의 시에는 이 시기의 사회경제적 모순 관계, 즉 첨예화된 토지소유관계와 계급관계 등, 물적 현실에 존재하는 모순관계에 대해서는 전혀 언급없이 지방관과 향리로부터 수탈당하여 遊離逃散하는 농민의 형상만이, 다만 헐벗고 굶주리고 가엾고 동정받을 만한 소극적 측면에서만 그려질 뿐이다. 그들이 유리도산하여 무력항쟁에 나서게 되는 이유로서는 단지 자연재해의 탓, 혹은 지방관과 향리들의 가혹한 수탈의 결과로서 그려질 뿐이다. 그 결과 최소한 治者로서의 책무, 즉 이들을 다시 토지로 안집시켜 사회를 안정시킬 수 있는 방책의 개진은 전혀 보이지 않는다. 이러한 이규보의 모습은 입으로는 진보적 입장을 견지하면서도 행동이 따라가지 못하는 지식인의 기회적이고 이중적인 속성을 적나라하게 보여주고 있다. 그러나 그의 시에는 앞선 어느 누구의 글에서보다도 헐벗고 수탈당하는 농민의 모습이 시간이 지나면 지날수록 진솔하게 그려지게 된다. 이는 이규보의 진보적이고도 비판적인 학문의 입장이 있으므로 가능한 것이었다. 결국 이규보의 『東國李相國集』을 다음의 지식인들이 접하게 되었을 때 그들은 농촌과 농민에 대한 관심을 가질 수 있게 되었을 것이다.

普照國師 知訥(1158~1210)은 독서층 출신의 승려지식인으로서 1182년(명종 12) 정월에 개경의 보제사에서 개최한 담선법회에 참석한 것을 계기로 하여 定慧結社運動에 나서게 되었다. 지눌이 당초 결사를 제안하면서 '名利'의 입장을 버리고, '마음을 비워 가만히 합하고 밖에서 찾지 말라'고 하였다. 이것은 당시의 불교계가 권력지향적 속성을 지닌 채 담선법회를 행하는 집권자의 의도에 영합하여 名利를 추구하여 종권다툼과 정권쟁탈을 둘러싼 이권싸움에 휘말려 들고 있는데 대한 비판운동의 성격을 띠고 있었음을 말해 주는 것이다.

개경의 보제사의 담선법회에서의 결사의 제의로부터 公山 居祖寺에서의 정혜결사의 결성, 그리고 상무주암에 이르기까지 지눌의 의식을 지배하고 있었던 것은 '명리를 벗어나고자 함'이었다. 그렇기 때문에 정혜결사의 참여대상자를 '禪敎·儒道에 몸담았거나 세상을 싫어하는 高人으로서 티끌세상을 벗어나 物外에 높이 노닐면서 마음 닦는 道를 오로지 하고자 하는' 자들로 규정하게 되었을 것이다. 여기에서 거조사에서의 정혜결사의 한계성을 엿볼 수 있다.

명리를 떠나고자 하였던 거조사의 정혜결사는 경상도 지역에서 대규모 농민항쟁이 연속적으로 일어나자 위기에 봉착하게 되었고, 이에 지리산 상무주암으로 간 지눌은 깊은 번민의 나날을 보낼 수밖에 없었다. 그가 마침내 大慧普覺禪師의 語錄에서 '제일 조용한 곳, 분주한 곳, 날마다 수응하는 곳, 생각하여 분별하는 곳을 버리고 참선하지 않아야만 홀연히 눈이 열리어서 이것이 다 집안의 일임을 알 수 있느니라'한 것을 발견했을 때 그간 그가 추구해 온 결사의 방향이 잘못되었음을 자각하지 않을 수 없었다. 이제 그는 명리를 버리려는 생각에서 벗어나 현실과 직면하여 현실사회에 대한 적극적 대응자세로 전환하게 되었다. 그러나 이미 경상도 지역의 급박한 정세의 변화는 그의 능력 밖의 문제로 확대되었고, 결사의 구성원들은 이미 뿔뿔이 흩어진 상태에서, 그 일부가 吉祥寺로 옮겨간 상태에 있었다. 이제 지눌은 경상도 지역을 등지지 않을 수 없었다. 정혜사를 公山서 松廣山 吉祥寺로 옮기지 않을 수 없었던 이유는 바로 여기에 있었다. 거조사에서의 결사 실패의 경험은 지눌의 수선사에서의 정혜결사조직에 귀중한 경험으로 작용하였다. 토호층과 지방민을 단결하여 수선사가 이루어졌다는 것은 거조사에서의 경험, 즉 현실을 벗어나 '세상을 싫어하는 高人으로서 티끌 세상을 벗어나 物外에 높이 노닐면서 마음 닦는 道를 오로지 하고자 하는 자'들과의 결합만으로는 결사가 성공할 수 없다는 자각에서 나온 대처 방안이었을 것이다.

修禪社의 2세 主法인 慧諶(1178~1234)은 1201년(희종 4)에 司馬試에 합격하여 太學에 들어갔으나 그의 母인 裵氏의 죽음을 계기로 하여 1202년 지눌의 제자로 입문하였다. 지눌의 입장에서 볼 때, 그가 대상으로 한 衆生이 최소한의 知解 정도는 갖춘 사람이었다는 것을 감안할 때 科試 합격생인 혜심을 그의 법통으로 계승시킨 것은 어쩌면 당연한 조치였을 것이다. 修禪社는 최충헌 집정 말기부터 시작하여 최우 집정기에 이르러 최씨정권의 적극적인 지원에 힘입어 대규모의 경제력을 가진 대사원으로 변모하게 된다. 거기에는 혜심의 과시합격의 경력, 太學 수학의 경력이 크게 작용하였을 것이다. 관직에서 활동하였던 그의 座主와 同年들은 그 인연으로 인해 慧諶과 국왕인 康宗 및 최씨정권을 연결하는 하나의 가교 역할을 하였을 것이다.

崔瑀와 慧諶 양자의 관계는 최우의 아들인 萬宗·萬全이 고종 6년 수선사의 혜심에게 가서 머리 깎은 것을 계기로 하여 알력을 보이게 된다. 만종·만전의 수선사행은 최우정권의 안정화를 위한

敎俗兩界의 장악의 필요에서, 세속적 지배권을 김약선에게, 불교계의 지배권을 만종·만전에게 맡기기 위해 나온 조처였을 것이다. 불교계의 지배권을 공고히 하기 위해 최우는 혜심을 개경으로 초치하고자 하였지만 혜심이 응하지 않자 그의 아들인 만종·만전을 아예 승려로 만듦으로써 불교계에 대한 직접 지배를 꾀하게 되었을 것이다. 그리고 최우의 의도를 거절한 혜심을 斷俗寺로 보냄으로써 수선사와의 연결고리를 차단하고자 하였을 것이다. 이에 양자의 갈등이 표출되었을 것이다.

혜심은 단속사 주지 임명에 대해 고종 7년에 가서 마지못해 갔으나 수선사를 '常栖之所'로 여겼다고 하는데서 양자의 알력관계를 엿볼 수 있다. 이로 인해 수선사는 崔瑀-萬宗·萬全-法答의 추종세력과 혜심세력 사이에 종권다툼이 일어나게 되었을 것이다.

전라 및 서부경남 일대의 田莊에 대한 효과적 관리를 위해 이 지역의 민중들의 정신적 귀의처 역할을 하였던 불교사원, 특히 수선사의 對民敎化의 힘을 빌리기 위해 만종·만전 형제를 수선사에서 머리를 깎게하고, 法答을 社主로 하여 수선사를 장악하고자 하였던 최씨정권의 의도는 혜심세력의 완강한 저항에 부딪혀 도리어 위기에 처하게 되었고, 결국 두 세력의 타협이 모색되었을 것이다. 그리하여 만종은 斷俗寺로, 만전은 雙鳳寺로 옮기게 되었고, 수선사는 다시 혜심이 주석하게 되었을 것이다. 그렇게 추정하는 근거는 1224년(고종 10)에 작성된 것으로 보이는「常住寶記」에 나오는 '常住寶'의 운용을 혜심이 주도하고 있는 것이다. 권력과 유착한 혜심의 상주보 운영의 결과 지역민들의 어려운 보시로 인해 근근히 유지되어 온 小刹, 즉 집권세력과 연결되지 못한 사원 및 승려계층이 그 자신의 위치를 유지하지 못하고 수선사 등의 末寺로 편입되어 종속적 차원으로 전락되고 말았다. 혜심의 일생을 통해 무신체제하에서 부용적인 성격을 지닌 儒學에 대한 회의와 반발에서, 鄕吏層 내지 讀書層들이 과시에 합격하더라도 관직에 나아가기 어려운 현실에 대한 돌파구로서 불교계에 투신한 비판적 성향의 지식인이 결국 권력의 힘에 타협해 가는 모습을 발견할 수 있다.

전국적인 농민항쟁을 경험하면서 재지지식인들은 심각한 자기 분열을 겪으면서 일부는 자신의 재지적 기반을 유지하기 위해 중앙정부와 결탁하여 항쟁군의 진압에 앞장서는가 하면, 일부는 정치적 변혁의 의지를 뚜렷이 하면서 농민항쟁에 적극 가담하였지만 중앙정부의 강력한 토벌에 의해 결국 스러지고 말았다. 결국 이러한 역사적 경험과 외침의 과정에서 외세의 간섭을 경험한 재향세력들은 의식의 혼돈을 한동안 겪지 않으면 안되었다.

전란의 와중에 수도 개경을 버리고 바다의 한 귀퉁이인 강화도로 천도한 최씨정권은 그들의 세속적 권력만으로는 더 이상 항전을 독려하기 어려운 상황이었다. 치국제민의 정치학인 유학은 지배층에게 국가의식을 심어 줄 수는 있었지만 戰禍 속에서 몽고군에게 짓밟히고 있었던 민중들에겐 아무런 역할을 할 수 없었다. 여기에 바로 왕실과 귀족에서부터 일반 백성에 이르기까지 정신적 지주로서 군림하고 있었던 불교의 힘을 빌어 항전의 힘을 얻어내고자 하기 위한 기제로서 대장경 판각이 필요하였다. 당시 전장에서 삶과 죽음을 넘나드는 순간 순간을 겪고 있었던 병사들이나 몽고군의 침입으로 인해 자신과 가족들의 목숨과 삶의 터전 와해의 위기에 직면한 민중들은 消災의 염원을 불교에 찾고 있었다. 대장경의 한 경판이 백만 군사보다 나아 豺狼, 즉 몽고군을 휩쓸어 내주리라고 믿었던 재조관료층과 재향세력들의 지식인들은 불력을 통한 몽병의 격퇴를 위한 대장경 각성사업을 독려하고 적극 참여하였다.

그러나 결국 몽고와의 강화가 이루어지고 출륙환도가 이루어짐
으로써 대몽전선은 와해될 수밖에 없었다. 전쟁의 참화 속에서 불
교에 의탁하여 염불과 대장경을 각성함으로써 정토와 소재의 염원
을 빌면서 항몽전선에 참여하였던 재조관료와 재향세력들의 지식
인들은 허탈감에 빠져들었을 것이고, 결국 불교에 대한 깊은 회의
를 하게 되었을 것이다. 그런 점에서 대장경 각성은 고려 불교 발
전의 한 정점인 동시에 쇠퇴의 나락으로 빠져드는 직접적인 계기
로 작용하였다고 볼 수 있다. 대장경 각성을 통해 항몽전선의 한
축의 선봉에 섰던 불교계는 상대적으로 원간섭기를 맞아 원지배라
는 정치적 현실 속에서 타협하고 온존하려는 보수적 성향을 지님
과 동시에 사상적으로 신비적인 영험과 공덕을 앞세우면서 기복신
앙과 타력신앙에 빠져들고 있었다. 이에 불교를 대신할 사상적 대
안을 모색하고 있었던 지식인들이 마침내 地主·佃戶制에 바탕을
두고, 在地地主와 鄕紳의 입장에서 북송말 이래 전개되어 오던 신
유학사상을 집대성한 性理學을 접합에 따라 여기에 깊이 빠져 들
어가지 않을 수 없었을 것이다.

참고문헌

1. 資 料

『高麗史』,『高麗史節要』,『三國遺事』,『東國李相國集』,『破閑集』,
『補閑集』,『西河集』,『櫟翁稗說』,『梅湖集』,『拙藁千百』,『東文選』,
『世宗實錄地理志』,『動安居士集』,『高麗圖經』,『世宗實錄地理志』,
『新增東國輿地勝覽』,『韓國佛敎全書』,『朝鮮金石總覽』,『韓國金石遺文』,
『韓國金石文追補』,『韓國金石全文』

2. 著 書

姜晋哲, 1985,『高麗土地制度史研究』, 고려대학교 출판부.

_____, 1989,『韓國中世土地所有研究』, 일조각.

金光植, 1995,『高麗武人政權과 佛敎界』, 민족사.

金塘澤, 1987,『高麗武人政權研究』, 새문사 ; 1999, 국학자료원.

金南奎, 1989,『高麗兩界地方史研究』, 새문사.

金三龍, 1987,『韓國彌勒信仰의 研究』, 동화출판공사.

김석형, 1989,『봉건지배계급에 반대한 농민들의 투쟁-고려편-』
1960, 열사람.

金潤坤, 2002,『고려대장경의 새로운 이해』, 불교시대사.

金仁昊, 1999,『高麗後期 士大夫의 經世論 研究』, 혜안.

남인국, 1999,『고려중기 정치세력연구』, 신서원.

閔丙河, 1990,『高麗武人政權 研究』, 성균관대학교 출판부.

朴龍雲, 1987,『高麗時代史』(下), 일지사.

朴宗基, 1990,『高麗時代 部曲制研究』, 서울대학교 출판부.

변동명, 1995,『高麗後期性理學受容研究』, 일조각.

邊太燮, 1971,『高麗政治制度史研究』, 일조각.

변태섭 편, 1986,『高麗史의 諸問題』, 삼영사.

申安湜, 2002,『高麗 武人政權과 地方社會』, 경인문화사.

李樹健, 1984,『韓國中世社會史研究』, 일조각.

李佑成, 1991,『韓國中世社會研究』, 일조각.

李貞信, 1991,『高麗 武臣政權期 農民·賤民抗爭 研究』, 고려대학교
　　　　출판부.

蔡尙植, 1991,『高麗後期佛敎史研究』, 일조각.

蔡雄錫, 2000,『高麗時期의 國家와 地方社會-'本貫制'의 施行과 地方
　　　　支配秩序-』, 서울대학교 출판부.

河炫綱, 1988,『韓國中世史研究』, 일조각.

許興植, 1981,『高麗社會史研究』, 아세아문화사.

_____, 1981,『高麗科擧制度史研究』, 일조각.

_____, 1986,『高麗佛敎史研究』, 일조각.

洪承基, 1983,『高麗貴族社會와 奴婢』, 일조각.

_____, 1995,『高麗武人政權研究』, 서강대학교 출판부.

한국중세사학회, 1997,『고려시대사강의』, 늘함께.

_____, 2001,『韓國中世社會의 諸問題』.

황병성, 1998,『고려무인정권기 연구』, 신서원.

3. 論 文

高翊晉, 1983, 「圓妙國師 了世의 白蓮結社」『韓國天台思想研究』.

權寧國, 1992, 「武臣執權期 地方軍制의 變化」『國史館論叢』31.

金光洙, 1969, 「高麗時代의 同正職」『歷史敎育』11·12합집.

_____, 1969, 「高麗時代의 胥吏職」『韓國史硏究』4.

金光植, 1989, 「雲門寺와 金沙彌亂」『韓國學報』54.

_____, 1989, 「高麗崔氏武人政權과 斷俗寺」『建大史學』7.

_____, 1991, 『高麗 崔氏政權의 佛敎界 運用에 관한 硏究』, 건국대학교 박사학위논문.

金光哲, 1987, 「麗蒙戰爭과 在地吏族」『釜山史學』12.

김기덕, 1995, 「농민항쟁의 전개와 성격」『한국역사입문』② (중세편).

金南奎, 1978, 「高麗 兩界의 都領에 대하여」『慶南大論文集』5.

金塘澤, 1979, 「李義旼 政權의 性格」『歷史學報』83 ; 1987, 『高麗武人 政權硏究』, 새문사.

_____, 1986, 「高麗崔氏武人政權과 國王」『韓國學報』42 ; 1987, 『高 麗武人政權硏究』, 새문사.

_____, 1988, 「崔滋의 『補閑集』 著述動機」『震檀學報』65.

_____, 1991, 「鄭仲夫·李義旼·崔忠獻」『韓國史市民講座』8.

金大中, 1987, 「崔氏政權의 武力基盤 瓦解와 沒落」『박성봉교수 회갑 기념논총』.

_____, 1993, 「고려 무인집권기 사병세력 대두와 병권의 향방」『軍史』26.

金東洙, 1989, 「고려 중·후기의 監務 파견」『全南史學』3.

金庠基, 1938~1941, 「三別抄와 그의 亂에 對하여」『震檀學報』9·10·13.

金時鄴, 1978, 「李奎報의 現實認識과 農民詩」『大東文化硏究』12.

金時鄴, 1986,「麗末鮮初에 있어서의 士大夫리얼리즘과 그 變質」『韓
　　　　國漢文學硏究』8.

_____, 1991,「高麗後期 士大夫리얼리즘의 形成에 대하여」『碧史李
　　　　佑成先生停年退任記念 國語國文學論叢』.

金毅圭, 1975,「高麗武臣執權期 文臣의 政治的 動向」『史學論志』3.

_____, 1981,「高麗武人執權期 文士의 政治活動」『韓우劤停年退任紀
　　　　念史學論叢』.

_____, 1992,「高麗武臣執權期와 文臣」『國史館論叢』31.

金潤坤, 1973,「高麗 貴族社會의 諸矛盾」『한국사』7, 국사편찬위원회.

_____, 1974,「新興士大夫의 擡頭」『한국사』8, 국사편찬위원회.

_____, 1976,「李資謙의 勢力基盤에 對하여」『大丘史學』10.

_____, 1978,「高麗 武臣政權時代의 敎定都監」『文理大學報』11, 영남
　　　　대학교 문리과대학.

_____, 1979,「抗蒙戰에 參與한 草敵에 對하여」『東洋文化』19, 영남
　　　　대학교 동양문화연구소.

_____, 1981,「三別抄의 對蒙抗戰과 地方郡縣民」『東洋文化』20·21합집.

_____, 1983,『高麗郡縣制度의 硏究』, 경북대학교 박사학위논문.

_____, 1988,「羅·麗 郡縣民 收取體系와 結負制度」『民族文化論叢』
　　　　9, 영남대학교 민족문화연구소.

김인호, 1992,「李奎報의 現實理解와 政治·經濟改善論」, 연세대학교
　　　　석사학위논문.

金晧東, 1982,「高麗武臣政權下에서의 慶州民의 動態와 新羅復興運動」
　　　　『民族文化論叢』2·3합집, 영남대학교 민족문화연구소.

_____, 1986,「高麗武臣政權時代 繪畵에 나타난 文人知識層의 現實
　　　　認識論」『慶大史論』2, 경남대학교 사학회.

_____, 1986,「崔殷含－承老 家門에 관한 硏究－新羅六頭品家門의

高麗門閥貴族化過程의 一例-」『嶠南史學』 2, 영남대학교 국사학회.

金晧東, 1987,「高麗武臣政權時代 地方統治의 一斷面-李奎報의 全州牧 '司錄兼掌書記'의 活動을 중심으로-」『嶠南史學』 3.

_____, 1990,「武臣政權時代 慶北地域의 農民蜂起와 新羅復興運動」『慶北地域 義兵史』 경상북도.

_____, 1990,「高麗 武臣政權時代 文人知識人 安置民의 현실인식」『嶠南史學』 5, 영남대학교 국사학회.

_____, 1992,「高麗 武臣政權時代 僧侶知識人 知訥·慧諶의 현실대응」『民族文化論叢』 13, 영남대학교 민족문화연구소.

_____, 1993,『高麗武臣政權時代 文人知識層의 硏究』, 영남대학교 박사학위논문.

_____, 1994,「12·13세기 농민항쟁의 전개와 성격」『한국사』 6, 한길사.

_____, 1994,「李義旼政權의 재조명」『慶大史論』 7, 경남대학교 사학회.

_____, 1994,「高麗 武臣政權時代 在地勢力과 農民抗爭」『한국중세사연구』 창간호.

_____, 1994,「『破閑集』과 『報閑集』에 나타난 무신정권시대의 文人知識人像」『嶠南史學』 6, 영남대학교 국사학회.

_____, 1995,「군현제의 시각에서 바라본 12·13세기 농민항쟁의 역사적 배경」『역사연구』 4, 역사학연구소.

_____, 1996,「강화경판 고려대장경 각성활동의 참여계층」(김윤곤·김호동)『한국중세사연구』 3, 한국중세사학회.

_____, 1998,「『禪門拈頌』과 眞覺國師 慧諶』『民族文化論叢』 18·19합집.

_____, 2000,「고려중기 결사불교에 대한 재음미」『하곡김남규교수 정년기념사학논총』, 동논총간행위원회.

_____, 2000,「원간섭기 유불계의 동향과 영남지역」『民族文化論叢』 21.

羅滿洙, 1987, 「高麗武人執權期의 國王과 文班」『震檀學報』63.

_____, 1990, 「高麗 明宗代 武人政權과 國王」『成大史林』6.

_____, 1992, 「高麗 明宗代 重房政治와 國王」『國史館論叢』31.

南仁國, 1983, 「崔氏政權下 文臣地位의 變化」『大丘史學』22.

盧明鎬, 1983, 「고려후기의 족당세력」『이재룡박사환력기념 한국사학
　　　논총』.

류창규, 1989, 「高麗 武人政權 時代의 문인 朴仁碩－고문 존중・계승
　　　과 관련하여－」『東亞研究』17.

馬宗樂, 1998, 「李奎報의 儒學思想－武臣執權期 儒學의 일면모」『한
　　　국중세사연구』5.

_____, 1999, 『高麗後期 登科儒臣의 儒學思想研究－李奎報・李齊
　　　賢・李穡을 중심으로－』, 계명대학교 박사학위논문.

閔丙河, 1959, 「高麗武臣執政時代에 對한 一考－武臣政治의 性格과
　　　文臣의 地位를 中心으로－」『史學研究』6.

閔泳珪, 1975, 「高麗雲默和尚無寄輯佚」『崇山朴吉眞博士華甲紀念 韓
　　　國佛敎思想史』.

閔賢九, 「月南寺址 眞覺國師碑의 陰記에 대한 一考察」『震檀學報』36.

_____, 1989, 「高麗中期 三國復興의 역사적 의미」『韓國史市民講座』5,
　　　일조각.

_____, 1978, 「高麗의 對蒙抗爭과 大藏經」『韓國學論叢』1.

_____, 1989, 「高麗中期 三國復興運動의 역사적 의미」『韓國史市民
　　　講座』5.

朴恩卿, 1984, 「高麗後期 地方品官勢力에 관한 연구」『韓國史研究』44.

朴宗基, 1981, 「13세기 초엽의 村落과 部曲」『韓國史研究』33.

_____, 1990, 「고려전기 향촌지배구조의 성립과 성격」『역사와 현실』
　　　3, 한국역사연구회.

朴宗基, 1990,「12·13세기 農民抗爭의 原因에 대한 考察」『東方學誌』 69, 연세대학교 동방학연구소.

_____, 1991,「무인정권하의 농민항쟁」『韓國史市民講座』8, 일조각.

_____, 1992,「고려시대 민의 존재양태와 사회의식의 성장」『역사비평』 가을호, 역사비평사.

_____,「『東國理想國集』에 나타난 高麗時代相과 李奎報」『震檀學報』83.

朴鍾進,「고려무인집권기의 토지지배와 경제시책」『역사와 현실』17.

朴菖熙, 1969,「崔忠獻小考」『史學志』3.

_____, 1969,「李奎報의「東明王篇」詩」『歷史敎育』11·12합집.

_____, 1973,「武臣執權時代의 文人」『한국사』7.

_____, 1988,「李奎報의 본질에 대한 연구(Ⅰ)」『外大史學』창간호.

_____, 1989,「李奎報의 본질에 대한 연구(Ⅱ)─그의 40代 이후의 의 식의 변용에 대하여─」『外大史學』2.

_____, 1990,「李奎報의 본질에 대한 연구(Ⅲ)─그의 晩年에서의 感 慨─」『外大史學』3.

_____, 1991,「武人政權下의 文人들」『韓國史市民講座』8, 일조각.

邊太燮, 1961,「高麗朝의 文班과 武班」『史學研究』11 ; 1971,『高麗政 治制度史研究』.

_____, 1978,「武臣政權期의 反武臣亂의 性格」『韓國史研究』19.

徐聖鎬, 1992,「高麗 武臣執權期 商工業의 전개」『國史館論叢』37.

成鳳鉉, 1988,「林衍政權에 관한 研究」『湖西史學』16.

宋春永, 1987,「高麗時代 鄕校의 變遷史的 考察」『歷史敎育』41.

申安湜, 1992,「대몽항쟁기 민의 동향」『역사와 현실』7.

安啓賢, 1973,「曹溪宗과 五敎兩宗」『한국사』7, 국사편찬위원회.

安秉佑, 1994,「고려후기 농업생산력의 발달과 농장」『14세기 고려의 정치와 사회』.

安永根, 1989,「鄭仲夫政權과 宋有仁」『建大史學』7.

오영선, 1995,「최씨집권기 정권의 기반과 정치운영」『역사와 현실』
　　　　30, 한국역사연구회, 역사비평사.

魏恩淑, 1990,「高麗時代 農業技術과 生産力 研究」『國史館論叢』17.

劉璟娥, 1988,「高麗 高宗・元宗時代의 民亂의 性格」『梨大史苑』22・
　　　　23합집.

兪瑩淑, 1986,「崔氏武臣政權과 曹溪宗」『白山學報』33.

尹南漢, 1975,「儒學의 性格」『한국사』6, 국사편찬위원회.

尹龍爀, 1977,「崔氏武人政權의 對蒙抗爭姿勢」『史叢』.

＿＿＿, 1986,「高麗 對蒙抗爭期의 民亂에 대하여」『史叢』30.

李慶喜, 1987,「崔忠獻家門研究」『釜山女大史學』.

李基白・閔賢九 編著, 1984,『史料로 본 韓國文化史－高麗編－』, 일
　　　　지사.

李東歡, 1977,「林椿論－高麗 武臣政權下 文人知識層의 意識의 한 斷
　　　　面－」『朴晟義還曆紀念論叢』, 고려대학교 국어국문학회.

李 萬,「談禪法會에 관한 研究」『韓國佛敎學』10.

李樹健, 1989,「高麗時代「邑司」研究」『國史館論叢』3, 국사편찬위원회.

＿＿＿, 1989,「高麗時代「邑司」研究」『國史館論叢』3.

李佑成, 1989,「高麗朝의 吏에 대하여」『歷史學報』21.

＿＿＿, 1977,「高麗武臣執權下의 文人知識層의 動向」『嶺南大學校開校
　　　　30周年紀念 國際學術會議 發表論文集』; 1982,『韓國의 歷史像』.

李源明, 1989,「高麗中期 北宋性理學의 傳來와 性格考」『서울여대논
　　　　문집』18.

李興鍾, 1989,「李仁老의 思想世界」『歷史敎育』46.

이익주, 1989,「고려후기 몽고침입과 민중항쟁의 성격」『역사비평』24.

＿＿＿, 1996,「高麗 對蒙抗爭期 講和論의 研究」『歷史學報』151.

이인재, 1990, 「고려 중후기 지방제 개혁과 감무」『外大史學』3.

이재범, 1989, 「崔氏政權의 성립과 山川裨補都監」『成大史林』5.

李貞信, 1989, 「高麗 武臣執權期 晋州民의 抗爭」『韓國學報』55.

李貞熙, 1985, 「高麗後期 徭役收取의 實態와 變化」『釜大史學』9.

任昌淳, 1971, 「松廣寺의 高麗文書」『白山學報』11.

張東翼, 1981, 「慧諶의 大禪師告身에 대한 檢討－高麗 僧政體系의 理解를 중심으로－」『韓國史研究』34.

張叔卿, 1981, 「高麗武人政權下 文士의 動態와 性格」『韓國史研究』34.

정병모, 1988, 「一般繪畵」『講座美術史』1號, 한국미술사연구소.

鄭堯一, 1997, 「李奎報의 文學思想」『震檀學報』83.

趙仁成, 1985, 「崔瑀政權下의 文翰官－"能文"·"能吏"의 人事基準을 중심으로－」『東亞研究』6.

朱雄英, 1993, 『麗末鮮初 社會構造와 儒敎의 社會的 機能』, 경북대학교 박사학위논문.

秦星圭, 1984, 「林椿의 生涯와 現實認識」『韓國史研究』45.

秦星圭, 1986, 『高麗後期 眞覺國師 慧諶 研究』, 중앙대학교 박사학위논문.

_____, 1987, 「眞覺國師 慧諶의 修禪社 活動」『中央史論』5.

蔡尙植, 1979, 「高麗後期 天台宗의 白蓮社 結社」『韓國史論』5, 서울대학교 국사학회 ; 1986, 『高麗後期佛敎展開史研究』불교사학회편, 민족사.

_____, 1991, 「破閑集에 보이는 李仁老의 사상적 경향」『歷史考古學志』7.

蔡雄錫, 1990, 「12·13세기의 향촌사회의 변동과 '민'의 대응」『역사와 현실』3, 한국역사연구회, 역사비평사.

_____, 1990, 「고려 중·후기 '무뢰(無賴)'와 '호협(豪俠)'의 형태와 그 성격」『역사와 현실』9.

蔡雄錫, 1995, 「명종대 권력구조와 정치운영」 『역사와 현실』 17.

崔炳憲, 1983, 「高麗中期 李資玄의 禪과 居士佛敎의 性格」 『金哲埈博士華甲記念史學論叢』, 동간행회.

_____, 1992, 「定慧結社의 趣旨와 創立過程」 『普照思想』 5·6합집, 보조사상연구원.

河炫綱, 1981, 「高麗 毅宗代의 性格」 『東方學志』 26.

_____, 1991, 「武臣政變은 왜 일어났는가」 『韓國史市民講座』 8.

韓基斗, 1987, 「定慧結社의 本質과 그 變遷」 『普照思想』 1, 보조사상연구원.

韓基汶, 1990, 「高麗時代 寺院寶의 設置와 運營」 『歷史敎育論集』 13·14합집, 경북대학교 역사교육과.

_____, 1990, 「高麗時代 官人의 願堂」 上·下 『대구사학』 39·40.

_____, 1992, 「高麗 歷代 國師·王師의 下山所의 存在樣相과 그 機能」 『歷史敎育論集』 16.

許興植, 1981, 「13세기 高麗 佛敎界의 새로운 傾向」 『韓㳓劤停年紀念史學論叢』, 지식산업사 ; 1986, 『高麗佛敎史硏究』, 일조각.

_____, 1982, 「高麗中期 禪宗의 復興과 看話禪의 展開」 『奎章閣』 6, 서울대학교 도서관 ; 1986, 『高麗佛敎史硏究』, 일조각.

_____, 1982, 「高麗高宗官版大藏經의 彫成經緯와 思想性」 『歷史敎育論集』 13·14합집.

洪承基, 1989, 「高麗後期 事審官制度의 運用과 鄕吏의 中央進出」 『동아연구』 17.

黃秉晟, 1987, 「高麗 毅宗代의 政治實態와 武人亂」 『朴性鳳敎授回甲紀念論叢』.

_____, 1990, 「고려 무인정권기 민란연구의 동향」 『慶熙史學』 16·17합집.

ABSTRACT

Actuality confrontation of Intellectuals in the Military Power in Koryŏ Dynasty

Kim, Ho — Dong

The Period of Military Power for one hundred years has been the center of controversis, because of the change of ruling system, the distorted shifts of power, the agitation of established Society and the desire for the liberation of social standing, caused by the change of economic System and the peasant strife, and the reiteration of internal and external contradiction rendered by the invasions of external powers. with the real life, with a view to grasping the period more precisely. Intelligentia class could be a king of standard for explaining the Society, in that they represented the majority in silience, with the recognition of the soial and historical conditions being their significant taste.

This paper, for critical point of the views, suggests two probrems : were there any critical and practical intelligentia represent the movements for the refrom of internal and external probrems? :

The intelligentias in the Military Power found it their role that, considering the rule of right, based upon the Confucianism, as best, they should about the king govern the nation righteousl. But this viewpoint of theirs led to the diverse methods of confronting with the real life because the military power needed persons who would go with the tides.

An, chimin, a gentry who wrote a good hand, and was good at writing and painting as well, criticized the attitudes of intelligentia, which were far from the reality, and moreover, were reduced to political puppets.

There are a few poems which shows the real conditions of country and peasants in Dongkukyisangkukjip, written by Li, kyu-bo. These poems were written by the author, in order only to represent his standing as a ruler who was disregarded. In his poems, the Authos wrote about only the collapsing peasants who were destroyed by being deprived of their property by the local officials and the gentry. That is, he did not emphasize the socio-economic problems — the possession of property and the class. the reason why they took part in a armed opposition was said to be only natural disaster, or the severe robbing from the loal officials. Thus, he did not a set forth the measures by which the Society could be stablized by letting them return to their homes. Accordingly, Lee, Kyu-bo was one of the intelligentia hypocrites who stood for the progressivism, by words, but were deceptice, in reality.

BoJokukSa, Jinul, who was a monk, and intelligentia, took part in. JeongHyeKyulSa(定慧結社) movement, taking the opportunity of being present at Damsunbubhye, held at Bojesa, in Gae Kyung in 1182. We can see the intelligentia with critical aptitude take a conciliatory attitude in case of Hye-Sim, the second head priest at SuSunsa, he entered into the Buddist world, because he could not enter into the government service, moreover, the military power the persons who were in Simpathy with tides

With the experience of a series of peasant strifes across the nation, local intellectuals went through severe self-division. Some of them took the initiative if quelling the uprisings in cooperation with the central government as ways of protecting their local influences. The others actively participated in the peasant uprisings with the strong orientations of political reforms. But, they were soon subdued by the central government.

As the invasion from Mongolia swept across the nation, soldiers who were always in dangers of death in the battle fields and the general public who were also in threat of loss of life and wealth were trying to seek for hopes of better future through Buddhism. The central bureaucratic class and local powers participated in the project of Dajangkyung completion in very active and spontaneous ways, believing that it would be possible to beat Mongolia through Buddhist belief.

However, as peace negotiation was settled and the central government moved back to Kae-sung. the capital of Koryŏ, the front line against Mongolia collapsed. It is believed that the central bureaucratic class and local powers, which had tried to take part in war against Mongolia by relying on Buddhist belief and completing Daejangkyung, fell into a state of lethargy and became skeptical about Buddhism. In the point, it can be said that the completion of Daejangkyung was both the peak point of the development of Koryŏ Buddhism and the direct cause of the decline of Koryŏ Buddhism. In such conditions, for intellectuals who were trying to find out alternative replacing Buddhism, it was natural to be attracted to Sung-Confucianism, which was produced by compiling new Confucianism whose doctrines were most favorable to local landlords.

찾아보기

【ㄱ】

김 호 동(金晧東)

경북 대구 출생
영남대학교 문과대학 국사학과
동 대학원 국사학과 수료(문학박사)
현 영남대학교 민족문화연구소 연구교수
E-mail:khd223@yumail.ac.kr

논 문

「高麗武臣政權時代 繪畵에 나타난 文人知識層의 現實認識論」,「高麗武臣政權時代 地方統治의 一斷面-李奎報의 全州牧 '司錄兼掌書記'의 活動을 중심으로-」,「高麗 武臣政權時代 文人知識人 安置民의 현실인식」,「高麗武臣政權時代 文人知識層의 研究」,「12·13세기 농민항쟁의 전개와 성격」,「李義旼政權의 재조명」,「조선시대 울릉도 수토정책의 역사적 의미」,「고려시대의 지역주의」외 다수

저 서

『고려시대사 강의』(공저),『한국사』6(공저),『울릉도·독도의 종합적 연구』(공저),『한국중세사회의 제문제』(공저) 외 다수

고려 무신정권시대 文人知識層의 현실대응   정가 : 20,000원

2003년 1월 10일	초판 발행
2005년 10월 10일	재판 발행

저 자 : 金 晧 東
회 장 : 韓 相 夏
발 행 인 : 韓 政 熙
발 행 처 : 景仁文化社
편 집 : 金 仁 淑
서울특별시 마포구 마포동 324 - 3
전화 : 718 - 4831~2, 팩스 : 703 - 9711
E-mail : kyunginp@chollian.net
등록번호 : 제10 - 18호(1973. 11. 8)

© 2003, Kim, Ho-Dong. Kyung-in Publishing Co, Printed in Korea
ISBN : 89-499-0170-6   93910